国家图书馆年鉴

National Library of China Yearbook

2022

国 家 图 书 馆 出 版 社

图书在版编目（CIP）数据

国家图书馆年鉴 . 2022/ 国家图书馆编 . —北京 : 国家图书馆出版社 , 2023.7
ISBN 978-7-5013-7734-3

Ⅰ . ①国… Ⅱ . ①国… Ⅲ . ①中国国家图书馆—2022—年鉴 Ⅳ . ① G259.251-54

中国国家版本馆 CIP 数据核字 (2023) 第 006041 号

书　　名 国家图书馆年鉴 2022
GUOJIA TUSHUGUAN NIANJIAN 2022
著　　者 国家图书馆　编
责任编辑 唐　澈
责任校对 郝　蕾
封面设计 北京金书堂文化发展有限公司

出版发行 国家图书馆出版社（北京市西城区文津街 7 号　100034）
（原书目文献出版社　北京图书馆出版社）
010-66114536　63802249　nlcpress@nlc.cn（邮购）
网　　址 http://www.nlcpress.com
排　　版 北京金书堂文化发展有限公司
印　　装 河北鲁汇荣彩印刷有限公司
版次印次 2023 年 7 月第 1 版　2023 年 7 月第 1 次印刷

开　　本 889 × 1194　1/16
印　　张 23　　彩插　1
字　　数 564 千字
书　　号 ISBN 978-7-5013-7734-3
定　　价 380.00 元

《国家图书馆年鉴》编纂委员会

主　任：熊远明

副主任：陈　樱　张志清　张　军　霍瑞娟

编　委（按姓氏笔画排序）：

马　静　王　洋　王　磊　王红蕾　王雁行　方自金
卢　希　申晓娟　吕慧军　安　洁　孙　乐　孙伯阳
李红霞　李春明　李晓明　吴　凯　辛　璐　张　洁
张　煦　张海波　陈红彦　陈荔京　赵建国　荣　杰
顾　恒　黄　亮　黄　洁　曹　宁　董雪磊　谢　强
廖永霞　魏　崇

《国家图书馆年鉴》编辑部

主　编：熊远明

副主编：申晓娟　李　丹

编　辑：程　鹏　王旭东　马　涛　王秀香

撰稿人（按姓氏笔画排序）：

丁　曦　于　琳　于良杰　于菲菲　卫萌萌　马　骏　马　超　马　静
马赵扬　马祥涛　丰　楠　王　欢　王　琪　王　蕊　王　薇　王　鑫
王会娟　王旭东　王宇鸽　王彦乔　王桂杰　毛　瑞　尹汉超　叶　茜
申子超　申庆月　申晓娟　田　颖　田秀丽　田周玲　代　坤　白云娇
边　靖　台钰莹　毕朦予　吕婷婷　朱　莺　朱庆华　任旭明　华鑫文
刘　伟　刘　杨　刘　波　刘　柳　刘　俊　刘　洁　刘　贺　刘　雅
刘　霖　刘天一　刘仲瑄　刘羽冰　刘金哲　刘思瑶　刘雅涵　刘晶晶
刘源泓　刘慧雅　齐东峰　闫　征　闫　宝　关　月　安　洁　许　蕗
孙　丽　孙　倩　孙　阔　孙齐圣　孙保珍　苏丽璇　苏明忠　杜　晓
杜　萌　李　丹　李　帅　李　茵　李　洋　李　彬　李　楠（国图创新公司）
李　静　李文蕾　李东伦　李东杰　李志尧　李思思　李莹菲　李菲菲
杨　凡　杨　帆　杨　志　杨海帆　肖珂诗　肖慧琛　吴　凯　吴　洋
吴　静　邱奉捷　何　晖　何　隽　余　雯　冷　熠　辛　璐　汪凯戈
宋　辰　宋　凯　宋　姝　宋仁霞　张　丽（典藏阅览部）　张　炜
张　洁　张　峰　张　涛　张　雪　张　琳　张　辉　张　煦　张　鹏
张立朝　张亚清　张收棉　张孝天　张若冰　张珊珊（典藏阅览部）
张珊珊（保卫处）　张美宁　张晓天　张慧霞　张黎雪　陈　阳　陈　敏
陈英敏　陈怡爽　陈魏玮　邵颖超　武　翰　林俊飞　季　业　季士妍
岳小艺　金文昌　周川富　周华琼　周宇鹏　周笑盈　郑　伟　郑庆元
郑晓雯　孟　征　孟　修　赵　娜（信息技术部）　赵　悦　赵　爽
赵　敏　赵　婷　赵　蕊　赵　磊（承德文献周转库管理处）
赵　磊（离退休干部处）　赵大莹　赵文友　赵国香　赵建国　赵洪雅
赵媛媛　郝金敏　荣　杰　胡　泊　胡　洁　胡宏哲　胡昱晓　柳　森
钟晶晶　姜　蕴　姜晓曦　宣艺瑶　姚　迎　索　晶　夏恩赏　顾　恒
徐　燕　高　博　郭　妮　郭远航　唐玉屏　黄　亮　黄　晴
黄　静（社会教育部）　黄　静（党群工作办公室）　黄梦洁　曹丽萍
常慧慧　章　静　梁　淳　梁田丽　梁钜霄　梁爱梅　梁蕙玮　彭福英
董　婧　董雪磊　蒋宇弘　韩　华　韩　玲　韩　尉　韩　超　韩晔曈
韩新月　程天舒　程鲁洁　敦文杰　谢万幸　谢冬荣　谢岩岩　谢春花
蒙海光　雷　亮　路龙惠　解天龙　蔡　丹　蔡　颖　裴书静　樊亚宁
樊向伟　潘云侠　潘常青　薛　雪　戴建武

编辑说明

一、《国家图书馆年鉴》力图系统、全面记录国家图书馆年度事业发展进程，着眼于记录主要事件，反映年度工作，保存重要数据，提供决策参考，服务业界社会。首卷出版于2011年，每年编辑出版一卷。

二、《国家图书馆年鉴》由国家图书馆主办，编纂工作由国家图书馆研究院（业务管理处）《国家图书馆年鉴》编辑部主持。

三、《国家图书馆年鉴2022》反映2021年国家图书馆事业的发展状况。

四、《国家图书馆年鉴2022》正文采用分类编辑法。全书由综述、特别记载、党建工作、馆藏建设与管理、服务工作、国家数字图书馆建设与服务、重点文化工程及项目、文献整理与编辑出版、学术与科研、对外及与我国港澳台地区交流合作、群团工作、内部综合管理、统计资料、馆发文件、媒体报道、年度大事记以及综合索引等部分构成。

◆ 2021 年春节前夕，国家图书馆与中国图书馆学会联合全国各级各类图书馆及有关单位共同开展 2021 年“赏春意　品书香　暖万家”春节主题活动

◆ 3 月 15 日，国家图书馆召开党史学习教育动员部署会

◆ 4 月 16 日，国家图书馆开展党史学习教育之“清明祭英烈”活动

◆ 4 月 16 日，全国古籍修复技艺竞赛颁奖仪式暨古籍修复工作研讨会在国家图书馆举行，会上颁发古籍修复技艺传习导师聘书

◆ 4 月 21 日，古籍数字资源联合发布座谈会在国家图书馆召开，国家图书馆（国家古籍保护中心）联合全国 9 家单位发布新增古籍数字资源 1700 余部/件

◆ 4 月 23 日，国家图书馆在颐和园霁清轩举办“行走在阅读的时空里——第十六届文津图书奖发布暨北京公园阅读文化季启动活动”，邀请著名先秦史专家沈长云教授讲授“国图公开课·先生的书房”主题演讲之“经典何以重要”

◆ 4 月 27 日，离退休干部处组织青年志愿者对离休干部彭竹进行红色文旅年华专访

◆ 5 月 9 日，著名作家、文学评论家、中国作家协会副主席李敬泽在国图讲坛主讲“走向人民文学——从 1921 年的文学说起”

◆ 5 月 17 日，全国政协办公厅秘书局一行 30 余人到访国家图书馆，双方共同开展党史联学联建活动

◆ 5 月 22 日科技活动周期间，国家图书馆少年儿童馆举办“碧海白帆——船舶种类知多少”科普讲座

◆ 5 月 24 日，第七期全国碑帖编目与鉴定研修班在国家图书馆开班

◆ 5 月 27—28 日，《鲁迅手稿全集》编辑出版项目专家委员会会议在国家图书馆召开

◆ 5 月，“数据库中的红色光辉”推荐视频在数字共享空间展播

◆ 6 月 1 日，“珠还合浦　历劫重光——《永乐大典》的回归和再造”展览在国家典籍博物馆开展

◆ 6 月 2 日，“荣庆学堂——北方昆曲传统折子戏专场演出”在国图艺术中心举行

◆ 6 月 8 日，国家图书馆党员志愿服务总队成立

◆ 6 月 16 日，革命文献与民国时期文献整理项目专家评审会在国家图书馆召开

◆ 6 月 17 日，中国文物保护基金会与国家图书馆合作签约暨字节跳动古籍保护专项基金启动仪式在国家图书馆举行

◆ 6 月 19 日，“伟业——庆祝中国共产党成立一百周年书法大展”之“崇高信仰”展在国家典籍博物馆开展

◆ 6月25日，“红船初心　百年辉煌”庆祝中国共产党成立100周年党史学习专题图书展示活动在国家图书馆总馆南区综合阅览室举行

◆ 6月29日，国家图书馆“两优一先”表彰大会召开

◆ 6月29日，文化和旅游部党组成员、副部长，国家图书馆馆长饶权为离休干部郑忠祥颁发“光荣在党50周年”纪念章

◆ 6月30日，承德文献周转库管理处组织驻库区保安公司开展日常消防训练

◆7月3日，“致敬经典·艺术里的红色记忆”系列活动之“永远做党的好女儿”公益讲座在国图艺术中心举办

◆7月8日，《共产党宣言》专题展在国家典籍博物馆开展

◆《共产党宣言》专题展展厅内景

◆ 7月14日，国家图书馆在新疆维吾尔自治区伊犁哈萨克自治州察布查尔锡伯自治县图书馆举办“春雨工程·网络书香”数字阅读推广活动，现场为当地读者开展《永乐大典》全景典籍VR体验活动

◆ 7月23日，“六十载使命接续　千百卷传奇完璧——《古本戏曲丛刊》编纂出版座谈会”在国家图书馆举行

◆ 7月27—30日，2021年“革命文献与民国时期文献保护计划”专题培训班在江西赣州举办

◆ 7月，参加“经典读书班2021夏令营”之“我是小小讲解员”的学员情景沉浸式讲解《永乐大典》的前世今生

◆ 7 月，参加“中华古籍普查文化志愿服务行动”的志愿者对云南省双柏县图书馆汉文古籍进行普查登记

◆ 7—12 月，国家图书馆、中国图书馆学会共同开展“激活经典 熔古铸今——《中华传统文化百部经典》宣传推广活动”

◆ 7—12 月，国家图书馆在总馆北区中文图书区设立“书映百年伟业——庆祝中国共产党成立 100 周年好书荐读”专架

◆ 9 月 2 日，首届丝绸之路国际图书馆联盟大会在杭州举行

◆ 9月9日，中国记忆项目工作人员在对城市规划专家王世仁进行口述史访问之前沟通访问内容

◆ 9月13日，国家图书馆召开学习贯彻习近平总书记给国图老专家回信精神两周年座谈会

◆ 9月14日，馆长熊远明，副馆长张军、霍瑞娟调研承德文献周转库

◆ 9月14日，馆长熊远明，副馆长张军、霍瑞娟调研国家文献战略储备库项目用地

◆ 9 月 28 日，《鲁迅手稿全集》新书首发式在国家图书馆举行，文化和旅游部党组书记、部长胡和平致辞

◆ 9 月 29 日，全国图书馆文献缩微工作“十四五”发展规划意见征询会在国家图书馆召开

◆ 10 月 14 日，国家图书馆第十四届员工运动会在中国气象局体育场举办

◆ 10 月 20—23 日，全国图书馆标准化技术委员会 2021 年度工作会议在杭州召开

◆ 10 月 25 日，离退休银杏摄影之家组织会员赴翠湖国家湿地公园采风

◆ 10 月 27 日，国家图书馆第四次工会会员代表大会暨第三届职工代表大会召开

◆ 10 月 29 日，共青团国家图书馆第九次代表大会召开

◆ 10 月 29 日，国家图书馆博士后科研工作站 2020 级博士后中期考核会召开

◆ 11 月 1 日，“展望我们的未来：图书馆和档案馆的总体发展规划——亚大地区国家图书馆领导者对话”活动线上举行

◆ 11 月 3 日，文化和旅游部党组成员、副部长，国家文物局局长李群一行到国家图书馆古籍馆调研

◆ 11 月 5—6 日，承德文献周转库进行文献开箱抽检和维护工作

◆ 11 月 8 日，“消防宣传月”消防演练活动在国家图书馆总馆北区广场举办

◆ 11 月 23 日，全国图书馆联合编目中心 2021 年度工作会议线上召开

◆ 12 月 2 日，由国家图书馆承办的全国智慧图书馆建设联席会议第一次会议以线下、线上相结合的方式召开

◆ 12 月 8 日，2021 年全国古籍保护工作座谈会在湖北武汉召开

◆ 12 月 14 日，副馆长霍瑞娟一行到故宫博物院调研

◆ 12 月 17 日，馆长熊远明、副馆长张军到保卫处检查指导工作

◆ 12 月 18 日，国图公开课“千年回望王安石——纪念王安石诞辰 1000 周年”《百部经典》阅读推广特别活动在北京紫竹院公园友贤山馆举行，北京大学人文社会科学研究院院长邓小南教授做主题演讲“千年王安石”

◆ 12 月 20 日，“M 地铁·图书馆”推出“群星闪耀·经典同行”主题活动

◆ 12 月 22 日，国家图书馆与中国社会科学院近代史研究所签订战略合作协议

◆ 12 月 28 日，第十六届全国省、自治区、直辖市、较大城市图书馆馆长联席会议在国家图书馆召开

◆《中华传统文化百部经典》第六批图书编纂出版

◆为庆祝中国共产党成立 100 周年，国家图书馆通过官方网站开通“百年历史　伟大征程”专题页面

目　录

综 述

综 述

2021年，国家图书馆坚持以习近平新时代中国特色社会主义思想和习近平总书记给国图老专家回信精神为指导，全面贯彻党的十九大和十九届历次全会精神，持续深入学习贯彻习近平总书记给国图老专家回信精神，统筹推进安全生产、疫情防控与各项事业创新发展，各领域工作取得很大进展，实现“十四五”良好开局。经复核，国家图书馆继续保有“全国文明单位”荣誉称号，获文化和旅游部“先进基层党组织”、中央和国家机关“青年五四奖章集体”等荣誉称号，入选首批文化和旅游行业智库建设试点单位。典藏阅览部获评“全国三八红旗集体”、古籍馆获评“全国文化和旅游系统先进集体”、中国古籍保护协会获评“全国先进社会组织”称号。

一、深入学习习近平新时代中国特色社会主义思想，推进党史学习教育走深走实走心

以中国共产党成立100周年为契机，进一步强化习近平新时代中国特色社会主义思想理论武装，切实将党史学习教育与贯彻落实习近平总书记给国图老专家回信精神结合起来，引导、教育全馆员工不断增强“四个意识”，坚定“四个自信”，做到“两个维护”。国家图书馆党委理论学习中心组全年组织集体学习15次。

成立国家图书馆党史学习教育领导小组。该小组制订了专门工作方案，围绕“学党史、悟思想、办实事、开新局”的要求，广泛开展党史学习教育活动。通过“微视频党课”征集评选、离退休员工“记忆国图”口述史整理和“红色文旅年华”访谈等形式，丰富学习交流形式，推动党史学习教育入耳、入脑、入心。组建党员志愿服务总队，推动党员常态化参与志愿服务，落实36项“我为群众办实事”实践活动。充分发挥馆藏红色资源优势，围绕建党百年主题，建设学习专区，设立红色文献专架，建设党建专题数据库，举办《共产党宣言》专题展览，开展专题讲座、国图公开课等活动，充分彰显国家图书馆的党史宣传教育阵地作用。

积极落实《文化和旅游部贯彻落实习近平总书记重要批示精神　深入做好公共图书馆改革创新工作的实施方案》，部署推进17项专题工作。组织召开“学习贯彻习近平总书记给国图老专家回信精神两周年座谈会”，进一步深化学习、深刻认识习近平总书记给国图老专家回信精神，回顾总结两年来国家图书馆深入贯彻落实习近平总书记回信精神工作情况，不断将学习成果转化为推动全馆事业发展的动力。

二、立足新发展阶段、贯彻新发展理念，推动构建“十四五”时期事业新发展格局

国家图书馆立足自身核心职能任务，编制发布《国家图书馆“十四五”发展规划》，围绕“智慧转型”“品质提升”“开放合作”三大战略，部署13项重点任务及22个专栏项目；制定印发《〈国家图书馆“十四五”发展规划〉分工方案》，细化部署199项行动举措，确保规划目标落到实处。组织编制《革命文献与民国时期文献保护计划“十四五”时期规划纲要》《全国图书馆文献缩微工作“十四五”发展规划》等。积极推动国家图书馆国家文献战略储备库工程、全国智慧图书馆体系建设项目、中华古籍保护计划、革命文献与民国时期文献保护计划、《中华传统文化百部经典》编纂项目等重大项目列入国家及文化和旅游行业“十四五”时期系列专项规划。支持中国图书馆学会、全国图书馆标准化技术委员会等行业组织编制发展规划。组织召开第十六届全国省、自治区、直辖市、较大城市图书馆馆长联席会议，交流研讨“十四五”时期事业发展思路。

三、启动实施全国智慧图书馆体系建设项目，引领带动全行业智慧转型创新

在文化和旅游部支持下，围绕图书馆事业智慧化转型发展深入开展调查研究，广泛听取各方面意见建议，不断完善全国智慧图书馆体系建设项目方案，推动项目获得国家财政立项支持，并被纳入“十四五”时期文化和旅游系列发展规划。制定《国家图书馆智慧图书馆建设工作方案》，建立专门工作机制，组建国家图书馆智慧图书馆建设领导小组，成立专项工作组，筹建全国智慧图书馆体系建设专家库。

部署启动20个基础性和试验性项目建设，主要包括：依托已有视频资源、古籍资源等，开展试验性知识资源和可视化知识关联图谱建设；探索建立智能咨询服务系统；建设知识产权管理平台，推动区块链技术在知识权益管理领域的示范应用；尝试利用私有云集成管理的方式满足各类系统平台对计算能力和存储能力等的需求；在全国选取江西、四川等地的8家省级图书馆作为试点，部署基于5G技术的安全交互网络；开展智慧图书馆理论研究；构建智慧图书馆标准规范体系等。此外，国家图书馆还通过招投标程序确定智慧图书馆建设概要设计承担单位。

同时，国家图书馆积极配合有关部门统筹全国项目建设。制定《智慧图书馆知识资源数据建设指南》及《知识资源细颗粒度建设和标签标引项目工作方案》，支持和指导各地图书馆立足各自资源优势和地方文化特色，开展资源建设和智慧化知识内容建设；举办线上专题培训班，为全国2000余名省级、地市级图书馆馆长和相关业务部门负责人提供专业指导；承办全国智慧图书馆建设联席会议第一次会议。

四、依法履行国家文献信息战略保存职能，持续推进国家文献信息资源总库与总目建设

国家图书馆适应社会信息环境发展变化趋势，研究调整各类文献信息采集、入藏与管理制度，积极推进国家书目与联合目录建设，传统介质资源与数字资源协调互补格局日益完善，文献信息组织加工、整合揭示与保存保护能力进一步增强。

（一）多元立体的馆藏文献信息资源体系日益完善

推进文献采选条例、捐赠文献接受管理办法、重印本入藏方案等馆藏发展政策修订调整。组建文献资源建设专家委员会，制定《国家图书馆文献资源建设专家委员会管理办法》。启动外文馆藏质量评价工作。全年入藏各类型文献 122.18 万册 / 件，馆藏文献总量达 4230.15 万册 / 件；外购数据库 253 个，数字资源存储总量达 2497.98TB。中国战“疫”记忆库完成 55 家单位及个人逾 1.68 万件作品入藏授权书签署，采集相关网络资源 10929 条，累计采集逾 3 万条。中国记忆项目采集功勋模范人物等重点领域代表性人物活态记忆资源 307 小时，入藏 63 部中国民族志纪录片和 1000 首中国传统音乐音视频资源；纪录片《口述国图》获首届“国际口述历史协会传媒奖”，入围第十一届北京国际电影节“纪录单元”展映。推动互联网信息战略保存基地资源整合应用与业务拓展，与新浪微博、阅文集团探讨微博、网络文学作品等的整合应用，与豆瓣集团、微信视频号平台就互联网保存基地建设和专题视频资源保存进行沟通。

（二）文献信息加工揭示能力进一步增强

全年制作书目数据 69.1 万条，书目数据总量达 1656.7 万条。完成 22.1 万余种中文图书名称规范控制，新建名称规范数据 11.2 万条；开发基于联合编目系统的名称规范共享接口，与复旦大学图书馆系统实现规范数据连通。围绕战“疫”记忆资源、外文黑胶唱片等新型文献信息入藏要求，组织制定有关编目规则和元数据规范。完成《中国图书馆分类法》第五版电子版升级研制与发行，修订《中国图书馆分类法》A 大类第二表方案，完成 CNMARC 与 MARC21 格式转换程序开发。完成文津搜索系统 9129 万余条元数据的核查和备份。完成 2020 年国家书目数据的整理和灌装，优化国家书目展示效果。

（三）文献信息典藏保护水平稳步提升

全年修复各类馆藏文献 4041 册 / 件、古籍缩微胶片 500 卷，“天禄琳琅”专项修复基本完成。完成传统缩微拍摄 25.2 万拍、数转模拍摄 86.3 万拍、民国期刊缩微胶片数字化 40.6 万拍，实现 254.5TB 数字资源的长期保存和 243.8TB 灾备中心数据备份。将 153 万余册文献装箱外迁至承德文献周转库，国家图书馆暂存文献总量达 1400 万册。推动北平图书馆旧址修缮工作，筹建国家纸质文献修复中心。

五、深入整理研究阐释文献典籍，大力弘扬中华优秀传统文化

国家图书馆深入实施中华古籍保护计划、革命文献与民国时期文献保护计划等重点文化工程，高标准推进国家典籍博物馆建设，不断提升传统文化典籍保存保护、整理研究、阐释利用与传播推广水平。中华典籍服务当代、服务社会的功能价值进一步凸显。

（一）中华古籍保护计划深入实施

基本摸清全国古籍资源分布和保存状况，基本完成全国汉文古籍普查登记工作，截至 2021 年底，累计发布汉文古籍普查目录 82.5 万条，《全国古籍普查登记目录》新增出版 15 种 18 册，“海外中华古籍书目数据库”新增书目数据 12 万条。举办古籍数字资源联合发布座谈会，联合全国 9 家古籍存藏单位发布古籍数字化影像资源 1700 余部 / 件；“中华古籍资源库”10 万部 / 件古籍资源实现免登录访问，网站流畅性和稳定性大幅提升。“《国家珍贵古籍名录》知识库建设”等 3 个项目入选 2021 年度国家古籍数字化工程专项经费资助项目。“传统书籍装帧技艺”入选第五批国家级非物质文化遗产代表性项目，“传拓技艺（甲骨传拓）”“敦煌遗书修复技艺”入选北京市第五批市级非物质文化遗产代表性项目。国家图书馆举办古籍修复培训班 4 期，培训 3000 余人次；依托国家古籍修复技艺传习中心及其全国附设的传习所，举办全国古籍修复技艺竞赛颁奖仪式暨古籍修复工作研讨会；编制《全国古籍保护人员名录》，建设古籍保护人才库。推进“中华经典传习项目”，新增 1 家单位挂牌“中华经典传习所”。“中华古籍普查文化志愿服务行动”连续实施 7 年并告一段落，累计完成古籍普查 24 万余部 186 万余册 / 件。国家图书馆举办“中华传统晒书”“寻找古籍守护人”等古籍保护宣传推广活动。组织召开全国古籍保护工作座谈会，总结近年来古籍保护工作成绩，研究下一步工作。

（二）革命文献与民国时期文献保护计划进展顺利

国家图书馆 2021 年新增民国时期书目数据 3819 条，出版《民国时期图书总目 · 宗教》，推进《革命历史文献专题书目（1911—1949）》的编纂工作。开展馆藏民国时期图书酸化程度测试工作。完成馆藏民国时期图书实验性建档工作，起草《民国时期图书分级保护工作方案（建议稿）》。评审立项 2021 年度革命文献与民国时期文献整理项目 14 项，全年出版图书 1192 册，累计出版 8522 册。征集入藏革命图书 65.7 万页、革命期刊 16.1 万页。完成“革命文献与民国时期文献保护网”版面设计更新和数据迁移；上线“革命历史文献资源库”，发布革命图书、革命期刊、革命报纸百万余页，加强对革命历史资源的深度挖掘与揭示。委托中国图书馆学会举办专题培训班，培训学员 110 余人次。

（三）中华珍贵典籍整理开发成果丰硕

《中华传统文化百部经典》新出版《淮南子》《孝经》等图书 10 种，累计出版 50 种；第一至五批（40 册）获第五届中国出版政府奖图书奖；《论语》等 11 种图书入选全国古籍整理出版规划

领导小组办公室首批推荐书目。编辑出版新版《鲁迅手稿全集》，共计七编78册，收录鲁迅手稿影像3.2万余页，较已出版的手稿增加近1.5万页。国家传统文化典籍整理工程2部成果交付出版，“长江、黄河、长城、大运河古籍文献整理与研究”等4个子项目顺利推进。建设中国历史文献总库平台，上线“民国图书数据库”“近代报纸数据库”“中华再造善本数据库”“红色文献数据库”等，其中“近代报纸数据库”入选国家新闻出版署“百佳数字出版精品项目献礼建党百年专栏”。国家图书馆出版社获国家出版基金项目3项，入选国家古籍整理出版资助项目10项。

（四）典籍文化挖掘阐释与传播利用方式不断创新

于2021年成立《永乐大典》研究中心。制作的5G全景VR《永乐大典》入选2021年全国文化和旅游装备技术提升优秀案例。开发的《山海经》图卷、“翰墨中国”智能书法等百余件文创产品获中国国际旅游交易会最佳展示奖，“永乐大典”“敦煌”“庆赏昇平”“食物本草”等主题文创产品先后在2021“北京礼物”旅游商品及文创产品大赛、2021年全国百佳文化创意产品评选等活动中获奖。

（五）国家典籍博物馆展陈服务水平进一步提升

举办“《共产党宣言》专题展”、“珠还合浦　历劫重光——《永乐大典》的回归和再造”展览、“伟业——庆祝中国共产党成立一百周年书法大展”等专题展览15场，全年接待公众参观26.26万人次。“中华传统文化典籍陈列”入选国家文物局重点推介项目。联合全国363家图书馆通过线上、线下两种渠道，共举办“珠还合浦　历劫重光——《永乐大典》的回归和再造”巡展490场，其中湖北巡展引发社会轰动。结合此次展览，策划推出沉浸式情景讲解，完成多个展览语音导览。继续打造“典籍大课堂”特色品牌，开设“探秘纸与书”专题班、“我是小小讲解员”永乐主题班、“知行合一”论语精读班等系列课程；举办典籍博物馆暑期夏令营；联合中小学校开展青少年传统文化研学游活动，提供团体参观讲解服务1059场次。以举办展览活动为契机，推进各类实物藏品征集入藏，全年新入藏藏品53种64件；组织研制《国家典籍博物馆实物类藏品入藏管理办法》，藏品管理系统基本搭建完成。

六、积极拓展线上线下服务阵地，不断提升专业知识服务水平与公共文化服务效能

国家图书馆有效履行为国家立法和决策服务，推动、引导、服务全民阅读等法定职能，面向中央党政机关、重点教育科研企事业单位和社会公众的分层服务体系进一步健全，服务效益和社会影响力持续提升。全年接待到馆读者164.68万人次；网站访问量112825.40万次，手机门户网站访问量9332.02万次；文献流通745.62万册次；举办公益性展览、讲座、培训870场，演出79场；解答各类咨询61.59万件。

（一）立法和决策智力支撑作用持续增强

全年为党政军等重点用户提供咨询服务 1720 件，编制各领域专报 518 期，其中《新时代博物馆事业高质量发展相关资料》得到全国政协领导的肯定和表扬。部级领导干部历史文化讲座推出 12 场线上专题讲座，并组织线下专场展览参观。建设国家图书馆军事科学院分馆，协助财政部分馆空间改造；在国务院办公厅设置图书专柜。为建党 100 周年文艺演出《伟大征程》建设集训场地阅读空间，为舞台背景及道具等内容展现是否符合史实提供文献参考，受到文艺演出领导小组办公室表扬。完成全国政协委员服务平台升级改造，建设海外中国问题研究资料中心网站，上线“书林撷英”新书推荐数据库。

（二）面向创新创造的专业知识服务成效逐步显现

全年完成重点科研教育生产单位信息咨询 10375 件，文献传递、馆际互借、国际互借 22115 件，代检索课题 5600 件。依托国家图书馆科学评价中心，进一步拓展面向重点教育、科研机构与企业的服务，完成《CGSS 数据产出文献计量分析报告》等科学评价报告。与中国图书馆学会共同参与申报中国科学技术协会“科创中国”项目，为试点城市重点产业发展提供专业化知识服务，所报项目“图书馆科技情报服务团”入选 2021 年度“科创中国”专业科技服务团示范项目。推进知识产权信息服务工作，国家图书馆入选“2021 年度国家知识产权信息公共服务网点”。

（三）公共文化服务体验不断优化

根据疫情防控形势，不断优化服务政策，完善读者证卡管理。中文开架图书实现“借阅一体化服务”，有效丰富外借图书品类，扩充外借图书总量。结合总馆北区四层地板维修改造，提升、优化阅读空间体验，调整总馆北区办证处等服务空间。实施国家图书馆少年儿童馆提升改造工程，推动其功能转型。借助 5G、全景视频、VR（虚拟现实）等先进技术，建成开放沉浸式阅读体验空间。积极助力“双减”工作，推出亲子阅读书单及阅读指导手册，组织举办线下阅读活动，录制“家长讲堂”视频讲座。开展智能养老系列公益活动，举办“关爱夕阳”老年课堂培训 24 次，累计培训老年读者 4400 余人次。完成读者云门户升级改造，年访问量超过 9200 万人次；上线新版手机门户网站，优化检索方式和展示效果。调整统一用户管理系统外购数据库访问权限，用户总量达 2011.8 万人。推出“网络书香・阅见美好”微信小程序，关联 1000 余家图书馆，为公众提供免登录、无门槛的数字阅读服务。举办“云上畅听会”少儿读书会、“文津少儿讲坛”、典籍文化展览等线上公共文化活动 262 场，总浏览量 2694.6 万人次。

（四）全民阅读服务品牌效益更加凸显

“4・23”世界读书日期间，国家图书馆联合全国图书馆开展“回望・传承・创新”主题系列活动。第十六届文津图书奖评选出获奖图书 20 种、推荐图书 49 种；450 余家图书馆参与宣传推广，较上届增长 120%。国图公开课制作发布“父辈的旗帜”等系列课程 89 期，累计时长 145 小时，平台年点击量 1.34 亿人次；举办国图公开课“千年回望王安石——纪念王安石诞辰 1000 周年”《百部经典》阅读推广特别活动，直播收看量达 803 万人次。“M 地铁 · 图书馆”“文津经典诵读”“国图讲坛”“文津读书沙龙”等阅读品牌的影响力和服务范围进一步扩大。文献共享借阅计划全年为湖北、河北、内蒙古等省（自治区）提供文献 69 万册。

七、持续深化行业交流合作与跨界融合创新，不断凝聚多方力量共同推进事业发展

国家图书馆坚持协调、开放、共享发展理念，积极拓展与国内外各类型图书情报服务机构和互联网知识服务领域头部机构的开放交流与战略合作，在国内外图书馆事务中的话语权和影响力持续增强，线上线下公共文化服务阵地不断延伸。

（一）业界交流合作平台作用进一步彰显

全国图书馆联合编目中心新增成员馆 180 家，上传数据 67.1 万条，下载数据 1296 万条。全国图书馆文献缩微复制中心成员馆完成传统拍摄 23.4 万拍、数转模拍摄 36.2 万拍、善本缩微胶片数字化 93.7 万拍。国家图书馆组织阅读指导、古籍保护、智慧图书馆建设、文创开发等领域业界培训，累计参训超过 10 万人次。通过选派优秀干部挂职锻炼、选派“文化和旅游部订单式援疆人才”援疆、开展“公共数字文化服务小分队下基层”活动、开展“春雨工程 · 网络书香”数字阅读推广活动等形式，为西藏、新疆、贵州、福建等地区图书馆提供专业指导和技术支持。“春雨工程 · 网络书香”数字阅读推广活动入选 2021 年“春雨工程”全国示范性志愿服务项目。支持中国图书馆学会组织举办第八届青年学术论坛、全国十五城市公共图书馆工作研讨会、全国县级图书馆馆长培训班等活动。支持中国古籍保护协会召开第二次会员代表大会和二届一次理事会，选举产生新一届理事会和常务理事会，成立典籍博览交流专业委员会、典籍文创工作委员会；支持全国图书馆标准化技术委员会组建第三届委员会。推动图书馆纳入《“十四五”期间进口科学研究、科技开发和教学用品免税清单（第一批）》适用范围。

（二）国际交流合作务实推进

参加第 86 届国际图联大会、俄罗斯图书馆协会二十五周年年会、亚大地区国家图书馆领导者对话活动等线上会议 22 场，组织召开中英图书馆论坛、第四届中国与阿拉伯国家图书馆及信息领域专家会议。打造丝绸之路国际图书馆联盟品牌，举办首届丝绸之路国际图书馆联盟大会、第三届丝绸之路国际图书馆联盟论坛，发布联盟管理办法及年度重点项目。与英国国家图书馆、新加坡国家图书馆管理局签署合作协议，推进“中国之窗”海外赠书项目。“中法门户网站”完成内容更新，“中阿电子图书馆”入选世界互联网大会《2021 携手构建网络空间命运共同体实践案例集》。切实履行国际图联保存保护中国中心、中文语言中心职责，与中国图书馆学会共同组织推荐国内优秀专家参与国际图联任职人员改选，支持馆内 16 名管理干部和业务骨干在国际图联各下设机构任职。

（三）多元互补发展格局逐步优化

与中国文物保护基金会合作，启动中国文物保护基金会字节跳动古籍保护专项基金，合作开展《永乐大典》“湖”字册等100册/件全国珍贵古籍修复工作；利用中国文物保护基金会花呗文物守护专项基金修复保护敦煌遗书。与阿里巴巴公益基金会合作开展“汉典重光”古籍数字化公益项目。与社会力量合作共建“国图·津湾文创空间”“颐和园书院·霁清轩”，创新推动文化旅游融合发展。与北京出版集团、中国科技馆、中国美术学院、上海社会科学院世界中国学研究所等达成战略合作。

八、创新推动人才和科研工作，不断夯实高质量发展的专业优势

国家图书馆认真贯彻落实中央人才工作会议精神，以促进事业高质量发展为目标，积极建立适应事业发展需要的人才队伍和研究体系，推动事业发展与科研工作、人才队伍建设的协同融合和良性互动。

（一）高素质人才队伍建设根基进一步夯实

立足事业发展需求，调整优化部分内设机构及职责：内设机构增加、撤销、加挂牌子3个，调整职责2个；科组增加、撤销、合并、更名、划转17个。完成48名处级干部、58名科级干部、4名馆属企业管理岗位人员的聘任和职务调整工作，组织开展全员聘任工作。接收高校毕业生30人，引进展览内容策划与藏品研究领域紧缺人才1人；组织完成2名博士后出站。完成2021年度专业技术职称评审，推荐晋升研究馆员6人、高级工程师6人、副研究馆员50人。优化调整收入分配政策，激发干部职工干事创业积极性。举办第五届青年学术论坛，召开青年员工座谈会、岗位建功经验交流会。注重领军人才培养，推荐2名优秀员工参与上级单位组织的青年拔尖人才和宣传思想文化青年英才评选，1人获批享受2020年国务院政府特殊津贴，1人获“全国杰出专业技术人才”称号。

（二）围绕事业发展关键问题的研究交流日益活跃

加强科研工作管理，支持员工申请并获立项国家和省部级科研基金项目7项，完成12项馆级科研项目、1项文化艺术和旅游研究项目、2项国家社会科学基金项目结项验收。深入开展图书馆事业发展研究和政策研究，配合有关部门组织研制《公共图书馆馆藏文献信息处置管理办法》等政策制度，成功推动《古籍保护条例》立法工作纳入国家立法和普法计划。依托全国图书馆标准化技术委员会、全国文献影像技术标准化技术委员会，深入推进图书馆领域标准化研究，立项启动国家标准和行业标准制修订项目5项，制定发布标准4项。《全国智慧图书馆体系建设研究报告》获评全国文化和旅游系统2020年度二十佳调研报告，《副省级以上公共图书馆立法和决策服务情况的调研报告》获“根在基层”2021年文化和旅游部青年干部调研实践活动一等奖。编辑

出版《中国图书馆年鉴》《中国图书馆事业发展报告·图书馆建筑卷》，主办《中国图书馆学报》《文献》《国家图书馆学刊》《文津流觞》《古籍保护研究》《书志》等学术刊物。推进文化和旅游行业智库建设试点工作，开展国内智库建设与运行管理调研。

九、持续推进管理运行机制改革，积极营造良好事业发展环境

国家图书馆坚持依法依规治馆，不断完善综合管理运行体系，进一步健全制度规范体系，积极培育和谐组织文化，有效整合全馆人、财、物等资源，协同保障各项事业健康有序发展。

（一）科学民主决策机制不断健全

坚持民主集中制，全年召开馆务会68次、馆长办公会60次、馆长通气会3次。完善部处双周工作动态报送和发布机制，推进部门间信息交流与共享。完善国家图书馆理事会运行机制，组织召开第四次、第五次理事会全体会议。组织召开第二届职工代表大会第十一次全体会议、国家图书馆第四次工会会员代表大会暨第三届职工代表大会，围绕国家图书馆“十四五”发展规划、年度工作要点等重大决策事项，广泛听取全馆员工意见建议。

（二）内部制度建设不断加强

修订《国家图书馆公文处理办法》《国家图书馆会议制度和管理规定》《国家图书馆国有资产管理办法》《国家图书馆合同管理办法》《国家图书馆网站版权声明》，制定《国家图书馆文献资产管理办法（试行）》《国家图书馆馆藏文献开发收费工作方案》《国家图书馆采购代理机构管理工作办法》《国家图书馆新闻宣传工作管理办法》《国家图书馆新媒体管理办法》等，不断提升公文流转、会议组织、新闻宣传、经费收支、合同审批、国有资产管理、政府采购等工作的科学化、规范化水平，提高管理运行效率。严格规范接待流程，全年接待中共中央宣传部、全国人大、国务院办公厅等单位人员参观调研58批次1011人次。建立内部控制建设问题台账。有效应对、妥善处理各类诉讼案件，贯彻落实新修改的《中华人民共和国著作权法》，系统梳理馆藏数字化资源及其在线服务侵权风险，及时调整馆藏非公有领域数字化资源服务政策。

（三）财务和国有资产管理规范有序

加强财务预算管理，严格把控经费收支，当年预算55453.57万元，预算实际执行进度98.16%。积极拓展多元资金支持，推动建立“北京国家图书馆事业发展基金会”。成立经营管理处，强化企业监管和服务。提升资产使用效益，全年节约办公经费52万元。推进文献信息管理辅助系统、房产管理系统建设，提升资产精细化管理水平。完成15个政府采购项目的风险审查，完成22个政府采购项目及51个馆定集中采购项目招标谈判工作。

（四）全媒体营销宣传矩阵逐步完善

全年宣传报道总数近2万条，组织集中宣传活动40余次，发布平面媒体专版专栏18个、广电专访10次、网络专题直播7个。与中央广播电视总台合作开展《典籍里的中国》《中国地名大会》《中国国宝大会》《国家宝藏》等大型专题节目录制工作。第十六届文津图书奖发布活动得到新华社、人民日报社等13家媒体现场直播，累计观看量超760万次。国家图书馆发挥新媒体优势，联合央视频、抖音等平台开展直播探馆活动，累计播放量突破1000万次，创历史新高；新浪微博“全民阅读季”第三季活动话题阅读量23.2亿次、话题讨论量257.7万次，登上微博热搜榜、微博视窗和要闻榜；《寻找古籍守护人》视频累计播放量16亿次；《智慧，穿阅千年》视频累计播放量达1014.2万次。“国家图书馆通讯”微信公众号全年发布稿件428篇。全年向文化和旅游部报送信息107篇，位居文化和旅游部各直属单位前列。官方微博用户78.4万人，年阅读量7029.9万次，获2020年度“全国十大文旅微博”等3项荣誉；官方微信订阅号用户92.8万人，年阅读量170.3万次，获评“走好网上群众路线百个成绩突出账号”、第五届“大众喜爱的阅读新媒体号”；官方抖音号获评“2020年政务抖音号优秀创作者”。

（五）安全风险防控坚实有力

严格落实各项疫情防控措施，维护馆区安全稳定、保障全馆防疫物资供应充足，组织开展全员新冠疫苗接种工作，做到应接尽接、愿接尽接，总接种5750剂次。全面落实安全生产主体责任，全年组织安全检查30余次，排查整改安全隐患50余个，妥善处理各类公共安全事件近20起；落实消防、安防设备技术标准要求，加强日常巡检、维护；广泛开展消防安全宣传教育培训，组织员工参与线上答题、消防演练和实操实训考核，重点开展火灾隐患常态化治理和电动车充电安全专项检查、整治工作，着力提升员工消防安全意识和应急处置能力，全馆防控事故能力和消防“四个能力”建设水平得到有关部门充分肯定。

制订网络安全发展规划，优化总馆南区网络架构，组织开展网络安全攻防演习和网络安全培训，定期进行网络安全风险排查和系统安全加固，加强建党100周年等重要节点网络安全保障，完成网络安全等保合规差距分析及规划设计，开展互联网链路调整及总馆北区无线网络升级，全年处理各类网络故障60余次，阻断互联网高风险事件8000万余起，拦截垃圾邮件122万余封，网络空间管控能力进一步提升。深入贯彻落实保密工作责任制，制定《国家图书馆保密工作管理暂行办法》，开展保密工作自查自评，梳理排查风险点和薄弱环节，加强涉密岗位人员管理，组织开展保密知识学习活动。

（六）后勤保障能力不断提高

圆满完成全馆及各类重要活动的供电、供水、供暖、空调、医务、收发、保洁、防汛、车辆管理、系统设备运行保障等任务，中央空调安全运行6672小时，车队安全行驶22万余公里。完成二期数据中心机房、四库全书库空调系统、员工食堂油烟净化系统、总馆南区夜景照明系统等改造项目，积极推进运行保障维护调度中心、总馆北区基础设施设备等改造项目。持续开展节能减排工作，对照明、中央空调、动力用电系统进行节能改造，最大限度发挥资源效能，建设节约型单位。贯彻落实国家生育政策，优化生育服务与管理工作。配合海淀区成功创建“国家卫生区”，保持“北京市健康单位”荣誉，加强对物业公司的监督管理和工作考核，推进对馆区草坪的绿化提升工作，营造良好馆容馆貌。

（七）群团组织作用切实发挥

组织召开国家图书馆统战工作会议，为事业发展提供坚实保障。全力做好人大代表换届选举选民登记工作，组织全馆员工有序参加投票。举办第十四届员工运动会，开展群众性健身活动，获“健康中国我行动”全国广播体操云比赛“悦动打卡赛”一等奖。开展读书分享会、“清明祭英烈”等主题活动。召开共青团国家图书馆第九次代表大会，选举产生新一届团委委员。做好国家图书馆“智慧团建”系统管理和应用工作，推进共青团信息化建设。

（八）对干部员工的关心关怀继续落实落细

调整医疗报销款支付方式，增加员工体检项目，为全体员工购买北京市公园年卡。进一步加强食堂经营管理，推出多项便民措施，上线“智慧食堂”系统。面向女员工、青年员工、复转军人等开展主题观影、亲子互动、升学政策讲座等活动。开展员工生日慰问，面向有特殊困难的员工开展“送温暖”活动。关心离退休员工家庭就医、救助等实际需求，慰问离退休老同志 140 余人次；支持离退休员工以线上和线下形式参与书法、摄影、舞蹈、合唱、乒乓球等各类文体活动，深入践行文化养老；上线离退休党群服务管理系统，实现离退休干部服务管理全天候、全时段、全覆盖。

十、坚持党建与业务深度融合发展，有效提升党建工作质量水平

国家图书馆始终坚持正确政治方向，坚持以党的政治建设为统领，以坚定理想信念宗旨为根基，扎实推进各级基层党组织的政治建设、思想建设、组织建设、作风建设和纪律建设，为推进事业转型创新发展提供强大动力和坚强保障。

（一）全面从严治党主体责任落实到位

坚持馆内所有重大业务工作与党建工作同部署、同安排、同考核，不断完善党建工作责任制，增强党政统筹力度。制定《国家图书馆加强“一把手”和领导班子责任监督工作的落实方案》，推动构建“一级抓一级、层层抓落实”的监督工作格局。严格执行重大事项请示报告制度，全年向文化和旅游部党组提交请示报告 228 件。扎实落实文化和旅游部党组巡视年度各项整改任务。建设国家图书馆智慧党建平台，以信息化手段提升党建工作规范化水平。

（二）意识形态工作责任制严格落实

把意识形态工作纳入重要议事日程，定期开展全馆意识形态工作专题研究，不断完善覆盖各业务环节、服务界面的意识形态管理机制，全面加强馆藏、展品及出版物、阅读推广活动、讲座展览、培训演出、对外交流合作等领域意识形态把控与审核。印发《国家图书馆舆情应对机制工作方案》《关于加强网站发布信息内容审核的通知》，加强网络意识形态阵地建设，建立健全对突发事件的响应机制。建设国家图书馆审读平台，强化对各类文献资源意识形态安全的数据分析与内容审核。组织开展意识形态工作培训，提高关键岗位员工和馆属企业防控意识形态风险、维护意识形态安全的能力。

（三）基层党组织战斗堡垒作用有效发挥

全面推进党支部标准化、规范化建设，完成党支部换届选举，全年新发展党员 15 人、预备党员转正 10 人，选派 6 名党员干部参加中央和国家机关、文化和旅游部党校学习。充分发挥党员先锋模范作用，组织召开“两优一先”表彰大会，评选表彰先进党支部 6 个、优秀共产党员 50 名、优秀党务工作者 6 名，向文化和旅游部推荐优秀共产党员 10 名、优秀党务工作者 1 名；为 80 名老党员颁发“光荣在党 50 年”纪念章。完成“文化和旅游部直属事业单位党的组织建设经验与启示”课题。成立经营管理处党支部，加强对馆属企业党建工作指导。

（四）党风廉政建设深入推进

建立健全党委、纪委定期会商研判机制，完善财务管理制度，不断推进党风廉政建设。严格贯彻落实中央八项规定精神，驰而不息纠治“四风”问题。深入开展反腐倡廉教育，聚焦“四风”变异表现以及“关键少数”“关键领域”，引导党员领导干部不断筑牢廉洁自律思想防线。深化运用监督执纪“四种形态”，依纪依规做好信访举报和纪律审查工作，建立信访台账，加强监督执纪问责力度，营造风清气正的良好政治生态。持续深入开展“厉行节约、反对浪费”活动，在全馆范围内形成崇尚节约的良好风尚。

特别记载

特别记载

一、国家图书馆召开学习贯彻习近平总书记给国图老专家回信精神两周年座谈会

9 月 13 日，国家图书馆召开学习贯彻习近平总书记给国图老专家回信精神两周年座谈会，进一步深化学习、深刻认识习近平总书记给国图老专家回信精神，回顾总结两年来深入贯彻落实习近平总书记回信精神工作情况，以习近平总书记回信精神为指引，全面推动国家图书馆事业转型创新发展。馆党政领导班子成员及各部处和各馆属企业主要负责人参加会议。

会上，有关部处的 6 位负责人做交流发言，对照《关于深入学习贯彻落实习近平总书记给国家图书馆老专家回信精神　推动事业创新发展的实施意见》及有关项目工作台账，分别汇报两年来本部处各项工作的具体举措和主要成果，以及对未来有关工作的考虑和建议。

党群工作办公室主任荣杰从“学深悟透习近平总书记回信精神，持续推进党的创新理论武装”“坚持正确政治方向，积极协调落实部党组巡视整改任务”“学习贯彻新时代党的组织路线，全面提升党支部标准化规范化水平”“加强党员教育管理，发挥党员先锋模范作用”等方面进行汇报。离退休干部处处长孙乐从“坚持以知促行，深入贯彻回信精神”“强化政治建设，坚持正确政治方向”“把握时代趋势，创新服务管理模式”“突出工作重点，推进离退休工作发展”等方面进行汇报。典藏阅览部主任李晓明重点介绍“坚持正确的政治方向，推动党建和业务深度融合”“创新服务方式，提升服务效能”“弘扬优秀传统文化、革命文化”等方面的工作。数字资源部主任谢强从“认真组织，深入学习总书记回信精神”“稳步落实，扎实开展工作台账项目建设”“积极创新，推动事业高质量转型发展”“立足职能，打造精品数字资源服务”等方面进行汇报。民国时期文献保护工作办公室主任马静从“不断拓展文献普查内容”“大力加强海内外文献征集”“深入推进重点专题文献整理”“不断加强实体文献保护”“加强文献数字化与专题资源库建设”“做好宣传推广和人才培养”等方面进行重点汇报。后勤服务管理中心主任曹伟重点介绍该中心在确保完成各项服务保障任务的基础上，依靠科技进步、队伍建设，着力提高后勤管理服务水平，逐步建立服务型后勤、智慧型后勤和管理型后勤等三大体系，促进传统后勤向现代后勤转型等方面的情况。

最后，国家图书馆馆长、党委副书记熊远明讲话。他指出，近两年来，在文化和旅游部党组的正确领导下，在馆党政领导班子的带领下，全馆干部职工认真学习贯彻习近平总书记一系列重要论述精神，以习近平总书记给国图老专家回信精神为指引，不断提升国家图书馆事业发展水平和服务能力，在传承中华文明、提高国民素质、推动经济社会发展中发挥重要作用。他强调，要继续坚持以习近平新时代中国特色社会主义思想为指导，将深入贯彻落实习近平总书记给国图老专家回信精神作为当前和今后一段时期的重要政治任务，进一步深入学习领会习近平总书记对新时代国家图书馆初心使命和事业发展方向、发展任务的指示精神，坚持在“常学常新”中准确把握其丰富内涵与核心要义，自觉将习近平总书记回信精神作为推动事业创新发展的行动指南。他要求，要从“深入学习贯彻习近平新时代中国特色社会主义思想，始终坚持正确的政治方向”、

“进一步夯实业务基础，不断提升国家图书馆依法履职能力”、“进一步贯彻新发展理念，全面推进‘十四五’时期各项事业高质量创新转型”等三个方面，勇担开拓创新、转型发展的时代责任，凝心聚力、再接再厉、奋发有为，以实际行动回报习近平总书记的关心关怀，建设好让党放心、让人民满意的国家图书馆，为建设社会主义文化强国、实现中华民族伟大复兴再立新功。

二、国家图书馆举办庆祝中国共产党成立 100 周年系列活动

2021 年是中国共产党成立 100 周年，也是“十四五”规划实施的开局之年，全面建成小康社会的巩固提升之年，是党的建设历史上极为重要的一年。国家图书馆进一步贯彻落实党的十九届五中全会关于文化建设的部署以及习近平总书记给国图老专家回信精神，充分发挥国家图书馆在弘扬社会主义核心价值观，促进“四史”教育方面的重要作用，策划、举办系列庆祝建党 100 周年主题活动。

（一）举办《共产党宣言》专题展

7 月 8 日，由国家图书馆与中共浙江省委宣传部共同主办的《共产党宣言》专题展在国家典籍博物馆第三展厅开展。展览开幕式上，文化和旅游部党组书记、部长胡和平出席活动并宣布展览开幕，文化和旅游部党组成员、副部长，国家图书馆馆长饶权出席活动并致辞，中共浙江省委宣传部副部长、省文明办主任俞慧敏，著名藏书家金亮，北京外国语大学教授、德文翻译家李逵六等分别致辞。国家图书馆党委书记、副馆长魏大威主持开幕式。

该展览是迄今为止关于《共产党宣言》最为全面系统的展览，也是国家图书馆利用现代展陈手段，挖掘馆藏革命文献举办红色主题展览的最新成果。展览以《共产党宣言》为切入点，全面而生动地讲述了这部伟大著作的诞生缘起、主要内容、发展历程与现实意义等，阐释其历史价值、文献价值和时代价值，为新时期感悟马克思主义经典、坚定马克思主义信仰提供文献支撑，进而让观众深刻感悟中国共产党团结带领中国人民开辟的伟大道路、创造的伟大事业、取得的伟大成就。

展览共分为“《共产党宣言》的诞生”“《共产党宣言》在世界的传播”“《共产党宣言》在中国的传播”“画说《共产党宣言》”四个单元，生动叙述了马克思、恩格斯的生平及他们缔结革命友谊的历程，《共产党宣言》的诞生背景及过程，正文与七篇序言内容，等等；详细梳理《共产党宣言》在世界上的主要传播途径、不同语种译本的基本情况等；通过大篇幅的资料讲解，深入探寻《共产党宣言》在大革命时期、土地革命战争时期、全民族抗日战争时期、解放战争时期的传播与影响，以及在社会主义革命和建设时期、改革开放和社会主义现代化建设新时期马克思主义中国化的成果；特别展出有关《共产党宣言》的艺术创作与以马克思、恩格斯为主角的连环画、漫画等。

展览重点突出《共产党宣言》在中国的传播，系统整理了《共产党宣言》在中国的摘译、全译、传播等详细信息及相关历史人物事迹，深入介绍其在中国革命进程中产生的影响，配合展出

陈望道、华岗、成仿吾、徐冰、博古和中央编译局等专家和机构翻译的重要中文全译本，让观众可以直观感受中译本《共产党宣言》的版本之多、版本之美，了解各译本背后的故事。

该展览共展出各类文献422种，包括中文文献166种、外文文献256种。其中，《共产党宣言》305种，涉及中文、德文、英文、俄文、法文、意大利文、日文、荷兰文、挪威文、瑞典文、西班牙文、希腊文、僧伽罗文、马拉雅拉姆文、印地文等55种语言。国家图书馆现藏最早的德文版《共产党宣言》（1883年哥廷根印本）、英文版《共产党宣言》（1888年伦敦印本），1948年出版的"百周年纪念版"俄文《共产党宣言》，伪装本《共产党宣言》，陈望道签名本《共产党宣言》，1973年上海书画社刻本《共产党宣言》等，均在此次展览中亮相；《英国工人阶级状况》1845年德文版、《资本论》德文初版（1867年汉堡印本）、《资本论》1887年英文版（第一卷）、《马克思致尼古拉斯·德利乌斯教授的信》和《恩格斯致保罗·拉法格的信》等珍贵马恩手稿原件，列宁手稿复制件《工人同志们！大家都来进行最后的斗争！》等，也在重要展品之列。此外，观众还可以看到包括善本、普通古籍、西文善本、手稿、期刊、报纸等多种类型的珍贵红色革命历史文献。

为顺应智慧图书馆的发展趋势，展览采用重点陈列与密集陈列相结合的方式，推出"《共产党宣言》国际传播"互动书架、《共产党宣言》电子翻书等多媒体项目，设置版本书影墙、党旗宣誓墙等拍照打卡区域，增强知识性、趣味性和互动性，满足不同观众的观展需求。

此外，在展览策划初期，为完善藏品信息，方便展品遴选，展览部联合缩微文献部、外文采编部，完成中共浙江省委宣传部提供的《共产党宣言》藏品的拍摄、编目等资料的整理工作，总计拍摄文献1135册，其中黑白缩微拍摄1130册、彩色缩微拍摄1131册，拍摄胶卷83卷78121拍，外文文献与音像制品编目1035件。

在新冠肺炎疫情防控实施预约限流的情况下，截至2021年底，该展览的参观人数达23216人次。自开展以来，该展览已承接近百场党建活动，成为开展党史学习教育的重要阵地。"国家典籍博物馆"微信公众号专门针对该展览推出"展品推荐"系列，发布推文16篇，从小专题的视角拓展丰富展览相关知识，注重文物故事阐释，获得观众广泛好评。

（二）开展"重温光辉历史　牢记初心使命"建党100周年党建系列活动

1. 深入开展系列专题学习

馆党政领导班子高度重视学习教育活动，组建馆党史学习教育领导小组。组织全馆党员干部持续深入学习习近平总书记年内系列重要讲话和重要指示批示精神，深刻认识党的百年奋斗重大成就和历史经验。召开"学习贯彻习近平总书记给国图老专家回信精神两周年座谈会"，与落实文化和旅游部党组巡视整改任务相结合，推进"落实回信精神"项目稳步实施。认真学习文化和旅游部部长胡和平专题党课，深刻领会共产党人的精神谱系。

2. 举办主题征文、书画、摄影、视频作品等比赛展示活动

举办"重温光辉历史　牢记初心使命"书画、摄影作品征集展示活动，向全馆员工（含离退休员工）征集书画、摄影作品295幅，评选并展出100幅优秀作品；策划开展"微视频党课"征集评选活动，录制42个微视频党课作品；举办青年学术论坛，组织员工参加文化和旅游部系统党

史学习教育理论研讨征文，组织庆祝中国共产党成立100周年保密知识竞赛等活动，引导员工结合实际深入学习党史。

3. 组织主题宣讲活动

开展“永远跟党走”群众性主题宣传教育活动和“四史”宣传教育活动。策划“文献背后的革命故事”主题宣讲，围绕国家图书馆馆藏红色革命文献等特色资源，在北京市部分中小学和社区开展系列红色宣讲志愿活动。

4. 组织党员志愿服务活动

组建党员志愿服务总队，推动党员常态化参与志愿服务。全年开展“我为群众办实事”实践活动36项。积极推进“春雨工程·网络书香”数字阅读推广活动。实施文献共享借阅计划志愿服务项目，2021年累计为中西部及边疆省级公共图书馆提供69万册文献。与北京市海淀区紫竹院街道和西城区月坛街道等社区开展志愿者联学共建，向社区推送国家图书馆优质文化资源。

5. 开展表彰慰问

组织召开国家图书馆“两优一先”表彰大会；举办新党员代表入党宣誓仪式，参会党员重温入党誓词；举行“光荣在党50年”纪念章颁发仪式，并于“七一”前夕以集中颁授、走访慰问等多种形式为80位老党员颁发纪念章。

（三）组织“讲好党的故事　传承红色基因”系列活动

1. 举办建党100周年讲座

5月9日，国图讲坛特别策划推出“红色经典里的中国”系列讲座，包括“走向人民文学——从1921年的文学说起”“红色文学经典与民族形式塑造”“新中国革命历史题材的美术创作”“抗战时期——艾青的诗歌创作高峰”“一条大河：人民音乐家刘炽作品中的人民与祖国”“礼敬先贤——百年红色经典舞蹈回眸”等6场讲座。

2. 上线“国图公开课”党史专题课程

国图公开课与中共中央组织部党员教育中心合作，特别推出“父辈的旗帜”党史专题课程，邀请亲历长征的红军将士后代作为主讲嘉宾，围绕其父辈留下的珍贵历史文献资料，讲述父辈们在长征过程中的感人故事。课程一共8讲16期。该系列课程在共产党员网、人民网上线发布。

3. 建设建党100周年专题页面

搭建国家图书馆庆祝建党100周年活动移动端线上综合展示平台，整合国图公开课“父辈的旗帜”党史专题课程、“红色经典里的中国”系列讲座、“重读红色经典　坚定理想信念”阅读专题、革命历史文献专题资源库等相关内容，引入“百首红歌献给党”红色音乐库，形成集电子书与音视频资源阅览等功能于一体的移动端线上专题展播。

建设“百年历史　伟大征程”国家图书馆网站专题网页，网页包括“学党史悟思想　办实事开新局”“整合珍贵资源　汇聚红色史料”“讲好党的故事　传承红色基因”“在线读书学习　提升党员素质”4个栏目。

4. 举办“致敬经典·艺术里的红色记忆”系列活动

4月18日，举办该系列活动首场讲座，著名评书表演艺术家、国家级非物质文化遗产（北京评书）项目代表性传承人田连元带来评书表演《秋收起义上井冈》。5月16日，举办系列活动第二场讲座暨首场文化沙龙“话说《东方红》”，李光羲、林中华、赵青、才旦卓玛、邓玉华5位老艺术家齐聚一堂，与观众分享这部经典巨作背后的故事。5月24日，与中国音乐学院合作，以“回顾和传承红色经典”为主题策划演出中国民族歌剧《江姐》音乐会。5月30日，著名词作家、诗人、中央文史研究馆馆员、文化和旅游部原副部长陈晓光主讲“中国歌曲100年”公益讲座。6月14日，举办电影《周恩来》（精选）公益展映，特邀影片中周恩来总理的饰演者、著名电影艺术家王铁成，导演、著名电影艺术家丁荫楠莅临现场做导赏。7月2日，联合满天星业余交响乐团共同举办“1921—2021庆祝建党100周年专场音乐会”。7月3日，举办“永远做党的好女儿”公益讲座，特邀著名电影表演艺术家田华讲述自己的从艺经历。7月4日，举办电影《青春之歌》展映，特邀影片主演、中国电影金鸡百花终身成就奖获得者谢芳与著名男高音歌唱家张目夫妇参加。

（四）建设发布系列党建特色专题数据库及专题书、刊展示

1. 建设“革命历史文献专题资源库”

“革命历史文献专题资源库”包含“革命图书”“革命期刊”“革命报纸”3个子库，文献内容涵盖马克思主义经典著作及其中国化的重要成果，我党、我军以及各革命团体在解放区和根据地编印、出版的文献资料，国统区、敌占区发行的进步书刊等珍贵革命历史文献。发布革命图书6255种、革命期刊170种、革命报纸14种，总量超过100万页，为党政军机关及学术机构提供服务。

2. 建设“百年历史　伟大征程——十八大以来党建资源特色专题库”

该专题库深度挖掘国家图书馆实体文献、特色数字馆藏、数据库等各类资源，包括党建理论、党章党规、中央文件、研究著作等内容。

3. 建设“中国历史文献总库·红色文献数据库”

该数据库入选北京宣传文化引导基金项目，共包含红色图书6300余种、红色期刊一期上线100余种、红色报纸一期上线70余种，总量超100万页，总容量200GB。

4. 开展党史学习专题图书、红色期刊专题展示活动（参见“服务工作”之“年度掠影”）。

（五）整理出版红色文献，遴选经典图书参加建党百年出版物专题展

1. 整理出版专题史料

举办“继承百年传统　赓续红色血脉——红色文献整理与研究学术研讨会”，策划出版《中国共产党党报党刊史料丛编（1920—1949）》（第一辑50册）、《马克思主义在中国的传播资料汇编》（第一辑10册）等重点主题出版物。

2. 多种图书被遴选参加建党百年出版物专题展

《中华再造善本》《中华传统文化百部经典》《古本戏曲丛刊》等经典图书相继被遴选参加中宣部出版局在中国共产党历史展览馆举办的“播思想火种　铸文化伟业——庆祝中国共产党成立

100周年出版专题展”、第三十届全国图书交易博览会“庆祝建党100周年主题展暨全国出版物精品展”、第二十八届北京国际图书博览会“庆祝中国共产党成立100周年精品出版物展”。

三、国家图书馆举办《共产党宣言》专题展（参见“特别记载”之“国家图书馆举办庆祝中国共产党成立100周年系列活动”）

四、国家图书馆开展“我为群众办实事”实践活动

2021年党史学习教育开展期间，国家图书馆党政领导班子从讲政治的高度推进“我为群众办实事”实践活动，始终牢记“国之大者”，践行党的初心使命和根本宗旨，立足图书馆职能，将工作聚焦到与群众密切相关、直接服务群众的实事上来，实实在在解决群众“急难愁盼问题”，推进实践活动出成果、见实效，切实为群众办实事、办好事。

（一）完善服务政策，创新服务方式，不断提升公共文化服务效能

一是优化调整服务空间，提升服务效能。根据疫情防控形势，不断优化调整服务政策、开放区域和服务空间格局，调整总馆北区办证处等服务空间，进一步优化读者证卡管理。实现中文开架图书“借阅一体化服务”，读者可在同一区域获得阅览和外借服务，节省在不同功能服务区之间奔波的时间成本，优化服务体验。这一服务获得读者广泛好评。

二是改进老年人服务，保障老年人文化权益。于年初制订专项方案，解决60周岁以上老年人因运用智能技术困难入馆不便的问题，提供人工帮扶、保留免预约名额、保留传统预约方式。开展老年课堂培训，设计关于智能技术运用等方面的培训课程，全年举办培训16场，累计培训3200余人次。围绕卫生保健等老年人关心关切的重点领域，开展专题资源建设与推介服务。结合中秋节、重阳节等传统节日，为老年读者举办专题讲座、展览、公益演出等公共文化活动。

三是创新服务方式，设立“沉浸式”阅读体验区。以“十四五”规划为引领，全面推进智慧图书馆建设，建成开放“沉浸式”阅读体验区。体验区借助5G、全景视频、VR等先进技术为读者提供一种全新的阅读方式，打造“全景展厅”和“阅读树”两个沉浸式展览项目，为广大读者带来一种身临其境、跨越时空的文化体验。

四是促进全民阅读，联合业界开展阅读推广活动。完成第十六届文津图书奖评选发布，揭晓20种获奖图书、49种推荐图书，为全民阅读提供丰富内容。启动第十七届文津图书奖评选工作，邀请广大读者推荐图书，让优秀图书来自读者、服务读者。组织策划“走进红色故土，开展科普播撒书香”主题活动，走进河北阜平、山东临沂、山西兴县、陕西延安、福建上杭等革命老区图书馆开展阅读推广活动，通过举办线上线下专题展览、设立专题书架等形式，宣传推广文津图书奖获奖图书和《中华传统文化百部经典》，并捐赠相关图书，满足革命老区人民的阅读需求。

（二）挖掘利用馆藏资源，用社会主义先进文化、革命文化、中华优秀传统文化培根铸魂

一是建设“革命历史文献专题资源库”。该资源库于2021年7月建成并提供服务，向中国共产党成立100周年献礼，发布革命图书、革命期刊、革命报纸100万页，涵盖马列主义经典著作的译本和宣传马列主义的文献资料，我党我军以及相关革命团体编印、出版的文献资料，解放区和根据地的相关文献资料，国统区、敌占区发行的进步书刊，有关共产国际与中国革命的文献资料等。

二是用好红色资源服务党史学习教育。举办《共产党宣言》专题展，辅以多媒体展示等现代化展陈手段，设置互动书架、电子翻书、场景展示区、版本展示墙等集知识性、趣味性和互动性于一体的展陈项目，为观众提供更顺畅、舒适、立体的观展体验。举办“伟业——庆祝中国共产党成立一百周年书法大展”之“崇高信仰”展览，将书法作品与馆藏革命文献整合展出，创新展陈模式。依托国图讲坛、国图公开课推出党建系列课程，举办“颂歌献给党”系列公益性文艺演出活动，服务党史学习教育。

三是实现“中华古籍资源库”免登录开放。开放数字古籍、数字方志、宋人文集、敦煌文献等19个古籍资源库10万部/件古籍数字资源免登录访问，优化阅读界面，提升“中华古籍资源库”的使用体验，为广大读者和专家学者开展利用及研究提供更加便捷、丰富的文献资料。继续实施中华古籍保护计划，国家图书馆等10家单位联合在线发布古籍数字资源1700余部/件，近年来累计联合发布古籍资源达7.4万部/件。

四是提供更加丰富、更高质量的精神食粮。组织完成《鲁迅手稿全集》书稿编辑出版工作，全套78册、共计3.2万余页手稿印制出版，为满足人民精神文化需求、增强人民精神力量提供高质量的精神食粮。依托国家典籍博物馆，举办系列高质量展览，例如，举行“珠还合浦　历劫重光——《永乐大典》的回归和再造”展览，通过讲述这部巨著的前世今生，全面展示《永乐大典》蕴含的丰富而宝贵的知识体系、思想观念、人文精神和道德规范，受到读者的热烈欢迎。

（三）组建党员志愿服务总队，推动党员常态化参与志愿服务，为群众办实事办好事

研究制订党员志愿服务年度工作方案，组建“党员志愿服务总队”，并以支部为单位建立分支队伍。馆领导带头参与，营造浓厚的志愿服务氛围。各党支部结合业务和队伍实际，自主策划了一批志愿服务活动，推进“我为群众办实事”活动深入开展。

一是积极推进“春雨工程·网络书香”数字阅读推广活动。以馆内党员志愿者为主体，组建志愿服务专项团队，走进新疆维吾尔自治区察布查尔锡伯自治县，以铸牢中华民族共同体意识为核心，结合当地特色和群众需求，向该县图书馆捐赠图书15000册，同时捐赠《中华传统文化百部经典》，并在现场开展丰富的数字阅读推广活动。对福建省龙岩市永定区开展定点帮扶，向永定区图书馆捐赠图书，开通“基层数字图书馆”永定分站，为当地群众推送丰富的线上数字资源和服务。

二是开展文献共享借阅计划志愿服务项目，更好满足全国读者阅读需求。为完善国家图书馆馆藏复本使用机制，国家图书馆联合业界共同开展文献共享借阅计划，通过文献共享借阅形式，重点支援中西部及边疆省份的公共文化建设。全年为湖北、吉林、河北、广西、内蒙古等地的省

级公共图书馆加工、运输纸本文献合计 69 万册。全馆党员志愿者积极参与该项目，为保障图书尽快到达基层群众手中发挥积极作用。

三是开展“文献背后的革命故事”主题宣讲等志愿服务项目。积极推进社区党建共建，推动需求与资源有效对接，服务社区居民。策划“文献背后的革命故事”主题宣讲，调动党员志愿者参与，围绕国家图书馆馆藏红色革命文献等特色资源开展宣讲。已经在北京理工大学附属小学、中国农业大学附属小学、北京市海淀区中关村第二小学百旺校区、北京市朝阳区六里屯街道等学校和社区开展系列红色宣讲志愿活动，紧密围绕党史学习教育，讲述革命文献背后的党史故事，弘扬革命精神，传承红色基因。

（四）及时解决干部员工关切的突出问题，关心员工生活

馆党政领导班子将为员工解决实际困难作为“为群众办实事”的重要组成部分，紧扣员工实际需要，依托群团组织不断完善各项服务员工的举措。

一是广泛开展群众性文体活动。举办国家图书馆第十四届员工运动会，增加趣味性比赛内容，丰富员工文体生活。馆工会组织健身社团，因地制宜地开展系列群众性健身活动。馆工会为全体员工购买 2022 年北京市公园年卡，支持群众文体活动的开展。

二是关心员工生活。针对广大员工密切关注的亲子教育问题，举办“六一”亲子教育系列讲座、亲子互动活动和暑期亲子活动。在生活慰问方面，2021 年首次开展员工生日慰问活动，表达对员工的关怀慰问。

三是坚持开展员工慰问和送温暖活动。坚持为员工排忧解难，走访慰问困难员工，把组织的温暖及时送到困难员工身边。组织服务好“光荣在党 50 年”纪念章获得者的统计、核查工作和纪念章的颁授工作，激发老干部爱党爱国热情。

五、第十六届全国省、自治区、直辖市、较大城市图书馆馆长联席会议召开

12 月 28 日，第十六届全国省、自治区、直辖市、较大城市图书馆馆长联席会议（以下简称“馆长联席会”）在国家图书馆通过线下线上相结合的方式召开。此次馆长联席会的主题是学习贯彻落实党的十九届六中全会精神，交流“十四五”时期公共图书馆事业高质量转型发展思路。文化和旅游部副部长张旭出席会议并致辞，国家图书馆领导班子成员、59 家全国副省级以上公共图书馆及少年儿童馆领导班子成员参加会议，国家图书馆各部处主要负责人列席会议。

会上，张旭代表文化和旅游部向长期奋斗在一线的广大图书馆工作者表示崇高的敬意。他表示，党的十八大以来，以习近平同志为核心的党中央高度重视文化建设，提出坚定文化自信、建设社会主义文化强国的战略任务。我国公共图书馆事业迎来重要发展机遇期，文献信息资源保障能力稳步加强，馆藏建设更加多样化、特色化，珍贵典籍保护、研究和利用水平进一步提升，全民阅读推广走向深入。他强调，全国各级公共图书馆要深入学习贯彻党的十九届六中全会精神和习近平总书记重要论述、指示精神，紧紧围绕中央决策部署，牢牢把握图书馆工作的正确政治方

向，落实好意识形态工作责任制；坚持以人民为中心，推进公共图书馆转型升级；加强古籍保护和传承利用；加快推进公共图书馆数字化、网络化、智能化建设；深化图书馆总分馆制与法人治理结构改革，以更加坚定的信念和担当，奋勇拼搏、锐意进取，以实际行动推动公共图书馆事业不断开创新局面、迈上新台阶，为建设社会主义文化强国再立新功！

国家图书馆馆长熊远明围绕“把握发展机遇，创新工作思路，共同开拓‘十四五’时期事业发展新局面”做主旨报告，从“推动全国智慧图书馆体系建设，助力公共图书馆智慧化升级与服务效能提升”“加强珍贵典籍的保存保护与研究利用，推进中华优秀传统文化传承发展凸显新优势”“夯实业务基础，全面提升国家文献信息战略保存保障能力”“加强专业知识服务能力建设，为完善国家创新体系、加快建设科技强国提供有力支撑”“深化全民阅读和终身学习服务，不断提高公共文化服务效能”等5个方面介绍《国家图书馆“十四五”发展规划》的主要思路和重点工作。他表示，希望与各兄弟单位建立更加广泛深入的合作关系，携手共进，为实现图书馆事业高质量发展新格局群策群力。

6家图书馆的馆领导班子成员代表结合本馆实际，分别介绍“十四五”时期公共图书馆事业高质量转型发展思路。黑龙江省图书馆馆长殷峰分享该馆就加快推进黑龙江省图书馆事业高质量转型发展的几点做法。上海图书馆党委书记楼巍从阅读服务、决策服务、资源建设、新空间建设、交流合作等方面对近年来该馆相关情况做简要交流，并介绍该馆“十四五”时期的主要任务与重点。湖北省图书馆馆长刘伟介绍“十四五”时期公共图书馆高质量发展的思路。重庆图书馆馆长任竞围绕“智慧服务”“跨界融合”“协同发展”3个关键词，结合社会环境、行业生态及重庆地区图书馆事业情况分享一些思考和建议。新疆图书馆馆长历力介绍该馆“十四五”时期工作发展思路。深圳少年儿童图书馆馆长宋卫围绕“高质量”和“转型”2个关键词，结合保障儿童阅读权益、关注少儿阅读，介绍关于图书馆未成年人服务高质量发展与转型的一些想法。

与会人员表示，图书馆事业正处在高质量转型发展的重要时期，在疫情防控常态化背景下，此次馆长联席会意义重大，体现了图书馆人对图书馆事业发展的高度责任心。希望国家图书馆继续发挥引领带动作用，定期召开馆长联席会，结合各地图书馆工作实际，共同交流、讨论、研究，携手实现“十四五”时期图书馆事业高质量转型发展。

馆长联席会自1991年以来已相继召开十六届，为全国副省级以上公共图书馆及少年儿童图书馆提供了一个交流思想、共谋发展的平台，对全国公共图书馆事业发展起到切实有效的推动作用。

六、全国智慧图书馆体系建设项目启动

（一）项目启动

2020年初以来，在文化和旅游部党组及相关司局支持下，国家图书馆围绕图书馆事业智慧化转型发展深入开展调查研究，提出建设“全国智慧图书馆体系”的工作思路，并在广泛听取各方面意见建议的基础上不断完善《全国智慧图书馆体系建设方案》，推动项目获国家财政立项支持，

同时被纳入“十四五”时期文化和旅游系列发展规划。

项目于2021年正式启动，中央本级财政和转移地方支付经费都为项目建设做出专门安排。5月，《文化和旅游部公共服务司　财务司关于做好2021年全国智慧图书馆体系建设项目、公共文化云建设项目实施工作的通知》发布，明确“由文化和旅游部、财政部领导，公共服务司、财务司牵头协调，国家图书馆进行业务指导，省级文化和旅游行政部门统筹本地项目建设和任务分配，地方各级公共图书馆按照各自职责定位参与实施”的工作机制。

为推动项目有序实施，国家图书馆于4月印发《国家图书馆智慧图书馆建设工作方案》，建立专门工作机制，组建国家图书馆智慧图书馆建设领导小组，筹建全国智慧图书馆体系建设专家库。同时，结合中央本级财政经费预算，启动一批基础性和试验性项目建设，包括：遴选有资质的信息化工程设计与咨询机构，启动项目概要设计工作；依托已有视频资源、古籍资源等，开展试验性知识资源和可视化知识关联图谱建设；开展全网知识内容集中仓储系统（一期）建设；依托国图公开课、《山海经》等特色馆藏，开展音视频资源、古籍资源等的知识抽取、知识关联、语义表达、可视化展示以及开放共享服务；建设中国战“疫”记忆库知识产权管理系统，探索推动区块链技术在知识内容资产管理领域的示范应用；尝试利用私有云集成管理方式，满足各类系统平台对数据存储、计算等能力的需求；探索建立智能咨询服务系统；等等。

此外，国家图书馆还积极发挥行业引领和业务指导作用：配合财政部及文化和旅游部，协调安排中央转移地方支付经费支出；以2021年公共数字文化建设专项培训班为契机，统筹部署全国项目建设；制定《智慧图书馆知识资源数据建设指南》，支持和指导各地图书馆立足各自资源优势和地方文化特色，不断丰富智慧图书馆的资源内容；围绕智慧图书馆建设、管理和服务的标准化需求开展调研，提出标准规范体系初步框架建议；在全国选取江西、四川等地8家省级图书馆，试点部署基于5G技术的安全交互网络。同时，国家图书馆联合全国图书馆界专家团队，围绕智慧图书馆建设的重难点问题开展调查研究；举办2021年省市级公共图书馆馆长智慧图书馆建设与管理线上培训班，为全国2000余名省级、地市级图书馆馆长和相关业务部门负责人提供专业指导。

（二）全国智慧图书馆建设联席会议第一次会议举行

12月2日，全国智慧图书馆建设联席会议第一次会议以线下与线上相结合的方式举行。此次会议由国家图书馆承办，主题为“智慧图书馆建设实践与思考”。

全国智慧图书馆建设联席会议的前身——全国数字图书馆建设与服务联席会议始于2007年7月，截至2020年底，共举办21次会议，并取得一系列重要成果，对推动我国数字图书馆建设与服务起到重要作用，在全国图书馆界产生积极影响。随着信息技术的进一步发展，智慧化转型逐渐成为驱动图书馆高质量发展的主要动力。为进一步促进我国智慧图书馆研究，推动我国智慧图书馆建设，经联席会议各单位同意并报上级批准，全国数字图书馆建设与服务联席会议于2021年正式更名为全国智慧图书馆建设联席会议。

文化和旅游部公共服务司副司长朱渤，中国图书馆学会理事长、国家图书馆馆长熊远明先后做会议致辞，国家图书馆党委书记魏大威，中国图书馆学会副理事长、国家图书馆副馆长陈樱先后主持会议。中国图书馆学会、联席会议各成员单位相关负责人及代表参加会议，共同交流讨论智慧图书馆建设的合作与发展。

朱渤在致辞中指出，此次会议的召开是国家图书馆发挥行业龙头作用、推进智慧图书馆建设的重要举措。长期以来，中国图书馆学会围绕搭建行业交流平台、凝聚行业力量、服务行业数字化发展做了大量卓有成效的工作。她强调，智慧图书馆的建设不仅涉及单体图书馆建设管理和服务的全链条全流程智慧化升级，还涉及各公共图书馆之间、公共图书馆和行业图书馆之间的合作共享。联席会议的举办将有助于各成员单位与业界深化认识、拓宽视野、厘清思路，进一步提高今后工作的针对性和实效性。

熊远明在致辞中指出，十余年来，全国数字图书馆建设与服务联席会议各成员单位在促进全国数字图书馆建设和发展方面发挥了不可替代的作用，将全国数字图书馆建设与服务联席会议更名为全国智慧图书馆建设联席会议，对于继续发挥各成员单位的引领示范作用，带动全国各级各类图书馆积极应用新技术推动事业改革创新，加快实现资源、服务、设施、管理等领域全面智慧化转型，具有十分重要的现实意义。

在交流发言中，与会成员单位代表分别介绍了各自在智慧图书馆建设方面的研究和思考，分享各单位在资源、服务、设施、管理等领域开展智慧化转型探索的成果与经验。熊远明以《以智慧化转型推动全国图书馆事业高质量发展》为题，对国家图书馆牵头策划实施的全国智慧图书馆体系建设项目的总体思路、主要内容和实施进展做了系统介绍，并就下一阶段项目建设与各成员单位之间的交流与合作提出初步建议。文化和旅游部全国公共文化发展中心副主任罗云川对“十四五”公共文化云项目建设规划情况进行介绍。上海图书馆副馆长刘炜对该馆智慧图书馆建设情况和有关思考做分享。中国科学院文献情报中心主任刘细文结合“十四五”发展设想交流该中心有关工作规划情况。中国高等教育文献保障系统管理中心副主任、北京大学图书馆副馆长姚晓霞结合《高等学校数字校园建设规范》介绍数字校园、智慧校园工作。大学数字图书馆国际合作计划项目管理中心副主任、浙江大学图书馆副馆长黄晨以《复合图书馆新议：基于“元宇宙”视角》为题分享有关工作的思考。中共中央党校（国家行政学院）图书和文化馆馆长于军就党校（行政学院）系统的智慧图书馆建设提出思考与建议。中国社会科学院图书馆文献中心建设部副主任赵以安以“习近平新时代中国特色社会主义思想文库数据库”建设为例做交流发言。

在交流讨论环节，与会成员单位代表围绕智慧图书馆建设的目标愿景、方法路径及困难问题等进行深入交流，同时就如何进一步健全完善联席会议机制，更好发挥各成员单位的引领示范作用，以智慧化转型推动我国图书馆事业高质量发展进行研讨。

最后，陈樱对会议进行总结。她指出，此次会议是全国智慧图书馆建设联席会议的第一次会议，会议务实高效，圆满完成各项议程。“十四五”期间，中国图书馆学会和国家图书馆将继续以全国智慧图书馆体系建设为抓手，联合各图书馆系统共同推进和开展智慧图书馆建设的理论研究与实践探索，拓宽信息发布渠道，加强人才培养和智库建设，为智慧图书馆建设提供有力的支撑和保障。中国图书馆学会将继续发挥全国智慧图书馆建设联席会议在交流和合作中的平台作用，助力各成员单位加强交流，协同合作，共同完善智慧图书馆的建设发展体系。

七、2021 年全国古籍保护工作座谈会召开

12 月 8 日，2021 年全国古籍保护工作座谈会在湖北武汉召开。文化和旅游部副部长张旭，文化和旅游部公共服务司一级巡视员陈彬斌，国家图书馆馆长、国家古籍保护中心主任熊远明，国家图书馆副馆长、国家古籍保护中心副主任张志清等领导，各省、自治区、直辖市古籍保护中心有关负责人约 50 人参加会议。

“十三五”以来，国家古籍保护中心在全国古籍整理出版规划领导小组及文化和旅游部的统筹领导下，以中华古籍保护计划为依托，以《“十三五”时期全国古籍保护工作规划》为指导，联合全国各级各类古籍存藏机构，深入贯彻落实习近平总书记关于传承弘扬中华优秀传统文化，“让书写在古籍里的文字活起来”的系列指示批示精神，深入贯彻习近平总书记给国图老专家回信精神，坚持“保护为主、抢救第一、合理利用、加强管理”的工作方针，以普查登记为基础，以分级保护和揭示利用为重点，在古籍修复保护、整理研究、阐释利用、传播推广等领域取得一系列重要成果，使中华珍贵典籍在传承弘扬中华优秀传统文化、满足人民精神文化需求、增强人民精神力量方面发挥积极、重要作用。

座谈会上，张旭代表文化和旅游部向奋斗在一线的广大古籍保护工作者表示崇高的敬意，并就认真贯彻落实中央领导同志批示精神，进一步加强古籍保护工作提出指导意见。一是深入学习贯彻党的十九届六中全会和习近平总书记关于传承弘扬中华优秀传统文化重要论述精神，增强做好古籍保护工作的责任感和使命感；二是认真总结经验，深入分析存在问题，为做好古籍保护工作奠定坚实基础；三是坚持守正创新，突出重点任务，扎实推进古籍保护和利用工作。张旭强调，做好古籍保护工作，传承发展中华优秀传统文化，是历史和时代赋予我们的光荣使命，责任重大。我们要按照中央有关精神，把古籍保护工作纳入整体布局，继续深入推进实施中华古籍保护计划。各级公共图书馆要加强组织领导，发挥古籍保护工作的主力军作用。国家古籍保护中心要指导各地进一步建立完善省级珍贵古籍名录和古籍重点保护单位评审机制。中国古籍保护协会要发挥行业组织优势，吸引更多社会力量参与，推动形成全社会共同关心、支持古籍保护工作的生动局面。

会上，陈彬斌宣读《文化和旅游部关于公布第六批国家珍贵古籍名录和第六批全国古籍重点保护单位名单的通知》。熊远明在会上做关于近年来全国古籍保护工作的报告，总结“十三五”时期全国古籍保护工作主要进展及经验体会，并提出关于做好“十四五”时期及未来十年古籍保护重点工作的思考。湖北省文化和旅游厅厅长雷文洁致辞，张志清主持会议。

国家博物馆、天津师范大学、首都图书馆、吉林省图书馆、南京图书馆、湖北省图书馆、云南省文化和旅游厅、西藏自治区图书馆等单位有关负责人做经验交流。

八、国家图书馆联合全国 9 家单位在线发布古籍数字资源，10 万部 / 件古籍资源实现免登录访问

4 月 21 日，在第 26 个世界读书日到来之际，国家图书馆（国家古籍保护中心）联合天津图

书馆、南京图书馆、安徽省图书馆、湖北省图书馆、四川省图书馆、云南省图书馆、西藏自治区图书馆、杭州图书馆、河南省唐河县图书馆等9家单位，在国家图书馆召开古籍数字资源联合发布座谈会。文化和旅游部公共服务司、国家民族事务委员会全国少数民族古籍整理研究室、国家中医药管理局科技司等相关部门负责人，专家学者代表，联合发布单位代表，新闻媒体记者等出席会议。国家图书馆馆长、国家古籍保护中心主任饶权致辞，国家图书馆副馆长、国家古籍保护中心副主任张志清主持会议。

该活动是国家图书馆（国家古籍保护中心）组织的第五次古籍数字资源联合发布。该活动发布新增古籍资源1700余部/件，全国累计联合发布古籍资源达7.4万部/件，这些资源中不仅有宋元善本、明清古籍，还有贴近地方社会文化生活的方志、家谱等特色资源。特别是该活动联合发布一批新增藏文和中医药古籍善本资源，使得古籍文种和资源类型都进一步增加，为广大读者和专家学者开展利用与研究提供更加丰富的文献资料。此次联合发布古籍资源的10家单位中，有6家来自长江流域，该活动对于推进长江流域古籍文化遗产的保护、研究和利用工作具有重要意义。

饶权指出，2021年发布的《中华人民共和国国民经济和社会发展第十四个五年规划和2035年远景目标纲要》中，明确提出要深入实施中华优秀传统文化传承发展工程，推动中华优秀传统文化创造性转化、创新性发展，加强文物和古籍保护研究利用。这充分体现出党和政府对古籍工作的高度重视，也为今后古籍保护工作提出要求、指明方向。饶权强调，2021年是国家“十四五”规划的开局之年，站在新的历史起点上，以国家图书馆为代表的各古籍存藏机构将在习近平新时代中国特色社会主义思想指引下，坚决贯彻落实好习近平总书记给国图老专家回信精神和“十四五”规划任务，坚守“传承文明、服务社会”初心，按照中宣部的总体部署和顶层设计，在文化和旅游部的指导下，积极探索共建共享途径，进一步加大古籍数字资源建设发布和揭示力度，通过建设全国智慧图书馆体系，不断改进服务质量，提升服务水平，继续深入挖掘古籍的深厚内涵和时代价值，提高优秀传统文化资源的传播能力，真正“让书写在古籍里的文字活起来”，为保障国家文化资源安全、传承弘扬中华优秀传统文化做出新的更大贡献。

座谈会上，与会领导、专家对在线联合发布古籍资源的举措给予高度肯定和评价，认为公共图书馆在古籍资源共享方面走在前列，也为各系统古籍收藏单位做出表率。与会者围绕古籍数字资源建设和合作服务机制、古籍数字化成果共享方式、古籍数字化标准规范等问题进行讨论，其中天津师范大学古籍保护研究院常务副院长姚伯岳在会上建议成立“全国古籍数字化工程建设与开放服务联盟”，号召全国古籍收藏单位共同参与，加快馆藏古籍数字化进程，最终实现资源的互联共享，为下一步古籍数字化工作的深入开展提供重要指导和宝贵建议。

国家古籍保护中心在组织开展古籍数字资源发布的同时，全国古籍“摸家底”工作也取得重要进展：已完成汉文古籍普查270万余部，“全国古籍普查登记基本数据库”累计发布264家单位古籍普查数据825362条7973050册。随着古籍普查登记工作的不断推进，古籍普查登记数据将陆续发布更新。“国家珍贵古籍名录数据库”于2021年更新发布第六批《国家珍贵古籍名录》收录的752部古籍信息。

2021年，国家图书馆实现“中华古籍资源库”免登录开放。读者云门户开放其中数字古籍、数字方志、宋人文集、敦煌文献等资源库，10 万部 / 件古籍数字资源可以免登录访问。这些资源包括国家图书馆馆藏善本、普通古籍、甲骨、碑帖拓片等，天津图书馆、云南省图书馆等存藏机构的古籍资源，以及从美国哈佛大学哈佛燕京图书馆、日本东京大学东洋文化研究所、法国国家图书馆等海外机构征集的古籍资源。同时阅读界面得到优化，大大提升了“中华古籍资源库”的使用体验，为广大读者和专家学者开展利用与研究提供更加丰富的文献资料，获得热烈反响。

九、国家图书馆举办“珠还合浦　历劫重光——《永乐大典》的回归和再造”展览开幕式暨《永乐大典》研究中心揭牌仪式

5 月 31 日，“珠还合浦　历劫重光——《永乐大典》的回归和再造”展览开幕式暨《永乐大典》研究中心揭牌仪式在国家图书馆举行。文化和旅游部党组书记、部长胡和平为《永乐大典》研究中心揭牌并宣布展览开幕，副部长张旭，副部长、国家图书馆馆长饶权，国家文物鉴定委员会主任傅熹年出席开幕式并致辞，国家图书馆党委书记、副馆长魏大威主持开幕式。

6 月 1 日，由国家图书馆（国家典籍博物馆）主办，浙江下沙奥特莱斯商业管理有限公司、国家图书馆出版社协办的“珠还合浦　历劫重光——《永乐大典》的回归和再造”展览在国家典籍博物馆第二展厅正式面向公众开放。

展览分为“大典犹看永乐传”“合古今而集大成”“久阅沧桑惜弗全”“遂使已湮得再显”“珠还影归惠学林”5 个单元，展出国家图书馆馆藏善本、舆图、手稿等 60 余种 70 余册 / 件。第 1 单元介绍《永乐大典》正本编撰和副本抄录的过程，以及组织分工、代表人物、规章制度、贮藏地变迁；第 2 单元介绍《永乐大典》编排之合理、收辑之宏富以及版式外观；第 3 单元介绍学界对《永乐大典》正本下落的几种观点、《永乐大典》副本的流散过程以及海内外《永乐大典》的收藏情况；第 4 单元介绍明代张四维，清代全祖望、李绂、《四库全书》馆以及民国以来赵万里等学者对《永乐大典》的辑佚；第 5 单元介绍鲁迅、袁同礼、郑振铎、傅增湘、周叔弢、张元济等人为保护《永乐大典》所做出的重大贡献，突出在党和政府的亲切关怀下，国家图书馆对《永乐大典》的修复、保护、整理、利用。

该展览有 9 册《永乐大典》嘉靖副本为近年来首次展出，包括“人”字册 1 册，“陈”字册 1 册，“农”字册 1 册，“易”字册 1 册，“颂、溶、蓉、庸”字册 1 册，“郎”字册 1 册，“水”字册 2 册，“士”字册 1 册。同时配合展出的还有明抄本、明刻本、明拓本等 40 余册 / 件古籍精品，以及国家图书馆入藏《永乐大典》的相关档案复制件，让观众得以全面了解《永乐大典》及其传承历史。此外，展览在中厅展出由国家图书馆出版社出版的《永乐大典》仿真影印本 120 册，展示国家图书馆对《永乐大典》的影印成果。

展览加大科技手段的利用力度，提升观展和互动效果：展厅入口处设有沉浸式环幕体验区，播放《永乐大典》宣传片，创造虚实结合、层次分明的沉浸式体验；开发《名家带你临大典》触屏游戏、永乐版式透明屏互动游戏、笔墨纸砚互动游戏、《永乐大典》知识互动游戏，让观众学习古籍版式、中医养生、动植物等方面知识，体验台阁体书法，感受《永乐大典》的纸张之良、用

墨之精；此外，展厅触摸屏提供《永乐大典》回归图表和《永乐大典》数据库供观众查阅。《永乐大典》数据库利用国家图书馆出版社高清仿真影印的成果，首次集中发布包括国家图书馆在内的多家收藏机构所藏《永乐大典》高清彩色图像，辅以图文对照、版式还原、全文数字检索等功能。

为了让更多的观众能够了解《永乐大典》相关知识，弘扬中华优秀传统文化，国家典籍博物馆在国家古籍保护中心的协助下，在全国举办“珠还合浦　历劫重光——《永乐大典》的回归和再造”巡展，共计363家图书馆参加，举办线上巡展342场、线下展览148场。根据展览内容编纂图录《珠还合浦　历劫重光——〈永乐大典〉的回归和再造》，并于11月由国家图书馆出版社出版发行。截至2021年12月31日，此次展览参观人数超过52300人次，并获得中央电视台、北京电视台、《中国新闻周刊》、*China Daily* 等多家媒体的重点报道。

在展览开幕的同时，还举办了“中国国家图书馆《永乐大典》研究中心”揭牌仪式。该中心的成立旨在联系并组织国内外专家学者，对《永乐大典》进行更全面、更深入的研究，展示推广其具有当代价值、世界意义的文化精髓，为传承弘扬中华优秀传统文化、建设社会主义文化强国做出应有的贡献。

十、《鲁迅手稿全集》新书首发式举行

9月28日，《鲁迅手稿全集》新书首发式在国家图书馆举行。文化和旅游部部长、《鲁迅手稿全集》编委会主任胡和平，副部长、编委会副主任饶权，国家文物局副局长胡冰出席首发式。

胡和平为《鲁迅手稿全集》新书揭幕并讲话。他指出，在以习近平同志为核心的党中央的亲切关怀下，在各参与单位和来自全国各地百余位专家学者的共同努力下，《鲁迅手稿全集》得以出版，在鲁迅研究史、手稿学研究和出版史上均具有里程碑意义。鲁迅先生是著名文学家、思想家、革命家，是新文化运动重要参与者，是近代以来文化艺术界最有影响力的代表性人物，是我国文化战线上的一面光辉旗帜，是我们党最忠诚最可信任的同志和战友，也是100位“为新中国成立做出突出贡献的英雄模范人物”之一。鲁迅先生身上蕴涵的爱国精神、人民情怀、开拓精神和战斗品格，始终是鼓舞和激励中华民族在独立、解放、富强道路上前进的动力。鲁迅手稿是鲁迅精神的重要载体，是我们宝贵的精神财富和文化遗产，是中华文化宝库中的瑰宝。《鲁迅手稿全集》的出版将全面再现鲁迅先生鲜活丰满的形象，展现鲁迅先生文学作品的精髓，让革命文学精神在新时代焕发出新风采，为满足人民精神文化需求、增强人民精神力量提供丰富精神大餐。

饶权在介绍编辑出版情况时指出，各参与单位和有关专家充分吸收近年来国内手稿学研究及鲁迅手稿收集、整理和研究的新成果，克服诸多复杂繁难问题，圆满完成新版《鲁迅手稿全集》的编辑出版，充分体现“全、精、真、新”的特点。希望专家学者和有识之士以全集出版成果为基础，持续加强鲁迅研究，大力推动鲁迅精神的时代阐释与社会传播，使鲁迅精神在推动社会主义先进文化建设、凝聚中华民族精神中发挥更大作用，为加强社会主义精神文明建设，培育践行社会主义核心价值观，推动全社会形成适应新时代要求的思想观念、精神面貌、文明风尚和行为规范，做出新的更大贡献。

《鲁迅手稿全集》编辑出版工作于 2017 年 6 月正式启动，由中宣部指导，文化和旅游部会同国家文物局组织实施。项目实施 4 年来，国家图书馆联合北京鲁迅博物馆、上海鲁迅纪念馆、绍兴鲁迅纪念馆、广州鲁迅纪念馆等收藏机构，以“收录内容更全面、编纂方式更科学、印制效果更精美、出版形式更新颖”为目标，完成全套 78 册、共计 3.2 万余页手稿的出版工作。此次出版的全集分为文稿编、译稿编、书信编、日记编、辑校古籍编、辑校金石编、杂编等七编，较此前出版的手稿增加近 1.5 万页。

国家图书馆馆长熊远明主持新书首发式，鲁迅长孙、鲁迅文化基金会会长周令飞，北京鲁迅博物馆常务副馆长黄乔生，上海交通大学中国作家手稿研究中心主任王锡荣等专家代表发言。首发式上，胡和平、饶权、胡冰为鲁迅手稿存藏机构代表及鲁迅家属赠送全套《鲁迅手稿全集》。中央宣传部、文化和旅游部、国家文物局有关司局负责人，国家图书馆等有关单位负责人，《鲁迅手稿全集》编委会、专家委员会、编纂人员代表，从事鲁迅研究、文物利用的文博机构、研究会负责人及高校专家学者等参加首发式。

十一、国家图书馆入选首批文化和旅游行业智库建设试点单位

8 月 19 日，文化和旅游部办公厅下发《文化和旅游部办公厅关于公布首批文化和旅游行业智库建设试点单位的通知》，国家图书馆等 19 家单位入选首批文化和旅游行业智库建设试点单位并位列首位，重点研究方向为决策咨询研究、海外中国问题研究、智慧图书馆研究。

长期以来，国家图书馆依靠宏富的馆藏资源优势、专业的人才队伍以及长期的经验积累，为党和国家领导人、立法机构、政策及研究部门提供了大量决策咨询服务，受到中央和国家机关广泛好评与高度肯定，为国家图书馆智库建设奠定坚实的基础。近年来，国家图书馆在习近平新时代中国特色社会主义思想和习近平总书记给国图老专家回信精神的指引下，主动对标《关于加强中国特色新型智库建设的意见》的建设要求，以服务党和国家科学民主依法决策为宗旨，不断强化文化战略决策咨询服务能力，加速国家智库信息服务中心建设，树立文化智库知名品牌，提高专题文化领域智库效能，向符合国家发展需求的新时代高端智库奋力前进。

（一）辅弼咨政，持续做好决策咨询研究

为国家立法与决策提供文献信息服务是国家图书馆的重要职能。自中华人民共和国成立以来，国家图书馆以“智库咨政，辅弼决策”为宗旨，长期为党和国家领导人、立法机构、政策及研究部门提供决策咨询服务。早在 20 世纪五六十年代，国家图书馆就开始为毛泽东、周恩来等老一辈党和国家领导人提供文献信息服务。多年来，国家图书馆通过专题报送、信息直报、资料汇编、文献辑录、新书推荐等多种方式，为党和国家领导人提供全面、翔实、客观的文献信息保障服务，多次得到中央领导和有关单位的批示与肯定。

近年来，国家图书馆稳步推进智库建设，在立法服务、决策咨询和学术研究方面取得令人瞩目的成绩，曾推出多个选题新颖、焦点问题关注及时、专业性强的特色产品，在国家立法与决策

工作中起到很好的参考作用。

（二）国际视野，长期关注海外中国问题研究

国家图书馆长期关注海外中国学，于2008年设立海外中国问题研究资料中心。

该中心全面收藏海外中国学文献，是国内最大的海外中国学文献中心，也是世界收藏海外中国学文献的重镇之一。截至2021年12月底，该中心文献收藏总量近40万册/件，涉及约90个语种；另有专题数据库6个。中心集海外中国学收藏、整理、研究、咨询服务于一体，长期制作、发布和出版中国学文献相关信息产品，如文献资讯、汉译期刊篇名目录、海外中国学书目等，受到相关领域研究者普遍好评；积极开展中国学研究，特别是积极跟踪世界主要大国和海外智库涉华研究，制作海外涉华智库报告数据库，已收集、整理和提供海外智库216个，涉及11个语种，报告总量近3万篇；2021年度推出《海外涉华研究内参》专报产品145期。中心与研究界开展广泛学术合作，共同承担学术课题，形成研究共同体，在学术界和决策界的影响力日益扩大。

（三）科技赋能，大力推动智慧图书馆研究

在智能化时代背景下，为推动图书馆事业转型创新发展，国家图书馆提出全国智慧图书馆体系建设思路。全国智慧图书馆体系建设将为5G、人工智能等技术提供生动的规模化应用场景，推动实现各级图书馆业务工作及服务活动的全流程智慧化管理，形成基于知识内容多元立体集成的国家级知识仓储，为公众提供线上线下虚实互动的沉浸式阅读学习体验，以高质量知识服务为国家创新发展和人的全面发展提供强有力的支撑。

2021年，国家图书馆牵头策划实施全国智慧图书馆体系建设项目，提出在协同研制智慧图书馆标准规范、推进智慧图书馆系统平台联合共建与知识内容整合共享、合作开展智慧图书馆理论研究、深入开展行业交流与人才培养等多方面的行业展望。12月2日，由国家图书馆承办的全国智慧图书馆建设联席会议第一次会议召开，主题为“智慧图书馆建设实践与思考”（参见“特别记载”之“全国智慧图书馆体系建设项目启动”）。这是国家图书馆发挥行业龙头作用、推进智慧图书馆建设的重要举措。

国家图书馆入选首批文化和旅游行业智库建设试点单位，提高了国家图书馆在学术界和政策研究界的影响力，对全面提升图书馆行业价值、推动行业向更高水平和更深层次发展具有重要意义。下一步，国家图书馆将深入贯彻中央加强新型智库建设的精神和要求，充分发挥国家总书库的资源优势，强化国家智库职能，不断提高知识服务的独创性、针对性和研究性，努力建设成为具有中国特色、文化特长以及重大决策影响力、广泛国际影响力和深入社会影响力的国家高端智库。

十二、国家图书馆举办岗位建功经验交流活动

12月13日，国家图书馆举办岗位建功经验交流活动，深入学习贯彻落实党的十九届六中全

会精神和习近平总书记在中央人才工作会议上的重要讲话精神，表彰成绩突出的先进个人和先进集体，总结交流岗位建功和人才工作经验，研究解决实际问题，推动人才队伍建设，为国家图书馆事业发展提供更加坚强有力的人力资源保障。

文化和旅游部人事司副司长徐晋，国家图书馆馆长、党委副书记熊远明出席活动并讲话，党委书记、副馆长魏大威主持活动并传达习近平总书记在中央人才工作会议上的重要讲话精神，副馆长张志清、陈樱、张军、霍瑞娟出席活动。国家图书馆各部处负责人、科组长及馆属企业负责人参加活动。

徐晋强调，要认真学习习近平总书记关于人才工作的系列重要讲话精神，立足新时代高质量发展做好人才工作。要注重顶层设计，狠抓重点任务落实，统筹有序推进各项工作，营造识才爱才敬才惜才的良好环境，引导各方面人才增强“四个意识”，坚定“四个自信”，做到“两个维护”，听党话，跟党走，弘扬以爱国主义为底色的科学家精神，主动担负起时代赋予的使命责任。

熊远明指出，图书馆事业是建设社会主义文化强国的重要内容，对实现中华民族伟大复兴的中国梦起到重要的作用。人才建设对于推动国家图书馆高质量发展至关重要。一是要坚持事业为上，以事业发展搭建平台，吸引人才，培养人才，使用人才，同时充分发挥人才优势推动事业发展；二是要多渠道引进人才，健全多元化选人用人机制；三是要着力加强人才培养工作，提高人才队伍整体素质；四是要完善岗位评价激励机制，激发人才创新创造活力；五是要优化管理岗位配置，择优选强干部队伍。熊远明强调，人才是衡量一个国家综合国力的重要指标，是决定一家单位可持续发展潜力的核心要素，也是推动、引领国家图书馆事业蓬勃发展的重要战略资源。馆领导班子要认真学习贯彻党的十九届六中全会精神和习近平总书记在中央人才工作会议上的重要讲话精神，进一步树立现代人力资源管理理念，打造适应新时代事业发展的高素质人才队伍。各部处要高度重视人才培养使用，善于发现人才，大胆起用人才、输送人才，给年轻干部和业务骨干多压担子，多创造机会，鼓励大胆探索，勇于创新，宽容失败，为他们的成长成才创造良好条件。希望广大干部员工立足本职岗位，学习先进，争当先进，加强学习，努力工作，为新时代图书馆转型发展贡献智慧和力量。

魏大威强调要从讲政治的高度做好人才工作，坚持党管人才原则，强化政治引领和政治吸纳，努力做到用事业造就人才、用机制激励人才，为一切有志成才的员工提供更多发展机遇和更大发展空间。希望全馆员工结合各自工作岗位落实中央人才工作会议精神，共同形成人才培养的合力和良好氛围，推动各项事业转型创新发展，建设好让党放心、让人民满意的国家图书馆。

活动为“全国杰出专业技术人才”获得者、古籍馆文献保护组组长田周玲颁发奖章和证书。随后有 10 位先进代表做经验交流，分别是：“干事创业、岗位建功”先进代表田周玲、李晓明（“全国三八红旗集体”代表、典藏阅览部主任）、陈红彦（“全国文化和旅游系统先进集体”代表、古籍馆副馆长），“执着专注、岗位奉献”先进代表程奇胜（“兢兢业业、恪尽职守”代表、保卫处中控室主任）、张秀丽（“扎根一线、履职尽责”代表、参考咨询部科技咨询组副组长）、朱青青（“刻苦钻研、追求卓越”代表、中文采编部中文图书书目数据组组长），“勇攀高峰、岗位创新”先进代表谢强（中国科学技术情报学会“情报科学创新团队奖”获奖团队“数字图书馆建设与知识组织团队”带头人、数字资源部主任兼信息技术部主任）、王菲（后勤服务管理中心技术创新小组成员、水暖维修科科长），“涵养人才、激发活力”先进代表尹汉超（立法和决策服务部外交与国防组组长）、王磊（缩微文献部主任）。

十三、国家图书馆举办第十六届文津图书奖发布暨北京公园阅读文化季启动活动

为更好地推动全民阅读，更好地满足人民精神文化生活新期待，在全社会大力营造爱读书、读好书、善读书的良好氛围，建设书香社会，持续做好图书馆阅读推广工作，国家图书馆于2020年12月正式启动第十六届文津图书奖评选及推广工作，并在2021年“4·23”世界读书日之际，推出“行走在阅读的时空里——第十六届文津图书奖发布暨北京公园阅读文化季启动活动”。

（一）第十六届文津图书奖评选

第十六届文津图书奖评选工作通过国家图书馆官网开展，沿用网络报送、推荐的方式，并提前启动审读工作，从初评阶段开始即对参评图书进行筛选。截至2021年1月15日，由图书馆、出版社、读者、评委等共推荐图书1991种（社科类1008种，科普类388种，少儿类595种），推荐图书数量较上届增长5%，其中有效参评图书1873种（社科类907种，科普类363种，少儿类603种）。有206家出版社参与推荐第十六届文津图书奖评选图书工作，较上届增加5家，共推荐图书838种。有98家图书馆参与推荐工作，较上届增长46%。最终产生获奖图书20种（社科类8种，科普类6种，少儿类6种），推荐图书49种（社科类18种，科普类13种，少儿类18种）。

（二）第十六届文津图书奖推广

4月23日，第十六届文津图书奖获奖图书展在国家图书馆总馆北区二层读者大厅开展，全国440家联合巡展巡讲单位及各级各类图书馆同步举办相关活动。线上线下专题展览浏览量达510多万人次，在全国各地各级各类图书馆设立文津书架838个。邀请6种获奖图书的作者拍摄制作巡讲视频，在图书馆界各线上平台完成发布，线上线下专题讲座浏览量达60多万人次。

阅文集团在QQ阅读平台上线文津图书奖专区，提供历年来文津图书奖部分获奖图书和推荐图书的限时免费阅读。同时，国家图书馆与豆瓣读书频道合作，在豆瓣网上发布获奖书单，通过赠书、评书、线上阅读、书评展示等活动，吸引读者参与。活动期间在豆瓣网上建立“共振书评周”的话题，话题浏览量共计11万次，共有1455名豆瓣用户参与此次活动，产生42篇高质量的书评内容。

9月28日至10月5日，文津图书奖入驻“2021中国科幻大会·潮幻奇遇季”，首次通过展会形式向公众推广。展位以“梦想照进现实——国家图书馆和你一起遇见未来”为主题，展出文津图书奖历届科普类获奖图书和推荐图书、馆藏珍贵科普科幻图书、特色文创产品等，设计MR（混合现实）互动体验区，现场还展示了国家图书馆丰富的视频资源。

（三）“4·23”世界读书日特别活动——“行走在阅读的时空里——第十六届文津图书奖发布暨北京公园阅读文化季启动活动”

4月23日世界读书日当天，国家图书馆与北京市公园管理中心合作，在颐和园霁清轩举办“行走在阅读的时空里——第十六届文津图书奖发布暨北京公园阅读文化季启动活动”。国家图书馆馆长饶权，中共北京市委宣传部二级巡视员丁梅，北京市公园管理中心副主任张亚红，国家图书馆副馆长汪东波，北京市颐和园管理处党委书记马文香、园长杨华等活动组织单位有关领导，全国政协常委、副秘书长、民进中央副主席、文津图书奖评委会副主任朱永新，文津图书奖评委王渝生、庄建、喻剑南、杨虚杰、阿甲、赖雪梅、王海茹等，以及获奖图书作者、出版社和新闻媒体代表参加此次活动。

活动现场发布第十六届文津图书奖评选结果，对获奖作者和评委代表进行现场采访；举办“国图公开课·先生的书房”主题演讲，邀请著名先秦史专家、《中华传统文化百部经典》之《国语》解读人沈长云讲授“经典何以重要”。活动现场还展示了北京市公园主题阅读空间以及由中国图书馆学会联合各省级图书馆学（协）会在全国范围内推荐的50余个特色阅读空间。

“行走在阅读的时空里——第十六届文津图书奖发布暨北京公园阅读文化季启动活动”在新华社客户端、央视新闻客户端、人民日报客户端等13家平台同步直播，播放量达760万次。

十四、首届丝绸之路国际图书馆联盟大会举行

9月2日，由文化和旅游部国际交流与合作局支持、中国国家图书馆和浙江省文化和旅游厅共同主办、浙江图书馆承办的首届丝绸之路国际图书馆联盟大会在浙江杭州以线上会议的形式举行。文化和旅游部国际交流与合作局副局长封立涛、中国国家图书馆副馆长陈樱、浙江省文化和旅游厅副厅长许澎、浙江图书馆馆长褚树青以及来自亚洲、欧洲、非洲、大洋洲等27个共建“一带一路”沿线国家的30余位国家图书馆馆长、知名文化机构代表，30余位中国国家级、省级图书馆馆长和专家学者以视频连线的方式出席此次会议。

封立涛在开幕式致辞中表示，秉承古丝路精神的“一带一路”正从中国倡议变成全球行动，成为构建人类命运共同体的伟大实践。中方倡导建立的丝绸之路国际图书馆联盟（以下简称“联盟”）是一个秉持和而不同、开放包容理念的平台，是“一带一路”倡议在文化领域实践的重要成果，也是各国图书馆界构建长期合作关系和定期交流机制的重要举措。通过此次大会的召开，中方期待各成员馆能够进一步凝聚合作共识，形成发展合力，在联盟框架下稳步实现业务提升和人才培养等合作愿景。

许澎在开幕式致辞中表示，自古以来，浙江杭州就是陆上和海上丝绸之路的重要节点城市，各种灿烂的文化因为频繁的贸易往来在这里碰撞和交融。此次来自共建“一带一路”沿线国家的各位专家学者的目光在“云端”再次聚焦杭州，分享知识，展望未来，为图书馆事业转型和变革出谋划策，为人类文明的共融发展贡献智慧。希望此次大会可以推动“一带一路”图书馆命运共同体建设走深走实，联盟能够不断发展壮大。

陈樱代表联盟牵头单位做大会主旨报告。她首先回顾了联盟的建设背景及主要成绩，并指出共建“一带一路”国际合作在全球抗击疫情行动中展现出的强大韧性和旺盛活力，充分证明在推进“一带一路”文化交流与合作，夯实“一带一路”沿线文明互学互鉴等方面，图书馆应当发挥并且能够发挥更加重要的作用，同时倡议共建“一带一路”沿线国家的图书馆进一步加强交流与合作。最后提出促进联盟可持续发展的三项建议：一是优化管理运行机制，强化成员机构合作共识；二是加强品牌项目建设，推动重点领域合作行稳致远；三是深化数字化合作，促进图书馆智慧化创新转型。

大会同期举行第三届丝绸之路国际图书馆联盟论坛。浙江图书馆、福建省图书馆、陕西省图书馆等 3 家国内联盟成员单位，印度尼西亚国家图书馆、卡塔尔国家图书馆、俄罗斯国立外国文学图书馆、沙特阿拉伯阿卜杜勒 · 阿齐兹国王公共图书馆、新加坡国家图书馆管理局等 5 家国际联盟成员单位代表，围绕会议主题“构建‘一带一路’图书馆命运共同体的新未来”分别做报告，结合各馆参与共建和计划实施的“一带一路”相关工作实务进行案例分享和经验交流，并对联盟未来的发展积极建言献策。

丝绸之路国际图书馆联盟现有成员单位 38 家，主要由共建“一带一路”沿线国家的代表性图书馆组成，成员数量较成立之初有所壮大，下一阶段还将稳步发展，吸纳更多国内外有代表性的图书馆加入联盟。

大会期间，联盟成员单位讨论并通过《丝绸之路国际图书馆联盟管理办法》，该管理办法对联盟的宗旨、职能、组织、成员、经费等进行详细的阐述和必要的界定。此项议程的顺利推进对联盟的规范化运作和可持续发展意义重大。

中国国家图书馆作为联盟牵头单位，在会上发布联盟即将启动实施的“丝绸之路数字图书馆”“丝绸之路国际图书馆联盟馆员系列培训班”等两项计划长期开展的重点项目，得到与会成员单位的积极响应。各方一致希望通过项目机制的有效实施，在联盟框架下，深化资源共建共享理念，开展专题文献保护和数字化合作，加强图书馆管理与人才培养方面的交流等。

首届丝绸之路国际图书馆联盟大会的召开和《丝绸之路国际图书馆联盟管理办法》的生效，标志着联盟建设已经迈出实质性步伐。中国国家图书馆作为首届联盟指导委员会主席单位、联盟指导委员会办公室所在地，将积极构建交流机制，搭建合作平台，策划品牌项目，为联盟未来的高质量发展做好服务和保障工作。

十五、新入藏珍贵文献

（一）外文善本

2021 年，国家图书馆通过多种途径采访外文善本 26 种 93 册，涵盖文学、哲学、历史学、植物学、语言学等学科。除 1 种 1 册为稿本之外，其他印本出版时间从 16 世纪延续到 20 世纪，其中 16 世纪出版物 1 种 1 册，17 世纪出版物 3 种 3 册，18 世纪出版物 7 种 44 册，19 世纪出版物 9 种 39 册，20 世纪出版物 6 种 6 册；涉及 7 种语言文字，其中法文 7 种 36 册，英文 5 种 40 册，拉丁文5种7册，德文4种5册，意大利文3种3册，希伯来文和荷兰文各1种1册。

1.《英国植物学》

《英国植物学》的作者为英国著名植物学家、林奈学会创始人詹姆斯·爱德华·史密斯（James Edward Smith，1759—1828），其主要著作有《自然史文论》（*Tracts Relating to Natural History*）等。插图由英国著名博物学家、矿物学家、插画师詹姆斯·索尔比于（James Sowerby，1757—1822）完成。索尔比1757年出生于伦敦的兰贝斯（Lambeth），曾在英国皇家学院学习艺术，年轻时曾参与多部重要植物学论著的插图绘制。索尔比将艺术与科学有机地熔于一炉，是英国博物图谱制作的重要人物，绘制了《英国植物学》、《英国矿物贝壳学》（*Mineral Conchology of Great Britain*）、《英国矿物学》（*British Mineralogy*）等多部代表性作品。索尔比及其后人保留了其绘制插图过程中所使用的各种标本，标本数量较多，成为重要的文化遗产。

《英国植物学》全名为《英国植物学，或英国植物彩色图谱，包括基本特征、同义名称和生长地》（*English Botany, or, Coloured Figures of British Plants, with Their Essential Characters, Synoymys, and Places of Growth*），于1790—1814年出版，共36册。每册内有整页铜版画72幅，全套共计2592幅。部分铜版画为手工上色。该书封面为四分之三皮装，大理石花纹纸装帧，书脊有烫金花卉图案，内封有家族徽章藏书票一张，藏书票上部为独角兽，象征非凡的勇气；下有家族的拉丁文座右铭“VIRTUS INVICTA GLORIOSA”，意为“无上的美德是光荣的”，座右铭下写有“R. E. Skyring Thomas”，指英国贵族罗伯特·爱德华·斯克林·托马斯（Robert Edward Skyring Thomas），可知此书的旧藏来源。

史密斯的科学研究与索尔比基于样本的写实插图结合在一起，使得此书兼具科学和美学价值。该书出版延续20余载，堪称植物学的经典之作。

2.《英国古代雕塑和绘画版画集》

《英国古代雕塑和绘画版画集》（*Specimens of the Ancient Sculpture and Painting Now Remaining in England from the Earliest Period to the Reign of Henri VIII*）为英国著名建筑设计师及古物学家约翰·卡特（John Carter，1748—1817）的代表作。其主要内容为英国早期到亨利八世时期的艺术，包括中世纪的雕塑、绘画、彩色玻璃画、教堂装饰等。该书共收录铜版画120幅、手工上色铜版画25幅、对开页版画1幅以及拉页版画2幅。该书为伦敦国家美术馆前秘书拉尔夫·沃纳姆（Ralph Wornum）旧藏。该书保存状况良好，品相佳。

3.《纪念英国四次大航海胜利巨幅版画集》

《纪念英国四次大航海胜利巨幅版画集》（*Commemoration of the Four Great Naval Victories Obtained by the English During the Late War*）通过14幅巨幅黑白铜版画来描述和纪念18世纪英国四次对外海上战争：1794年6月1日理查德·豪伯爵（Earl Richard Howe，1726—1799）率领的乌尚特岛（Ushant）海战，1797年2月14日上将约翰·杰维斯子爵（Viscount John Jervis，1735—1823）指挥的圣文森特角（Cape St. Vincent）海战，1797年10月11日亚当·邓肯子爵（Viscount Adam Duncan，1731—1804）领导的击败荷兰舰队的海战以及1798年8月1日霍雷肖·纳尔逊子爵（Viscount Horatio Nelson，1758—1805）指挥的尼罗河口附近的阿布基尔湾（Aboukir）海战。该书由英国18世纪末至19世纪初最著名的艺术家、雕刻师和出版商合作完成，其中，著名皇家肖像艺术家威廉·亨利·沃辛顿（William Henry Worthington，1795—1839），微型艺术画家、雕刻家罗伯特·鲍威尔（Robert Bowyer，1758—1834）等均参与其中。

4.《伯内特书信》

《伯内特书信》（*Burnet's Letter*）收录了1685—1686年吉尔伯特·伯内特（Gilbert Burnet，1643—1715）与罗伯特·波义耳（Robert Boyle，1627—1691）之间的5封书信。此二人均是英国历史上的重要人物，吉尔伯特·伯内特是英国历史学家、索尔兹伯里主教、英国“光荣革命”发起者的向导，罗伯特·波义耳为英国著名化学家、现代实验科学方法的开拓者之一。二人通信就英国宗教和历史问题进行探讨，反映英国“光荣革命”前夕宗教思想的转变。该书出版于1686年，作为英国早期历史文献，具有重要的历史价值和文献价值。

5.《西塞罗与友人书信集》

《西塞罗与友人书信集》（*Familiares Epistolae*）经过意大利文艺复兴时期著名人文学者作注，是西方古典文献经典之一，具有很高的历史文献价值。此入藏本于1514年在威尼斯出版，其排版形式、书尾题署、版权标记等十分接近摇篮本书籍的形态，内收多幅小型木版插图。书内附奥匈帝国银行家、藏书家霍拉斯·德·兰道（Horace de Landau，1824—1903）私人藏书票及意大利藏书家古斯塔沃·盖莱蒂（Gustavo Galletti，1805—1868）藏书印章，流传脉络清晰。

（二）普通古籍

2021年，古籍馆入藏普通古籍299种419册，其中较为珍贵的文献如下：

1.《朱可亭笺注昌谷集》

《朱可亭笺注昌谷集》四卷，（唐）李贺撰，（清）朱轼注。清康熙刻本。11行20字白口左右双边单鱼尾。2册。

李贺（790—816），字长吉，福昌（今河南宜阳）人。其出身唐朝宗室，以荫授官奉礼郎。因其父字“晋肃”谐音“进士”，不得参加进士考试，仕途受阻。其诗歌既浪漫奇谲又凄凉艳丽，成为诗歌史上独一无二的“长吉体”。

朱轼（1665—1736），字若瞻，一字伯苏，号可亭，高安（今江西高安）人。康熙三十三年进士，官至文华殿大学士，兵部、吏部尚书。其著有《周易传义合订》等。

清代李贺诗集的注本，前有顺治十七年（1660）姚文燮《昌谷集注》，后有乾隆二十五年（1760）王琦《李长吉歌诗汇解》。朱轼注李贺诗，据其自序作于康熙四十一年（1702）任湖北潜江县知县时。朱轼的笺注，形式包括随文小注和诗后总注；内容既有征引，也有自注。尽管这些注文有不尽如人意之处，如征引前人之说不注明出处，注文有牵强、错误之嫌，但总体而言，朱轼的笺注为理解李贺诗歌提供许多恰到好处的提点，为其他注本所无。在借用前人注解时，也有不少甄选得当。

朱轼作为清初的理学家，极为难得地没有轻视诗歌，并且选择了在诗歌中可称另类的李贺诗作注，这本身就是难能可贵的。他还在自序中说道，“愿世之读长吉诗者，各以己之精神迎之，亦将各得一长吉焉”，点出文学欣赏中作者和读者的关系。

此注本流传不广，《中国古籍总目》未收，其他书目亦未见收录。卷端钤印有“厚德载物”“冯定山印”“积学斋藏书印”等。

2.《清溪胡氏义塾志》

《清溪胡氏义塾志》五卷，清治经堂木活字印本。9 行 17 字黑口四周双边单黑鱼尾。3 册。

清溪，今属湖南郴州。自元代胡祯始迁清溪，后生息繁衍，蔚为大宗。胡氏一族注重文教，兴修义塾，本书即为胡氏修建义塾纪实。

全书共五卷，前有兴宁县知事张伟叙。卷首有序、目录、凡例、修志姓氏。卷一为重建义塾纪实，卷二为倡议兴建义塾并乐捐经费、田地刻石碑文，卷三为捐赠土地与经费明细，卷四为经费总目并捐工姓名，卷五为义塾条规，后附艺文等内容。中国古代南方的家族文化非常兴盛，个例研究层出不穷，此书保留了详尽的清溪胡氏兴建义塾之人、财、物相关资料，亦可作为湖南郴州地区家族经营与变迁以及乡土教育的典型个例来研究。

家谱宗族类文献多为活字排印，往往质量不佳，或字模较小，字形简陋，或排版歪斜，版面不整。该活字本开本较大，排版疏朗，字形亦算规整，在家谱宗族类文献中已是质量较好之活字本。此书《中国古籍总目》未收，义塾类文献亦较稀见。

3.《退笔山馆吟稿》

《退笔山馆吟稿》，（清）杨于高撰。清道光刻本。10 行 19 字白口左右双边单黑鱼尾。1 册。

杨于高，字振岩，号蘋香，平湖（今浙江嘉兴）人。嘉庆十四年（1809）进士，曾任四川彭山知县，另著有《绿杨外史吟稿》。

该书卷首有道光二年（1822）作者自序，述此诗集内容“或赋物以抽妍，或抒怀而写景，廿四叠新声传播，争胜前人，五十首依韵描摹，汇成一集”。集中以和韵诗为主，并有作者咏物写景之作。一物一景，皆是细心观察生活所得。

该书经多次刊刻汇集而成，有续刻、增刻与三刻。卷末最后一首有题无诗。钤印有“于高”“香”“静观自得”“平湖陆清澄考藏乡邦文献印”。该书非常稀见，《中国古籍总目》未见收录，亦未见其他馆藏。

（三）严望佳女士捐赠文献

2021 年，启明星辰集团首席执行官严望佳女士将个人收藏的一批道教及民间信仰类文献无偿捐赠给国家图书馆。此次捐赠共计 268 种 349 册，其中包括线装书 201 种 265 册、平 / 精装书 67 种 84 册。该批文献皆为国家图书馆缺藏文献，反映清代至民国时期民间宗教的实际情况，以往学术界关注较少，具有较高的研究价值。其中以下两种版本为较早的珍贵文献。

1.《为学次第书》

《为学次第书》六卷，（清）张沐撰。清康熙刻本。9 行 20 字黑口四周单边单鱼尾。1 册。

张沐（1630—1712），字仲诚，号起庵，河南上蔡人。顺治十五年（1658）进士，康熙元年（1662）授内黄知县，十八年（1679）起授四川资阳知县。其自幼立志为圣贤，初宗王阳明《朱子晚年定论》之说，作《道一录》，后作《学道六书》以教门人，发挥心学，以“一念常在”为主。其著作尚有《五经四书疏略》《溯流史学钞》《前川楼文集二卷诗集一卷》等。

该本刊于康熙年间，大约教初学为学之道，尊宋明儒之说，所谓“二程、朱、王子出，能心究孔门之绪，默循次第之秘，道学微而复彰”。盖清初学问尚未犹乾嘉间之细琐，更偏重“尊德性”一系。全书分为立志、存养、穷理、力行、尽性、至命六卷。该书成书较早，首尾完具，保存状况良好，不甚经见，有较高的文献文物价值。

2.《宪天圣学》

《宪天圣学》，（清）许三礼撰。清康熙刻本。8行20字白口四周双边单鱼尾。1册。

许三礼（1625—1691），字典三，号酉山，河南安阳人。顺治十八年（1661）进士，授浙江海宁知县，后累授福建道御史、通政司右参议、太常寺少卿、顺天府尹、兵部右侍郎等职。初师孙奇逢，后问学黄宗羲。赈灾兴学，所到颇有政声，有“循吏第一”之称。著述颇丰，有《读礼偶见》二卷、《圣学源流》、《圣学问答》、《政学合一集》等。

该书为康熙年间刻本，书名页有“天德随心可达，圣人可学而至”之语，大约与许氏所信奉之“随处体认天理”同义。罗为赓序中说“直信批陈，真可令帝天开眼，列圣解颐，尤可喜道系归真，异宗难乱”，虽为过誉之词，实可见程朱道学在当时文人中之地位。今人言清学，受科学主义之影响，尤过偏重其汉学一脉，以考据笺注、训诂音韵褒扬之，然作为学术思想史看，清人内圣外王、修身穷理之宋学究属其主流，该书即为清初思想界一份极好的文献。

党建工作

- 党组织建设
- 纪检监察工作
- 年度掠影

党建工作

一、党组织建设

2021年，国家图书馆党政领导班子在文化和旅游部党组的正确领导和部直属机关党委指导下，以习近平新时代中国特色社会主义思想为指导，认真学习贯彻党的十九大和十九届历次全会精神，深入贯彻落实习近平总书记给国图老专家回信精神，扎实开展党史学习教育，推动文化和旅游部党组（以下简称“部党组”）巡视整改任务落实，严格落实党建工作责任制和意识形态工作责任制，持续强化基层党组织建设，充分发挥党组织战斗堡垒作用和党员先锋模范作用，“明理、增信、崇德、力行”成为广大党员的自觉追求，“学党史、悟思想、办实事、开新局”在国家图书馆各层面取得实效。馆党委获得文化和旅游部系统“先进基层党组织”荣誉称号。

（一）始终坚持正确政治方向，深入学习贯彻党的创新理论

坚持以学习贯彻习近平新时代中国特色社会主义思想为主线贯穿理论武装全过程。制订学习教育方案，组织全馆党员干部持续深入学习党的十九届六中全会精神、深入学习习近平总书记年内系列重要讲话和指示批示精神，深刻认识党的百年奋斗重大成就和历史经验。馆党委理论学习中心组全年组织集体学习15次，起到带动作用。扎实推进全会精神学习“全覆盖”，组织正处级以上干部和年轻干部理论学习小组负责人参加文化和旅游部专题学习班，集中组织学习讨论；馆工会、馆团委、馆工会女职工委员会分别组织专题学习；组织统战人士参观学习活动，召开统战人士专题学习交流会；指导督促各党支部、各部处结合实际组织全员学习。组织党员干部深入学习贯彻习近平总书记在庆祝中国共产党成立100周年大会上的重要讲话精神，组织全馆党员收听收看大会实况，组织处级以上干部参加文化和旅游部专题学习班，党员领导干部带头讲授专题党课，各党支部组织形式多样的专题学习交流会，深刻认识四个“伟大成就”和“以史为鉴、开创未来”的根本要求，继承和弘扬伟大建党精神。馆党委理论学习中心组制订专题学习研讨计划，发挥领学促学作用，组织全馆党员干部认真学习贯彻习近平总书记在党史学习教育动员大会上和在福建、广西、青海、西藏、陕西等地考察调研期间的重要讲话精神，深刻领会“明理、增信、崇德、力行”要求。通过全方位、多层次、深入系统地学习，进一步巩固了全馆党员干部增强“四个意识”、坚定“四个自信”、做到“两个维护”的自觉，进一步深化其对“两个确立”极端重要性和决定性意义的认识。

（二）扎实开展党史学习教育，推进“我为群众办实事”实践活动（参见“特别记载”之“国家图书馆举办庆祝中国共产党成立100周年系列活动”和“国家图书馆开展‘我为群众办实事’实践活动”）

（三）扎实落实部党组巡视整改措施，严格落实意识形态责任制

积极推进部党组巡视整改工作，夯实整改落实责任。国家图书馆巡视整改阶段性任务圆满完成，常态化长效化整改稳步推进。经过巡视整改，全馆学习贯彻习近平总书记给国图老专家回信精神取得重要阶段性成效并持续引向深入；立足国家重大战略部署和经济社会发展大局谋划事业发展形成一批成果，“十四五”时期事业发展思路进一步明确；国家图书馆党组织和广大党员政治意识与政治能力不断提高，政治建设水平显著提升；践行社会主义核心价值观自觉不断增强，公共文化服务效能和先进文化传播能力进一步提升；全馆各领域各层面制度建设更加完备，管理效能进一步提升；党支部标准化规范化建设持续深入，党支部建设水平不断提升；全馆干部员工攻坚克难的意志更加坚定，团结拼搏的奋进力量不断增强。

深入学习习近平总书记关于意识形态工作的重要论述，及时传达学习中央和部党组关于意识形态工作的各项部署要求，严格落实意识形态工作责任制，不断提升意识形态工作水平。加强制度建设，严守意识形态阵地；加强网络风险管控，进一步提升网络安全水平；在重要时间节点，严格执行网络信息安全“零报告”制度，确保线上服务安全。引导各党支部、各部处结合业务实践加强员工意识形态工作培训。

（四）深入贯彻落实新时代党的组织路线，提升党组织建设的科学化水平

深入落实管党治党政治责任，着力增强基层党组织政治功能和组织功能。组织召开国家图书馆 2021 年度党建纪检工作会暨党史学习教育推进会，部署年度工作任务，严明政治纪律和政治规矩。巩固党支部标准化规范化建设成果，调整完善党支部设置，组织各党支部换届选举，选优配强新一届党支部领导班子，为提升支部工作水平奠定更加坚实的组织基础和思想基础。加强对支部工作的指导督促，结合党史学习教育，定期召开支部党建推进会，推进各党支部学习先进，不断提升支部工作质量。严肃党组织政治生活，严格落实“三会一课”、主题党日等制度。“七一”前后召开党支部专题组织会，馆领导班子成员作为党员参加。积极推动党建与业务工作融合发展，注重在疫情防控、谋划重大项目、实施重大工程、推进业务发展、促进事业创新、培养人才队伍等工作中锻炼党员队伍，发挥党支部战斗堡垒作用和党员先锋模范作用。加强对党支部建设的督促检查，开展年度党支部工作考核，强化考核结果应用。加强对馆属企业党建工作的指导，组建经营管理处党支部，充分发挥党组织在馆属企业中的战斗堡垒作用。参与“文化和旅游部直属事业单位党的组织建设经验与启示”课题研究，系统总结国家图书馆党建工作经验。

各党支部以党史学习教育为统领，积极围绕馆核心工作、部门重点工作和队伍建设实际，不断提升党支部建设质量，推动党建工作和业务工作的深度融合。有的党支部结合疫情防控常态化任务，以党建为引领，将以人民为中心的发展理念落实到一线服务工作中，不断优化服务政策，调整服务空间，丰富线上资源，完善读者证卡管理，推出适老服务等创新服务举措，深受读者欢迎。有的党支部紧扣业务实际开展员工意识形态教育培训、完善意识形态审核流程，确保馆内举办的庆祝建党百年红色文献整理出版、展览、讲座等系列活动意识形态安全。有的党支部组织党员参与馆史档案整理与归档业务，将支部党建与“国图精神”传承紧密结合。

（五）加强党员教育管理，发挥党员先锋模范作用

加强新形势下党员发展和管理工作，按照年度计划，新发展党员15名，预备党员转正9名。全年选派6名党员干部参加中央和国家机关、文化和旅游部党校各类学习。向党支部配发《论中国共产党历史》《习近平新时代中国特色社会主义思想学习问答》等10余种学习读物。开展党费收缴管理使用制度培训，根据党员工资变动情况及时调整党费收缴数额，进一步保障党费收缴管理使用规范化。积极探索馆属企业党建工作规律，建立健全企业社会化用工背景下党员队伍教育培养的有效举措。加强党建宣传工作，积极撰写报送工作简报和党建信息，宣传全馆党史学习教育工作成效；发挥国家图书馆通讯、党建信息平台作用，发布宣传稿件，营造浓厚的党建工作氛围。稳步推进智慧党建平台建设，提升支部党建信息化水平，2021年已基本完成系统建设工作。

各党支部结合党史学习教育，加强党员教育管理，策划实施多项各具特色、贴近实际的学习教育活动。有的支部组织开展党史荐书活动，编制党史学习参考资料和推荐书目，组织党员诵读党史经典名篇，开设党员留言专区，传承红色基因。有的支部组织党员赴中国共产党历史展览馆、中国人民抗日战争纪念馆、香山革命纪念馆等教育基地参观学习。有的支部组织党员观看党史纪录片、爱国主义题材电影。

二、纪检监察工作

（一）组织召开国家图书馆2021年度党建纪检工作会暨党史学习教育推进会

为学习并贯彻落实文化和旅游部2021年党的工作暨纪检工作会议精神，总结和部署国家图书馆党风廉政建设工作，馆纪委会同馆党委于6月11日召开国家图书馆2021年度党建纪检工作会暨党史学习教育推进会。会上，副馆长、党委副书记、纪委书记陈樱总结2020年全馆党风廉政建设工作，并对2021年下半年党风廉政建设工作重点进行部署并提出要求。馆领导班子成员、党委委员、纪委委员、中层干部、各党支部委员等共计120余人参加会议。

（二）深入贯彻落实中央八项规定精神，持之以恒纠治“四风”

1. 加强宣传教育，巩固拓展落实中央八项规定精神成果

严格落实《国家图书馆关于进一步贯彻落实中央八项规定精神实施细则》，认真做好中央、文化和旅游部关于严明纪律的有关文件和情况通报精神的传达贯彻工作。及时向全馆中层以上干部及馆属企业负责人传达《关于转发〈中央纪委国家监委公开通报八起违反中央八项规定精神典型问题〉的通知》等典型案例通报，要求全体党员领导干部以通报中的典型案例为戒，不断提高政治站位，坚定不移、毫不松懈地贯彻落实中央八项规定精神。

2. 重点抓好节日关口反“四风”工作

紧盯元旦、春节、五一、端午、中秋、国庆等重要节日关口，及时发布通知提醒，明确节日期间纪律要求。继续做好节前约谈相关工作，由馆党委书记、纪委书记约谈财务、公务接待、公

车管理、食堂等管理部门负责人，督促其切实履行监管职责，严格落实中央八项规定精神，认真把好第一道关口，做好节日期间廉洁自律工作。通过节前宣传教育，严明纪律、明确要求，加强节日期间监督检查等方式，认真做好节日关口反“四风”工作，确保节日期间风清气正。

（三）认真贯彻落实上级纪检监察机关工作安排部署

做好中央纪委国家监委驻文化和旅游部纪检监察组组长腊翊凡来馆调研的接待以及纪委主要工作的汇报等工作；做好文化和旅游部直属机关纪委来馆调研有关工作；按照文化和旅游部直属机关纪委要求部署，做好节日关口反“四风”工作，并完成相关情况的报送；配合上级纪委，做好信访举报问题线索及有关案件的处置工作；积极参加上级纪委工作会议及业务培训，并做好会议精神的贯彻落实工作。

（四）积极开展党纪党规理论学习及警示教育，不断筑牢党员干部廉洁自律思想防线

1. 组织召开纪委扩大会议，专题学习十九届中央纪委五次全会精神

为深入学习贯彻习近平总书记在十九届中央纪委五次全会上的重要讲话精神，把此次会议要求落到实处，馆纪委于 2 月 24 日召开扩大会议，进行专题学习。会上传达习近平总书记在十九届中央纪委五次全会上的重要讲话精神以及十九届中央纪委五次全会会议公报。馆纪委委员、各党支部纪检委员及纪检监察处全体同志近 30 人参加会议。

2. 召开国家图书馆警示教育大会

按照文化和旅游部直属机关党委相关工作要求，为传达落实中央和国家机关警示教育大会精神，馆纪委配合馆党委于 1 月 4 日召开国家图书馆警示教育大会。馆领导班子成员、党委委员、纪委委员、中层干部、各党支部委员、馆属企业负责人共计 130 余人参加会议。会上传达《中央和国家机关落实全面从严治党主体责任不力典型案例的通报》，对学习贯彻中央和国家机关警示教育会精神，深入推进全馆党风廉政建设各项工作进行部署。会议最后，全体参会人员集体观看警示教育片。馆纪检监察部门共选取涉及不同层级、不同领域、不同问题的 11 个典型案例，通过对反面典型的深刻剖析，教育引导党员干部以案为戒、警钟长鸣、慎权、慎行，切实增强遵纪守法的思想自觉和行动自觉，不断强化党规党章党纪意识，筑牢廉洁自律思想防线。

（五）以落实部党组巡视反馈意见为契机，持续做好对主责部门的“再监督”

1. 探索“再监督”有效模式，推动主责部门主体责任落实到位

聚焦主责主业，加强监督执纪。深化转职能、转方式、转作风，明确定位，厘清责任，积极探索“再监督”有效模式，重点加强对采购主责部门依法履行监管职责的再监督，努力发挥好“监督的再监督”作用。制定并完善采购监督工作办法，聚焦监督重点和内容，针对各类采购项目，及时跟进采购信息等材料，了解和掌握采购项目进展情况。采用现场抽查等方式，加强对采购项目主责部门依法依规履行监管职责的监督检查。及时发现和掌握采购工作中的苗头性、倾向性问题。同时，结合信访举报工作，加强监督执纪，有效保障馆内各项经济活动依法依规开展。

2. 落实纪委整改监督责任，持续做好整改工作的日常监督

持续探索做好整改工作日常监督的方法举措，对照巡视、审计、主题教育问题整改清单，把握整改任务及进展情况，督促主责部门落实整改工作主体责任。制定并完善整改监督工作办法，把上述整改监督纳入日常监督工作范围，综合运用听取汇报、调阅资料、抽查、约谈、调研等方式跟进了解，加强对整改主体责任落实的监督。同时，加强对巡视、审计、主题教育问题整改日常监督成果的运用，通过监督发现问题，督促相关部门完善制度规章、建立长效机制、防范廉政风险。

年度掠影

【召开党史学习教育动员部署会】

3 月 15 日，国家图书馆召开党史学习教育动员部署会，传达学习习近平总书记在中央党史学习教育动员大会上的重要讲话精神以及文化和旅游部系统党史学习教育动员部署会会议精神，就高标准高质量推进国家图书馆党史学习教育做出部署。文化和旅游部党史学习教育第四指导组组长宋晨出席会议并做指导讲话，馆长、党委副书记饶权做动员讲话，党委书记、副馆长魏大威主持会议。文化和旅游部党史学习教育第四指导组成员，馆领导班子成员、党委委员、中层干部、各党支部支委参加会议。全党集中开展党史学习教育以来，国家图书馆党政领导班子认真学习中央关于党史学习教育的决策部署和部党组工作要求，成立国家图书馆党史学习教育领导小组，建立相关工作机制，结合实际研究制定《国家图书馆开展党史学习教育工作方案》。

【开展党史学习教育“清明祭英烈”暨参观香山双清别墅活动】

4 月 16 日，国家图书馆组织开展党史学习教育“清明祭英烈”暨参观香山双清别墅活动。馆领导班子成员、党委委员，馆党史学习教育领导小组办公室成员，团员青年代表等近 30 人参加此次活动。全体人员首先赴北京西山国家森林公园“无名英雄纪念广场”开展祭扫活动，向无名英雄敬献花圈和挽联，馆长饶权带领党员重温入党誓词。随后，全体人员赴香山双清别墅参观毛泽东主席旧居陈列室和“毛泽东同志在香山”展室。清明以来，国家图书馆组织全馆党员干部积极开展“清明祭英烈”活动，各党支部结合实际，开展形式多样的祭扫活动。

【全国政协办公厅秘书局来馆开展“百年栉风沐雨　党史联学诵读”活动】

5 月 17 日，全国政协办公厅秘书局党总支书记、局长许雄波一行 30 余人到访国家图书馆，双方共同开展党史联学联建活动。国家图书馆党委书记、副馆长魏大威出席活动，副馆长、党委副书记、纪委书记陈樱出席并主持活动。诵读活动分为“百年征途”“筚路蓝缕”“英雄颂歌”3 个主题，来自双方年轻干部理论学习小组的 10 名同志交流了 10 种优秀党史著作，分享自己的收获与体会。活动有效促进了双方党史学习教育，激发了青年同志学党史的热情与兴趣，也增进了彼此的友谊和联络。双方都希望日后能组织更多、更优质的交流活动，进一步深入学习领会习近平总书记关于党史的重要论述，学习传承中国共产党在长期奋斗中铸就的伟大精神，确保党史学习教育取得扎实成效。

【成立国家图书馆党员志愿服务总队】

为深入推进党史学习教育，充分发挥党员先锋模范作用，国家图书馆党委研究印发《国家图书馆2021年党员志愿服务工作方案》，成立国家图书馆党员志愿服务总队，以党支部为单位成立党员志愿服务队，全面启动党员志愿服务活动。6月8日，党委书记、副馆长魏大威在党员志愿服务总队成立仪式上指出，2021年是中国共产党成立100周年，在这个特别的时刻，国家图书馆组建“国家图书馆党员志愿服务总队”，旨在深入贯彻习近平总书记给国图老专家回信精神，动员和凝聚全体党员，积极弘扬“友爱、奉献、互助、进步”的志愿精神，将开展党员志愿服务与解决实际问题紧密结合起来，更加充分发挥党员先锋模范作用，不断为国家图书馆事业发展做出新的更大贡献。

【召开国家图书馆2021年度党建纪检工作会暨党史学习教育推进会】

6月11日，国家图书馆党委召开2021年度党建纪检工作会暨党史学习教育推进会。文化和旅游部党史学习教育第四指导组组长宋晨出席会议并做指导讲话，党委书记、副馆长魏大威出席会议并讲话，副馆长、党委副书记、纪委书记陈樱主持会议并讲话，馆领导班子成员、党委委员、纪委委员、中层干部、馆属企业主要负责人、各党支部委员等120余人参加会议。会上，财务处联合党支部等5个党支部负责人做交流发言，介绍各支部开展党史学习教育活动情况。陈樱总结全馆2020年党风廉政建设情况，就2021年党风廉政建设工作做出安排。魏大威代表馆党政班子讲话，回顾全馆2020年党建工作和近期开展党史学习教育情况，部署2021年全馆党建及下一阶段党史学习教育工作。

【召开国家图书馆“两优一先”表彰大会】

6月29日，国家图书馆召开“两优一先”表彰大会，庆祝党的百年华诞。文化和旅游部直属机关党委副书记、一级巡视员孙秋霞，国家图书馆党委书记、副馆长魏大威出席会议并讲话，副馆长、党委副书记、纪委书记陈樱主持会议。馆领导班子成员、党委委员、获得“光荣在党50年”纪念章的老党员代表、全馆“两优一先”获奖者、各党支部委员、中层干部、馆属企业负责人，以及各部门党员、团员、统战对象、群众代表等170余人参加会议。会上，举行新党员代表入党宣誓仪式，参会党员重温入党誓词；为获得“两优一先”奖项的集体和个人代表颁奖；举行“光荣在党50年”纪念章颁发仪式，现场为6位老党员代表颁授纪念章。

【深入学习贯彻习近平总书记“七一”重要讲话精神】

7月1日，国家图书馆全体员工采取多种方式观看庆祝中国共产党成立100周年大会直播。国家图书馆结合实际，及时印发学习通知，对全馆学习宣传贯彻习近平总书记“七一”重要讲话精神做出具体部署。馆党委充分发挥党委中心组在学习上的带动引领作用，迅速召开中心组学习会，专题学习习近平总书记“七一”重要讲话。各党支部依托“三会一课”，策划实施各具特色、贴近实际的活动，以多种形式开展党员学习教育。有的党支部以部处为单位组织党员开展集中学习，采取座谈辅导、撰写观后感等多种方式分享心得体会，在讲话中汲取磅礴奋进的力量。有的党支部通过微信等平台，向全体党员推送总书记重要讲话原文及相关文章，引导党员持续深入学习，切实把思想和行动统一到讲话精神上来。有的党支部布置“建党百年庆祝专区”留言墙、制作庆祝建党 100 周年板报等，邀请党员同志留下其对百年党史的感悟、对建党百年的祝福以及对自己的期望，增强党员自豪感和使命感。

【深入学习贯彻党的十九届六中全会精神】

11 月 12 日，国家图书馆全体员工采取多种方式收听、收看党的十九届六中全会新闻发布会。馆党政领导班子制订全馆学习计划，馆内迅速掀起学习热潮。党委中心组开展专题学习，发挥领学、促学作用，广大员工深入研读《中国共产党第十九届中央委员会第六次全体会议公报》《中共中央关于党的百年奋斗重大成就和历史经验的决议》《关于〈中共中央关于党的百年奋斗重大成就和历史经验的决议〉的说明》。馆内组织中层干部和青年理论学习小组负责人参加党的十九届六中全会学习班，馆工会、馆工会女职工委员会和馆团委组织专题学习会。各党支部、各分工会、各团支部也组织了形式多样的党的十九届六中全会学习活动。12 月 9 日，国家图书馆召开党的十九届六中全会精神学习交流会。文化和旅游部党史学习教育第四指导组领导出席会议，党委书记、副馆长魏大威出席会议并讲话，副馆长、党委副书记、纪委书记陈樱主持会议，馆领导班子成员、党委委员、中层干部、馆属企业主要负责人、各党支部委员代表、员工代表等 80 余人参加会议。部分与会代表就党史学习教育之“我为群众办实事”实践活动、学习党的十九届六中全会精神做交流发言。魏大威代表馆党政领导班子讲话，传达胡和平部长在文化和旅游部党史学习教育汇报交流会上的讲话精神，回顾全馆近期学习贯彻党的十九届六中全会精神情况，及“我为群众办事”实践活动进展情况。

【召开统战工作座谈会】

12 月 29 日，国家图书馆召开统战工作座谈会，以“学习宣传贯彻中共十九届六中全会精神，加强改进我馆统战工作，凝心聚力促进事业发展”为主题开展座谈研讨。国家图书馆馆长、党委副书记熊远明，党委书记、副馆长魏大威出席会议并讲话，副馆长、党委副书记、纪委书记陈樱主持会议。全馆党外人士代表、相关职能部处的主要负责人参加会议。会上，党外人士代表围绕会议主题做交流发言。

馆藏建设与管理

- 文献信息建设
- 文献信息组织
- 文献信息保存与保护
- 年度掠影

馆藏建设与管理

一、文献信息建设

（一）中文文献

1. 中文图书

接收交存493397种1190037册，较2020年种数增加31.2%，册数增加32.0%。购买100396种138330册，较2020年种数增加2.1%，册数减少21.8%。接受赠送9465种30086册，较2020年种数增加130.4%，册数增加217.3%。中文图书旧书补藏7559种（含赠书），较2020年增加26.0%。

2. 学位论文

采访240848种，较2020年增加10.28%。其中博士论文78011种，博士后报告9739种，硕士论文153097种，海外学位论文1种。

3. 台港澳文献

采访图书12481种，较2020年减少34.28%；采访期刊677种6405册，较2020年种数减少3.29%，册数减少8.07%；采访报纸79种22545期，与2020年种数持平，期数减少0.34%。

4. 中文期刊报纸

入藏期刊10174种430070册，较2020年种数减少0.39%，册数增加3.32%；入藏报纸1308种448601期，较2020年种数减少0.46%，期数减少6.75%。

5. 音像制品和电子出版物

接收交存6438种10098盘，较2020年种数减少3.5%，盘数持平。购买补藏858种1909盘，较2020年种数减少49.02%，盘数减少43.82%。接受赠送77种256盘，较2020年种数减少86.03%，盘数减少88.58%。

6. 中文资料

采访非正式出版文献3609种3945册，较2020年种减少23.55%。存疑文献297种344册，较2020年种数增加35.62%。

7. 中文数据库

截至2021年底，外购中文数据库总量135个，较2020年增加0.7%，包括中文少儿数据库11个、残疾人数据库2个。其中66个数据库获得馆外访问授权，较2020年减少4.3%。

（二）外文文献

1. 西文文献

订到图书33194种33603册，较2020年册数减少24.63%；缩微平片和胶卷0种，较2020年减少100%；补订海外中国学文献980种，较2020年增加22.19%。

2. 东文文献

订到日文图书 13419 种 13419 册，较 2020 年册数减少 11.95%；补订日文中国学文献 749 种，较 2020 年增加 39.22%；订到东文图书 4344 种 4629 册，其中阿拉伯文图书 1510 种 1605 册、韩文图书 1004 种 1156 册、越南文图书 763 种 800 册、泰文图书 756 种 756 册、缅甸文图书 2 种 2 册、蒙古文图书 2 种 2 册、印地文图书 181 种 181 册、印尼文图书 63 种 63 册、马来文图书 63 种 64 册，较 2020 年册数增加 26.10%。

3. 俄文文献

订到图书 5820 种 6943 册，较 2020 年册数增加 19.17%。

4. 国际组织与外国政府出版物

订到图书 374 种 394 册、期刊 328 册、缩微平片 1856 种 5085 片、光盘 3 种 3 盘，较 2020 年册 / 件数减少 62.9%。

5. 出版物交换

交换到各类型文献 4624 种 12177 册 / 件，其中图书 2420 种 2439 册、期刊 591 种 3532 册、平片 1190 种 2409 张、随书刊光盘 14 种 14 盘、电子出版物 1 种 1 件、音像资料 408 种 3782 件，较 2020 年册 / 件数减少 30.26%。

6. 外文报刊

订到外文期刊 39824 册，较 2020 年增加 0.30%；外文报纸 19097 份，较 2020 减少 1.96%。

7. 外文实体音像和电子资源

订到西文实体音像和电子资源 608 种 786 盘，较 2020 年种数减少 72.24%。

8. 外文数据库

发布资源列表数据库变更信息 17 个、数据库正式开通信息 2 个；完成 ProQuest 数字化博硕士论文文摘数据库学位论文的采选工作，订购 1800 篇。截至 2021 年 12 月底，外购外文数据库总量 118 个，较 2020 年增加 1 个；开通远程访问的外文数据库总量 62 个，与 2020 年持平。

（三）古籍特藏文献

1. 古籍及特藏文献采访

2021 年，采访各类古籍及特藏文献 8959 种 15691 册 / 件，其中：新善本 81 种 764 册 / 件，精装精印 15 种 15 册 / 件，手稿 59 种 2094 册 / 件，普通古籍 5221 种 5690 册 / 件，外文善本 118 种 239 册，舆图 1502 种 2349 册 / 件，敦煌吐鲁番资料 451 种 652 册，地方文献 563 种 2608 册，石刻拓片 947 种 1277 册 / 张，民族文字古籍 2 种 3 册 / 件。此外，接收中文采编部转入民族文字文献新书 5909 种 14203 册、期刊 141 种 4355 册，采访获捐契丹文拓片（电子版数字资源）165 种 166 件。

2. 古籍数字资源建设

2021 年，开展多项文献数字化工作。其中：2020—2021 年契约文书数字化项目完成扫描及修复工作，累计制作书目数据 10015 条，拍摄图片 11869 拍；2019 年馆藏名家手稿数字化项目完成 20000 拍扫描和质检工作；2020 年馆藏名家手稿数字化项目完成 20000 拍扫描；民族文字古籍数字化工作进入结项验收阶段；海外捐赠汉籍数字化一、二期全部完成并结项；普通古籍数字化二、三期以及印谱数字化项目完成验收；出版项目影像数据回收加工项目完成全部数据的制作，交付验收；国际敦煌项目完成290件敦煌卷子的数字化，数据库上传图像11541幅。

（四）缩微文献

全国图书馆文献缩微复制中心各成员馆全年共拍摄民国图书34266拍、民国期刊63582拍、善本古籍51376拍、新中国成立初期中文图书112690拍、现报224423拍，共计486337拍。其中国家图书馆完成民国图书和期刊、新中国成立初期中文图书、现报等黑白缩微拍摄246980拍以及馆藏提善古籍彩色缩微拍摄5251拍。完成珍贵文献数字资源转换缩微胶片1231259拍，其中国家图书馆藏家谱数字资源转换黑白胶片869406拍。完成母片拷底4419卷，拷贝5069卷。

（五）实物馆藏

国家典籍博物馆全年新入藏品53种64件，其中37种为“伟业——庆祝中国共产党成立一百周年书法大展”之“光昭九域”篇展品作者无偿捐赠的书法作品。

（六）数字资源

截至2021年底，国家图书馆数字资源总量达2497.98TB，较2020年底总量增加223.48TB（参见“国家数字图书馆建设与服务”之“数字资源建设与发布”）。

（七）其他资源建设

1. 移动服务资源建设

完成2021年度“掌上国图”外购资源建设等（参见“国家数字图书馆建设与服务”之“数字资源建设与发布”）。

2. 互联网信息采集与保存

围绕国家发展战略、建党百年系列活动和其他热点主题开展网络信息采集与保存。全年共完成25个网络专题资源的采集与组织，围绕中国战“疫”记忆库建设，采集战“疫”主题相关音视频资源114个、相关网络资源10929条，累计采集35837条。采集重要领域的国内网站102个，同时利用增量采集技术开展采集，对24个网站分别增量采集3次，提升采集效率的同时避免重复采集和冗余数据的产生。截至2021年底，国家图书馆累计保存的网络信息资源总量达310.07TB。

3. 文津图书奖数字化工作

完成第十六届文津图书奖参评图书数字化加工、数据发布、数据管理、网站建设等工作。设计并制作全新的文津图书奖专题网站，整合第十六届以及历届获奖图书和推荐图书，形成完整的数字资源专题导读。

数字化加工方面：完成数据前期整理、查重；对获奖及推荐图书进行扫描，共包含图书75册，图像扫描21036页；加工制作获奖及推荐图书PDF单页文件21036页，ePub文件75个；完成获奖及推荐图书全文转换加工工作，包括单版TXT文件与合并版TXT文件，文本OCR识别加工；制作ACCESS数据库，其中基本信息表75条，目次数据库表包括目录标引2343条。

网站建设方面：配合完成第十六届文津图书奖评奖活动，设计并制作评奖活动所需的全新专题网站，将获奖书单同步发布到文津图书奖网站上进行展示。完成首页、获奖图书、推荐图书、往届回顾页面以及评奖办法、文津图书奖简介页面，页面美观、协调。实现第十六届文津图书奖资源展示，包括资源导航、获奖图书展示、推荐图书展示等功能。整合第十六届以及历届获奖图书和推荐图书，形成数字资源专题导读。同时，完成第十六届文津图书奖触屏版专题网站，功能齐备，信息一致，并根据触摸屏的不同尺寸完成页面适配。

4. 政府公开信息整合服务平台资源建设

持续开展政府公开信息整合服务平台资源建设，全年共完成国务院政府信息采集 71233 条，包括各部委机构数据 70205 条、政府公报 1028 条。

5. 国图公开课资源整合及推送

针对历年加工的中文视频资源，每月遴选 15 场推送到国图公开课平台，同时对遴选出来的课程进行元数据加工，著录课程标题、摘要、专题系列、学科分类、主题词、主讲人等元数据信息。对国家图书馆现有各类资源进行深度挖掘与整合，以文字、图片、音视频的形式插入与课程相关的背景知识，形成与课程既相互独立又保持关联的知识点，实现与馆藏图书、期刊、学位论文等资源的链接和融会贯通。全年共完成国图公开课视频提供、对象数据与元数据制作共计 180 场（276 集），制作知识点 1315 条。

6. 图书馆公开课资源整合加工建设

依托全国图书馆建设的公开课讲座资源，持续进行图书馆公开课视频整合建设，实施视频内容纠片、规范化加工、知识标引以及视频审核。全年共完成 1500 节公开课视频的知识标引和内容审核，制作知识点标引数据 5027 条，提取制作高频词数据 1500 条。

7. 触摸屏资源建设

实现 200 种电子报纸、100 种电子期刊、50 种少儿期刊的采集、集成、更新和触摸屏展示服务，保障年画、老照片和学术讲坛等栏目通过触摸屏提供稳定的展示服务。

8. 融媒体内容制作——《中华传统文化百部经典》视频节目建设

基于《中华传统文化百部经典》文献资源，结合智慧图书馆新阅读建设总体要求，重点利用“5G+VR”和新媒体技术手段，进行《中华传统文化百部经典》融媒体内容制作，以虚拟现实技术和新媒体技术进行融媒体内容加工与展示，制作成果包括 VR 节目和短视频节目两种形式，建设全景文化典籍 VR 节目 1 场和短视频节目 4 场。2021 年已完成资料征集、内容挖掘、方案构思、文稿撰写、项目顾问意见征集、领域专家审核、核心知识点把关等多项内容，完成系列短视频节目的前期拍摄和专家采访工作。

9. 影视资源建设

全年完成重大活动拍摄及音响服务工作 78 场，部级领导干部历史文化讲座拍摄及后期剪辑 12 场。创作 2021 年国家图书馆员工大会垫场片、古籍修复技艺竞赛宣传片、志愿者服务启动宣传片、《共产党宣言》专题展宣传片、国家图书馆深入开展党史学习教育专题片等 7 部作品。继续推进“国图老馆员口述史”采访工作，启动对 4 位老馆员的采访。完成 2019—2021 年自建视频资源的档案数字化约 168 小时。

二、文献信息组织

（一）中文文献

1. 中文图书

制作中文图书书目数据 269089 条，较 2020 年增加 37.82%。其中：普通图书书目数据 230485 条，较 2020 年增加 51.86%；少儿图书书目数据 38604 条，较 2020 年减少 11.22%。完成民国图书编目 415 种。新建中文标准篇名数据 293 条，维护中文标准篇名数据 921 条。完成中文图书加工 1001165 册（含光盘），较 2020 年增加 46.07%。新建名称规范数据 111636 条，完成规范数据与书目数据的同步挂接。

2. 学位论文

完成学位论文编目加工 144209 种，较 2020 年减少 12.69%。其中：博士论文 52340 种，博士后报告 4868 种，硕士论文 87000 种，海外学位论文 1 种。

3. 台港澳文献

完成图书编目加工 18498 种 / 册，较 2020 年增加 19.60%；制作图书书目数据 18566 条，较 2020 年增加 14.13%；完成期刊编目 22 种。

4. 中文期刊报纸

新编期刊书目数据 121 条、报纸书目数据 17 条。完成中文期刊加工 430070 册、中文报纸加工 448601 期。

5. 音像制品和电子出版物

登记加工 9294 种 12786 盘，较 2020 年种数增加 17.65%，盘数增加 4.87%；编目入库（含少儿音像制品等，不含复本、附件）7780 种 10571 盘，较 2020 年种数增加 23%；制作书目数据 7783 条，较 2020 年增加 21.63%。

6. 中文资料

非正式出版文献编目加工 5076 种 5325 册，较 2020 年种数增加 42.95%，册数增加 43.80%。完成存疑文献编目加工 620 种 654 册，较 2020 年种数增加 620.93%，册数增加 588.42%。

7. 缩微文献

制作缩微品母片书目数据 868 条，制作缩微品拷底片书目数据 7254 条，制作缩微品拷贝片书目数据 2516 条，维护书目数据 242 条。

（二）外文文献

1. 西文文献

编目加工西文图书 42373 种 45640 册，较 2020 年种数增加 15.4%；缩微平片 0 种，较 2020 年减少 100%。合计种数较 2020 年增加 1.9%。

2. 东文文献

编目加工日文图书 12346 种 12459 册，较 2020 年种数减少 10.14%；编目加工东文图书 4344 种 4629 册，其中阿拉伯文图书 1510 种 1605 册、韩文图书 1004 种 1156 册、越南文图书763种800册、泰文图书756种756册、缅甸文图书2种2册、蒙古文图书2种2册、印地文图书181种181册、印尼文图书63种63册、马来文图书63种64册，较2020年种数增加29.44%。

3. 俄文文献

编目加工图书6320种7458册，较2020年种数增加5.33%。

4. 国际组织与外国政府出版物

各类文献编目加工8216种18840册/件，较2020年种数增加6%。其中编目加工图书730种937册、期刊2种96册、缩微平片7482种17800片、光盘2种7盘。

5. 外文报刊

新编目外文期刊81种。新编目外文连续出版物书目数量较2020年减少3种。

6. 外文实体音像和电子资源

编目加工西文实体音像和电子资源1128种7716盘，较2020年种数增加6.2%；编目加工日文实体音像和电子资源136种138盘。

（三）古籍和特藏文献

完成新采文献的编目工作，全年新编书目数据16307条，其中民族文字新书5083条。整理普通古籍书库，补充编目46条；删除提善书旧数据120条。

开展书目数据回溯工作，制作民族文字文献回溯书目数据1044条，修改中文提善书书目数据2443条，制作外文善本回溯书目数据2000条，制作永乐南藏回溯书目数据1000条，回溯编目“文革”资料402种，精装精印回溯整理上传数据120条，修改与完善线装家谱书目数据500条，完成馆藏拓片回溯书目数据法帖子目校对1000条，制作馆藏新中国成立后宣传画回溯数据500条，整理与修改历史照片数据500条。

（四）数字资源

1. 建设完成中国战“疫”记忆库知识组织（参见“国家数字图书馆建设与服务”之“数字资源建设与发布”）

2. 数字资源门户系统和SFX资源链接系统的数据管理

2021年，数字资源门户根据自建、外购资源库的变化情况，及时进行访问链接、资源库介绍以及资源库权限说明的调整。全年新增资源库3个，资源库修改37次，停用资源库7个；开通试用资源库6个，下架试用资源库3个。

3. 数字馆藏元数据收集整理

全年共整合中文外购数据库43批，元数据约9010.3万条；整合外文外购数据库7个，元数据约119.1万条；整合自建及征集资源54批，元数据约11.8万条；制定12个外购中文数据库的映射规则。数据库核查完毕后全部提交文津搜索系统进行整合发布。

三、文献信息保存与保护

（一）数字信息保存与保护

1. 自建数字资源入藏

2021 年，受数字资源保存介质调整的影响，自建数字资源典藏库房光盘入藏量大幅减少，全年入藏光盘 1304 盘，较 2020 年减少 91.58%。光盘库房继续加强综合管理，组织开展已入藏光盘的维护工作，共修复维护光盘 5600 盘。

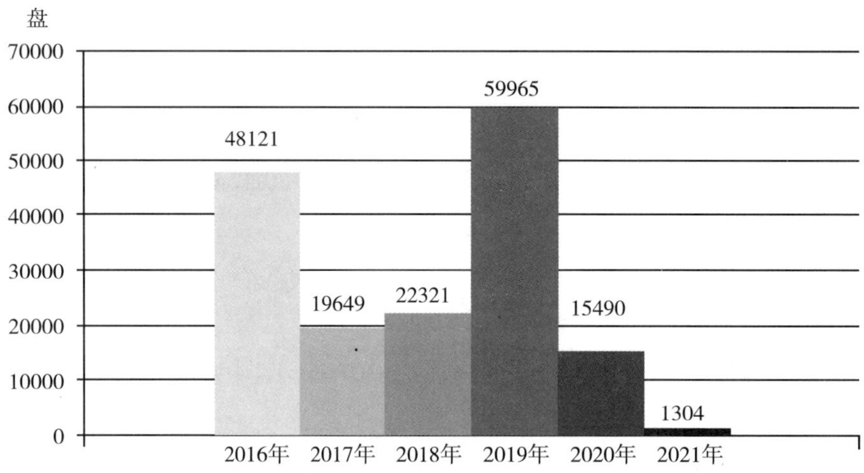

2016—2021 年国家图书馆自建数字资源光盘入藏量

2. 数字资源长期保存

全年完成博士论文、网页采集、中文图书、样式雷、数字善本、国际敦煌项目等共计 19 种资源，258.48TB 数字资源的长期保存。截至 2021 年底，国家图书馆数字资源长期保存总量达到 2163TB。

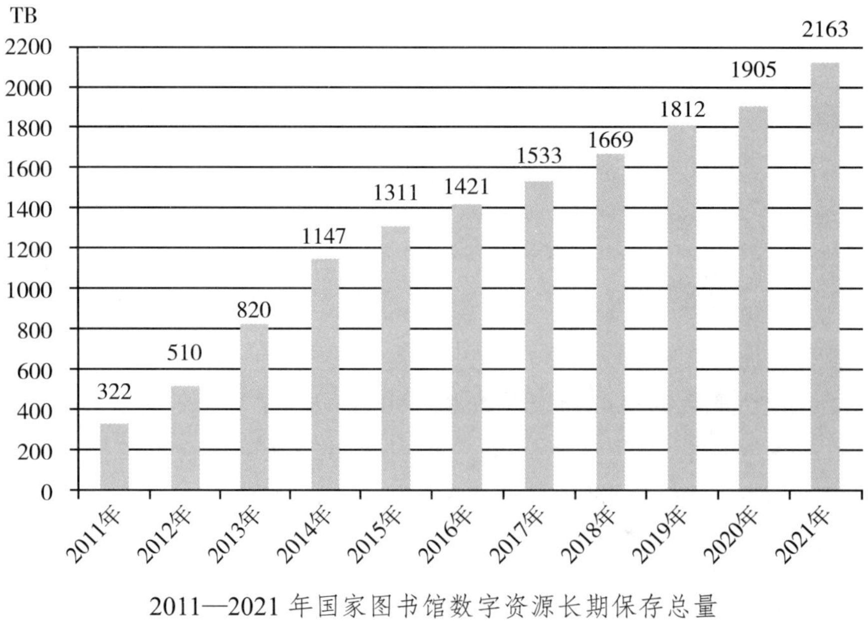

2011—2021 年国家图书馆数字资源长期保存总量

全年完成触摸屏电子报纸资源长期保存 748.4GB，完成网络信息采集资源长期保存 41.36TB。

灾备中心磁带库完成增量数据备份 194.81TB，灾备中心磁带库数据总量达到 2292.81TB。开展对国家图书馆主中心及灾备中心磁带库长期保存数据的安全性检查，全年共检查 339 盘次，检查结果全部正常，保证两地数据的完整性和一致性。

（二）文献修复与保护

1. 文献修复

履行国家级古籍修复中心职责，配合中国古籍保护协会举办“古籍装帧与保护培训班”，为中国社会科学院大学文法学院文博专业硕士研究生讲授古籍修复理论及实操课程，修复广济寺字画 32 册 / 件、电影资料馆海报 175 张、唐河县图书馆入藏《国家珍贵古籍名录》善本书 4 册、内蒙古赤峰市喀喇沁旗纸质文物 3 件等；积极推进第五批国家级非物质文化遗产代表性项目和北京市第五批市级非物质文化遗产代表性项目申报工作，“传统书籍装帧技艺”由国务院正式公布确认为第五批国家级非物质文化遗产代表性项目，“传拓技艺（甲骨传拓）”“敦煌遗书修复技艺”由北京市人民政府正式公布确认为北京市第五批市级非物质文化遗产代表性项目；积极探索文献修复工作对外合作新模式，推动中国文物保护基金会花呗文物守护专项基金资助修复保护国家图书馆敦煌遗书，利用中国文物保护基金会字节跳动古籍保护专项基金修复国家图书馆珍贵古籍。全年修复各类馆藏文献 4041 件。

2. 文献保护

做好全馆各库房温湿度监测工作，定期提交报告；配合承德文献周转库开展文献抽查工作；参加多项保护标准的修订工作，继续开展《纸张脱酸工艺有效性》国家标准的申报、草案及编制说明的撰写工作，继续开展《图书馆古籍书页寿命》国家标准的制定工作；完成 2020 年新购置的环氧乙烷灭菌柜的调试安装，维修色差仪等仪器；积极推进脱酸设备的推广，馆领导召开现场办公会议，并与投资商进行洽谈，接待文化和旅游部领导的督促检查，为海南省博物馆和北京通州区档案馆相关文献进行脱酸处理，前者多为图书，后者为各种见水即洇的手写和印刷档案；针对馆藏美国国会图书馆分类法西文图书，提出保护计划，拟订提善方案。

继续开展国家缩微母片库示范库建设，严格母片库管理制度，确保库房和缩微文献的绝对安全。持续推进缩微品长期保存与保护问题研究，继续推进缩微文献的原生性与再生性保护。开展母片库房三醋酸纤维素酯片基缩微胶片（以下简称“醋酸片”）核查工作，对其中的醋酸片与涤纶片进行区分，并对醋酸片进行深度核查，有针对性地采取保护措施，全年完成母片库房胶片 pH 值核查 2 万余卷、醋酸片深度核查 8000 余卷。继续开展古籍缩微胶片修复工作，通过对胶片的筛查分类、接片处理、拷底制作、质量验收等流程，加强古籍缩微文献的保存保护，全年修复古籍缩微胶片 500 卷；继续开展成员馆善本缩微胶片数字化异质保存相关工作；开展敏感文献回溯筛查，完成季度缩微文献数据质量自查报告。

（三）承德文献周转库管理工作

承德文献周转库（以下简称“周转库”）共有 3 个仓储文献库房，即 1 号库、2 号库和 4 号库。截至2021年11月11日，承德文献周转库共入藏文献6722拍149216箱（其中1号库1231拍18559箱，2号库2799拍69796箱，4号库2692拍60861箱），总馆近三分之一的文献已顺利进入库区。

1. 建章立制，规范周转库工作。明确《承德文献周转库管理处职责》，建立和完善《承德文献周转库安全管理规定》《承德文献周转库管理处值班管理规定》《国家图书馆承德文献周转库（保存本库）管理细则》等10余项规章制度；制定《承德文献周转库管理处工作手册汇编》，将涉及周转库基本情况、相关制度建设、工作措施等内容纳入手册；续签和签订“周转库房租赁”“保安服务”“综合服务”服务合同，保障周转库工作正常有序。

2. 多措并举，努力做好周转库安全管理工作。（1）组织开展首次消防应急演练。11月3日，在周转库组织开展消防演练活动，主要演练扑灭库区外山火和库区内库房库顶火灾。国家图书馆联合承德县政府、县旅游和文化广电局、县应急管理局、县消防大队、县森林消防大队等有关部门开展消防演练。消防部门共出动7台消防车、30余名消防队员参与演练，并利用无人机、红外线热感成像拍照技术等，多方位、立体式地展现此次演练活动。（2）组织开展周转库储藏文献首次抽检和维护工作。11月5—6日，周转库储藏文献首次抽检和维护工作顺利完成。此次抽检文献样本位置选择在库区1、2号库，按照不同文献种类、摆放位置以及文献总箱数的1‰比例抽检，抽检文献数量共96箱。研究院（业务管理处）、典藏阅览部、古籍馆等相关部处，北京国图文化发展有限责任公司等馆属企业参与抽检工作，相关工作达到预期目标和效果，没有发现虫霉病害，抽检文献总体状态良好。（3）强化措施手段，注重消防安全工作。购置消防柜、防汛沙袋、雨衣、强光手电等消防、安防、防汛物资，补充应急保障储备力量；购置扫雪铲、竹扫把和扫雪车等冬季保障物资工具，节省人力物力，保障库区道路交通安全和环境安全；建立和完善消防安全工作档案，顺利通过馆内中期验收；完善库区消防安全标志，及时对库区灭火器进行检查、更换；完成库区围墙外围“防火安全”警示标语喷字工作；完成库区内消防通道平整垫土、电子围栏防锈封堵、库区井口防灌提升、太阳能路灯测试等工作。（4）完善安全工作建设体系。日常入库常规检查，逐一核对库房大门钥匙，重新标识，交由值班人员统一管理；监测库区温湿度，更换更新库房温湿度设备，准确记录和监测储藏文献的温湿度情况，保障文献安全；结合库区安全工作实际，增加监控摄像头点位，维护消防设施设备；督促业主完成库区照明方案，完成1号库隔断墙的加高和外围电子围栏的加固工作，为4个库房的15个库房大门安装防鼠板；与保安公司、库区业主一起现场勘察库区种菜及绿化实施计划，定期清理库区内杂草，保证库区干净整洁；加强与驻库区保安公司日常工作沟通联系。建立健全保安服务方案和应急预案，督促保安公司做好驻库区保安队员日常安全工作，加强保安队伍建设，注重安全教育培训，组织训练和应急演练，加强夜间值班值守和交接班工作管理力度；注重烟花爆竹禁放工作和库区防火工作；严格做好日常出入库登记、值班记录和车辆出入登记，严禁电动车辆以及私家车进入库区。持续做好周转库疫情防控工作，持续关注、监测疫情发展变化，做好疫情防控期间各项安全工作，包括轮换交接班、库区出入登记、库区人员健康监测管理、零报告制度、日常防疫消毒、保持好库区卫生环境等。

年度掠影

【雁翼手稿入藏国家图书馆】

3 月 8 日，当代著名诗人、作家雁翼手稿共计 22 种 842 册 / 叶入藏国家图书馆。古籍馆副馆长萨仁高娃代表国家图书馆接受捐赠并向捐赠者颜小鹂颁发捐赠证书。

雁翼，原名颜洪林，河北省馆陶县人。1942 年参加八路军，1949 年开始诗歌创作。出版有《大巴山的早晨》《在云彩上面》等 30 多部诗集。其诗作着重表现解放战争时期的斗争生活，反映社会主义革命和建设的新面貌，歌颂祖国的大好河山，多以西南地区的生活、斗争为素材进行创作。他注重向古典诗歌和民歌学习，诗作凝练、形象，平中见奇，蕴含哲理。此外还在儿童文学、电影话剧剧本、小说、散文、诗歌理论等创作领域颇有建树。

此次捐赠包括雁翼诗歌代表作《大巴山的早晨》手稿、儿童文学代表作《紫燕传》手稿、未出版的自传《第三个档案袋》手稿等珍贵文献。保存完整，内容丰富，具有很高的文学价值和史料价值。

【《步黟堂古陶文集存》原器手拓本入藏国家图书馆】

3 月 25 日，古陶文研究专家唐存才鉴藏《步黟堂古陶文集存》原器手拓本一函六册捐赠仪式在国家图书馆古籍馆举行，古籍馆副馆长陈红彦代表国家图书馆接受捐赠并向唐存才颁发捐赠证书。

唐存才是我国当代书法篆刻名家，师从西泠印社副社长童衍方，致力于古陶文研究数十年，收藏大量古陶文精品实物及拓本，并进行深入研究，被古陶文研究领域著名学者裘锡圭称为“古陶文研究的专家”。

此次捐赠的《步黟堂古陶文集存》一函六册，系据唐先生收藏战国古陶文原器精制而成，传拓精良、纸墨俱佳，限量制作 20 部，共收录珍贵陶文拓本 360 种，分为齐国卷、燕国卷、三晋卷、秦国郑国卷，内有多种珍稀陶文，如三晋“业市”陶文、齐“昌櫅陈固南右敀亳釜”陶文、山东沂水出土大字刻写的“立事岁”残陶等，均系首次收录。

【集中著录和完善多语言版本《共产党宣言》书目数据】

2021 年，共产主义者的纲领《共产党宣言》正式出版 173 年，各版本《共产党宣言》及其各语言译本成为大家关注的焦点。3 月，国家图书馆统一部署，集合多语种文字方面的人才，发挥行业优势，在一个多月内组织完成多语言、多版本、多载体《共产党宣言》书目数据的著录和翻译工作，共制作数据 1142 条；同时开展对馆藏马克思主义外文原典书目数据的完善工作，共完善书目数据 1087 条。

马克思和恩格斯合著的《共产党宣言》1848年在伦敦首次出版，至今已被翻译成上百种语言文字。此次著录的各版《共产党宣言》绝大多数为纸本图书，个别载体形式为CD和磁带。文献语言方面以德文和其他各外文译本为主，同时包括部分汉文和少数民族文字译本，涉及不同语言文字多达77种。

【郭宝寨“盛世莲花”设计图纸入藏国家图书馆】

4月20日，著名雕塑家郭宝寨向国家图书馆捐赠“盛世莲花”设计图纸等手稿、签名本共计19种52册/件。古籍馆副馆长萨仁高娃代表国家图书馆接受捐赠并向郭宝寨颁发捐赠证书。

郭宝寨，河北无极人，著名雕塑家，中央美术学院雕塑艺术创作研究所一级美术师，中国美术家协会会员。1967年毕业于中央美术学院雕塑系，曾任中国雕塑学会副会长，中央美术学院雕塑艺术创作研究所副所长。其雕塑作品多次入选全国美术作品展并获奖。

1999年，中国政府对澳门恢复行使主权。同年，时任国务院副总理钱其琛代表中央人民政府向澳门特别行政区政府赠送大型雕塑“盛世莲花”，这一雕塑的设计和监制者就是郭宝寨。他也凭此作品荣获2010年“新中国城市雕塑建设成就奖”。此次郭先生向国家图书馆捐赠的文献主要为“盛世莲花”设计手稿及相关档案资料，包括“盛世莲花”草图、设计图、模型尺寸图、修改稿、送审方案等，展现这一雕塑的设计创作过程，具有重要的历史文献价值。

【柴剑虹向国家图书馆捐赠敦煌学研究资料】

9月7日，中华书局编审柴剑虹向国家图书馆捐赠一批敦煌学研究资料。古籍馆副馆长萨仁高娃代表国家图书馆接受捐赠，并向柴剑虹颁发捐赠证书。

柴剑虹是我国当代著名敦煌学家，长期担任中国敦煌吐鲁番学会秘书长，曾任中国敦煌吐鲁番学会副会长、敦煌学国际联络委员会干事，与国内外敦煌学界保持着密切联络。自20世纪80年代以来，柴先生一直关注和支持国家图书馆的各项工作，特别在敦煌吐鲁番资料建设方面尤为关心，多次向国家图书馆捐赠文献资料或协助联系文献捐赠，如协助入藏启功先生手稿等，并多次应邀来馆讲座或出席各类活动，为国家图书馆的馆藏资源建设和事业发展做出积极贡献。

此次捐赠的资料内容丰富，包括三类：其一是敦煌学家书信478种876件/页，这些书信的撰写者有刘铭恕、刘修业、沙知、周一良、王克芬、王尧、金维诺、白化文、陈国灿、贺世哲、张金泉、耿升等数十位前辈敦煌学家，还有戴仁、吴其昱、孟列夫、池田温、石塚晴通等海外敦煌学研究者，内容涉及敦煌学各领域具体问题及敦煌学相关学术活动等，具有较高的学术史价值。其中上海辞书出版社副总编兼《敦煌学大辞典》副主编严庆龙20世纪90年代初期与柴剑虹的通信24通，内容涉及辞书编纂原则、撰稿组织、词条撰写等多个方面的具体问题，部分已由柴先生整理，撰为《庆龙飞鸿——严庆龙先生关涉编撰〈敦煌学大辞典〉事宜的来函选录》一文，已刊发于《敦煌研究》2020年第3期。其二是旧照片12种122张，涉及多位敦煌学者、多次敦煌学学术活动，其中最早的拍摄于20世纪80年代初期，是珍贵的敦煌学史影像资料。其三是关尾史郎《西域文書からみた中国史》、许建英等编译《中亚佛教艺术》等敦煌西域研究书刊 21 种 27 册。以上三类总计 511 种 1025 册 / 件。

【著名契丹文专家刘凤翥向国家图书馆捐赠一批契丹文石刻拓片电子图片】

9 月 15 日，契丹文字学专家刘凤翥将《契丹小字耶律智先墓志铭》等契丹文石刻拓片电子图片，共计 174 种 174 件无偿捐赠给国家图书馆。

契丹文字学是中国特色哲学社会科学濒危学科之一，被国内外学者称为“真正的绝学”。刘凤翥是中国社会科学院民族学与人类学研究所研究员，研究契丹文字 50 余年，学术成果享誉海内外，被誉为“契丹文字的首席学术权威”。此批契丹文拓片均为刘凤翥及其夫人手拓，为目前国内契丹文拓片最丰富、最集中的私人专藏，品类丰富，内容多元，颇具史料价值，是中国辽史研究和契丹文化研究的重要参考资料。

此批拓片电子图片入藏不仅进一步丰富馆内中国民族文字古籍藏品资源，而且也为国内外学界提供种类最丰富、数量最大的契丹文古籍数字资源。

【有序开展文献基藏本补藏及为海外中国文化中心图书馆提供采编服务】

2021 年，结合国家图书馆国家文献战略储备库建设和保存本搬迁计划，中文采编部继续有序开展基藏本补藏目录梳理工作。全年系统梳理中文图书保存本和基藏本的收藏情况，广泛搜集目录，整理查重，共提交可补基藏本书目 25000 余种。

2021 年，国家图书馆继续承接海外中国文化中心图书馆藏书建设。完成卢森堡中国文化中心图书馆图书配置、编目加工配送等外包监管工作，完成奥克兰中国文化中心图书馆所需文献目录的遴选工作。

【应对文献采购经费缩减，调整中文文献采访细则】

因国家图书馆 2021 年度书刊购置经费大幅下调，在“保品种，减复本”的大原则下，中文采编部通过调整采访细则尽可能保证中文文献全面入藏。中文图书新书采购复本由 2 册调整为 1 册，年鉴和地方志采购复本由 3 册调整为 2 册。国内出版中文期刊订购模式由全品类订购调整为结合过去三年内中文期刊交存情况进行选择性订购。台港澳及海外华文报刊由原来尽最大可能全面入藏调整为结合学术价值、学科分布、行业影响、覆盖地区以及数字版期刊替代情况等因素优选入藏。其中：期刊采购种数由 677 种缩减为 371 种，缩减幅度为 45.20%；报纸采购种数由 79 种缩减为 43 种，缩减幅度为 45.57%。

【配合国务院教育督导委员会、学位委员会学科评议组抽检、提取博士学位论文】

国家图书馆学位论文收藏中心（以下简称“论文收藏中心”）是国务院学位委员会指定的全国唯一负责全面收藏和整理我国学位论文的专门机构，其博士学位论文收藏数量以及学科专业覆盖面在国内首屈一指，是国家博士学位论文最终保障基地。根据《教育督导条例》（国务院令第 624

号）和《博士硕士学位论文抽检办法》（学位〔2014〕5号）有关要求，为保证博士生培养质量，国务院教育督导委员会办公室决定2021年度抽检的博士学位论文继续从国家图书馆调用。按照国务院教育督导办函件要求，论文收藏中心对分散在采访、编目、加工等多环节工作流程中的博士学位论文进行筛查，共提取博士论文6999种，经数字化扫描制作成电子文档，按照要求提交国务院教育督导办，圆满完成相关工作。

为了进一步提高全国中医药博士研究生培养质量，展示全国优秀中医药博士研究生的科研能力及创新研究成果，国务院学位委员会中医学、中西医结合、中药学学科评议组决定继续面向全国中医药学位授予单位开展第三届"全国中医药优秀博士学位论文"评选工作。为了保证评审工作公正公开，该学科评议组联合中国中医科学院研究生院商请国家图书馆继续协助调取推荐参加评审的学位论文。接到相关函件后，论文收藏中心协助提取参评中医药优秀博士论文80篇，经数字化扫描制作成电子文档，按照要求提交评选工作办公室。

【学位论文及博士后报告交存管理系统项目正式启动】

为做好2021年度国家图书馆智慧图书馆建设工作，根据知识服务能力提升项目进度安排，该项目之一的"学位论文及博士后报告交存管理系统"全面启动。该项目拟建成国家图书馆学位论文及博士后报告线上提交、统计平台，并以此为抓手，探索传统文献采编业务向自动化、智能化发展。2021年完成该系统需求书撰写、确认开发商、签订合同等相关工作。

【外购中文数据库使用统计】

外购中文数据库的使用统计数据均直接或间接由数据库商提供，按获取方式可分为厂商提供、自查远程服务器、自查本地服务器3种。截至2021年底，国家图书馆有一定使用时间的外购中文数据库共计135个。其中：无法统计使用情况的有13个，占数据库总量9.6%；可直接或间接获取统计数据的数据库有122个，占数据库总量90.4%。具体包括：由厂商统计汇总形成最终数据，以Excel、Word等文件通过邮件提交的（即厂商提供）有58个；工作人员登录数据库商远程服务器统计系统，自行统计汇总形成最终数据的（即自查远程服务器）有16个；工作人员登录数据库本地镜像服务器统计系统，自行统计汇总形成最终数据的（即自查本地服务器）有48个。同2020年相比，可获取统计数据的数据库增加1.6%。

【加大外购中文数据库元数据收集力度】

外购中文数据库的元数据是图书馆开展资源整合的基础数据之一，元数据收集工作为国家图书馆的资源建设、数据整合与读者服务提供有力的数据保障。2021年共获取41批次外购中文数据库元数据，共计92414225条，较2020年增长36.1%。收集元数据的数据库共计87个，占外购中文数据库总量的64.4%，较2020年减少2个百分点。其中：全文型数据库53个，数值事实型数据库20个，多媒体型数据库13个，复合型数据库1个。

【应对经费压减，加强外文文献资源建设经费的科学管理】

2021 年，为应对国家图书馆购书经费及国家数字图书馆资源建设与服务经费的压减，更加科学合理地使用经费，外文采编部深入分析和探讨外文文献资源建设面临的新环境和新政策。一方面针对读者、馆内一线服务部门对资源的需求展开深入调研，尝试构建新形势下的资源保障层级；另一方面，积极与各出版社、数据库商开展谈判工作，争取优惠的价格方案；同时，从国家文献保障的角度出发，对国家科技图书文献中心、中国高等教育文献保障系统以及其他有较强外文文献资源建设能力的文献信息资源建设与服务机构进行馆藏调研，并在调研的基础上，形成 2022 年外文报刊调整方案和 2022 年外文数据库调整方案，续订外文报刊 2931 种、外文数据库 45 个，力争将资源调减给读者、馆员、文献保障等诸多方面带来的不利影响降到最低。此外，面对文献资源建设经费紧张的困局，积极配合相关部门，并与中标单位反复磋商，争取政策支持及落实，确保相关文献采购及时全面享受支持科技创新进口税优惠政策。

【开展 LCSH 编目手册翻译，提升外文自主标引能力】

《美国国会图书馆标题表》（*Library of Congress Subject Headings*，LCSH）是由美国国会图书馆编制的一部大型综合性标题表，是国际图书馆编目界应用最为广泛的主题词表之一。LCSH 历史悠久，结构严谨，收词量大，截至 LCSH 第 43 版（2021 年），其所收录主题标题总数达 362484 个，包括论题性标题和作为主题使用的各类名称标题（个人名称、团体名称、会议名称、统一题名和地理名称）。在国家图书馆西文文献编目工作中，主题标引采用的词表正是 LCSH，但是长期以来，受语言限制及 LCSH 本身内容结构和应用规则复杂性的影响，自主主题标引能力受到一定制约。为此，国家图书馆组织力量开展对 LCSH 主题标引规则的学习与研究，2021 年完成 LCSH 编目手册的初步翻译，已进入校对阶段，对 LCSH 的构建原则、建设机制和编制结构进行深入研究，对其中名称主题标题的构建与使用、地理标题的选择等难点问题进行探研。未来，将在充分研究 LCSH 主题标引实践做法的基础上，逐步提升自主主题标引能力，不断加大对西文文献资源的内容揭示力度。

【推进“中国古代典籍外文译本专题数据库”项目建设】

“中国古代典籍外文译本专题数据库”项目自 2019 年正式启动。2021 年，项目实施小组继续按照要求和规划，组织人力分为提书协调组和著录编译组，分工并线开展工作。提书协调组负责文献目录的筛选与整理，文献在馆藏地与元数据制作人员以及对象数据制作点之间的来回传送与进度协调。著录编译组负责根据国家数字图书馆工程标准规范制定的专题数据库元数据制作标准开展元数据制作。全年提书 2200 余册，完成有效对象数据制作，编制译本元数据（含提要）共 1896 条。截至 2021 年底，该项目合计提书近 3200 册，完成有效对象数据制作，编制译本元数据（含提要）共 2641 条。

“中国古代典籍外文译本专题数据库”项目旨在对有关中国古代典籍的外文译本进行整理、加工和组织，以期将相关内容系统有序地揭示出来。整个项目内容包括元数据制作、对象数据制作、数据整合等。项目第一期计划完成馆藏约 5000 册中国古代典籍外文译本的整理组织工作。

【国际组织与外国政府出版物开放获取资源建设取得实践成果】

2021 年，国际组织与外国政府出版物开放获取资源建设工作进入实践推广阶段。结合 2020 年采集标准制定与实施经验，外文采编部选取两家国际组织，分别采集欧洲联盟（European Union）2019—2020 年、世界卫生组织（WHO）2017—2020 年发布的开放获取图书、文件、报告等。共采集开放获取对象数据 11902 个，采用 DC 格式编制元数据 11902 条，用于资源揭示与发布，该批实践成果已提交数字资源部验收存档。国际组织与外国政府出版物开放获取资源建设工作取得的实践成果是国际组织与外国政府出版物特色馆藏的重要组成部分。开放获取文献很好地补充了国际组织出版物实体馆藏的不足，丰富了国家图书馆数字馆藏资源，为外文开放获取资源建设奠定了实践基础。

【《全国图书馆文献缩微工作“十四五”发展规划》发布】

为更好应对“十四五”时期缩微工作的新形势、新变化，进一步明确“十四五”时期缩微工作的目标和内容，全国图书馆文献缩微复制中心发布《全国图书馆文献缩微工作“十四五”发展规划》(以下简称《发展规划》)。

《发展规划》全面梳理“十三五”时期缩微中心及成员馆在利用缩微技术开展文献抢救保护工作中取得的丰硕成果，并进一步明确文献缩微工作在抢救和保护珍贵文献资源、弘扬中华优秀传统文化中发挥的重要作用。《发展规划》对“十四五”时期全国图书馆文献缩微工作进行全面部署，确定“十四五”时期的目标定位，即以推进珍贵文献缩微工作进程、提高缩微文献服务保障能力、提升缩微文献揭示与服务水平和强化缩微工作全方位保障力度为发展目标，稳步推进“十四五”时期全国图书馆文献缩微工作。

《发展规划》明确“十四五”时期文献缩微工作的具体发展路径，包括八个方面：一是完善工作机制，优化合作模式；二是推进古籍缩微化进程，提升珍贵文献保护水平；三是依托技术优势，拓展文献抢救范围；四是加强国家母片库建设，提高缩微文献保存质量；五是健全规范体系，推进标准化建设；六是重视活化利用，致力于提升知识服务水平；七是加强科研工作，深化技术创新；八是健全人才培养体系，积蓄持续发展力量。在八条路径的指引下，《发展规划》具体细化“珍贵典籍缩微抢救”“国家母片库与国家缩微文献库建设”“缩微标准规范制定项目”等“十四五”时期 17 项文献缩微工作重点项目。

【完成 2021 年馆藏文献缩微拍摄、数字资源转换缩微胶片以及缩微胶片数字化工作】

国家图书馆自 1985 年全国图书馆文献缩微复制中心成立起即全面启动馆藏文献缩微拍摄工作，于 2012 年启动数字资源转换缩微胶片工作，通过搭建优化工作流程、制定完善标准规范、培养综合型缩微人才等方式，利用两条技术路线开展各类文献类型的抢救保护工作。2021 年，基本完成民国图书、民国期刊、善本古籍的整体性规模化拍摄工作，累计完成国家图书馆馆藏文献资源抢救 13 万余种、4323 万余拍；推进缩微胶片数字化工作，累计完成国家图书馆馆藏各类缩微胶片数字化 3910 万余页。同时，对国家图书馆文献抢救的数量、类型及相应文献的数字化情况进行梳理总结，为进一步了解国家图书馆缩微工作及谋划下阶段事业发展方向奠定基础。

服务工作

- 立法和决策服务
- 重点教育科研和生产单位的信息服务
- 社会公众服务
- 业界服务
- 年度掠影

服务工作

一、立法和决策服务

（一）专题阅览服务

1. 法律参考阅览室

法律参考阅览室全年共接收中文图书 206 种 206 册，中文期刊 204 册，外文图书 3448 种 3843 册，外文期刊 26 种 1861 册，光盘 5 张。截至 2021 年底，室藏文献总量为 29286 种 70014 册，其中中文图书 5512 种 11338 册，中文期刊 264 种 10652 册，外文图书 22974 种 35445 册，外文期刊 395 种 12438 册，光盘 141 张。全年文献流通 3229 册次，其中中文图书 962 册次、中文期刊 112 册次、外文图书 1701 册次、外文期刊 454 册次。接待读者 2754 人次。

2. 海外中国问题研究资料中心（中国学阅览室）

海外中国问题研究资料中心（中国学阅览室）全年共接收中文图书 41 种 41 册，外文图书 1236 种 1522 册，外文期刊 421 册，光盘 32 张。截至 2021 年底，室藏文献总量为 46226 种 53528 册，其中中文图书 3237 种 3279 册、外文图书 42821 种 45557 册、外文期刊 168 种 4692 册。全年文献流通 2676 册次，其中中文图书 133 册次、外文图书 2444 册次、外文期刊流通 99 册次。接待读者 1709 人次。

（二）重点服务项目

1. 国家立法与决策咨询服务

2021 年，继续为党和国家领导人、党中央各部门及所属单位、全国人大相关部门、国务院各部门及所属单位、全国政协相关部门、中央军事委员会相关部门提供立法与决策咨询服务。全年累计完成各类咨询 1681 件，其中编制各领域文献 1582 件。其中，《新时代博物馆事业高质量发展相关资料》受到全国政协领导同志的肯定和表扬，多期《国图决策参考》被重点用户采用。围绕“文化和旅游行业智库建设试点单位”建设，加强一系列信息产品的开发与制作，丰富《国图决策参考》《海外涉华研究内参》等产品主题与内容，同时开发《外国立法动态》《经济与社会热点要目》等具有专业特色的新产品。围绕文化和旅游领域的政策法规调研、工作议题研判，提供文献资料的收集、分析和综述服务。全年完成《2012—2021 年习近平关于文化和旅游工作重要论述摘编》《文化和旅游改革发展研究参考资料》《文化和旅游热点舆情分析》《文化和旅游工作议题研判参考资料》等共计 54 期，为文化和旅游工作开展提供决策咨询服务。协助文化和旅游部开展全国旅行社企业统计调查相关工作。编制完成全国旅行社季度、年度统计调查报告 5 期，制作《旅行社统计填报》操作手册并录制培训课件，撰写行业发展研究报告，为全国旅行社统计调查工作开展提供咨询服务支撑。

2. 两会服务

2021 年两会期间，编制两会审议专题资料 655 篇，编制 5 个专题的文献信息专报，形成含有 20 个热点、589 篇文章的专题资料库，为代表提供全面深入的文献参考；报送两会舆情 37 期，并增设“24 小时舆情热议”板块，以可视化展现形式提供 24 小时信息发布趋势图、高频热词、微博新增热议话题及持续性热议话题等，增强报送信息的全面性和可读性；对全国政协委员服务平台进行升级改造，通过全新的页面设计实现资源分类推荐，进一步推动两会服务常态化。

3. 专项重点工作

根据中央某机构“三服务”工作指示，继续为该机构数字图书服务平台提供资源加工与发布工作。完成平台原有书目数据整理、排序和重新分类标引等工作；完成平台栏目《每月新书目》更新工作，提供书目 1100 余种；跟踪并遴选每月出版新书，制作《新书推荐》12 期，推介图书 500 余种，并特别增设防疫专题图书；满足用户个性化书目定制 24 次；与用户建立日常沟通机制，进一步细化图书数据加工标准，保证该项工作有序进行。

开展海外中国问题研究资料中心工作。为及时传达国外研究中国的最新动态、理论和成果，借助专题阅览室的窗口，制作海外中国问题研究资料中心系列产品以及《海外涉华研究内参》专报；继续收集、整理和维护智库报告专题数据库，年内为 7 家单位所使用；丰富完善海外中国学网站数据建设，打造出基于时间轴、国别图、省份图、类别图等的可视化页面，继续完善中国学文献一站式文献检索平台，同时担负“中法文化门户网站”建设职能。

优化《国家法律图书馆建设方案》，对馆内法学文献开展摸排梳理，进行法律参考阅览室网站建设，创造性地提出中图分类号与部门法的对应方式，形成独特的后台架构。立足已有资源，开发“‘法润人心，书养正气’——法律参考阅览室展览”等专题产品。

4. 部级领导干部历史文化讲座

受疫情持续影响，2021 年部级领导干部历史文化讲座采用线上形式举办，全年共录制线上讲座 12 场，参加人数超过 650 人次，已累计举办讲座 303 场（含艺术讲座及参观等）。为庆祝中国共产党成立 100 周年，于 9 月 13 日举办专场参观活动，来自中央和国家机关共 100 位领导同志出席，这是疫情防控期间对线下讲座重新开放的一次有益尝试。

5. 部委分馆建设

积极推进部委分馆建设，截至 2021 年底已达 19 家。2021 年度成立的第 19 家部委分馆——国家图书馆军事科学院分馆，是国家图书馆在军民融合、知识强军战略领域的重要实践。

强化服务意识，推进多种项目建设，致力为部委分馆用户提供更优质的服务，得到用户好评。提升服务针对性，积极助力农业农村部分馆、民政部分馆等开展阅读推广活动；结合建党百年主题学习教育活动，主动向文化和旅游部、发改委、海关总署等用户推送党史学习百种书单；根据财政部图书馆改造需求，多次实地调研，协调落实相关工作。

继续承担发改书吧、文旅阅读空间运行服务和维护工作。其中：文旅阅读空间全年更新上架图书近 1000 册，配送基藏外借图书 638 册；发改书吧全年更新图书 1286 册。除原有书吧建设与维护外，2021 年度还将阅读空间建设深入到部委外重要单位。新建国务院办公厅图书专柜，首批上架图书 122 册，第二批遴选图书 154 册待上架；草拟文旅部“书香军营”建设方案，积极探索新形势下学习型军营建设新思路。

（三）专题数字信息服务

完成国家图书馆立法决策服务平台、国家图书馆部委分馆内网平台、国家图书馆人民法院分馆平台、国家图书馆立法舆情监控平台、部级领导干部历史文化讲座视频网站、中华人民共和国法律法规信息服务系统、海外中国问题研究资料中心网站、全国省级公共图书馆决策咨询服务协作平台等专题数字平台的维护与更新。

继续维护 2021 年两会服务平台。在充分调研代表、委员信息需求的基础上，为其量身打造“国家图书馆人大代表服务平台”和“国家图书馆政协委员服务平台”。对全国政协委员服务平台进行升级改造，完成与统一用户管理系统的对接，实现政协委员卡的单点登录，并通过对资源的梳理和全新的页面设计进行资源推荐。两会期间，保障平台的正常平稳运行，做好平台运行值班监测及使用答疑等工作。两会期间，人大代表服务平台点击量为 542 次，政协委员服务平台点击量为 1954 次。继续维护团中央分馆平台、民政部分馆平台、水利部平台等，保障立法决策服务平台全年平稳运行。

完成省情概况数据库、新书推荐、部级领导干部历史文化讲座视频库、海外智库报告专题数据库、军事专题数据库、海洋专题数据库、中国边疆文献总库等专题库的维护与更新建设。

继续推动立法决策服务机构知识库建设，根据业务需求，对机构知识库的运行服务情况进行追踪调研，维护系统的正常运行。

二、重点教育科研和生产单位的信息服务

2021 年，完成社科类一般性咨询 4145 件，完成代检索课题 45 件，完成馆藏复制证明和专题检索证明共 2243 件。承接多个中国共产党建党百年主题咨询，为中央电视台纪录片频道提供建党 100 周年纪录片拍摄素材以及抗战时期红色期刊和文件查询，为教育部查询中国共产党教育史相关资料。

完成科技类辅导性咨询 5441 件，完成科技查新 234 件，完成专题检索和事实查询 100 件，完成论文收引查证业务共 5412 件。科学评价服务方面：为中国人民大学编制《CGSS 数据产出文献计量分析报告》；依托“科创中国”项目为定点服务城市编制《银川市重点产业——蓝宝石行业研究分析报告》和《银川市科研能力与科技创新分析报告》。

完成重点生产、科研教育单位的竞争情报类咨询 319 件次。编制二、三次文献咨询件次占全年咨询件次总量的 99.34%，其中编制二次文献占比 72.97%，编制三次文献占比 26.37%。

馆际互借与文献传递系统全年共接收文献传递、馆际互借、国际互借（含借进借出）请求 37833 件，接收 BALIS 文献传递、馆际互借请求 5120 件，接收 OCLC 借进请求 143 件、借出请求 1016 件。

三、社会公众服务

2021年全年共接待到馆读者1646754人次，与2020年相比，增长144.96%。全馆流通书刊7456165册次，与2020年相比，增长250.06%。完成各类咨询61.59万件，与2020年相比，增长245.04%。其中一般咨询60.51万件，与2020年相比，增长257.62%。2021年国家图书馆网站访问量112825.40万次，与2020年相比，增长31.56%，月平均访问量9402.12万次，日平均访问量309.11万次。2021年手机门户读者访问量9332.02万次，月平均访问量777.67万次，日平均访问量25.57万次。

（一）证卡办理与用户管理

1. 证卡办理

办证处总馆南区、北区服务台及古籍馆办证处全年共接待读者128874人次，较2020年增长118.81%。人工服务台办理读者卡7575张，较2020年增长105.79%；办理加功能业务1070件，较2020年增长10.08%，收取押金共计490000元，较2020年减少7.55%；办理减功能业务5603件，较2020年增长53.46%；清退押金约971740元，较2020年增长43.73%；完成金融充值19969.85元，较2020年减少14.68%，办理金融退费33963.95元，较2020年增长44.97%。自助办证充值机受理读者自助办理新卡52619张，较2020年增长142.88%；收取外借功能押金1649000元，较2020年增长124.63%；收取金融充值金额59260元，较2020年增长136.85%。

2. 统一用户管理系统

截至2021年底，系统注册用户共7891791人，其中实体卡用户2898347人，无实体卡实名注册用户2261125人，无实体卡非实名注册用户2732319人。

数据库对接方面，继续做好读者权限管理工作，进一步梳理业务流程，规范资源管理模式。全年处理各部处提交的工单51个。开通中国历史文献总库·红色文献数据库、IGI Global期刊数据库等3个中外文数据库，变更龙源期刊网、Gale Virtual Reference Library（Gale虚拟参考书图书馆）等32个中外文数据库，下架Webpat专利整合平台、ACM Digital Library（美国计算机学会数字图书馆）等10个中外文数据库，开通试用辞海网络版等6个中文数据库。

（二）日常咨询服务

各服务点累计口头咨询118793人次，较2020年增长95.71%。OPAC机检30510人次，较2020年增长66.15%；现场代查7942人次，较2020年增长101.88%。呼叫中心接待读者总计127327人次，较2020年增长120.22%。处理有效邮件1700封，较2020年增长4.94%，其中对877封有效邮件进行直接作答，对823封有效邮件转发其他相关部门进行处理。虚拟咨询接收实时咨询956人次，较2020年增长25.13%，表单咨询因入口故障，未提供相应服务。

（三）文献借阅服务

2021年，各阅览室累计接待借阅读者1207495人次、复制读者27196人次。与2020年相比，借阅读者增长174.41%、复制读者增长35.62%。

1. 中文图书区（由中文图书阅览区和中文图书借阅区合并而成）

自4月13日起，原中文图书阅览区与中文图书借阅区合并为中文图书区。

截至2021年底，中文图书区室藏文献总量为360198册/件，其中中文图书355918册、经典图书1690册、盲文图书301册、光盘2289册/件。全年共接待读者575478人次，解答读者咨询435058次，开架阅览流通图书5644899册次。全年接收新书187315种189612册，比2020年增长20%；剔除图书188881册。

4月13日起至年底，开架外借流通图书148625册次，2台24小时室外还书机共办理归还图书40127册、光盘2册/件。此外，中文图书区继续承担首图联盟还书业务，4月13日起至年底共接收通还文献529册/件。

2. 中文报刊阅览区和学位论文阅览室

由于馆区维修改造，中文报刊阅览区2021年开放服务时间为4月13日—12月31日，学位论文阅览室开放服务时间为1月1日—12月31日。

截至2021年底，中文报刊阅览区室藏总量为337277册，其中中文期刊9257种332916册、中文报纸222种4361册。全年共接待读者39187人次，其中中文期刊区23511人次，中文报纸区15676人次。全年文献流通总量为679263册。其中：期刊开架流通545292册，闭架流通6300册；报纸开架流通121180册，闭架流通6491册。全年接收文献总量达85839册，其中期刊9110种84304册、中文报纸222种1535册，另外接收现报累计48408期。

截至2021年底，学位论文阅览室共接待读者7003人次，学位论文流通10187册。

3. 台港澳文献阅览室

截至2021年底，台港澳文献阅览室室藏文献总量为43420册/件，其中图书26196册、期刊13412册、光盘2111册/件，另有近两年台港澳地区及海外华文报纸100种1701册。全年共接待读者14179人次。全年文献流通量总计14736册/件，其中图书12618册、期刊705册、报纸1363册、光盘50册/件。在做好读者服务的基础上，顺利完成室藏文献接收与下架工作。全年共接收文献18056种26157册/件，其中图书17654册、期刊5842册、报纸2221册/件、光盘440册/件。全年文献退库18809种29088册/件，其中图书18267册、期刊7033册、报纸3246册、光盘542册/件。此外，全年制作台港澳新书刊网页推介及阅览室展板12期。

4. 中文图书借阅区（已并入中文图书区）

截至4月12日，中文图书借阅区室藏文献总量为329840册/件，其中图书327255册、光盘2585册/件。接待读者19284人次；开架外借流通28874册；2台24小时室外还书机办理归还图书7696册、光盘21册/件；共接收文献30372种30749册/件，剔除文献10200种10200册/件。此外，中文图书借阅区继续承担首图联盟还书业务，1月1日至4月12日共接收通还文献92册/件。

5. 综合阅览室

截至2021年底，综合阅览室室藏文献总量为50676册/件，其中中文工具书20018册、外文工具书 30336 册、工具书光盘 322 册 / 件。综合阅览室提供基藏本图书闭架阅览和工具书的开架阅览。全年共接待读者 131433 人次，图书流通 111090 册次，一般性咨询 110184 件次。全年共接收中外文工具书 476 种 720 册。

6. 外文文献阅览室

截至 2021 年底，外文文献第一阅览室藏文献总量为 63476 册 / 件，其中西文社科图书 62741 册、西文工具书 609 册、光盘 126 册 / 件；外文文献第二阅览室室藏文献总量为 199471 册 / 件，其中西文科技图书 28901 册、西文期刊 170105 册、光盘 465 册 / 件；外文文献第三阅览室（国际赠书阅览室 / 日本出版物文库阅览室）室藏文献总量为 182297 册 / 件，其中日俄文及东文小语种图书 40280 册、日俄文及东文小语种期刊 113931 册、光盘 1893 册 / 件、国际赠书 6709 册、日本出版物文库图书 19484 册。

外文文献阅览室所辖外文文献第一阅览室、外文文献第二阅览室、外文文献第三阅览室（国际赠书阅览室 / 日本出版物文库阅览室）及基藏外文图书外借出纳台 4 个服务点，全年共接待读者 58183 人次，比 2020 年增长 68.2%。读者开架阅览各语种文献 15911 册，比 2020 年增长 12.5%；闭架阅览 30280 册，比 2020 年增长 85.3%；出室复制 11853 册，比 2020 年增长 40.1%。基藏外文图书外借出纳台外借图书 9308 册，比 2020 年增长 24.5%；还书 7216 册，比 2020 年增长 34.9%；借书人数 4779 人，还书人数 3616 人。全年接待读者咨询共计 16301 件次，比 2020 年增长 75.7%。

外文文献阅览室全年共计接收外文图书 49617 册（其中西文社科图书 23329 册、西文科技图书 10079 册、日文自采图书 3817 册、俄文图书 4292 册、小语种图书 2882 册、日贩图书 4400 册、国际赠书 818 册），比 2020 年增长 22.1%；剔除外文图书 53464 册。全年共计接收外文期刊 41002 册（其中日俄文期刊 12981 册、小语种期刊 458 册、西文期刊 27563 册），比 2020 年增长 4%；剔除外文期刊 66748 册。接收各类文献的附带光盘 425 张，比 2020 年增长 130%；剔除各类文献的附带光盘 82 张。

受 2020 年疫情影响，2021 年 5 月基本完成 2020 年度图书与期刊的退库任务，2021 年 11 月完成 2016 年外文报纸退库工作。

7. 视听服务空间

由于馆区维修改造，视听服务空间 2021 年开放服务时间为 4 月 13 日—12 月 31 日。

截至 2021 年底，视听服务空间室藏文献总量为 623381 册 / 件，其中视听文献（含录音带、录像带、激光唱片、立体声唱片、MP3 光盘、LD/VCD/VHD/DVD 光盘等）497045 册 / 件，电子文献（CD-ROM 等）126336 册 / 件。全年共接收并上架各类文献 9501 种 26371 册 / 件，其中黑胶唱片 376 种 546 张、磁带 63 种 143 盒、CD 光盘 3328 种 11253 张、VCD 光盘 91 种 169 张、DVD 光盘 1673 种 3759 张、MP3 光盘 641 种 748 张、EOD 光盘 3266 种 9295 张、期刊 62 种 458 册。

全年共接待读者 25126 人次，开架图书、期刊流通 1479 册次；为读者提供光盘、黑胶唱片的闭架阅览共计 3663 张，含 CD 光盘 171 张、VCD 光盘 489 张、DVD 光盘 2275 张、MP3 光盘 25 张、EOD 光盘 190 张、黑胶唱片 30 张；提供专架文献阅览 483 张；提供数字资源用机 138 人次；接待领导及各界人士参观访问 34 次；举办线上阅读分享活动 2 场共 15 期。在读者服务中，注重征询读者建议，加强对 60 周岁以上老年读者的深度指导，不断优化服务流程，提升服务质量。

8. 数字共享空间

由于馆区维修改造，数字共享空间2021年开放服务时间为4月13日—12月31日。

截至2021年底，数字共享空间共接待读者25661人次，解答各类读者咨询约计6960条，为读者提供代查代检、打印、复印等服务累计706次，答复读者信件及馆长信箱信件计3封，进行服务宣传展示，接待各界参观来访与承担业务讲解20次。

9. 年鉴新方志阅览室

截至2021年底，年鉴新方志阅览室室藏文献总量为45260册/件，其中年鉴20677册、地方志21518册、光盘3065册/件。全年接待读者4892人次，比2020年减少9.42%。提供开闭架文献量均有增加，其中开架文献借阅量为15522册、闭架文献借阅量为1425册，分别比2020年增长115.3%及8.45%，开架文献借阅量增长显著。全年共接收上架新文献2576种6824册，下架剔除文献14121册、光盘1370张。

10. 缩微文献阅览室

截至2021年底，缩微文献阅览室室藏文献总量为608707册/件，其中中文期刊6811册/件、中文报纸14788册/件、中文资料1912册/件、特藏文献585196册/件。全年接待读者5330人次，比2020年增长30.31%；流通文献25232册/件，比2020年增长100.7%。继续做好文献接收上架工作，全年上架文献439种908卷/件。由于缩微文献阅览室文献只更换不剔除，故文献总量逐年增加，通过持续进行库房管理与调整，缩微文献库存与流通情况得以保证。同时做好涉密文献保管工作。

11. 国际组织与外国政府出版物阅览室

截至2021年底，国际组织与外国政府出版物阅览室全年共接待读者1551人、1656人次，开架阅览5106册，闭架阅览796册，接待读者咨询345件次，代检索课题52个。

12. 古籍馆所属阅览室

2021年，古籍馆善本特藏阅览室接待阅览读者1848人次，解答咨询1345件次，文献提阅量3036种8188册/件，其中胶卷976种1296册/件、原件1877种5691册/件、再造善本183种1211册/件，为读者提供复制胶片还原与原件扫描共计308人593种36551拍；普通古籍阅览室接待读者10478人次，开架阅览4148册次，闭架阅览48218册，为读者扫描675人次25375拍，复印3803页，解答咨询10464件/次；敦煌吐鲁番资料阅览室接待读者3049人次，流通中外文书刊20179册，解答咨询282件次；家谱旧方志阅览室接待读者5626人次，文献流通9250册；中国少数民族语文文献阅览室接待读者2044人次，开架阅览3750册，解答咨询282件次。

（四）新媒体服务

1. 网站建设

对照《文化和旅游部党组巡视国家图书馆整改工作台账》要求，在对栏目与信息发布情况进行详细梳理的基础上持续推进国家图书馆网站新版上线和网站管理办法修订工作。2021年完成国家图书馆主网站及各专题网站的建设和维护，承担网站内容管理平台日常管理与维护。国家图书馆网站群共更新 1087 次，发布数据 5469 条、页面 42494 个。

全年共完成 12 个专题网站的设计制作发布，其中 8 个专题均采用多终端适配方式制作完成。配合馆内重点工作和重要活动，推出“赏春意　品书香　暖万家——国家图书馆年俗资源专题”“4·23 世界读书日　回望·传承·创新”“百年历史　伟大征程——热烈庆祝中国共产党成立 100 周年”等专题网页。

国家典籍博物馆网站除上新内容之外，还对一些板块架构进行调整，对陈旧和链接失效的内容进行更新替换和下架，全年上新 35 条，调整、修订 81 条，下架 173 条。国家图书馆网站展览预告板块更新、下架、修订 15 条。

2. 移动端服务

2021 年，国家图书馆手机门户以中国各个传统节日和重要时间节点为入手点，设计并更换首页界面 24 版风格；发布新闻公告 84 条，讲座预告 3 条，热点书刊 170 本；完成移动端馆藏资源导读推荐任务；完成“赏春意　品书香　暖万家——国家图书馆年俗资源专题”“4·23 世界读书日　回望·传承·创新”“百年回望——中国共产党领导科技发展”“奋斗百年路　启航新征程——庆祝中国共产党成立 100 周年”“珠还合浦　历劫重光——《永乐大典》的回归和再造”“盛世华诞——热烈庆祝中华人民共和国成立 72 周年”“群星闪耀·经典同行”共 7 个移动端专题的资源建设和发布。

完成国家数字图书馆应用程序多次问题修复、功能调优，在苹果商店和 8 个安卓应用程序商店更新版本 3 次；根据馆内借阅合一政策调整，对应修改应用程序端相应子库、单册状态，并对原中文图书借阅区图书进行屏蔽，保证馆内所有渠道图书借阅政策一致性；配合手机门户升级，完成新闻、公告、专题及文津经典诵读接口的对接；根据各季度漏洞扫描结果，及时完成系统多台服务器的漏洞修复。国家数字图书馆应用程序全年下载量比 2020 年增长 173%，达到 87 万次；移动阅读平台制作图书专题 7 期。

继续完善微信服务号预约系统平台建设，配合国家图书馆疫情防控常态化工作要求、有序恢复开放工作安排以及相应的服务调整，完成预约系统调整共 11 次。完成微信服务号阅读小程序的开发和建设工作，通过设置不同栏目提供国家图书馆精品资源在线阅览服务。

短彩信平台协助国家图书馆各部门完成对接系统的各类消息的短信通知及公众服务信息推送工作。全年共发送短信 323 万余条，比 2020 年增长 33.9%。

3. 国家图书馆微博微信

截至 2021 年 12 月底，国家图书馆官方微博粉丝总数达到 78.4 万余人，比 2020 年净增 7.9 万人；发布微博 2459 条，解答读者咨询总计 597 次；日常运营并主持“每日经典诵读”“馆藏品鉴”“国图日历”“古书之美”等微博话题，话题累计阅读量突破 32 亿人次，讨论总量超过 276 万次。国家图书馆官方微信服务号粉丝总数 52.1 万人，共推出图文消息 30 条，图文阅读数 48 万余次，粉丝总数增长 34 万余人，较 2020 年增长 120%。国家图书馆官方微信订阅号粉丝总数 92.8 万余人，较 2020 年增加 28.8 万余人，发布信息内容 251 条，回复读者咨询 4200 余条，文章阅读量超过 170 万次、被粉丝分享转发 6.4 万次；微信视频号发布视频 92 条，浏览量 13 万次。在春节期间、世界读书日、科技活动周等重要节点，通过国家图书馆官方微博、微信订阅号、微信视频号联动开展多项重点活动：

（1）2021 年元旦、春节活动

国家图书馆微博、微信（订阅号）、微信视频号进一步提高线上服务水平，充分发挥平台优势，以微博专设话题、微信专栏等形式营造新春氛围，综合利用图、文、音、像多媒体手段开展系列阅读推广活动，整合发布馆内新春活动信息，传递书香暖意：通过微博平台开展“福牛贺新春、锦鲤送好运”春节活动，单条微博访问量 40 万，参与人数约 2600 人；发布“贰零贰壹 吉利如意”新春系列内容 22 条，累计访问量 96.4 万次；微信（订阅号）发布推文 23 条（小年到元宵节），大年初一原创一条推文推介新春专题，发布“开春了，到图书馆去”推文，开展我与图书馆的故事分享活动，选出精选评论 91 条，为点赞前 6 名的读者发放文创奖品；微信视频号发布视频 14 条，其中针对惊蛰、雨水两个节气和元宵节、春节两个重要节日，均发布原创内容，与网站专题和节气推文进行联动宣传，形成视频号、订阅号、网站联动宣传的效果。

（2）2021 年世界读书日活动

国家图书馆微博开启“全民读书季”第三季系列活动。“全民读书季”话题分别登陆微博热搜榜、微博视窗及要闻榜，总阅读量突破 22.7 亿次，讨论量达到 255 万次。系列活动包括：直播第十六届文津图书奖发布暨北京公园阅读文化季启动活动，累计观看直播 75 万次；邀请网友一起“手写书摘接力”，分享阅读心得，活动话题阅读量 3849.3 万次、讨论量 4.3 万次；开展“到图书馆去”微博话题大赛，号召读者积极使用图书馆优质资源，分享图书馆相关内容，活动话题阅读量 5546.3 万次、讨论量 3865 次；“2021 我的阅读进行时”阅读分享活动，号召读者分享正在阅读的经典图书和喜欢的经典语句，活动话题阅读量 98.8 万次、讨论量 581 次；与全国 40 家图书馆一起作为“好书推荐官”接力推荐读书，与 55 家图书馆联合发起趣味问答，邀请网友一起读书、做题。微信订阅号同期进行活动配合发布，包括活动预热、海报发布、文津图书奖相关内容发布等共计 11 条。微信视频号原创短视频 3 条，针对世界读书日活动首次开展直播，共计 2 场。

（3）2021 年科技活动

国家图书馆微博开设“科技改变阅读”主话题，通过书刊推介、视频推广、读者互动等形式开展主题活动，精选历届文津图书奖获奖及推荐的科普书籍，将优秀的科普作品展现给更多读者；制作并发布微视频，展现科技发展背景下人们阅读行为产生的变化，提升科技周在全社会的传播效果；鼓励读者结合自身体验，分享科技发展背景下，自身阅读习惯、阅读方式等所产生的变化，营造全民阅读的良好氛围。话题阅读量达到 142.6 万次。

（4）以图文、视频结合的多媒体形式通过微博、微信（订阅号）、微信视频号推出节气主题推文 24 篇 / 条，结合国家图书馆馆藏，分享二十四节气常识、相关文献等信息，以达到趣学二十四节气、推广中国传统文化的目的。

国家典籍博物馆微信公众号全年发布图文 91 篇，阅读量 118663 次，粉丝量为 57775 人，比 2020 年增长 23.69%。全年共完成语音导览录制 11675 字，录音上传 61 条；根据展厅展品调整，对过往 60014 字的录音导览进行整体的审核、修订、补充。进一步对推送文章进行系统划分，在依托重点展览的基础上，结合节日年俗、重大历史事件纪念日、热门文化综艺、社会热点等先后策划“贺新春·春节礼俗图谱祝福名片”“看《典籍里的中国》，赏珍贵国宝”“国家图书馆入藏《永乐大典》系列”“《共产党宣言》专题展展品推荐”“国家典籍博物馆巡展”5个专题，推出30余篇原创文章，优质内容获得极高的点击量和转发量，其中《〈尚书〉——看〈典籍里的中国〉，赏珍贵国宝》一文就被文旅之声、国家图书馆等近20家微信公众号转载引用，仅在国家图书馆官微的阅读量就超过1.2万次。

4. 国家图书馆抖音号

国家图书馆抖音号推出“行走在阅读的空间里”“到图书馆去”“千年回望王安石”3场直播，累计观看21万次。结合世界读书日、新阅读空间、典籍博物馆展览、国庆等宣传活动发布短视频作品16个。全年累计播放量208万次，较2020年增长165%，粉丝增加13185人，累计关注56279人。获评“2021年政务抖音号优秀创作者”，继2020年后再次获得此称号。

5.CIBN 互联网电视服务

通过中国国际广播电台的CIBN互联网电视平台，以“国图公开课”专区的形式向海内外广大用户提供深度文化资源服务，涉及历史、艺术、传统文化多个学科门类，为海内外读者提供更加便捷、优质、高效的公共服务。2021年新发布视频资源202场、时长63小时，已累计发布视频资源1643场、总时长459小时。目前，CIBN互联网电视平台覆盖国内26个省市的3.4亿个用户，海外覆盖190个国家地区的1000万个用户，用户总量达3.5亿个。

6. 传统文化系列全景 VR 服务

2021年4月，首次利用“5G+VR”技术，集成8K全景视频拍摄，制作完成5G全景VR视频《〈永乐大典〉——旷世宏编 文献大成》，在国家图书馆总馆北区二层新阅读空间提供服务。在新阅读空间中，5G全景VR《永乐大典》既可以通过270度环绕的LED三折屏幕为用户提供巨幕裸眼VR服务，还可以通过VR阅读树终端自主调节视角为用户提供720度全维度观看服务。5G全景VR《永乐大典》服务，运用现代科学技术将平面化的线条制作成三维立体形象，将《永乐大典》的前世今生活灵活现地呈现于用户眼前，使古籍里的文字活灵活现地跃然于用户眼前。

7. 自有版权多媒体资源多渠道服务

春节期间开展主题为“阅文联动国家图书馆，探索名人大家手书福字”的手机壁纸推送活动，以福字壁纸传承文化经典，收到很好的社会反响。截至2月22日，微博平台阅读量达1100万次，话题量8306.8万次，讨论量3.4万次，媒体深度报道18篇，QQ阅读平台在春节同期活动中曝光及参与量最高，福字壁纸领取量超过120万次。

“4·23”世界读书日期间开展主题为“智慧，穿阅千年”的宣传推广活动，完成直播录制，介绍古籍特藏文献展览、古籍修复、古籍文献领读等读者活动。该活动在国家图书馆官方微博、微信视频号，华为终端官方微博、抖音号，腾讯视频，斗鱼等多个平台进行直播，其中微博直播播放量达346万余次，腾讯视频在线观看量近121万次，全平台直播观看量累计超过1000万次。

（五）少儿服务

1. 国家图书馆少年儿童馆

2021年，国家图书馆少年儿童馆共接收新到室文献38948册/件，同比增长34.8%；接待到馆读者 52066 人次，同比增长 90.61%；文献提供量为 391547 册，同比增长 90.62%；文献下架量为 47697 册，同比增长 122.02%；接待个人参观 2 场。全年积极创新活动方式，通过线上为主、线下为辅的方式开展丰富的儿童阅读推广活动。举办线下活动 9 场，其中阵地手工活动 2 场，暑期故事会 2 场，儿童读物与影展 2 场，科技周活动 1 场，阅读推广进校园活动 2 场，参与活动读者 1010 余人次。举办线上活动 32 场，其中文津少儿讲坛 3 场，浏览量 3892 人次；举办线上专题活动 21 场，分别为“春节云课堂：窗花朵朵庆新春”“乐活童话　寻梦新年——线上阅读活动”“乐活童话　寻梦新年——线上阅读活动”“踏寻革命之路　传颂红色经典——连环画阅读打卡活动”“冬奥小课堂”系列活动以及定期推出的“云上畅听会”“文津故事会”“童书新阅荟”“每日诵读　论语”栏目等，参与活动读者 2858 人，浏览量 28736 次。全年举办大型线上童书展览 8 场，分别为“约绘神笔——国际马良绘本全展”线上展、“碧海白帆——船舶种类知多少”线上科普展、“照亮童年——绘本发展简史暨中外优秀绘本线上展”、重温“炫彩童年 · 中国百年童书展”、“牵手冬奥　冰雪追梦”微信展等，浏览量 3073 次，这些展览以儿童喜闻乐见的文学样式，从文学性、艺术性和思想性出发，为读者展现儿童文学经典、阐述艺术价值、领悟科学与奥运的魅力。

2. 国家典籍博物馆青少年服务

国家典籍博物馆作为重要的青少年教育基地和传统文化传播基地，持续开展丰富多彩的青少年教育活动。受疫情影响，仅在 7、8 月举办了“经典读书班 2021 夏令营”系列课程，分“探秘纸与书”专题班、“我是小小讲解员”永乐主题班、“知行合一”论语精读班 3 个班级，共计 72 学时。

“探秘纸与书”专题班是国家典籍博物馆最新开发的课程，首次将纸文化与典籍文化互相融合，以纸的产生、发展、普及以及助力典籍的传播为主线，向孩子们介绍纸张产生的历史背景、古法造纸的工艺流程、不同产地的纸张类型等，另外还设置古籍修复通识课程并配合传统手工体验，让孩子们更为全面、立体地理解古籍知识，搭建起古籍相关知识体系，懂得为什么要保护典籍、如何保护典籍，培养孩子对传统文化的兴趣爱好以及文化自信。

国家典籍博物馆经典品牌“我是小小讲解员”课程也进行了全面更新。该期以“珠还合浦　历劫重光——《永乐大典》的回归和再造”展览为课程核心，在实地讲解培训的基础上增设 4 节专题课，深度解析展览，提倡探究性学习；同时融入戏剧体验教学，由学员们扮演历史人物，以情景沉浸式讲解的形式“讲演”《永乐大典》的前世今生。

（六）弱势群体服务

1. 残障人士服务

2021 年，继续通过中国盲人数字图书馆、中国残疾人数字图书馆网站提供面向残障人士的信息文化服务，发布电子图书 600 余册。

数字共享空间是中国盲人数字图书馆、中国残疾人信息无障碍技术支撑体系的示范应用基地。为优化到馆残障读者数字阅览服务，2021 年不断完善残障读者上机制度，规范残障读者服务标准，全年指导并辅助残障读者上机 1856 人次。

2. 老年读者服务

2021 年，数字共享空间以腾讯会议为依托，全年共开展线上直播课程 24 次，每日回复读者咨询十余条，并定期为老年读者提供咨询答疑，为老年读者享受国家图书馆服务提供便利。

在常规培训之余，精心策划“养老新时代、智能伴我行”“品读经典沐书香　智能养老共起航”“智慧服务・云享悦读”等系列线上活动，帮助老年读者对智能化应用有更加深入的认识，同时掌握很多简单实用的操作技巧，为老年读者的晚年生活提供更多便利，有效促进智能化真正融入老年人的日常生活，成为老年人平等参与社会生活的重要媒介。

为提高老年读者维护自身权益的意识和能力，国家图书馆与西城区图书馆合作开展“老有法依・乐享桑榆——民法典守护您的幸福生活”线下讲座，向老年读者普及与其日常生活密切相关的法律知识，增强老年读者的法治素养。

数字共享空间通过线上直播课堂、线下培训和丰富多彩的活动等多种形式提升老年读者服务质量，丰富老年读者的体验，得到馆内通信平台等媒体报道，立足国家图书馆老年服务阵地，在文化养老与提升老年文化服务方面得到社会的广泛关注。

（七）全民阅读推广活动

1. 第四届中国民族志纪录片学术双年展

10 月 21—24 日，第四届中国民族志纪录片学术双年展在北京举办。此届双年展由中国民族博物馆、中国人类学民族学研究会民族影视与影视人类学专业委员会主办，国家图书馆中国记忆项目中心、中国人民大学社会与人口学院以及艺术学院联合主办。国家图书馆副馆长霍瑞娟、汪东波分别出席开幕式和闭幕式。

中国民族志纪录片学术双年展是中国民族博物馆于 2015 年发起举办的影像盛典。此届学术展紧扣铸牢中华民族共同体意识主线，以“共同体”为征稿与展映主题。影展评审委员会在全国 609 部投稿作品中，严格遴选出 63 部作品入围，并在闭幕式上揭晓在入围作品中评选出的“中国民族志纪录片收藏奖”“中国民族志纪录片传播奖”和各单元优秀奖等奖项。这些优秀的民族志纪录片（110 余部）由中国民族博物馆和国家图书馆共同收藏。闭幕式上，颁奖嘉宾为获奖者颁发中国民族博物馆收藏奖杯、获奖证书及国家图书馆捐赠证书。

此届学术展共分为“主展映单元”“非遗影像单元”“乡村（社区）影像单元”“学生单元”“短视频单元”“实验影像单元”6 个单元。其中，“非遗影像单元”展映活动于 10 月 22—24 日在国图影院举办，《黄河牛皮筏》《草鞋》《辣操的刺绣》等 6 部影片参加展映。放映结束后，影片主创与现场观众进行交流，讲述创作背景和拍摄背后的故事，并聆听现场观众对影片的见解和感受。

2. 文津经典诵读

文津经典诵读项目进一步提升诗词（含音频）格言的制作质量，全年共制作发布经典诗词（含音频）365 首、格言 365 条，丰富了国家图书馆数字资源内容。推广形式丰富多样，与海淀区文化和旅游局、紫竹院公园、紫竹院街道、国图书店等社会机构广泛合作，策划组织了“读经典诗词　品书香生活”系列诗词文化活动，通过春秋季诗词文化展览、端午音乐会、中秋主题诗词诵读会、红色主题诗词赏析等立体化的形式推广诗词文化，文旅融合，馆园互动，将优秀诗词文化主动推送到群众身边，活动服务人次80余万。

3.“M地铁·图书馆”项目

全年完成2个专题的资源挖掘与推送工作。年初推出第十九期“阅读·榜样的力量”主题活动，年底推出第二十期“群星闪耀·经典同行——M地铁·图书馆《中华传统文化百部经典》推广活动”。两期活动通过线上发布、读者互动、线下展示等方式，共推荐相关主题电子书及视频资源20种。活动落地地铁4号线、14号线、16号线、17号线沿线的91个地铁站点，共投放灯箱164块，在国家图书馆站投放梯牌11块，并于活动期间在北京大学东门站和平安里站举办专题展览。截至年底，专题浏览量达18000余次。

4. 紫竹院学区青少年阅读指导项目

2021年，继续与紫竹院学区管理中心合作开展青少年阅读指导项目。春节期间，为紫竹院学区高年级学生制作亲子阅读包和寒假阅读包，共推荐图书10种，并为其中3种推荐精读图书制作设计《读书笔记》，读写结合，更好地锻炼和提升同学们的阅读能力。

4月29日，在首都师范大学实验小学举行紫竹院学区“阅文津　品经典”学生阅读活动，邀请北京市特级语文教师曹洪彪做题为《读红色经典故事　做阳光立志少年》的主题演讲。

10月底，完成紫竹院学区家长微讲堂的课程录制编辑工作，邀请首都师范大学心理学院教授崔丽霞做题为《家长如何积极有效地与孩子沟通》的主题演讲，通过学区的公众微信号进行发布推广。

5. 不一样的看“典”

国家典籍博物馆结合年度重点展览“珠还合浦　历劫重光——《永乐大典》的回归和再造”进行策划，推出沉浸式情景剧——不一样的看“典”，讲解模式再度升级。情景剧根据展览内容设计五幕剧情：提议编修、大典编成、嘉靖重录、海外寻访、乡间得宝。讲解员们身着戏服，手拿道具，化身为历史人物，以展厅为舞台，演绎关于《永乐大典》的故事。五幕情景剧以轻松活泼的台词、引人入胜的表演以及与展览的融合，把观众带入历史情境中，这种以戏剧表演来诠释展览内容和开展情境教育的方式获得现场观众的一致好评，增强观众特别是青少年观众的观展兴趣，同时让他们感受到典籍传承的不易，激发他们对中华优秀传统文化的热爱和对民族文化的认同感。

（八）讲座、培训、展览、演出

2021年线下讲座、培训、参观、展览等各项活动共接待读者37.37万人次，与2020年相比，增长96.74%。线上讲座、培训、展览、演出等各项活动共计5.76万人次，浏览量为2701.04万次。

1. 讲座

（1）文津讲坛

2021年，受疫情影响，古籍馆文津讲坛采用录播形式，共完成20场录制。主题分别为“中华传统有声文化的科学视角”“恩格斯《家庭、私有制和国家的起源》两种生产理论解读——评

‘两种生产依次决定论’”“变异与规约：清末北京官话口语与明清小说的语体嬗变”“太和殿——建筑技艺、建筑美学与建筑文化”“鲁迅先生与中外美术”“遭逢危机之际向马克思请益——再读《资本论》”“汉字发展的阶段及其演化机制”“杨守敬的书法及其在日本的重大影响”“汉字发展的目标”“17世纪江南地区绘画中的西洋痕迹”“宋代医学文献在东亚的流传与影响——以《太平惠民和剂局方》在中国、朝鲜、日本的传播与接受为例”“宋元书斋市井香内观”“超越拼音规则：汉字文化圈形成的文字机制”“井中奇书：国宝级的奇书，奇书里的国宝”“古代字书的数字化整理”“重拾中国文化”“古文字视野下的《说文解字》”“国家通用语言文字规范标准概说”“明本之最——从《永乐大典》谈起”“篆隶之变与汉字发展”。

（2）国图讲坛和文津读书沙龙

2021年，国图讲坛和文津读书沙龙共举办各类线下讲座活动22场，服务现场读者约2950人次；策划举办线上讲座14场，发布往期精品回顾讲座9场，服务线上读者约420万人次。紧扣时事热点和特殊时间节点，围绕中国共产党建党百年、文化和自然遗产日、推广普通话宣传周等，策划举办“红色经典里的中国”“2021年非遗保护讲座月”等重点讲座系列活动以及中秋诗词诵读赏析主题活动、纪念陀思妥耶夫斯基诞辰200周年特别活动等多个专题活动。积极开展科普、普法等主题社会教育活动，在科技活动周、《中华人民共和国统计法》颁布实施纪念日分别推出科技周特别活动和《中华人民共和国统计法》普法宣传特别活动，通过讲座、专题书架展示、系列短视频展演等多样化的方式对公众进行服务和宣传。积极开拓思路，探索线上服务的新模式，加强线上系列讲座的制作与宣传，围绕专题内容通过长视频、短视频、图文等多种方式进行专题化、深度化的内容服务。策划推出国图讲坛“贰零贰壹　吉利如意”新春贺岁特别活动、“2021年文津读书沙龙特别策划”等精品线上讲座系列。新春贺岁活动围绕年画、剪纸、贺岁曲艺、节日诗词等主题，先后推出长视频、短视频、图文推送等多形态的内容，微博话题“贰零贰壹　吉利如意”阅读量达207.3万次。举办2021年文津读书沙龙线上巡讲活动，深化讲座与阅读推广的直接融合，注重与读者的互动交流，精选第十六届文津图书奖获奖图书6种，邀请其作（译）者进行交流分享，官方微博、微信阅读量约200万次。适应新媒体时代用户阅读需求，加强短视频制作传播、直播等在讲座线上服务中的应用，制作发布相关讲座短视频30条，线上阅读量超100万次，举办直播活动4场，线上参与用户7万余人次。注重对过往精品讲座内容的二次传播，策划推出国图讲坛讲座精品回顾项目，将2021年度优质讲座视频及时上线，为读者提供更加新鲜丰富的阅读内容。

（3）国图公开课

2021年，国图公开课继续秉持“思想精深、知识通识、艺术精湛、制作精良”的创作理念，全年共完成98期课程后期制作和上线工作，包括专题课程“心连广宇　志在苍穹——人类太空探索与中国航天之路”“音乐里的中国”“诗经二十讲”“舞蹈与生命的交响”等67期，特别活动“梦想照进现实——当代科幻名家对话”等6期，读书推荐“汉字就是这么来的”等4期，馆员课堂“中英图书馆论坛”5期，“父辈的旗帜”系列课程16期。

2021年度国图公开课演播室未完成迁移，社会教育部积极探索外部合作模式，让国图公开课走出国图，在颐和园、紫竹院、恭王府等地创造性呈现传统文化内容，建构新的阅读空间。

12月18日，正值我国政治家、文学家、思想家王安石诞辰1000周年之际，国图公开课举办“千年回望王安石——纪念王安石诞辰1000周年”百部经典阅读推广特别活动（参见“重点文化工程及项目”之“《中华传统文化百部经典》编纂项目”）。

除了内容建设，国图公开课不断扩大受众范围，已覆盖广播、电视、互联网等全媒体传播渠道，包括国家图书馆官网、微信公众号、官方微博、掌上国图，光明网“国图播报”、中国教育电视台、北京人民广播电台、共产党员网、人民网和“学习强国”学习平台等，全年国图公开课平台点击量超1亿次。

此外，6月10—16日，第十四届“良辰美景·恭王府非遗演出季”在恭王府大戏楼推出4场古琴和3场昆曲演出，国图公开课为该活动提供摄像与直播支持，在文化和旅游部官网、搜狐新闻、腾讯新闻、新浪网、中新网、央广网等平台直播演出活动，播放量共计419.7万次。

（4）国图艺术中心公益讲座

2021年，国图艺术中心举办公益讲座共计14场。①“致敬经典·艺术里的红色记忆”系列讲座7场。为喜迎中国共产党建党100周年，以艺术的形式开展党史学习教育活动，策划举办“秋收起义上井冈”“话说《东方红》”“中国歌曲100年”“永远做党的好女儿”等讲座，以回顾、传承红色经典艺术作品为主题，讲好党史故事，传播党史知识，传承党员精神，带领读者追寻革命足迹，重温红色精神，献礼建党百年华诞。②昆曲名家讲座2场。为纪念昆曲申遗成功20周年，邀请当年赴联合国教科文组织申遗的亲历者、国家级非物质文化遗产（昆曲艺术）代表性传承人丛兆桓主讲2场讲座，到场读者约1100人，通过微信公众号参加读者约11530人次。③“艺术典藏之舞蹈艺术”系列讲座1场。与中共海淀区委宣传部和中国文联舞蹈艺术中心等单位联合举办“艺术典藏之舞蹈艺术”活动，以“舞”文化为理念举办公益讲座，邀请在舞蹈界有重大影响力的艺术家、在全国产生重要影响的艺术作品主创团队和各舞蹈类别代表性人物等，解析经典舞蹈艺术作品，讲述创作故事，回顾艺术人生，探讨行业发展的历史与未来。活动开幕式和首场讲座于12月19日在国图艺术中心·音乐厅举办，中国舞蹈家协会分党组书记、驻会副主席罗斌，国家图书馆副馆长张军，中共北京市海淀区委常委、宣传部部长张劲林，著名舞蹈家、北京舞蹈家协会副主席刘震等出席启动仪式并分别致辞。启动仪式后，罗斌做首场专题讲座，以“国舞越千年”为题详细讲述中国舞的发展历程。④科技周系列讲座4场。5月22—29日，从科技与艺术相结合的角度策划举办4场公益讲座，展示不同艺术背后的科学原理，普及科学知识，激发广大读者对科学的兴趣，受到行业人员和社会公众的喜爱，受防疫要求和场地所限，到场读者约210人，通过微信公众号参加读者10658人次。

（5）中国典籍与文化系列讲座

2021年，受疫情影响，中国典籍与文化系列讲座采用录播形式，共完成10场录制，分别为：“藏文文献的搜集、编目与利用”“蒙古族古代文字及其文献概览”“托忒蒙古文及其文献：以伊犁流域厄鲁特人民间收藏为中心”“世界记忆遗产纳西东巴经典中的多民族多元文化漫谈”“中国民族古文字的文字学意义”“正说乾隆下江南：国博馆藏《乾隆南巡图》撷英”“21世纪彝族古籍文献整理研究进展及成就”“可居室藏周叔弢先生来鸿及二十世纪藏书心史”“北庭文书与唐代西域经营”“从《玄奘》到《玄赞》——胜光的译经工作”。

2. 培训

（1）国家图书馆培训中心

2021 年，国家图书馆培训中心面向全国图书馆界举办业务辅导培训 12 期，培训学员 873 人次，业界培训人数恢复至 2017—2019 年平均水平的 84%；面向社会公众举办传统文化主题短期培训项目 11 期，培训学员 157 人次，培训场次和培训人数都已追平 2017—2019 年平均水平。克服疫情防控常态化对线下培训工作的影响，尝试利用腾讯会议等线上渠道进行培训课程线上同步授课，全年线上培训人数 598 人次，占比 58%。

（2）数字共享空间网络课堂

2021 年，数字共享空间基于老年读者培训需求，开设多元化、多层次的培训课程，创新培训活动，打造全新的网络课堂，推动文化养老工程创新发展。撰写并提交《2021 年度国家图书馆“数字资源与服务”读者培训方案》，完成预算编报、课程编排、师资联系、培训宣传等策划与实施工作。全年共设计 5 个专题、12 个系列、24 讲课程。以“关爱夕阳”老年课堂微信群为依托，全年共开展线上老年读者培训课程 24 次、读者活动 6 场，累计培训读者 4400 余人次。

（3）国图艺术中心公众艺术教育

线下方面，2021 年国图艺术中心持续开展艺术教育培训，古琴、国画、古筝等公益实践课共计 321 课时，为推广普及民族优秀传统文化、提升市民文化艺术素养做出积极努力。受疫情影响，全年累计开设公益体验课程 17 班次，包括古筝、古琴、国画和书法。5 月 30 日，与中央美术学院美术馆联合举办“艺游央美”公益游学活动，为国图艺术中心国画、书法班的学生们提供全新的学习体验。举办首届书画展，征集国画、书法班学员优秀书画作品，由专业老师进行评选，优秀作品公开展出。

线上方面，结合“4·23”世界读书日、文化和自然遗产日等主题日，并考虑疫情防控需要，积极扩展线上活动内容，让读者在线感受中国传统文化。“4·23”世界读书日期间，以“大咖”讲经典为主题，国图艺术中心微信公众号与国家图书馆微信公众号同步推出 2 场、3 期线上讲座回顾，在线观看近 4300 人次。6 月 9—19 日文化和自然遗产日期间，推出“荣庆学堂——北方昆曲传统折子戏欣赏”56 期，播放《渔家乐·卖书纳姻》《长生殿·小宴》《寿荣华·夜巡》等北方昆曲优秀传统折子戏 56 折，在线观看 30000 余人次。此外，为克服疫情带来的影响，积极与年轻音乐家合作，线上推出云课堂 16 期，“芮老师和大家云谈筝”“石骅老师讲古琴”“阿地力老师带你感受新疆民族音乐”等课程普及艺术基础理论，提高学员演奏技法和音乐欣赏水平，受到学员普遍关注，访问 9120 人次。

3. 展览

（1）国家典籍博物馆展览

2021 年，国家典籍博物馆继续策划弘扬中华优秀传统文化，具备自身特色，有影响力的典籍文献类展览，在馆内举办展览 7 场，对外举办巡展 6 场。

在馆内举办的 7 场展览中：自主举办展览 2 场，即“《尚书》专题陈列展”和“《天工开物》专题陈列展”；合作举办展览 5 场，包括“家和万事兴——家教家风主题展”、“珠还合浦　历劫重光——《永乐大典》的回归和再造”、“道承东南——虞山文化流派展”、“伟业——庆祝中国共产党成立一百周年书法大展”之“崇高信仰”和“光昭九域”、“《共产党宣言》专题展”。

同时，积极与国内博物馆、图书馆合作，甄选精品展览推出对外巡展、交流展6场，充分发挥在国内图书馆界的引领作用，进一步提升与博物馆界的深入交流合作。6场巡展包括在重庆中国三峡博物馆（重庆博物馆）举办的“洹水殷契——商代甲骨文特展”，在中国妇女儿童博物馆举办的“品书香　赏年俗——2021年新春文化展”，分别在中国文字博物馆、武汉图书馆举办的“从《诗经》到《红楼梦》——那些年我们读过的经典”展，在嘉兴博物馆举办的“甲骨文记忆”巡展和在湖北省图书馆举办的“珠还合浦　历劫重光——《永乐大典》的回归和再造”巡展。

（2）其他展览

4月23日—6月23日，国家图书馆在总馆北区二层读者大厅举办第十六届文津图书奖获奖图书展。

4. 演出

国图艺术中心2021年共举办演出79场，围绕中国共产党建党百年、春节、国庆等时间节点举办公益演出12场。

（1）“音乐点亮人生”——满天星业余交响乐团系列演出

4月20日，举行“满天星业余交响乐团、国家图书馆——2021世界读书日庆祝建党百年音乐会”。全国政协副主席刘奇葆，中共中央办公厅、中央文明办副主任陈世炬，全国政协文化文史和学习委员会主任宋大涵以及国家图书馆馆长饶权、副馆长张军等领导出席活动并观看演出。

7月2日，举行“1921—2021庆祝建党100周年专场音乐会”。全国政协有关方面领导，部分中央部委离退老干部，国家图书馆党委书记、副馆长魏大威等领导出席活动并观看演出。

（2）中国民族歌剧《江姐》音乐会

5月24日，国图艺术中心与中国音乐学院以“回顾和传承红色经典”为主题，策划演出中国民族歌剧《江姐》音乐会。本场音乐会演员均来自中国音乐学院，第四代“江姐”扮演者、国家一级演员铁金担任导演和艺术指导。演员们以青春面貌将这部散发着革命英雄主义光辉的歌剧展现在观众面前，将“江姐精神”“红岩精神”传递至大家心间。

（3）荣庆学堂——北方昆曲传统折子戏专场演出

2021年，继续与北方昆曲剧院合作举办北京文化艺术基金2020年度资助项目“荣庆学堂——北方昆曲传统折子戏专场演出”。采选优秀传统剧目，优选担纲主演，于3月1日—6月2日共演出9场，上演《红楼梦・葬花》《麒麟阁・倒铜旗》《闹昆阳・下书》《十五贯・杀尤》《西游记・借扇》《疗妒羹・题曲》《凤凰山・百花点将》等优秀经典传统折子戏27折，传播昆曲艺术，展示昆曲在党和政府关怀支持下焕发出的风采。每场演出前还特别安排国家一级演员现场进行昆曲知识导赏，将随后演出剧目的来龙去脉、艺术特色、观赏看点等向观众逐一介绍。在5月演出期间，还与北方昆曲剧院联合举办昆曲申遗成功20周年纪念小型展览。

（九）文创产品开发

北京国图创新文化服务有限公司（以下简称“国图创新”）是国家图书馆的全资企业，承担国家图书馆文化创意产品研发、经营、品牌及资源授权以及“全国图书馆文化创意产品开发联盟”

各项业务，业务范畴覆盖文创开发经营、品牌及资源授权、展览展示、研学培训、古籍资源加工、创意空间策划与运营等。截至2021年底，国图创新共有位于国家图书馆、江西省图书馆、天津津湾广场等地集文创、图书、研学培训、创意餐饮、展览展示等于一体的文化创意空间5500余平方米。开通有“全国图书馆文化创意产品开发联盟一体化平台”“国家图书馆天猫旗舰店”“国家图书馆礼品京东旗舰店”“国家图书馆礼品抖音旗舰店”“国家图书馆京东自营旗舰店”等线上平台。

2021年，秉承国家图书馆“传承文明、服务社会”的理念，依托国家图书馆宏富馆藏资源与独特职能定位，国图创新在自主开发产品的同时，引进社会力量，通过自主开发、联合开发、授权合作等方式新开发各类文化创意产品200余种，合计销售品类800余种。“永乐大典”“敦煌”“庆赏昇平”“食物本草”等主题文创产品先后在2021“北京礼物”旅游商品及文创产品大赛、2021年全国百佳文化创意产品评选等活动中获奖。

在线下空间业态方面，积极拓展特色书店、公共图书馆、园林等渠道，完善智慧新零售系统等方式。继续完善国家图书馆文创营销生态链体系建设。在完善国家图书馆实体空间功能的同时，继续加大馆外销售渠道拓展力度，逐步打造以国家图书馆为核心，集产品开发、品牌授权、营销推广等于一体的全生态产业链。

围绕国家图书馆品牌与资源创意性授权业务，积极开展“文创+”的跨界合作。先后与北京出版集团（京版若晴）、杰外文化、开天、豆瓣、吾皇、典籍里的中国、李宁等品牌就产品联合开发、联合营销等开展合作。在“典籍里的中国”热播之际，与央视创造共同开发的“典籍里的中国”文创产品一经上市便广受赞誉；“甲骨文渊——国家图书馆藏甲骨文创意展”首次在西安大悦城商业展出，赢得了学习强国、《人民日报》、新华社等媒体的关注。

依托国家图书馆宏富资源，聚集银行VIP大客户、中小学生、街道等用户不同的文化服务需求，加大定制型、差异化的课程研发与推广力度：与交通银行北京总行等单位共同推出高端成人系列研学体验；与玉渊潭公园等市属公园建立合作，设计独具特色的书香游园活动；开展中小学青少年馆内参观研学活动；与月坛街道开展全方位党群服务、惠民服务合作，承接“三里月新”“恒华七月”全年党群文化活动的策划、实施；继续与中国图书馆学会合作，联合举办2021年“中华传统文化经典”系列研修班；与典藏阅览部（国家图书馆少年儿童馆）策划举办首届“儿童阅读指导”培训班。

持续打造公司在展览策划、设计、实施等方面的能力，先后承接福建省图书馆朱子文化线上展、福建全民阅读主题线上展、江西省图书馆新馆主题图书馆及馆史陈列展、《中华传统文化百部经典》出版成果展等；首次设计并参加2021北京国际图书博览会（BIBF）展示，策划设计中国国际旅游交易会国家图书馆展区，获最佳展示奖。

在完善自有创意空间内容与业态的同时，紧密结合文化创意产品沉浸式消费特点，重点培育市场化、具有核心竞争力的创意空间。与天津城投集团合作，在天津津湾广场打造集图书馆、特色书店、城市书房、文创产品、创意餐饮、培训、展览、研学、付费自习等功能于一体的国图·津湾文创空间，培育新型文化消费场景。成为天津市民的“网红”打卡点，并赢得新华社、《人民日报》、《中国文化报》等媒体的关注。

在联盟工作方面，继续从产业化运营、市场化运作等角度推动联盟各项工作进展。借助联盟平台，为江西省图书馆、河南省图书馆、福建省图书馆、陕西省图书馆等成员图书馆开发各类文创产品20余种；国图文创在南京图书馆、辽宁省图书馆、江西省图书馆等10余家图书馆联合销售；联动宁波市图书馆举办“一本书的诞生”天津站巡展。成立中国古籍保护协会典籍文创工作委员会，该分支机构挂靠国家图书馆，国图创新承担日常工作。

四、业界服务

（一）业界业务指导与合作

1. 全国图书馆联合编目中心

全国图书馆联合编目中心（以下简称“联编中心”）坚持公益性原则，为全国各级图书馆免费提供书目数据服务。2021年新增成员馆180家，成员馆总数达到3555家，累计数据用户4262家。全年增加书目数据56.5万余条，增加馆藏数据64万余条，增加规范数据7.43万条。全年为用户提供下载数据1296万余条，与2020年基本持平。月最高下载量出现在11月，超过152万条。

（1）召开全国图书馆联合编目中心2021年度工作会议

11月23日，全国图书馆联合编目中心2021年度工作会议在线上召开，共有来自38个单位50名代表参加此次会议。国家图书馆副馆长汪东波出席开幕式。会上，汪东波在讲话中指出：2021年是中国共产党百年华诞，也是“十四五”规划的开局之年，各个分中心不仅齐心协力克服疫情影响，积极开展全国书目数据共建共享工作，而且各分中心创新工作亮点频出；希望联编中心以文献资源的共建共享为主导，践行公益性的理念，更好地服务于业界，服务于社会。全国图书馆联合编目中心主任王洋做年度工作报告，整体回顾2021年联编中心在数据建设方面取得的成绩，同时通报联编中心全年开展培训以及盲文文献拓展等工作情况，并提出推动名称规范数据共享、数据质量管理标准化等下一年度的工作计划。

此次会议还特别邀请中国科学院文献情报中心研究馆员宋文做题为《〈资源描述〉国家标准的内容特色及对我国资源描述工作的影响》的报告，联编中心总审校王艳萍做题为《联合编目中心数据质量》的报告，国家图书馆研究馆员卜书庆做题为《〈中图法〉A大类第二表试用稿说明》的报告。此外，广东省立中山图书馆的吴羽冰介绍新上线的“采编图灵”自动化系统，上海图书馆研究馆员丁建勤分享基于修改痕迹数据的编目质量改善的经验。最后与会代表就名称规范共享方案和实体文献联合目录建设进行深入的业务交流。

（2）举办全国图书馆联合编目中心2021年上传资格培训班

为了加大数据质量监控员人才储备，6月21—24日，全国图书馆联合编目中心2021年上传资格培训班在线上举办。来自全国各省、市、区（县）级公共图书馆，高校图书馆及相关单位的224位学员参加此次培训。培训内容包含全国图书馆联合编目中心数据制作细则及数据上传的要求及操作方法、名称规范数据制作规则及实例分析。参与培训人员都通过测试，其中有6位获得质量监控员水平认证，这些学员将成为全国图书馆联合编目中心数据质量监控员的后备力量。联编中心 2021 年全年接受各成员馆上传书目数据超过 9.6 万条，各馆质量监控员参与审校数据接近 7.6 万条。

2. ISSN 中国国家中心

2021 年，ISSN 中国国家中心完成国内外电子邮件咨询 186 件、电话咨询 1163 件。审核 ISSN 申请材料 149 份，办理 ISSN 141 个，办理 ISSN 证书 155 个。核对刊物 2 种，新建和更新 CNMARC 数据 752 条，新建和更新罗马化数据 740 条。按月度向 ISSN 国际中心报送新数据，全年共计 740 条；借助国家图书馆网站 ISSN 中心网页，按季度发布 ISSN 分配数据。

11 月 17 日，参加由德国国家图书馆承办的第 46 届国际标准连续出版物刊号组织（ISSN）国家中心主任（线上）会议，及时获得有关 ISSN 的最新动态，不断提升 ISSN 中心业务工作。

3. 全国图书馆讲座协作机制

全国图书馆讲座协作机制工作继续推进，吸纳解放军炮兵学院图书馆等新机构加入，成员馆数量达 219 家。组织 98 家图书馆参与文津图书奖评审，与中国图书馆学会合作举办全国图书馆界线上讲座巡讲，与辽宁省营口市图书馆、江苏淮安市图书馆等地方图书馆合作举办国图流动讲坛，切实推进业界交流合作，实现优质资源共建共享、共同发展。

4. 全国图书馆参考咨询协作网

“全国图书馆参考咨询协作网”微信公众号持续为全国图书馆界参考咨询馆员提供国内外业界新闻动态，全年共推送 53 次业界动态、169 篇图文消息，阅读总量达 24876 人次。

5. 全国图书馆文献缩微复制中心

2021 年，全国图书馆文献缩微复制中心围绕年度工作重点，深入开展调研，科学谋划布局，致力于提升珍贵文献保存保护力度，强化再生性服务效能，统筹协调各成员单位，充分发挥行业引领作用，实现“十四五”时期全国图书馆文献缩微工作的良好开局。

（1）召开 2021 年全国公共图书馆技术部主任会议

5 月 25 日，由全国图书馆文献缩微复制中心主办、河南省图书馆承办的 2021 年全国公共图书馆技术部主任会议在河南郑州召开，河南省图书馆馆长孔德超、副馆长申少春，全国图书馆文献缩微复制中心主任王磊、副主任张阳及 17 家省（区、市）公共图书馆共计 30 余位缩微工作负责人参加会议。

开幕式由申少春主持。孔德超就河南省图书馆发展历史、馆舍格局及缩微工作情况做介绍。王磊在致辞中回顾 30 余年来特别是“十三五”时期全国图书馆文献缩微工作取得的突出成就，强调缩微技术在文献长期保存保护和服务利用中的重要性，现阶段须以缩微工作“十四五”发展规划为契机，充分发挥缩微技术优势，进一步提升缩微中心的行业引领作用，不断扩展文献保护范围，创新合作发展思路，推动缩微事业进入全新格局。王磊对 2019—2020 年全国缩微工作情况进行总结，并对 2021 年重点工作进行部署。全国图书馆文献缩微复制中心各科组及总工室负责人分别对相关工作情况做汇报。座谈期间，与会代表分别介绍各单位年度缩微工作情况以及 2021 年缩微工作计划，对各自缩微工作开展的经验特色、重点难点进行交流，并围绕如何进一步推动缩微工作，提升文献抢救质量，完善缩微工作环境建设、加强人员培训和事业宣传、提升缩微文献深层次揭示服务水平、推广数字缩微技术等问题进行深入讨论。会议对 2019 年度、2020 年度在缩微工作产量及质量中成绩突出的先进集体、先进管理者和先进个人进行表彰。

（2）统筹开展全国性缩微技术培训工作

2021年，全国图书馆文献缩微复制中心继续组织开展面向全国公共图书馆的缩微技术培训工作，通过集中培训、实地指导与到馆进修相结合的方式开展各类缩微技术培训。全年接待来自甘肃省图书馆、湖北省图书馆、吉林省图书馆、福建省图书馆、山东省图书馆的技术人员共计7人实地进修。

10月13—14日，2021年全国公共图书馆缩微技术培训班在线上开班，来自全国20余家成员馆的80余名缩微业务骨干以线上方式参加。培训围绕缩微技术的实际应用、缩微工作传统拍摄的全流程等方面展开。中国人民大学教授张美芳对缩微胶片的存藏状况、缩微技术在国际上的成功应用案例等进行分享。全国图书馆文献缩微复制中心的5位授课老师对缩微拍摄的文献整理、拍摄、冲洗、质检以及常用设备维修和维护等传统拍摄业务进行讲授。

6. 全国图书馆文化创意产品开发联盟

（1）联动宁波市图书馆举办“一本书的诞生”巡展

7月16日，国图·津湾文创空间在天津津湾广场开业，同时，联动宁波市图书馆举办的“一本书的诞生”展览开幕式在国图·津湾文创空间举行。此次展览中观众不仅可以直接触摸多种纸张的肌理，感知纸张的韧度，还能体验笔尖在不同纸张的书写感受。展览将印刷车间制书过程中产生的制作物料，结合手绘的机器设备，可以让观众身临其境地体验到从切纸到制版的印前步骤。通过实物，观众可深入了解平装书、精装书、线装书，方背、圆背等不同装帧的封面结构。展览通过影像把读者带到制书的世界，使其“闻”到油墨的味道，“听”到机械的声音，看到从纸到书的华丽变身。

（2）联合陕西省图书馆等37家联盟成员馆共同开展“到图书馆去”主题活动

在“4·23”世界读书日期间，联合全国37家联盟成员馆开展“到图书馆去”主题活动。通过活动吸引读者走进图书馆读书学习，推动全民阅读，聚合资源，形成图书馆品牌效应，强化图书馆文化休闲与旅游属性，进一步加强文旅融合，活动侧重社会效益与经济效益相结合，创新服务方式，“让书写在古籍里的文字活起来”。

（3）联动陕西省图书馆举办“甲骨文渊——国家图书馆藏甲骨文创意展”

2021年7月，联动陕西省图书馆举办“甲骨文渊——国家图书馆藏甲骨文创意展”，来自国家图书馆、陕西省图书馆、陕西师范大学等文化机构的学者专家还在展期内陆续开展甲骨文化专题系列讲座。这种以大众喜闻乐见、具有广泛参与性的方式讲述甲骨文故事，起到树立文化自信，唤醒传承精神，提升城市文化品位的正面推动作用，也是“传承文明、服务社会”的有力体现。

（4）成立中国古籍保护协会典籍文创工作委员会

为更好从行业组织角度助力全国图书馆文创开发各项工作，推进中华优秀传统文化创造性转化与创新性发展，9月15日，经中国古籍保护协会二届一次常务理事会批准，协会分支机构——典籍文创工作委员会（以下简称“工委会”）筹备成立。工委会旨在发挥图书馆典籍文献资源优势，整合各馆及社会力量，促进典籍文化的研究与活化。工委会挂靠国家图书馆，北京国图创新文化服务有限公司承担日常工作。11月24日，工委会成立大会于线上召开，全国图书馆文创开发工作迈上新台阶。

7. 其他工作

（1）实施文献共享借阅计划

2021 年，国家图书馆继续稳步实施文献共享借阅计划。根据计划安排，完成湖北省图书馆、吉林省图书馆 2020 年度剩余文献的加工、运输工作，共计文献 22 万册。与河北省图书馆、广西壮族自治区桂林图书馆、内蒙古自治区图书馆、安徽省图书馆、湖南图书馆及河南省图书馆共计 6 家省级图书馆签署合作协议。其中：河北省 17 万册文献、广西桂林 15 万册文献加工、运输工作全部完成；内蒙古自治区 12 万册文献加工、运输工作已完成，仅余 1 家地方馆 5000 册文献由于疫情原因未运抵；河南省完成 3 万册文献加工、运输；安徽省完成 14 万册文献加工但未运输。全年共完成 39.4 万册图书、15.9 万册期刊、11.1 万册教辅文献、2.6 万册少儿图书合计 69 万册纸本文献的加工、运输工作。自 2020 年文献共享借阅计划启动以来，已累计完成 75.8 万册图书、35.4 万册期刊、26.6 万册教辅文献、3.7 万册少儿图书合计 141.5 万册纸本文献的加工、运输工作。

（2）更新《全国少年儿童图书馆（室）基本藏书目录》

2021 年，国家图书馆少年儿童馆在延续之前工作的基础上，对《全国少年儿童图书馆（室）基本藏书目录》进行修订和更新。项目组通过馆藏数据，新书项目推荐数据，出版机构、社会大众及图书馆推荐书目数据，少儿类基本奖项和网络排行榜榜单等途径搜集初始数据 1 万余条，并根据全国各地少年儿童图书馆、儿童阅读机构以及家长等的使用情况对目录进行删减。经过数据筛查和标准化处理，共增补 2020 年出版优秀少年儿童读物 1615 册，其中核心书目 803 册、扩展书目 812 册。随后邀请高洪波、朱永新、毛雅君、史军、李笑男、杨扬、何成刚、陈晖等 8 名图书馆界、教育界等领域专家对书目进行函审。专家们一致认为，《全国少年儿童图书馆（室）基本藏书目录（2020 年出版）》总体质量较好，严谨精准、全面丰富，突显书目的权威性和科学性，基本囊括 2020 年出版的大部分优秀儿童出版物。读本与读者年龄对应也比较准确，具有引领作用和导读作用，有效提升书目的可读性，是一个既有利于全国少年儿童图书馆基本藏书和儿童阅读推广，又可检阅我国童书出版成果的好书目。在根据专家提出的意见和建议对书目进行修改后，最终完成《全国少年儿童图书馆（室）基本藏书目录（2020 年出版）》的修订和更新工作。

（3）开办“国家图书馆儿童阅读指导培训班”第一期

11 月 1—30 日，国家图书馆少年儿童馆与北京国图创新文化服务有限公司合作开办“国家图书馆儿童阅读指导培训班”第一期。共培训全国各地图书馆、绘本馆、幼儿园、学校、出版社等文化服务机构儿童阅读相关从业人员和阅读推广人 2529 人，其中 2232 人取得结业证书，课程学习点击量约 20 万次。该培训班围绕 0—6 岁儿童开展阅读指导，共设置 9 门课程，邀请 9 位国内儿童教育、儿童文学、阅读推广和图书馆未成年人服务领域的专家学者进行线上授课，内容涉及宏观政策解读、儿童教育与儿童阅读理论、儿童阅读实践经验等，有效提升文化服务机构儿童阅读相关从业人员的专业知识和技能，推动业界交流。

（二）行业组织引领

2021年，国家图书馆继续发挥对中国图书馆学会、中国文献影像技术协会、中国古籍保护协会的支撑作用，支持全国图书馆标准化技术委员会、全国文献影像技术标准化技术委员会、《中国图书馆分类法》编委会的相关工作，通过行业组织引领事业发展。

1. 中国图书馆学会

（1）全国智慧图书馆建设联席会议第一次会议（参见“特别记载”之“全国智慧图书馆体系建设项目启动”）

（2）全国图书馆未成年人服务提升计划

5月10—31日，由国家图书馆、中国图书馆学会主办的2021“全国图书馆未成年人服务提升计划”线上专题培训班举办，来自全国各地图书馆600余名未成年人服务工作者参加培训。此次培训采取线上形式，充分利用中国图书馆学会会员在线学习平台，安排一系列在线课程，取得良好效果。此次培训中国图书馆学会特邀业界专家学者、图书馆管理者、参加过提升计划巡讲并拥有丰富实践经验的图书馆未成年人服务工作者，围绕图书馆未成年人服务领域的热点、难点问题进行线上授课，全面提升馆员业务能力和水平，助力各馆未成年人服务工作开展，推进全国图书馆高质量发展。

（3）“革命文献与民国时期文献保护计划”宣传推广活动

7月27—30日，由国家图书馆、中国图书馆学会共同主办的“革命文献与民国时期文献保护计划”专题培训班—赣州站活动在赣州市图书馆举办。此次专题培训班主要面向全国各级各类图书馆民国时期文献保护工作的主管领导、业务骨干、专业人员开展，来自全国各地110余名从业人员参加活动。培训期间，来自国家图书馆及相关单位民国文献整理与保护领域的专家分主题进行授课，授课内容理论结合实际，融入丰富的案例，受到参训学员的欢迎。授课结束后，国家图书馆民国时期文献保护工作办公室工作人员与学员就民国时期文献普查等相关工作进行业务交流。

（4）《中华传统文化百部经典》宣传推广活动

2021年，国家图书馆、中国图书馆学会通过多种形式共同开展《中华传统文化百部经典》宣传推广活动。7—12月，共同开展2021年“激活经典　熔古铸今——《中华传统文化百部经典》宣传推广活动”。活动围绕《中华传统文化百部经典》及中华传统文化主题，由图文展览、专家访谈、青少年研学活动等集学术性、展示性和互动性于一体的系列内容组成。全国280余家图书馆承办系列活动，受众人数超过110万人次。《中华传统文化百部经典》是中华优秀传统文化传承发展工程重点项目之一、国家社科基金重大委托项目。此次活动通过线上线下结合的模式，推动优质资源和优秀传统文化深入基层。

12月6—17日，受国家图书馆委托，中国图书馆学会在线举办主题为“中华传统文化典籍阅读推广”的“阅读推广人”培育行动（第十八期）专题培训，来自全国330余名“阅读推广人”参加培训（参见“重点文化工程及项目”之“《中华传统文化百部经典》编纂项目”）。

（5）2021年“赏春意　品书香　暖万家”春节主题活动

2021年春节前夕，国家图书馆与中国图书馆学会联合全国各级各类图书馆及有关单位共同开展2021年“赏春意 品书香 暖万家”春节主题活动。活动期间，集中推送新春文化“大礼包”，包括展览、新春楹联、讲座资源等，各省级图书馆学会和各级各类图书馆积极参与。据不完全统计，全国共有1500余家图书馆及有关单位承办活动，覆盖全国大部分省（区、市），惠及1000余万人次，得到社会公众普遍欢迎和新闻媒体广泛关注。图书馆春节主题活动已经实施6年，在业界和全社会产生较大的影响力和辐射力，已成为具有特色的品牌项目。

（6）第十六届文津图书奖获奖图书宣传推广活动

4—12月，国家图书馆和中国图书馆学会联合开展第十六届文津图书奖宣传推广活动。此次活动依托第十六届文津图书奖获奖图书，通过获奖图书展、专题书架、专题讲座等形式，向公众推介优质图书资源。全国共计450余家图书馆参与活动，受到业界的广泛好评。

2. 全国图书馆标准化技术委员会

2021年，全国图书馆标准化技术委员会秘书处（以下简称“秘书处”）继续推进各类标准化项目工作开展，不断提升标准研制质量，编制发布全国图书馆标准化工作的“十四五”规划。全年完成的主要工作如下：

（1）编制发布图书馆标准化工作“十四五”规划

2021年是“十四五”开局之年，也是全国图书馆标准化技术委员会（以下简称“图标委”）完成换届工作后第三届委员会正式履职的第一年。做好工作规划，对指导标准化各项工作的顺利开展有着重要作用。图标委于4月完成《全国图书馆标准化工作“十四五”规划》（以下简称《规划》）初稿的编制。经图标委全体委员审议并征求主管部门意见，修改完善后报请主任委员批准，于8月27日正式发布。

《规划》总结了“十三五”期间我国图书馆标准化工作的成果，分析了“十四五”时期公共文化与图书馆事业发展给图书馆标准化工作带来的机遇与挑战。将坚持政府主导、开放合作，坚持高效规范、高质量开展，坚持需求导向、注重实效和坚持国际化与本土化结合作为“十四五”时期标准化工作的基本原则；把建设高质量图书馆标准体系、进一步完善图书馆标准化体系化工作机制、进一步完善开放合作的图书馆标准化工作平台和初步建成图书馆标准成果宣贯及实施反馈机制作为“十四五”期间的发展目标；将“加强对图书馆事业发展趋势研究，构建高质量标准体系”“围绕事业发展关键和重点领域，稳步推进图书馆标准制修订工作”“强化标准宣贯实施，试行开展标准试点示范项目”“落实标准化改革要求，进一步健全图书馆标准化工作机制”“加强标准化人才队伍建设”作为主要工作任务；将支撑图书馆服务与其他形态公共文化服务融合发展的标准、数智时代智慧图书馆标准、文献保存与保护相关标准、国家政策落实及重点文化工程配套标准、图书馆安全管理与服务保障标准、图书馆人才队伍建设标准和事业发展评价标准作为七大标准制修订重点领域。

《规划》的发布，为图书馆标准化工作贯彻落实《中华人民共和国国民经济和社会发展第十四个五年规划和2035年远景目标纲要》《“十四五”文化和旅游发展规划》和《“十四五”文化和旅游科技创新规划》《“十四五”公共文化服务体系建设规划》等文件要求，科学有效地指导全国图书馆标准化工作开展起到重要的作用。

（2）开展2021年度标准化工作项目征集申报工作

根据《国家标准化管理委员会关于印发〈2021年国家标准立项指南〉的通知》和《文化和旅游部科技教育司关于征集2021年文化和旅游行业标准制修订计划项目的公告》相关要求，图标委于3月面向社会公开征集2021年度图书馆领域国家标准及行业标准制修订项目，共征集到业界提交的各类标准制修订建议项目13项。4月底，秘书处在国家图书馆组织召开标准化工作项目立项论证会。经业界专家讨论、评议，全体委员投票并报请主任委员批准，最终向文化和旅游部科技教育司申报标准化建议项目5个，其中推荐性国家标准制定项目2项、行业标准制定项目3项。经各级标准化工作主管部门审核批复，图标委全年获批立项各类标准化工作项目4项。其中：推荐性国家标准计划项目2项，包括《图书馆纸质文献脱酸工艺有效性评价方法》和《乡镇（街道）综合文化站图书室管理与服务》；行业标准制定计划项目2项，包括《公共图书馆老年人服务规范》和《公共图书馆馆外服务场所服务规范》。此外，《中国图书馆机读规范数据格式》于11月通过国家标准技术审评中心组织的推荐性国家标准立项评估评审。

（3）规范推进各类标准化项目管理工作

①标准制修订项目管理

组织开展新立项项目的合同签订，督促起草组开展工作。完成2项推荐性国家标准制定计划项目的任务书及2项行业标准合同的签署工作。

完成7项标准的征求意见工作，其中推荐性国家标准1项、行业标准6项。图标委采用定向征求意见与网上公开征求意见同时开展的方式进行。其中：定向征求意见主要面向图标委全体委员及部分图书馆界专家学者；网上公开征求意见通过图标委网站和国家标准制修订工作平台同时公示的方式进行，以便最大限度保证标准技术内容的科学性、实用性和适用性。

组织标准项目成果审查。其中《图书馆古籍书页耐久年限的测评方法》根据推荐性国家标准制定要求，提交图标委第三届全体委员及部分业界专家函审。参加函审专家共54人，总复函率为96.3%，投票表决“赞成”及“赞成，有意见或建议”的比例为96.3%，图标委委员参与率达到97.7%。同时，根据行业标准化工作要求，秘书处年内组织召开2次评审会，其中《汉文古籍版式描述规范》《公共数字文化绩效评估指标》2项行业标准及“基本公共文化服务标准体系建设研究”“图书馆建筑供暖通风与空气调节技术规范标准化研究”“中文家谱数据标准化研究”“民宿公共阅读服务标准化研究”4项标准化研究项目通过审查。

标准研制成果报批。秘书处全年先后完成《公共图书馆服务规范（修订）》和《图书馆古籍书页耐久年限的测评方法》2项推荐性国家标准，《图书馆民国时期文献特藏书库基本要求》《公共图书馆年度报告编制指南》《网络资源元数据规范　应用指南：政府信息》《公共图书馆读者个人信息集》4项行业标准报批稿及相关文件的审核与报批。

②开展年度标准化项目中期检查

为及时摸清归口管理的各类标准化工作项目进展情况，及时督促各项目组推进工作。9月，秘书处对所归口管理的所有17项在研标准化项目召开中期检查评审会。邀请业界专家分别从工作进度、成果体例、技术内容、完成能力及有无调整5个方面对各个项目进行评审。根据评审结果，5个项目顺利通过审查，2个项目根据评审意见修改后再次提交函审，1个项目向主管部门提交撤项申请，9个在研标准化工作项目将根据专家意见调整补充、修订完善，继续推进项目工作。

③完成国家标准再评估项目处理情况的报送

根据国家标准化管理委员会《关于做好逾期未完成的推荐性国家标准计划项目再评估后续工作的通知》(以下简称《通知》)，图标委归口的《图书馆机读规范数据》《乡镇（街道）综合文化站图书室》(第1—2部分)《汉文古籍特藏藏品定级》(第2—6部分)共8个推荐性国家标准制定计划项目被列为再评估项目。秘书处对照《通知》要求，与各项目承担单位沟通并与主管部门多次协调，完成再评估项目处理情况的报送工作。其中:《图书馆机读规范数据》《乡镇（街道）综合文化站图书室》(第1—2部分）作为业界有较大需求的项目，图标委组织牵头单位对项目进行修改后重新上报;《汉文古籍特藏藏品定级》(第2—6部分）将根据主管部门工作安排，适时提出重新立项申请。

（4）组织召开图标委年度工作会议

10月20—23日，全国图书馆标准化技术委员会2021年度工作会议在浙江大学图书馆召开。国家图书馆馆长熊远明作为图标委拟任主任委员出席会议，并以《全国图书馆标准化技术委员会“十三五”以来主要工作》为题做主题报告。国家市场监督管理总局标准技术管理司二级调研员屈昊，浙江大学党委副书记叶民，文化和旅游部科技教育司处长、一级调研员杜功伟，浙江大学图书馆党委书记吴晨等嘉宾出席会议并分别致辞。浙江省文化和旅游厅一级调研员程钢受邀做专题报告。图标委第三届委员会委员、秘书处和浙江大学图书馆相关工作人员共50人参加会议。

熊远明在工作报告中回顾了图标委第二届委员会履职期间开展的各项工作成果，并对图标委未来工作的思考进行说明；委员兼秘书长申晓娟代表秘书处，对秘书处“十三五”以来的主要工作进行总结，并就《全国图书馆标准化工作“十四五”规划》的制定情况做专项汇报。会议特别策划3场专题交流报告：国家标准审评中心副处长于立梅就“我国标准化工作最新要求”做专题介绍，程钢分享浙江省标准化工作经验，浙江大学图书馆副馆长、图标委副主任委员黄晨介绍“CADAL项目标准规范体系”及其未来发展的设想。此外，南京图书馆副馆长许建业以《切实履职，服务图苑——参与图书馆标准化工作的体会与思考》为题与大家分享履职心得，北京大学信息管理系教授李国新以《标准化促进公共文化服务功能融合》为题谈了自己的思考和体会。会上，参会委员审议通过《图书馆标准体系》，并对2022年图标委重点工作和如何更好推进图书馆标准化工作进行深入讨论。

（5）标准化工作宣贯与培训

4月，秘书处与沧州市图书馆学会联合举办标准化培训会，邀请图标委委员、标准编写专家对当前图书馆标准化工作和成果进行宣讲。其中，上海图书馆原副馆长周德明做《事业发展　规范为本——图书馆标准化工作发展》专题报告，广东省立中山图书馆原馆长刘洪辉、上海图书馆研究室主任马春、中国盲文出版社副总编辑沃淑萍及东莞图书馆读者服务中心副主任杨晓伟先后对行业标准《图书馆参考咨询服务规范》的技术内容、《公共图书馆服务规范》修订思路、国家标准《图书馆视障人士服务规范》以及行业标准《信息与文献　公共图书馆影响力评估的方法和流程》的重要技术内容做解读。沧州市图书馆行业约200人参与培训。

2021 年，秘书处先后与浙江省文化和旅游厅召开 2 次业务交流座谈会，就文旅融合背景下图书馆标准化工作的开展、标准国际化与外文版合作等议题进行研讨。

（6）经费使用情况

全年收到由图标委归口管理的各类标准化工作项目补助经费共计 10 万元，均为行业标准制定项目补助经费。截至 2021 年底，所有项目经费均已拨付到项目牵头承担单位。

3. 中国文献影像技术协会与全国文献影像技术标准化技术委员会

（1）中国文献影像技术协会

中国文献影像技术协会继续发挥组织协调功能，联合会员和会员单位，为文献影像行业从业者提供学术交流以及技术支持，利用《数字与缩微影像》杂志，推进文献影像技术的应用、普及与发展。完成社团 2020 年年检填报工作及全国行业协会商会收费情况自查。配合中央和国家机关工委协会商会党建工作指导员实地调研，协助全国图书馆文献缩微复制中心开展数字缩微推广项目。与中国档案学会联合举办线上“2021 年海峡两岸档案暨缩微学术交流会”。组织召开 2021 年中国文献影像技术协会常务理事（扩大）会。

（2）全国文献影像技术标准化技术委员会

全国文献影像技术标准化技术委员会完成 2 项国家标准的审核和报批工作，其中：一分会的《文档管理——影响缩微胶片冲洗机的环境与工作场所安全规则》已获批立项进入起草阶段，五分会的《文献管理　长期保存的电子文档文件格式　第 3 部分：支持嵌入式文件的 ISO 32000-1 的使用（PDF/A-3）》（GB/T 23286.3—2021）已正式发布并于 11 月 1 日起正式实施。组织各分技术委员会按期完成 ISO/TC171 的 33 项标准审查、投票工作。启动新一届委员会换届工作，组织召开 2021 年全国文献影像技术标准化技术委员会分会主任（扩大）会。

4.《中国图书馆分类法》编委会

2021 年，《中国图书馆分类法》（以下简称《中图法》）编委会继续组织开展《中国分类主题词表》（以下简称《中分表》）新增主题词与入口词的工作。负责《中图法》《中分表》Web 版数据的维护更新：整理并经试用后发布《中图法》第五版（含 Web 版）修订信息（第 10 期），涉及分类款目 11 个；发布《中分表》第三版（含 Web 2.1 版）修订信息（第 14 期），涉及主题词款目 200 个、分类对应款目 36 个；发布《中国图书馆分类法・简本》（第五版）修订信息（第 2 期），涉及分类款目 2 个。

为完善《中图法》“A 马克思主义、列宁主义、毛泽东思想、邓小平理论”大类分类体系，体现马克思主义及其中国化完整理论体系，满足多类型图书馆需求，编制完成《中图法》A 大类第二表，即“*A 马克思主义和马克思主义中国化理论”大类，并经征求相关学科专家意见后，形成“《中图法》A 大类第二表（试用稿）”，于 11 月在《中图法》网站（http：//clc.nlc.cn）发布试用。

完成《中图法》第五版电子升级版研制，8 月由国家图书馆出版社正式发行。

在现行 2013 年版编委会章程的基础上修订完成“《中国图书馆分类法》编委会管理办法”，并着手筹备组建《中图法》编委会第九届委员会。

12 月，与中国科学技术信息研究所联合举办以“知识组织标准规范的建设与应用”为主题的第十二届全国知识组织与知识链接学术交流会。

5. 中国古籍保护协会

2015 年以来，中国古籍保护协会立足行业组织定位，配合国家古籍保护中心工作，发起并实施“中华古籍普查文化志愿服务行动”。7 年来，这项服务活动进入全国 21 个省（区、市）240 家受援单位，包括省级存藏单位 11 家、市级存藏单位 73 家、县区级存藏单位 104 家、高等院校 45 家、民办非企业 2 家、私人藏书机构 1 家，组织志愿者 1451 人，完成古籍普查 24 万余部、186 万余册 / 件，促进了全国古籍普查工作进程。12 月 23 日，协会在国家图书馆以线上会议形式召开总结座谈会。来自全国各省级图书馆（古籍保护中心）的馆长、副馆长和古籍保护中心主任，古籍保护专家、志愿者代表、爱心企业代表等出席会议。

较之以往，2021 年古籍普查文化志愿服务有着明显特征。第一，勇于克服疫情影响，积极稳妥实施古籍普查志愿服务。各省级古籍保护中心根据当地防控现状，一方面采取精准疫情防控和复工复产措施，另一方面因地制宜地有序开展古籍普查志愿服务。第二，借助志愿服务平台，少数民族古籍普查取得新进展。此次古籍普查志愿服务覆盖的 8 个省（区）多为老少边穷地区，少数民族古籍普查在这次活动中取得突破性进展。首次开展彝文古籍普查的云南省古籍保护中心制定普查试行标准，形成较完整的普查数据；云南省西双版纳傣族自治州古籍保护中心深入村寨、寺院寻访征集、抢救性推进傣文古籍普查整理；黑龙江省齐齐哈尔市图书馆普查到满文、蒙古文少数民族古籍 90 余部。第三，完善数据和拓展界面，助推古籍普查攻坚扫尾。重庆图书馆借助志愿服务，分 2 个批次开展数据整理工作，审校补充古籍数据和民国时期线装书数据，补充著录行款信息，补充扫描古籍书影、民国时期线装书书影。此次古籍普查志愿服务还跨界进入南开大学、黑龙江省文联、哈尔滨理工大学、太原学院、忻州师范学院五寨分院、山西省中医院等单位。

通过“中华古籍普查文化志愿服务行动”，志愿者深入基层参与古籍普查，加深对中华古籍的热爱，古籍保护事业得以储备新生力量。随着活动的顺利实施，普查成效日益显著，参与活动的各省图书馆在强化顶层设计、改善存藏环境、实现跨界普查、探索藏用并举等方面取得积极进展。此外，京东方科技集团和中国志愿服务基金会、浙江财通证券股份有限公司，持续为古籍普查志愿服务项目提供公益资助，中国古籍保护协会引入社会力量参与公共文化建设扎实推进。

年度掠影

【国图讲坛“贰零贰壹　吉利如意”新春贺岁系列活动春节期间持续“刷屏”】

2021年新春伊始，国图讲坛化用宋人赵长卿的“愿新春以后，吉吉利利，百事都如意”，围绕年画、剪纸、贺岁曲艺、新春诗词等主题策划推出“贰零贰壹　吉利如意”新春贺岁特别活动，共含4门主题课程、6期贺岁曲艺短视频、10幅馆藏年画图文赏析，于农历小年至正月初六通过国家图书馆官方微信、微博等线上平台持续“刷屏”，向读者传递新年祝福。其中，天津美术学院姜彦文主讲的“年话年画——‘无限的生气与喜悦’”，介绍年画在民间流传的历史和文化寓意，展示多幅珍贵年画并解读其中蕴含的“无限生气与喜悦”。青年非物质文化遗产传承人、中央美术学院李旺主讲的“剪‘牛’送福——剪纸里的中国年”，不仅介绍剪纸艺术的悠久历史，还与国图讲坛工作人员一起示范如何亲手剪一只中国“牛”，为新春添彩。北京戏曲艺术职业学院翟静婉主讲的“贺新年　品京音——新春曲艺赏析”，介绍京韵大鼓、西河大鼓、梅花大鼓、单弦、快板等曲艺形式，何丹、王晶、王玟琪现场倾情演绎6个经典贺岁曲目。中央美术学院董梅主讲的“岁岁年年　生生不息——诗词里的中国节日”，从诗词世界里寻味除夕、元宵、清明、端午等传统节日所蕴含的生生不息、岁岁年年的文化力量。此次系列活动引发网友的热烈讨论，微博话题“贰零贰壹　吉利如意”累计阅读量超过200万次。

【举行“百年华章·以声献礼——馆藏红色经典唱诵会”】

2021年，视听服务空间以馆藏经典红色视听文献为依托，策划并举办“光影音阅汇”主题活动之“百年华章·以声献礼——馆藏红色经典唱诵会”，在视听专架资源直通借阅区策划展出馆藏红色经典视听资源12部。同时，深入挖掘馆藏内容，提炼朗读素材，上传至优谷朗读云平台“国图专版”，鼓励读者利用素材参与活动作品录制。此外，还邀请中央歌剧院歌唱家倾情献唱，结合馆藏老电影片段和读者朗诵的优秀作品，以“演唱＋朗诵＋影视片段”的创新重构形式，拍摄制作集歌声、朗读声、馆藏同期声“三声”融合的MV作品6部，带领读者重温时代经典，为建党百年献礼。其中，唱诵会的节目视频于4月20—25日在国家图书馆官方微博、微信公众号进行线上推送，每日1期，共6期，先后为读者推送《游击队之歌》《英雄赞歌》《红梅赞》《红星照我去战斗》《中国力量》《五月的鲜花》等经典红色曲目和配乐诗朗诵节选，总点击量达到42589次。

【举办“红色初心　践行百年”红色期刊专题展示活动】

2021年4月，总馆北区中文报刊阅览区以“4·23”世界读书日和中国共产党建党100周年为契机，通过对期刊内容、业界影响、发行范围等进行遴选，梳理国家图书馆馆藏中与党史、党建相关的期刊50余种，最终精选《求是》《前线》《红旗文稿》《中国共产党》《中共党史研究》等16种期刊进行集中展示。展示区域以“红色初心　践行百年”为主题，向读者推荐馆藏期刊资源。

【举办“国图讲坛·科学家讲坛”系列活动】

2021年，“国图讲坛·科学家讲坛”聚焦科普新知，邀请多位知名专家进行主题演讲，传播科学思想和科技领域前沿内容，搭建公众与科学家交流互动的平台，受到各界广泛好评。5月9日，中国科学院物理研究所研究员曹则贤莅临国图讲坛主讲“科学家是怎样学习和工作的？”，带领读者走进科学家群体。随后还相继邀请中国科技馆原馆长王渝生、中国科学院自然科学史研究所研究员张柏春、中国科学院青藏高原研究所研究员刘小汉等，分别就“中国共产党与中国科技发展”“由《天工开物》看中国独特的发明创造”“中国人的南极梦”等主题进行分享交流。

【打造“有声图书馆”体验空间，开展“遇·荐国图E世界”系列视频展播】

2021年5月，为庆祝中国共产党成立100周年，展示中国共产党为国家与人民做出的贡献以及谱写的辉煌历史，典藏阅览部联合中信出版集团“中信书院”app，在数字共享空间阅览区内打造“有声图书馆”体验空间。“有声图书馆”为读者构建“中国崛起的世界意义”“中国行稳致远百年路”“中国改革再出发”“电子读物分馆”4个党建专题，体验服务采用有声阅读和电子阅读两种方式，读者们可以根据自己的喜好，选择直接使用提供的耳机或平板电脑进行内容学习，同时也可以通过手机扫描活动中提供的二维码进行学习内容的浏览。活动期间，还为到馆读者提供上千本大众读物免费阅读。

此外，开展“遇·荐国图E世界”系列视频展播活动。5月，制作并发布“数据库中的红色光辉”数据库推荐视频，筛选符合主题的馆藏数据库进行内容和使用介绍与演示。7月，策划并发布“数据库中的百年征程——建党100周年数字资源挖掘展示”视频，对馆藏数字资源进行挖掘和整合，以中国共产党百年历史为背景，以中国共产党历史进程中的重大事件、重要人物为主要挖掘揭示内容，通过数字共享空间大屏幕电视进行展播，充分展示国家图书馆数字资源的特色，以此献礼中国共产党建党100周年。

【2021年“非物质文化遗产保护讲座月”关注人民的非遗，弘扬优秀传统文化】

为庆祝中国共产党成立100周年和2021年文化和自然遗产日，国图讲坛于6月5—26日期间举办第八个“非物质文化遗产保护讲座月”。此次活动紧扣“人民的非遗　人民共享”这一主题，聚焦非遗中蕴含的人民智慧，邀请民俗学家刘魁立、艺术教育家杨先让、音乐制作人叶云川担任主讲人，先后举办3场讲座，500余位读者通过招募预约来到现场听讲。首场讲座中，87岁的刘魁立先生围绕“二十四节气与民俗”，讲述中国人如何在与自然协调共处中建立起时间制度和传统节日体系，并以此为基准安排社会活动形成丰富多彩的民俗，细致讲述“二十四节气”蕴含的科学与智慧，呼吁大家加深对以“二十四节气”为代表的传统文化的认识，让中华传统文化成为推动人类文明发展的力量源泉。92岁的杨先让先生围绕“民间美术保护之路”，回顾他在中央美术学院求学、留教，创办民间美术系的曲折历程，以及他和同事们在 20 世纪 80 年代发起的后来享誉海内外的“黄河十四走”的原因与收获，坦言探寻和保护民间艺术是一条伟大的路，呼吁大家多关注和保护中国传统民间艺术。叶云川围绕“中国传统音乐的现代化保护与传播”，结合亲身参与国家艺术基金项目《中国音乐地图》的制作经历，通过大量的音乐视频向读者展示他走访全国近 40 个民族地区所采集到的民间音乐，以此为例谈到如何利用现代化音乐制作技术对中国传统音乐做系统性的整理和表达，让世界认识和感受中国音乐的独特魅力。3 场讲座深入浅出、娓娓道来，生动阐释非遗中蕴含的“人民性”，号召广大读者共同参与弘扬优秀传统文化、共享优秀文化成果中来。活动在招募环节便受到读者的热烈欢迎，“一席难求”的情况经常出现，讲座现场气氛活跃。

【举办“红船初心　百年辉煌”庆祝中国共产党成立 100 周年党史学习专题图书展示活动】

6 月 25 日，总馆北区中文图书阅览外借区、总馆南区综合阅览室、少年儿童馆 3 处同步开展“红船初心　百年辉煌”庆祝中国共产党成立 100 周年党史学习专题图书展示活动。其中，南、北两区阅览室同期展出图书 150 余种 250 余册。专架图书以领导人著作、党史研究、党史资料、党史文化四大主题为主要推荐内容，充分展示中国共产党的百年光辉历程。展出图书主题鲜明、内容丰富、可读性强，能够满足不同类型读者深入学习党史的需求。少年儿童馆专题展示图书包含核心读物 30 种、扩展读物 20 种。类型涵盖绘本、连环画、党史资料、党员故事、报告文学、人物传记、革命回忆录、领导人著述、理论等多种形式，通过丰富多样的文学形式和文本内容，推介适合少年儿童的党史文献，力求生动呈现出中国共产党百年风雨沧桑、波澜壮阔的伟大征程。

在此次活动中，中文图书阅览外借区同时设立“书映百年伟业——庆祝中国共产党成立 100 周年好书荐读”专架，于 6—12 月每月定期更新由中宣部出版局联合有关单位和部门共同推出的“书映百年伟业——庆祝中国共产党成立 100 周年好书荐读”专题图书，供到馆读者阅览。

【国家图书馆成为首批国家知识产权信息公共服务网点】

为贯彻落实习近平总书记关于“要形成便民利民的知识产权公共服务体系，让创新成果更好惠及人民”的重要指示精神，创新服务方式，促进我国知识产权信息公共服务体系建设，2021 年 6 月国家图书馆组织开展国家知识产权信息公共服务网点申请备案工作，10 月国家知识产权局审核并公示，国家图书馆作为唯一由文化和旅游部推荐的服务机构，成功入选首批国家知识产权信息公共服务网点。11 月和 12 月，应国家知识产权局与文化和旅游部要求，先后报送服务网点的优秀案例与年度工作总结。

【策划举办“缤纷国图 · 2021 年首届暑期儿童演出季”】

7 月 2 日，北京国图文化艺术有限公司在国图艺术中心大堂召开“缤纷国图 · 2021 年首届暑期儿童演出季”新闻发布会，新华社、中新网、央视今乐坛、中央人民广播电台、北京电视台等 20 余家媒体对此次演出季进行报道。7 月 16 日，“《动物狂欢节》与世界名曲集锦——中国电影乐团交响音乐会”为此次演出季拉开序幕，通过交响乐、亲子音乐会、互动剧、双钢琴音乐会等丰富多彩的演出形式，为大小观众带去欢乐，同时也让观众学习到更多的音乐知识。

【中国古籍保护协会第二次会员代表大会暨二届一次理事会召开】

7月19—20日，中国古籍保护协会第二次会员代表大会暨二届一次理事会在北京召开。参加此次会议的有正式代表154人，列席代表40人，特邀代表10人。会议采取通信会议方式举行，线下会场在国家图书馆，线上会场通过腾讯会议系统实现。文化和旅游部公共服务司司长李宏，国家图书馆（国家古籍保护中心）党委书记、副馆长魏大威应邀出席代表大会开幕式并致辞，出席此次会议的嘉宾还有公共服务司一级巡视员陈彬斌、公共服务司事业发展处处长王晓松以及国家图书馆相关部处负责人。中国古籍保护协会会长刘惠平代表一届理事会在会上做题为《勠力同心，主动作为，积极推进中国古籍保护事业蓬勃发展》的工作报告，从8个方面回顾中国古籍保护协会6年来的工作历程，向新一届理事会提出工作建议。大会选举产生由139人组成的新一届理事会，选举产生新一届常务理事会和协会负责人；表决通过"中国古籍保护协会第二次会员代表大会决议"。

【举办"国图讲坛·文津读书沙龙线上巡讲"系列讲座】

为更好地向公众推广第十六届文津图书奖获奖（推荐）图书（以下简称"获奖图书"）以及其他优秀图书，在人与书之间搭建桥梁，传播知识，满足公众对公共文化服务的新需求，国图讲坛特别策划推出"文津读书沙龙线上巡讲"系列讲座，精心挑选优质图书，邀请作者、译者或研究者录制分享讲座，并通过中国图书馆学会平台联合各地图书馆进行全国推广。首场讲座于8月11日推出，由获奖图书《了不起的文明现场》作者之一、曾主持发掘并发现良渚古城遗址的考古学家刘斌主讲。2021年是中国考古学诞生100周年，良渚古城的遗址发掘为中华五千年文明史提供有力实证。在此次题为"考古学——走向真实之道"的讲座中，刘斌带领读者走入良渚古城遗址发掘现场，感受良渚文明的特殊之处，认识考古学还原真实之道。随后，获奖图书《其实你不懂进化论》的作者、安徽科技学院副教授史钧主讲"自然观与神秘观的对决"；获奖图书《阅读的力量：从苏格拉底到推特》的作者，武汉大学哲学学院教授、博士生导师徐弢主讲"阅读的异化与复归"；获奖图书《六极物理》的作者、科普作家严伯钧主讲"什么是物理学"；获奖图书《汉字就是这么来的·走进汉字世界》的作者、北京师范大学文学院副教授孟琢主讲"古典与汉字：《说文解字》与古书阅读"；获奖图书《史前的现代化：从狩猎采集到农业起源》的作者，中国人民大学教授、博士生导师陈胜前主讲"史前的现代化——溯源中国文明经济根基"。2021年是俄国著名作家陀思妥耶夫斯基诞辰200周年，首都师范大学教授刘文飞应邀主讲"陀思妥耶夫斯基的思想小说"，探讨陀氏作为思想家的心路历程以及其思想小说的内涵。该系列讲座在官方平台阅读量累计超200万次。

【《口述国图》获得首届"国际口述历史协会传媒奖"】

2021年8月，在国际口述历史协会和新加坡国家档案馆共同主办的第二十一届国际口述历史大会上，国家图书馆创作的国内首部记录和展现我国图书馆事业发展的口述史纪录片《口述国图》获得首届“国际口述历史协会传媒奖”。国际口述历史协会（International Oral History Association）成立于1996年，是国际口述历史从业者的专业协会，旨在为世界各地的口述历史工作者搭建交流与合作平台，鼓励个人和机构发表最新的口述历史研究成果，将口述历史的价值和意义在世界范围内更好地传播与交流。“国际口述历史协会奖项”设立于2020年，面向学术界、媒体、社区和专业领域的口述历史工作者开放，旨在评选优秀、创新和鼓舞人心的口述历史作品。该奖项每两年评选一次，每次评选一个图书奖和一个传媒奖。此次获奖是《口述国图》获得的首个国际奖项，也是国际学术界对中国口述史工作者的肯定。

2021年9月,《口述国图》入围第十一届北京国际电影节“纪录单元”展映，在国内外200多部纪录片作品中脱颖而出，主创团队受邀与观众开展在线交流。

2021年9月，国家图书馆与中国文联、中国电视艺术家协会、国家乡村振兴局共同启动新时代小康纪实影像征集。

【举办2021年部级领导干部历史文化讲座专场展览参观活动】

9月13日，为庆祝中国共产党百年华诞，深入贯彻落实习近平总书记关于党史学习教育系列重要讲话精神，国家图书馆举办部级领导干部历史文化讲座专场展览参观活动。此次活动邀请中央和国家机关的100位领导同志参加，国家图书馆馆长、党委副书记熊远明，党委书记、副馆长魏大威，副馆长、党委副书记陈樱，副馆长张志清，副馆长兼办公室主任霍瑞娟陪同参观。参观展览前，熊远明在启德厅对莅临参观的各位领导表示热烈欢迎，并向一直以来对国家图书馆工作给予关心与支持的各位领导表示感谢。熊远明表示，2019年9月习近平总书记给国图8位老专家回信，是对国家图书馆工作的充分肯定与巨大鼓励，三年来国家图书馆深入贯彻落实总书记回信精神，大力发挥国家图书馆在传承中华文明、提高国民素质、推动经济社会发展等方面的作用，为推进社会主义文化强国建设做出积极贡献。部级领导干部历史文化讲座自2002年1月以来，成功举办了260余场，在满足领导干部业余学习需求、促进学习型政党建设方面产生广泛影响，多次受到党中央、国务院领导的肯定和表扬。最后，熊远明对此次展览的具体情况做简单介绍。

在馆领导的陪同下，参加活动的领导干部分为3组，有序参观了“《共产党宣言》专题展”、“伟业——庆祝中国共产党成立一百周年书法大展”之“光昭九域”以及“珠还合浦　历劫重光——《永乐大典》的回归和再造”3个展览。参观后，各位领导纷纷表示：此次展览活动很有意义，丰富了学习形式，拓展了学习内容。

【国家图书馆与南京市江北新区管委会签署战略合作协议】

9月29日，国家图书馆与南京市江北新区管委会战略合作协议签约仪式在南京江北新区举行。国家图书馆馆长熊远明、副馆长张军，南京市委常委、江北新区党工委专职副书记罗群，江北新区党工委委员、管委会副主任李保平出席活动。江北新区综合部等单位相关负责同志参加活动。仪式现场由江北新区宣传和统战部部长陆长宇主持，张军和李保平作为双方代表签署战略合作协议。熊远明在致辞中表示，近年来国家图书馆坚持开放包容、优势互补的多元合作理念，围绕古籍保护研究、传统文化资源挖掘利用、阅读空间创新融合、文化活动策划运营等与相关机构达成战略合作，赢得更加多元的社会支持。此次与南京江北新区管委会签署战略合作协议，共同推进公共文化服务体系建设，是国家图书馆贯彻落实习近平总书记回信精神的具体措施和有益探索，希望通过这样的尝试取得更多好的经验，更好地履行“传承文明、服务社会”的使命任务。

此次签约标志着双方在文化建设及公共文化服务等方面进一步凝聚了共识，也是推动事业创新发展的积极探索。根据合作协议，双方本着改革创新、全面合作、资源共享、互惠共赢的原则，充分利用国家图书馆丰富的馆藏和人才优势，结合南京江北新区的产业集聚发展和创新引领特色，共同打造国家级新区公共文化服务体系样板。

【中国古籍保护协会继续实施分支机构建设】

2021 年 9 月，经中国古籍保护协会二届一次常务理事会确认通过，“中国古籍保护协会典籍博览交流专业委员会”“中国古籍保护协会典籍文创工作委员会”“中国古籍保护协会古籍智能开发与利用专业委员会”具备筹备成立条件。10—11 月，应全国总体防疫形势要求，上述 3 个分支机构成立会议陆续以视频形式召开，主会场（线下）设在国家图书馆，线上会场通过腾讯会议系统实现，3 个分支机构分别挂靠国家图书馆（协会会长单位）、北京大学图书馆（协会常务理事单位）。协会现已成立分支机构 6 个，未来将继续推进分支机构建设，发挥分支机构整合行业资源、实现分类管理、推动科学发展的积极作用，为协助实施中华古籍保护计划和创造性转化、创新性发展中华优秀传统文化而切实努力。

【举办“珠还合浦　历劫重光——《永乐大典》的回归和再造”湖北巡展】

12 月 9 日，由文化和旅游部公共服务司指导，国家图书馆（国家古籍保护中心、国家典籍博物馆）、湖北省文化和旅游厅主办，湖北省图书馆（湖北省古籍保护中心）、湖北省博物馆承办，湖北省十余家图书馆、博物馆联合协办的“珠还合浦　历劫重光——《永乐大典》的回归和再造”湖北巡展在湖北省图书馆开展。此次展览展出国家图书馆藏《永乐大典》嘉靖副本 3 册，善本及普通古籍 9 册，另有湖北省图书馆等相关参展单位古籍展品 35 册。展出的 3 册《永乐大典》嘉靖副本在内容上与湖北省有着千丝万缕的联系，收录了涉及湖北的历史文化名地、名人、历史事件等内容，如关于“黄鹤楼”的诗句、涉及“德安府”的列传等。这也是迄今为止《永乐大典》嘉靖副本在京外展出最多的一次。通过观展，观众可以直观了解这部“序百王之传，总历代之典”的旷世宏编的恢宏气度，感受中华文化脉络，感知优秀传统文化之美。为更好地满足观众的观展需求，湖北省图书馆自 12 月 14 日起增加观展预约名额，由每天限流 300 人调整至每天 800 人。

【完成历年证卡服务单据数字化工作】

2021 年，为加强读者服务档案数字化管理水平，参考咨询部对 2015 年以前的纸质“国家图书馆读者卡申请表”和“国家图书馆读者卡加减功能登记表”等各类读者证卡服务单据进行数字化加工，完成机器高速扫描 1605374 页，人工平面扫描 148328 页，并将完成数字化处理的读者证卡服务单据迁至国家图书馆承德库房保存。

【自助办证系统增加电子支付功能】

自助办证系统是国家图书馆读者证卡服务工作的重要服务形式之一。随着电子支付功能的普及，读者在使用自助办证服务时，对缴纳外借押金和复印充值开通电子支付功能的需求十分强烈。2021 年，为适应新的服务形式，满足读者对电子支付功能的需求，参考咨询部经过调查研究，对现有自助办证系统进行升级，增加包括电子支付码扫描设备、电子支付的财务统计和用于读者退押金时使用的补打印押金凭条等电子支付功能，提升读者服务满意度。

【开展海外中国文化中心图书馆信息技术服务】

2021 年，国家图书馆继续做好海外中国文化中心图书馆信息技术服务。与 20 家海外中国文化中心保持联系，推进有条件的中心开展图书管理软件的安装、实施和数据加工工作。协助各中心解答和解决存在的问题，沟通相关事宜。完成哥本哈根中国文化中心图书管理系统的付款以及软件安装、数据灌装及用户培训。

国家数字图书馆建设与服务

- 硬件设施建设
- 数字资源建设与发布
- 应用系统和平台建设
- 数字图书馆服务
- 信息安全建设
- 年度掠影

国家数字图书馆建设与服务

一、硬件设施建设

（一）机房

国家图书馆设置有总馆南区机房、总馆北区机房、古籍馆灾备机房三处机房，总面积2350平方米，UPS系统总容量1940KVA，共安置服务器1200余台。

（二）网络

国家图书馆网络覆盖28万平方米馆区，分布于国家图书馆总馆南区、总馆北区及古籍馆。截至2021年底，已形成拥有1万多个信息点、600多台网络及安全设备的超大规模网络，为1000多台服务器、4000多台终端提供网络通信、资源共享、信息交换和数据传输，拥有互联网、教育网、科技网、政务外网、国家科技图书文献中心等多条专线。互联网带宽2.2G，实现无线全覆盖，无线接入点400余个。

（三）存储系统建设与服务

2021年存储系统平稳运行，通过定期巡检和后台监控，实时关注存储数据安全，及时解决软硬件故障，保障全馆业务系统的数据安全。全年共为5个业务系统实施集中存储管理工作，截至2021年底，国家图书馆存储系统共为72个业务系统提供存储服务，涉及服务器102台。国家图书馆存储系统总容量7339TB，其中在线/近线存储总容量3458TB，离线存储总容量3881TB。

（四）智慧图书馆云基础设施建设（参见“重点文化工程及项目”之“全国智慧图书馆体系建设项目”）

（五）桌面服务管理

2021年，桌面外包服务热线响应累计8422次，对1459台的硬件故障设备进行及时处理，现场处理桌面设备故障问题5243次。配合国有资产管理处鉴定退库桌面设备30台，报废275台。硬件故障设备维修比上年增长273%，现场处理问题数量比上年增长298%。通过定期巡检，及时处理系统故障和修复漏洞，保障全年无重大故障发生。

二、数字资源建设与发布

（一）数字资源建设

截至2021年底，国家图书馆数字资源总量达2497.98TB，较2020年增加223.48TB。

1. 馆藏特色数字资源

国家图书馆特色数字化资源全文近3.3亿页，资源存储量共计1735TB。其中，现代文献包括：电子图书739347种746897册225860938页，博士论文307551种43029083页，音频资料697933首，视频资料60656小时。民国时期文献包括：民国图书缩微胶片114081种约2201万页，民国期刊缩微胶片5640种约586万页，民国报纸缩微胶片292种约105万页，民国法律11118件37199页，革命文献275种20071页，地方征集和补藏民国文献501.6万页，海外回归民国文献3.85万种31.07万页。古籍文献包括：甲骨实物6575种11732幅，甲骨拓片12775种14333幅，敦煌写卷1.6万种5673卷210746拍，石刻拓片26590种32509幅，地方志全文影像6868种3340000叶，地方志全文文本3181种2031400叶，地方志类书和工具书78种208302页，西夏文献124种4909页，西夏论著1202种9793页，善本老照片7264种7328幅，年画5278种5834幅，新善本101种6987页，手稿165种36497拍，古籍信札182种39000叶，大藏经202种48000拍，永乐大典38种14930页，宋人文集513种162237页，家谱5741种4616025页，舆图62种332拍，样式雷12006种15929拍，契约文书10023种11180叶，普通古籍4853种22260册，印谱960种229773页，山海经92种13525页，善本胶卷转换数字资源25309种12264259页，海外中华古籍数字化回归资源13937种1796028页，中国古代典籍1084种约1亿字。

国家图书馆征集数字资源存储量共计162.53TB，主要包括地方志、民国文献、老照片、家谱、专题视频和馆藏特色资源等。

国家图书馆接受电子报纸交存146种，存储量6.95TB。

2021年继续开展馆藏文献数字化建设，通过各种途径新增资源40009种，新增存储量223045GB。其中，现代文献新增数字化资源27071种，数量占比最大，达到新增资源数量的67.66%；善本特藏资源新增存储量166572GB，存储量占比最大，达到新增存储量的74.68%。与2020年同期相比，2021年完成建设的资源数量减少44.18%，存储量增长153.86%。从资源类型比较，民国文献数字化资源数量略有增长，其他资源数量均有不同程度减少；同时，民国文献、善本特藏、其他资源的存储量均增长明显，增幅超过200%。具体对比情况参见下表。

国家图书馆数字化资源建设量对比（2020—2021年）

资源类型	数量对比			存储量对比		
	2020 年 / 种	2021 年 / 种	增减 / %	2020 年 / GB	2021 年 / GB	增减 / %
现代文献	46101	27071	−41.28	22147	41405	86.96
民国文献	2685	2856	6.37	1365	9061	563.81
善本特藏	16999	7659	−54.94	47152	166572	253.27
音视频资源	4402	1696	−61.47	11920	5562	−53.34
征集资源	1151	0	−100.00	121	0	−100.00
联建资源	343	0	−100.00	5019	0	−100.00
其他资源	—	727	—	137	445	224.82
建设总量	71681	40009	−44.18	87861	223045	153.86

各类资源建设情况详述如下：

现代文献。建设中文现代文献数字化资源27071种、存储量41405GB，较2020年数量减少41.28%、存储量增长86.96%。其中：中文图书按需数字化6128种6614册181.79万页，公有领域图书数字化1966种2371册88.23万页，少儿数字图书馆图书数字化2584种2686册38.52万页，第十六届文津图书奖图书数字化75种75册2.10万页，电子图书公益阅读833种861册26.26万页，博士学位论文数字化15485种15485册238.13万页。

民国文献。建设民国时期文献数字化资源2856种、存储量9061GB，较2020年数量增长6.37%、存储量增长563.81%。其中：民国图书缩微胶片数字化1054种1185册24.23万页，民国期刊缩微胶卷数字化878种7954册40万页，民国报纸缩微胶片数字化89种52153期24.75万版，民国报纸史料库资源建设11种102.48万篇，馆藏革命文献数字化275种447册2万页，西南太平洋战区日本战争嫌犯讯问档案数字化549种4768页。

善本特藏。建设善本古籍特藏数字化资源7659种、存储量166572GB，较2020年数量减少54.94%、存储量增长253.27%。其中：馆藏甲骨影像资源制作1000种1067幅，馆藏敦煌写卷数字化297卷3.09万拍，馆藏普通古籍数字化3172种15111册110.32万页，馆藏印谱数字化960种4523册22.97万页，中华寻根网家谱谱系整理70种，《山海经》古籍专题文献数字化92种241册1.35万页，中法文献数字化63种227册1.52万页，成员馆善本缩微胶片异质保存2005种17233册122.36万页，海外捐赠汉籍数字化1370册11.12万页。

音视频资源。建设视频讲座、主题音频数字化资源1696种/场、存储量5562GB，较2020年数量减少61.47%、存储量减少53.34%。其中：文津讲坛资源数据库70场107.88小时，学术讲座资源建设110场180.75小时，国家图书馆重大活动视频拍摄及档案数据制作72场101.88小时，每日课堂视频资源20场2.45小时，国图公开课专题课程资源3场129期55.72小时，国图公开课读书推荐视频资源 14 场 26 期 2.67 小时，中国记忆项目当代重要学者专题 13 场 23.17 小时，文津经典诵读音频资源 731 种 8.58 小时，传统文化主题音频征集 336 种 22.16 小时，多媒体资源制作典籍鉴赏视频 30 场 30 集 2.81 小时，新媒体资源建设讲坛精品化改造 97 场 200 集 72.60 小时，国图微讲座资源开发 200 场 12 小时。

其他资源。建设政府信息、网页动画、电子期刊等数字化资源 727 种、存储量 445GB，较 2020 年存储量增加 224.82%。其中：政府信息资源整合 14 万条，触摸屏展示电子期刊 689 种，多媒体资源加工制作 6 种，微服务提升多媒体资源制作 12 种，《中华传统文化百部经典》图片库资源 10 种、专题库资源 10 种。

2. 新型资源建设

基于国家图书馆馆藏《永乐大典》，利用文字、图片、音视频、展览等资料，采用“5G+VR”技术集成 4K/8K 全景视频拍摄、三维动画制作等技术手段，于 4 月建设完成 5G 全景 VR 视频《〈永乐大典〉——旷世宏编　文献大成》并在总馆北区二层新阅读空间提供服务。该 VR 视频荣获第五届中国出版政府奖提名奖、2021 年全国文化和旅游装备技术提升优秀案例。

3. “掌上国图”资源建设

完成 2021 年度“掌上国图”资源建设方案的上报和资源采购。与阅文集团签订电子资源采购合同，完成图书挑选工作，续订阅文电子书数据库图书 1 万册。与诚品读库签订电子资源采购合同。完成采购资源验收和发布工作，包含：2020 年采购的诚品读库电子图书 1500 册，有声读物 48 部、1226 小时，视频 171 集；2020 年采购的万方数据期刊资源 170 种、1725 个 EPUB 文件；2021 年采购的诚品读库电子图书 300 册。完成移动端“阅读・榜样的力量”“群星闪耀・经典同行”共 2 期“M・地铁图书馆”专题资源导读的建设和发布。配合馆内重大宣传活动，结合活动主题，以图文及其他多媒体形式，全年在手机门户网站、国家数字图书馆 app 以及移动端相关其他渠道推出“赏春意　品书香　暖万家”“回望・传承・创新”“百年回望——中国共产党领导科技发展”“珠还合浦　历劫重光——《永乐大典》的回归和再造”“奋斗百年路　启航新征程——庆祝中国共产党成立 100 周年”“盛世华诞——热烈庆祝中华人民共和国成立 72 周年”“群星闪耀・经典同行”共 7 个专题；制作并发布抖音作品 16 个。基于移动端的国家图书馆手机门户、数字图书馆移动阅读平台以及自媒体端的国家图书馆服务号、国家图书馆抖音号等，开展主题线上活动，推出移动端线上专题展播，融合精品图书、视频、音频资源，形成数字资源专题导读，增加读者互动体验，吸引用户关注和使用国家数字图书馆移动端服务。

4. 外购数据库

国家图书馆外购数据库共计 253 个，包括中文数据库 135 个、外文数据库 118 个。其中，已完成本地镜像数据库 108 个（包含子库），占用本地存储 285.21TB。中文数据库包含的文献主要为：中文图书 806268 种 1287012 册，中文期刊 22127 种，中文报纸 1865 种，中文学位论文 8471200 篇，中文会议论文 7402300 篇，国家标准 69149 条、行业标准 38177 条，工具书 15579 册（未查重），年鉴 53059 册 / 卷（未查重），实物影像 4000 幅，语言 52039 集，音乐 1170000 首，专题节目 25880 小时，学术性报告 94591 场，多媒体课程 17299 学时，少儿教学课件 66210 个，舞台艺术 1300 部、3500 小时。外文数据库包含的文献主要为：图书 512350 种，英文期刊

28114种，英文报纸881种、俄文报纸2种，学位论文拥有25920篇、访问2860627篇，会议论文413228篇，报告19146篇，标准3669项，档案665.47万页，行政法规9656条，案例207817件，手稿11100件，工具书767种（未查重）。

为配合开展移动服务工作，国家图书馆于2013年启动移动服务外购数据库的采购工作。截至2021年底，采购整库数据库8个，以及有声资源、电子图书两类裸数据资源。由于移动服务的特殊性，资源内容与常规PC端中文数据库内容会存在交叉和重合，因此资源量未纳入外购数据库整体统计数据中。

5. 网络采集资源

国家图书馆网络导航资源主要包括国内外图书馆导航、电子报刊导航、新农村建设专题导航、农林导航等，总计18644项。网络采集资源已保存我国5万余个各级政府网站、732个各级人大网站、2763个其他国内网站、5581个国外网站，315种中文电子报纸以及中国学、开放存取、奥运会、航空航天等325个专题信息。网络采集资源存储量共计308.29TB。

6. 数字资源征集工作

2021年，国家图书馆持续开展公共文化资源征集项目，向4家出版社征集并加工电子图书832种860册（262225页190.5GB），征集中国传统文化音频资源336种1330分钟（13.53GB），提交长期保存并发布。征集“新中国70年典藏作品”纪录片授权82集。接收瑞鸣音乐公司捐赠音视频资源1000种及授权材料1份。与国家图书馆第二家互联网信息战略保存基地阅文集团就网络文学作品入藏及创意推广活动开展探讨设计方案。

7. 中国战“疫”记忆库项目

2021年，国家图书馆弘扬抗疫精神，有序推进中国战“疫”记忆库项目。做好中国战“疫”记忆库领导小组办公室工作，制订年度工作方案，举办业界工作会议，形成与各级公共图书馆共建的共识，开展副省级以上公共图书馆战“疫”文献资源摸底调研。该项目在标准规范与资源建设方面取得阶段性成果，持续开展网络资源采集、资源征集与加工和知识组织等工作。

（1）战“疫”主题网络资源采集与保存

2021年，国家图书馆持续开展中国战“疫”主题网络资源采集与保存，采集相关网络资源10929条（4.78TB），已累计采集相关网络资源35837条、战“疫”主题相关音视频资源114个。按照中国战“疫”记忆库资源元数据著录规则对采集完成的专题网络资源进行编目，新增著录数据13747条，已累计完成资源编目16139条。

（2）战“疫”主题资源征集与加工

制定《中国战“疫”记忆库入藏资源遴选原则》，对收到的22132件作品捐赠意向开展遴选工作，拟入藏来自各级政府机关、企事业单位、行业头部企业及知名艺术家捐赠资源21540件，资源种类有著作、文章、图片、音频视频等数字资源和手稿、书画、照片等实物；完成55家单位及个人共16800余件作品的授权书签署，发放第一批捐赠证书52份。战“疫”主题纪录片征集收尾工作顺利完成，制作发放第二批捐赠证书24份，全年新增授权23部，陆续收到对象数据累计83部（315集）。为更好地实现相关主题资源的规范化和有序化，并为后续的保存和展示服务奠定基础，加工中国战“疫”记忆库入藏资源11834条。

（3）建成战“疫”记忆库知识组织系统

作为智慧图书馆的创新应用，用本体建设的思路和方法整合性建设中国战“疫”记忆库各类资源。建设完成《中国战“疫”记忆库资源描述元数据规范》及各类资源编目细则，并以此规范指导该项目各类信息资源、人物资源、事件资源的编目和资源建设。

构建实现中国战“疫”记忆库领域本体，利用语义网技术建设 25124 个实体，发现并揭示 8.7 万余条多维关系，构建约 43 万条三元组，建设完成中国战“疫”记忆库关联数据集。通过人物实体与国家图书馆名称规范记录进行关联，实现中国战“疫”记忆库的资源与国家图书馆馆藏资源的链接。

利用区块链技术建成中国战“疫”记忆库版权登记平台，并对库中资源进行管理，成为区块链技术在智慧图书馆应用示范领域的初期尝试。面向 7 家前期参与度高的地方图书馆的 40 余位工作人员分享战“疫”元数据制作和平台使用操作经验，国家图书馆与 5 家地方图书馆已向该平台上传战“疫”资源 5083 条。

（4）宣传推广

2021 年，国家图书馆建设并发布“4・23”世界读书日中国战“疫”记忆库专题页面，该项目作为国家图书馆“4・23”活动的一部分被多家媒体报道。拍摄中国战“疫”记忆库微党课视频 1 部。

（二）数字资源发布

2021 年，完成 26 批自建和征集数字资源的发布工作，发布的对象数据共占空间约为 2.1TB，发布总量比 2020 年增长 51.8%。包括：2015 年普通古籍 810 册，2017 年和 2018 年善本 2674 册，中国记忆 18 场，2019 年民国图书和民国期刊 8251 册，2019 年公益阅读图书 860 册，世界电子图书馆藏资源 63 册和音频 31053 首，2018 年和 2019 年学术讲座 209 场，2019 年和 2020 年文津讲坛 61 场，2020 年民国图书 1185 册，2020 年甲骨拓片 1067 幅，2017 年、2018 年和 2019 年馆藏音频 84817 首，征集历史文化 336 首，日本永青文库汉籍古籍 770 册等。另外还完成 13 批资源数据的修改工作，共计修改数字资源 15 种。

1. 馆藏特色数字资源

国家图书馆已累计发布的馆藏特色数字化资源中，现代文献主要实现局域网发布，发布率 19.02%；民国时期文献基本实现互联网发布，发布率 59.44%；古籍文献基本实现互联网发布，发布率 67.54%。

征集数字资源已累计发布的资源存储量为 160.23TB，占全部征集数字资源存储量的 98.58%，全部实现互联网发布。

国家图书馆接受交存的电子报纸 146 种，因与外购资源内容重复，资源未发布，主要用于备份保存。

2. 外购数据库

253 个外购数据库均已在馆域网发布。其中，128 个数据库授权许可馆域网和互联网远程访问，占全部外购数据库的 50.59%；125 个数据库仅授权许可馆域网服务，占全部外购数据库的

49.41%。

3. 网络采集资源

网络导航数据采取建设即发布的方式，并保持定期更新维护，全部实现互联网服务。局域网发布网络采集资源 129.74TB，占全部网络资源采集存储量的 42.08%。

三、应用系统和平台建设

（一）图书馆业务自动化管理系统——ALEPH 系统

2021 年共完成 ALEPH 系统相关数据提取工作 36 批次，包括 25 个报文和 11 个临时处理任务，共提取数据 211 万条。

全年共完成 248 个 ALEPH 账号的权限配置管理工作；维护中文 ISBN 表、中文拼音表共计 50 余次；完成新增子库 ZWGJ 的打印书标配置工作；完成中文名称规范库新增索引点配置工作；根据“外文采编部关于增加书目数据自定义字段的请示”报文，完成外文采编部新增 950 字段的索引配置相关工作。

全年共处理业务报文和通知 21 个，完成 39 批次共计 389 万条数据的批修改，进行 4 次读者外借文献归还时间的延期。

全年为其他业务部门提供技术支持与故障解决 50 余次；向艾利贝斯公司提交工单 5 个，因工单而开展的测试 4 项，工单提交的问题已经全部解决。

（二）联机公共目录检索系统——OPAC 系统

2021 年聚焦 OPAC 系统高效稳定运行。内存资源从 32GB 增加到 48GB，总量提升 50%。开展定期监控和故障处置，年内实施 60 余次人工操作。增加 WAF 防火墙防护规则，建立分层级分强度综合访问控制机制。此外，还完成通知内容、中图分类法、馆藏地信息、架位导航信息的更新维护，屏蔽或添加书目数据字段内容，解答读者及工作人员疑问，回复读者意见，履行系统安全检查等基础业务工作。

（三）统一用户管理系统

全年完成统一用户管理系统定期监控，做到故障立即处理、漏洞隐患及时排除，以确保系统运行稳定。针对系统所集成的各个外购数据库进行监测，完成数据库资源的新增与变更，及时配合解决业务部门及读者在使用外购数据库中发现的各类问题。

综合考虑技术革新和读者体验反馈，同时配合其他应用或服务功能调整，对系统进行完善优化，为馆内业务开展和读者服务提供技术支持。系统与新版手机门户系统、微信小程序、两会服务平台、馆际互借与文献传递系统、中国战“疫”记忆库版权管理平台等进行功能对接。为提升移动端服务效果，制作适配移动端的页面；为国务院发展研究中心定制版设计登录页与资源展示页，并完成资源配置工作。针对用户注册量激增的情况，调高与公安部公民身份认证中心原定的实名认证次数总量，保证用户可以顺利注册成为国家数字图书馆用户。通过对系统的进一步升级改造，解决读者问题最为集中的谷歌内核浏览器不兼容已有认证功能的情况，提升用户体验，提高国家图书馆数字资源的访问量以及阅读量。

完成统一用户管理系统地方馆部署工作，截至2021年底共部署208家分馆，共有系统用户20475872人。

（四）办公自动化系统

完成对服务器的日常运维管理及定期巡检，确保服务器及应用正常运行，及时处理日常出现的各种故障；对员工在使用过程中遇到的问题提供支持和帮助解决。

OA账号变动方面，配合国家图书馆各部门人事调整，全年完成人员账号调整242人次。公文处理方面，解答疑问并处理公文、合同等流程方面的问题，全年办理完毕的公文4187份，合同办结977份。

（五）档案管理系统

解决用户使用中遇到的各类问题，保证系统平稳运行，档案归档管理和档案借阅利用工作顺利进行。完成办公自动化系统中2020年度公文类文件向档案系统的归档和检查工作，共导入档案条目数据4000多条，包括办文、发文、收文、简报、刊物、会议纪要等文件类别。加上各部处归档的业务、活动等档案，全年共收集档案数据7918条。协助国有资产管理处完成合同档案上传系统和批量挂接工作。全年共测试并处理系统出现的故障和功能调整7次。

（六）多媒体信息展示系统

多媒体信息展示系统平台以日常更新和专题制作相结合的方式，定期向读者推送读者指南、服务调整、活动预告、展览讲座、新闻通告等内容，同时配合馆内各项活动进行专题制作，完成春节、清明节、劳动节、端午节、国庆节、读书周等活动宣传展示。全年制作各类节目403批。

（七）运行管理平台

做好系统运行管理工作，及时处理故障，保障安全运行。为手机门户改版等提供接口支持。补充2020年分站建设项目实施归档相关的文件。完成新版门户系统与运行管理平台的对接工作：沟通需求、提供接口文档，解决运行管理平台借还书、门禁等接口获取数据的问题，解决新版手机门户与运行管理平台接口问题。

向文化和旅游部应急指挥平台提供2021年1—10月读者服务相关数据。

（八）流媒体平台

流媒体平台目前承载着国图公开课、云发布系统、文津图书奖、海外中国文化中心、中国记忆等项目和平台的流媒体服务。2021年共承接来自多个部门的223批次共70609条音视频数据的发布工作，涉及中国记忆、国图公开课、云门户等多个项目。

现有流媒体平台运营时间已超过 6 年，随着互联网技术的更新换代和平台承接业务的持续增长，现有平台已不能满足现实服务需求，为此国家图书馆开展流媒体平台升级项目。从 6 月开始，先后完成需求调研、调研报告撰写、项目需求书撰写、项目上报、商务谈判、合同拟定及上报、合同签署及首款支付等工作。截至年底，已进入项目软件的开发阶段。

（九）国家数字图书馆读者云门户系统

2021 年，完成国家数字图书馆读者云门户系统阅读器的升级改造，定制开发页面加载渲染、阅读权限管理、资源展示、对照阅读和日志管理等多个接口。阅读器升级改造解决了阅读器缓存异常溢出、阅读器异常宕机等问题，在资源揭示和日志管理等方面都有显著提升，为读者提供更加方便快捷的阅读体验。

（十）对外和对港澳台交流基础数据库

完成对外和对港澳台交流基础数据库 2 批共计 883 条数据的数字化，包括协议文本 243 份、地方工作动态（2016 年、2017 年）70 份、调研信息（2019 年、2020 年）570 份。完成该数据库的开发及部署、系统运维等工作。

根据文化和旅游部的系统要求，完成操作系统国产化，包括统一用户系统对接、系统运行环境适配、数据迁徙等工作。完成 2 个新增库“协议文本”“工作动态”的系统开发、页面设计、系统部署工作。解决 PDF 关键词搜索、名称规范、小语种识别等问题。解决因服务器停用、重启导致的系统问题，如用户、登录、搜索引擎等问题。

多次到文化和旅游部国际交流与合作局汇报平台的进展情况并进行现场演示，按对方意见对数据库进行调整与优化，包括首页面调整、权限调整、时间排列调整、搜索结果优化、后台账号及密码优化等。同时为对方提供该项目的决算、预算等资料。多次进行前后台的功能测试以及调优，向国际交流与合作局交付并试运行。

（十一）文津搜索系统

每周进行文津搜索系统馆藏中外文资源库数据的更新，有效提升馆藏实体文献的揭示效率。加强文津搜索系统所涉及的 400 多台服务器、操作系统、中间件和应用软件的运行管理工作，通过系统监控和每日巡检，及时处理系统运行中的硬件故障 209 台次，跟踪解决资源访问和资源变更问题。收集接收各部门提交的更新数据，接收维普、龙源等 21 个外购数据库（含部分全量更新）的数据 7549 多万条，完成数据交接和备份工作。在疫情防控期间，有力保障了文津搜索系统稳定运行，为读者提供远程服务，使广大读者足不出户就能通过互联网查阅海量、优质数字资源。

做好馆藏文献意识形态筛查和数据处理，确保正确文化导向。定期开展系统安全检查，及时消除服务器的高危漏洞。加大在重要时间点和重大网络安全事件中的防护措施，加强安全防护力度，切实有效地保证重要节假日及重大活动期间系统的网络信息安全。

（十二）国家图书馆手机门户网站

完成国家图书馆手机门户网站的升级改版工作。新版手机门户网站充分利用信息领域相关技术，优化前端展示效果，并升级后台功能，引入文创展示功能，丰富互动体验、凸显品牌服务，按照国家图书馆等级保护要求，提高系统安全性，保障国家图书馆手机门户网站以更优质、更高效的访问体验为读者提供信息与资源服务。

（十三）微信阅读小程序

完成“国图读书”微信小程序建设及验收。该项目提供以优质图书资源为主的阅读服务，让读者随时、随地、随身地享有国家图书馆阅读服务。经过页面设计、接口调试、功能开发及多轮测试，已建设完毕并通过验收。

（十四）国家数字图书馆 app

开展国家数字图书馆 app 的升级工作。2 月，结合国家图书馆预约续借政策调整及实际业务流程，完成业务流程优化，提升读者服务效果；4 月，针对借阅合一政策调整，对应修改 app 端相应子库、单册状态，并对原中文图书借阅区的图书进行屏蔽，保证国家图书馆各服务渠道图书借阅政策的一致性；配合手机门户网站的升级，完成新闻、公告、专题及文津经典诵读接口的对接；根据读者使用反馈，完成 app 书单功能、期刊下载等漏洞的修复。在苹果和安卓应用程序商店各更新 app 版本 3 次。

（十五）网络资源采集与保存系统

2021 年，紧密跟踪业界发展和新技术趋势，围绕新环境下网络资源保存的新特点和新要求，加强关键技术研发和创新，继续推动网络资源采集与保存系统的建设。围绕网络信息生命周期，对全流程业务环节进行有效整合与可视化开发，实现自动化和批量化处理，明显提升工作效率。网络资源采集与保存系统采用国际上业界最新版本的 Heritrix 3.4 网络爬虫软件，各项采集功能得到较大的优化和提升，在国内业界首次实现网络资源的增量采集与回放，实现对移动互联网资源和音视频资源的采集与有序管理，支持对多种媒体类型对象数据的统计、著录、发布等，不但显著节省硬件存储资源，而且明显提高工作效率，为构建分级分布式的全国网络资源保存体系奠定基础。

（十六）文献数字化中心

2021 年，文献数字化中心开展“博士论文数字化”“中文图书按需数字化”“民国报纸缩微胶卷数字化”“中华人民共和国大事记馆藏报纸展文献数字化”“中国大百科图书出版资源数字化”等多项文献数字化加工工作，加工对象包括图书、学位论文、报纸等多种文献类型，共计完成约 1 万种、150 万页纸质文献数字化资源产出。根据数字资源建设项目和质检工作需要，文献数字化中心对 12 件大型扫描设备的布局做出合理调整，并定期开展设备设施检查维护工作，重点完成扫描设备的集中维护和校正，全年各项工作进展有序，稳步运行。

四、数字图书馆服务

（一）国图公开课

资源管理方面，2021年全年新增课程188场397小节，新增时长约137小时。平台课程总量达2148场5808小节，总时长1978小时。全年点击量达13398万次，较2020年增长59.2%。资源交流方面，全年为数字图书馆体验区、新疆图书馆、塔里木数字图书馆等提取国图公开课共计245门，涉及612小节共84.6GB。

（二）海外中国文化中心数字图书馆

继续加强对海外中国文化中心数字图书馆的运维管理，定期检查各个数据库的运行情况，监控系统的运行状态，做好数据库的备份管理。已为45家海外中国文化中心的管理人员开通后台管理账号，分配管理权限，方便各分中心的管理人员查看其读者访问情况。完成海外中国文化中心数字图书馆二期系统验收事宜，并开展二期系统的使用培训。

（三）读者云门户

继续加强读者云门户的管理，定期加固网络组扫描的安全漏洞，对突发的安全漏洞进行修复，完成读者云门户系统的安全渗透测试，并对测试中发现的安全问题进行整改加固。完成中华古籍资源库专题页面的调整，将中华寻根网整合到中华古籍资源库页面。完成读者云门户上特色资源库的调整，下架中文图书、少儿图书等有版权限制的资源。定期更新检查读者云门户上250余个外购数据库。定期邮件或电话解答读者使用过程中遇到的问题。

（四）中华寻根网

继续加强中华寻根网系统的运维管理，新发布资源70种，不定期对系统进行安全扫描并加固，对网站进行检查核对，确保系统安全稳定运行。

（五）公共数字文化唯一标识符系统

截至2021年底，公共数字文化唯一标识符系统注册数据总量达到323万余条。系统平台升级后，在新的体系架构下为国家图书馆和各省级图书馆提供唯一标识符的注册、维护、解析等服务。在确保系统稳定运行的同时，为地方馆用户提供技术支持，及时解答各类技术问题。每天监控唯一标识符系统运行，监控数据同步、数据备份等任务有效运行。发现系统bug及时修复，保障用户正常使用。及时处理漏洞扫描结果，升级Tomcat等相关软件，确保系统安全、数据安全。定期巡检系统硬件环境，确保随时发现故障随时修复。

开展公共数字文化唯一标识符项目地方馆注册数据的验收工作，提交验收情况登记表。全年共完成14家地方图书馆16个批次数据的验收工作，除鞍山市图书馆1个批次数据不通过，其他均验收通过。通过电话、远程协助等方式，为地方馆用户提供系统使用培训、问题协助解决等服务，全年协助解决地方馆问题咨询20余次。

（六）新媒体服务（参见“服务工作”之“社会公众服务”）

（七）数字图书馆体验区服务

数字图书馆体验区积极探索新技术的创新应用，进一步丰富展厅的展示手段和展示内容，增强公众在体验区参观的互动体验感。借助5G、全景视频、VR等先进技术，建设“全景展厅”“智慧树”展项，完成“全景图书馆”视频内容制作以及华为边缘云架构部署测试，更新全景视频和VR资源内容，满足到馆读者不同场景视角的沉浸式体验，为读者提供身临其境、跨越时空的文化体验。

进行体验区日常管理与运行维护工作，保障体验区各展项的安全运行。全年响应并处理各类运行相关问题985次，排查、解决设备间系统安全隐患并修复199次，对设备间老化的线路和接头进行替换，保证业务数据传输和展示。加强电子显示屏的访问控制，排查及处理各种风险隐患，保证所有展项的安全正常运行。在安全施工方面，完成体验区的魔墙框架箱体改造、电力改造、视频监控改造、空调改造、沉浸式阅读项目建设等多个项目的现场施工、调试和现场安全保障工作。克服工期紧、环境差、人员不足等困难，保障所有施工项目均按期安全完成并通过第三方检查验收。全年接待上级领导、图书馆业界、相关媒体及其他团体到体验区参观，完成团体参观接待及讲解工作30余次、近1000人次。

（八）读者意见咨询服务

全年共处理并回复网络相关读者意见12次，数据库访问相关读者意见9次。统一用户管理系统通过邮件回复和电话为读者解答疑问。全年共接听读者咨询电话800余通，回复邮件155封。

五、信息安全建设

2021年，为应对更加严峻的网络安全态势，国家图书馆通过调整网络安全策略、购置Web应用防火墙等多种技术手段，提升国家图书馆网络安全的整体防护水平。积极开展全馆计算机网络和网络安全检查，在常规检查工作的基础上，对非物质IT资产管理、计算机网络使用、网络安全保障、终端安全等方面进行重点检查，并组织开展全馆计算机网络和网络安全培训。顺利完成全国两会、服贸会、建党100周年、进博会、全运会、党的十九届六中全会等重点时期的网络安全保障工作，及时调整全馆网络安全策略，起到有效防范外部攻击的效果。全年共阻断来自互联网的高风险事件8000万余次，拦截垃圾邮件122万余封，封停被盗邮箱账户，阻断对Web应用的攻击163万余次。全年共完成全馆服务器漏洞扫描3次，并及时督促各部处对高危漏洞进行修复。根据读者反馈意见，及时排查、解决数据库远程访问异常问题。

年度掠影

【完成网络安全攻防演习任务】

4月，国家图书馆参加全国网络安全攻防演习。在此次网络安全攻防演习开始前积极筹备，成立国家图书馆网络安全攻防演习指挥领导小组，完成小组成员《保密承诺书》的签订。组织召开国家图书馆2021年网络安全攻防演习工作部署动员会，开展网络安全培训。落实网络安全责任，开展资产摸排及应急保障准备。开展漏洞扫描及修复工作，排查并制定调整网络安全策略，梳理审计信息系统、新媒体平台及VPN账号，确保应用安全、网络安全及数据安全得以加固。攻防演习期间，加强网络安全监测，分析网络安全设备日志，排查系统访问异常现象，禁封恶意IP地址累计4235个。与文化和旅游部信息中心协同联动，接收传达通知公告，及时修复系统漏洞，消除安全风险。攻防演习结束后，认真总结攻防演习经验，补齐网络安全短板。此次网络安全攻防演习对提升国家图书馆网络安全保障整体能力和水平具有重要意义。

【全力保障建党100周年活动顺利开展】

6月22日—7月2日，为顺利开展建党100周年活动，成立国家图书馆网络安全分指挥部，制订保障建党100周年网络安全工作实施方案。开展全馆计算机网络和网络安全检查工作，通过现场检查、远程测试等多种方式，重点检查非物质IT资产管理、计算机网络管理、信息系统安全、终端安全等方面，并以现场抽查方式开展网络安全知识答题。此次检查梳理了系统资产，排查了系统风险，加强了安全监测研判能力，提高了网络安全防范意识，为保障建党100周年活动开展打下安全基础。建立"7×24小时"值班值守，执行全馆网络安全"零报告"制度。开展面向互联网服务的信息系统渗透测试，推进漏洞修复和安全加固，关停非必要信息系统。通过一系列保障工作，确保建党100周年活动顺利开展，在活动期间无网络安全事故发生。

【完成总馆南区网络架构优化】

10月，国家图书馆总馆南区完成网络架构优化工作。优化之前，总馆南区网络各接入点数据传输的汇聚、转发和交换任务都由1台汇聚交换机承担，缺少必要的冗余设备，一旦机器发生故障，将影响网络正常运行。因此国家图书馆以总馆南区网络配置、应用现状为依据，对增加部署1台汇聚交换机的必要性和可行性进行充分论证，对相关设备开展细致的市场调研，最终确定优化方案。优化方案实施后，确定汇聚交换机上架位置，梳理各分支交换机的光纤线路，编写配置文件，上架并测试新设备，逐一测试总馆南区27个弱电间的光线跳线连通性，完成对相关机房及弱电间的光纤跳接工作。经过7个工作日的奋战，完成此次网络架构优化，全程没有出现网络中断情况。最终实现总馆南区双上联、双机运行模式，为总馆南区网络稳定运行提供"双保险"。

【数字图书馆体验区入围中国图书馆学会 2021 年特色阅读空间风采展示活动名单】

为集中展示全国图书馆界贯彻落实习近平总书记给国图老专家回信精神，在创新服务方式、推动全民阅读、更好满足人民精神文化需求等方面取得的重要成绩，经文化和旅游部同意，中国图书馆学会组织开展 2021 年特色阅读空间风采展示活动。11 月，“印象数图”数字图书馆体验区成功入围此次展示活动之“智慧体验空间”名单。“印象数图”数字图书馆体验区位于国家图书馆总馆北区二层，通过光影互动、VR、AR、5G、AI 等新技术展示手段，传承和弘扬中华优秀传统文化。展区内“公共数字文化资源互动展示”“VR 诵经典”“全景展厅”及“阅读树”等新技术应用展项，以多元立体化的方式呈现馆藏优秀数字资源，为读者提供生动有趣的场景体验式数字阅读新形态，通过科技赋能，引领智慧图书馆沉浸式数字阅读新风尚。

【完成机房 UPS 系统部分老旧蓄电池更换】

机房 UPS 电池是机房 UPS 系统的重要组成部分，国家图书馆机房内部分 UPS 电池运行多年，已超过电池正常使用寿命，逐渐暴露出电量不足等问题，安全隐患增加。2021 年 11 月，在上一年工作的基础上，继续对总馆北区机房进行部分 UPS 电池的更换工作，共更换 2V 老旧蓄电池 768 块，并对废旧电池进行合理化处理。在经费紧张的情况下，通过分阶段实施，机房所有老旧 UPS 电池均得到妥善更换，有效减少机房电力供应隐患，提高机房电力供应的可靠性。

【开展全馆数字资源版权支撑与宣传】

2021 年，国家图书馆做好全馆数字资源版权支撑，积极开展版权管理宣传。持续开展数字资源版权数据回溯项目和公共数字文化工程版权信息数据制作项目，完成合同 4 份、授权清单 86 份、书目数据 5.5 万余条、公共数字文化工程版权授权材料 873 份。为各地方图书馆、馆内各部门和重点项目提供版权管理咨询 15 次，协助相关部门完善版权声明 7 项，协助相关部门完成对外提供数字资源的版权筛查和遴选。举办“数字资源征集与服务中的版权管理”课程培训班，宣传国家图书馆版权政策及版权管理工作。跟踪《中华人民共和国著作权法》修订事宜，探索数字资源版权获取和管理的新模式。

【完成信息化建设项目验收】

2021 年，国家图书馆完成“全国古籍保护人才库”项目、海外中国文化中心数字图书馆建设项目、中央和国家机关图书全文检索平台系统功能开发与维护项目、“革命历史文献专题库”项目、第十六届文津图书奖触屏版网站建设项目、“全国古籍普查平台”升级改造项目、中国战“疫”记忆库版权管理平台项目、国家图书馆手机门户网站系统升级项目、国家数字图书馆读者云门户系统阅读器升级项目、国家图书馆微信服务号建设项目、联合编目系统名称规范共享功能项目，共计 11 个项目的验收工作。对馆内信息化建设项目验收文档的保存情况进行整体梳理，按要求完成 2020 年度信息化建设项目纸质文档及电子文档的归档录入工作。

重点文化工程及项目

- 中华古籍保护计划
- 革命文献与民国时期文献保护计划
- 全国智慧图书馆体系建设项目
- 《中华传统文化百部经典》编纂项目
- 《鲁迅手稿全集》编辑出版项目
- 中国记忆项目
- 年度掠影

重点文化工程及项目

一、中华古籍保护计划

2021年，国家古籍保护中心以习近平新时代中国特色社会主义思想为指引，深入贯彻落实党的十九大精神，坚持增强“四个意识”、坚定“四个自信”、做到“两个维护”，结合新冠疫情防控形势和全国古籍保护工作实际，打破固有工作模式，创新工作思路，圆满完成各项工作任务。

（一）加强统筹协调，以国家“十四五”规划为指导，配合推进古籍保护相关国家重大项目

1. 根据上级部门有关要求，及时报送中华古籍保护计划实施进展、中华文化资源普查工程进展等情况报告，配合上级有关部门编写古籍保护工作规划方案。

2. 起草完成《国家图书馆古籍和民国时期文献保护重点项目建议方案（2021—2030）》，并报文化和旅游部。

3. 配合推进《中华医藏》编纂出版工作。按文化和旅游部要求，就其编纂委员会、专家委员会人员调整提交建议并核改；协助国家图书馆出版社推进出版相关工作。

4. 推进黄河古籍保护工作。面向全国下发《沿黄各省、区古籍资源普查和黄河文献调查专项工作方案》。

5. 组织召开2021年全国古籍保护工作座谈会，系统总结“十三五”时期有关工作进展及经验体会，研究部署下一阶段古籍保护重点工作，及时开展相关宣传推广活动，为古籍保护事业营造良好社会氛围。

（二）稳步推进中华古籍保护计划各项业务

1. 有序推进古籍普查登记，做好《全国古籍普查登记目录》出版以及各类平台建设、数据成果发布等工作

继续推进全国古籍普查登记工作。在全国基本完成汉文古籍普查工作的基础上，启动并督促各省（自治区、直辖市）编制和提交古籍普查报告。截至2021年底，共收到11个省（自治区、直辖市）的古籍普查报告，另有3个省提交古籍普查基本情况一览表，报告仍在编制中，其余各省（自治区、直辖市）普查报告亦在编制及审核中。

推进古籍普查成果全社会共享。全年新增出版122家收藏单位的15种18册《全国古籍普查登记目录》。截至2021年底，已累计出版509家收藏单位的123种189册《全国古籍普查登记目录》，收录款目127万条。就《全国古籍普查登记目录·碑帖卷》的凡例和著录规则进行修改审定，促进重庆图书馆藏碑帖目录出版，为开展碑帖普查工作奠定基础。

做好普查平台维护和数据库建设工作。克服普查平台设备老化等诸多困难和问题，竭力保证

平台安全、平稳服务。继续推进“中华历代古籍书目数据库建设项目”，全年加工数据17万条。

推进《中华古籍总目》相关工作。完善《中华古籍总目·分省卷》的编纂方案；以召开第四期《中华古籍总目·分省卷》编纂研修班为抓手，推进《中华古籍总目·宁夏卷》的编纂工作。推进《中华古籍总目·水文卷》编纂工作，与项目实施方中国民族图书馆商讨编纂实施方案，委托项目负责人赴贵州实地推动工作开展，协调中山大学图书馆做好水文古籍普查工作的配合。

制作第六批《国家珍贵古籍名录》证书和“全国古籍重点保护单位”标牌，并完成颁发和寄送工作。编纂完成《第六批国家珍贵古籍名录图录》文稿，并签订出版合同。

配合文化和旅游部做好“中华文化资源公共数据库”的相关咨询工作，交流该数据库的数据对接事宜。

2. 推进“三位一体”人才培养模式，加大古籍保护人才培养力度，拓宽人才培养渠道，推动古籍保护学科体系和人才资源建设

继续开展古籍保护在职培训工作。全年举办培训班4期，培训业内学员5572人次、社会公众16000人次。其中，线下举办第七期全国碑帖编目与鉴定研修班、第四期《中华古籍总目·分省卷》编纂研修班；线上举办全国古籍库房建设与管理研修班、全国古籍数字化建设研修班，点击总量达10万次，单课最高点击量突破2万次，受众人群总量突破2万人次，培训业内学员超过5000人次，线上培训效果凸显。

推动古籍修复技艺传习工作。继续深化古籍修复技艺传习所建设，完成传习导师、导师助理的增聘、续聘等工作。截至2021年底，全国共有古籍修复传习所32家，聘任传习导师32人、导师助理27人，收徒286人。举办全国古籍修复技艺竞赛颁奖仪式暨古籍修复工作研讨会。编撰出版《妙手补书书可春——全国古籍修复技艺竞赛暨古籍保护成果展图录》。

持续推进古籍保护学科体系建设。继续做好古籍保护专业硕士培养工作，2021年继续联合复旦大学等4所高校招收古籍保护专业硕士41人。作为主办单位，与中山大学等单位联合举办第二届“全国大学生中华典籍文化保护与传承大赛”，大赛于8月启动，共收到全国79所高校155件参赛作品。持续推进“古籍保护系列培训教材”第一期编纂工作。积极参与教育部学科设置征求意见工作，努力推进古籍保护专业进入一级学科。

拓宽古籍保护人才培养渠道。利用中国文物保护基金会字节跳动古籍保护专项基金，在全国策划开展3期古籍修复技术培训班，培养古籍修复高级人才100人次。

建设古籍保护人才库，推进《全国古籍保护人员名录》编纂。完成古籍保护人才库单机版和网络版人才库系统验收工作。在中国古籍保护协会、全国各省级古籍保护中心和相关古籍收藏单位支持下，编纂《全国古籍保护人员名录》，并统计修复机构243家、修复师965人，其中公藏机构197家、修复师766人，民间机构46家、修复师199人。

3. 大力开展古籍数字化，持续建设“中华古籍资源库”

继续开展善本缩微胶片异质保存数字化项目。完成2019年度项目结项验收，共2005种17233册122.3万拍；继续开展2020年度项目相关工作。

推进馆藏普通古籍、日本永青文库捐赠汉籍、民族文字古籍的数字化工作。完成2015年度、2016年度馆藏普通古籍项目结项验收，共3558种14438册102.5万拍；完成2018年度普通古

籍加工和质检项目，共1295种7822册594059拍。完成日本永青文库捐赠汉籍数字化项目结项验收，共36种4303册37.5万拍；启动丛书数据加工项目，制订技术方案，开展子目拆分数据处理工作。继续推进国家珍贵古籍数字化项目、馆藏民族文字古籍数字化项目的质检和加工等工作。

整合馆外古籍数字资源。完成云南省图书馆古籍数字资源质检和加工项目（128种65399拍）；完成天津图书馆古籍数字资源（810种7033239拍）数据接收和初审，并启动数据加工质检。召开“国家图书馆2018—2020年度古籍再生性保护项目”协调推进会，督促推进项目进展；与上海科技文献出版社签订补充协议，并收回项目资金。

推动古籍数字资源发布共享工作。召开古籍数字资源联合发布座谈会，联合天津图书馆、南京图书馆等9家单位共同发布新增古籍资源1700余部/件。配合信息技术部做好“中华古籍资源库”服务提升和改进工作，优化发布页面，完善发布数据，10万部/件古籍资源实现读者免登录访问，有效提升古籍资源浏览速度和服务质量；召开“中华古籍资源库”建设成果及相关古籍保护工作新闻媒体通气会，做好古籍保护和“中华古籍资源库”宣传工作。提交日本永青文库捐赠汉籍数据库发布方案，协助数字资源部和信息技术部完成数据加工验收和提交发布等工作。

按照文化和旅游部要求，撰写并提交古籍数字化项目和经费预算方案，报送国家文物局申请经费支持；按照中宣部要求，撰写并报送《国家古籍数字化版本资源库建设项目计划书》《古籍数字化标准规范项目综述报告》，申请新增古籍数字化经费。按照文化和旅游部要求，配合完成2021年度国家古籍数字化工程专项经费资助项目申报和材料整理，共接收和提交各单位申报项目104个，其中国家图书馆和北京大学联合申报的“《国家珍贵古籍名录》知识库建设”项目入选并获得经费资助。

继续推进新中国古籍影印及数字化书目数据库项目，完成数据收集整理；指导全国相关单位开展古籍数字化工作，解答读者关于“中华古籍资源库”使用等方面的问题咨询。推进阿里巴巴“汉典重光”项目的相关合作工作。

4. 开展古籍影印出版与古籍保护研究工作

推进《国学基本典籍丛刊》编纂出版。2021年出版3种8册、典藏版1种3册，已累计出版90种606册及典藏版1种3册。

继续开展“《国家珍贵古籍名录》中古籍题跋整理与研究”项目，第一期即将付梓刊印。

继续开展《书志》编辑出版工作，梳理相关标准和工作流程，完成第二辑出版和第三辑二校及第四辑组稿、初审等工作。

推进《书目题跋丛刊》编撰组织及出版工作，全年共出版4部。

与天津师范大学古籍保护研究院合作，编撰出版《古籍保护研究》集刊2辑；完成前三辑作者收入中国知网授权工作；做好稿件审查和综述稿件的组稿工作。

组织开展《中华传统典籍保存保护战略研究报告》修订工作。

5. 继续开展海外中华古籍调查、古籍数字化与出版回归工作

继续推进“日本藏中国古籍总目”“韩国藏中国古籍总目”编撰出版项目，完成“日本藏中国古籍总目”编撰出版项目延期合同审批和签订工作。

继续开展海外藏《永乐大典》等珍贵文献数字化出版和《海外中华古籍珍本丛刊》《海外中华古籍书目书志丛刊》项目，出版《英国国家图书馆藏中文古籍目录》（全二册）等，推进《法藏中国拓片目录》编纂出版项目。

继续推进“海外中华古籍书目数据库建设项目”，全年加工数据12万条。

按照国际图联保存保护中心相关要求，整理并报送古籍保护工作相关材料。

6. 继续推进民族文字古籍保护工作

贯彻落实中央领导批示精神及文化和旅游部等部委文件要求，继续推进和指导少数民族地区开展古籍普查、修复、数字化工作，完成相关情况的报送工作。

与北京苹果慈善基金会合作开展藏文古籍保护工作，完成云南迪庆纳格拉洞藏经数字化和装具的配置工作。

7. 推进古籍保护相关标准规范建设

开展国家珍贵古籍和“全国古籍重点保护单位”相关管理办法的修订工作。按照国家文物局要求，完成《古籍类文物定级细则》起草编制和报送，为推进全国开展古籍定级工作提供工作规范依据。

8. 加强对国家级古籍修复中心的管理，推进古籍原生性保护，提高古籍保护科学化水平

按照文化和旅游部公共服务司要求，完成第一批国家级古籍修复中心核查、第二批申报评审及全国古籍重点保护单位复核评定等相关方案、材料的撰写和上报，配合做好通知转发、材料收集和整理汇总等工作。

完成“天禄琳琅”专项修复项目结项验收，累计修复古籍300册。利用中国文物保护基金会字节跳动古籍保护专项基金，在国家级古籍修复中心开展修复工作，协调完成10家、100余件古籍修复项目的立项工作。

加强古籍原生性保护，完成国家图书馆舆图装具及书柜制作工作。

提升古籍保护科学化水平，继续支持古籍保护科技文化和旅游部重点实验室建设，完成2021年度相关设备和耗材的配置。协助三明学院召开新入藏古籍木雕书版保护论证会。

9. 大力开展古籍保护宣传推广工作，弘扬中华优秀典籍文化

举办各类古籍展览。在重庆图书馆、苏州图书馆、浙江大学图书馆、南京大学图书馆举办“册府千华”系列展览4场；支持国家典籍博物馆举办“《天工开物》专题陈列展”；拓展展览形式，配合馆内举办的“珠还合浦　历劫重光——《永乐大典》的回归和再造”展览，在全国363家图书馆举办巡展，共举办线上展342场、线下展148场。

借助社会力量开展古籍保护宣传工作。与中国文物保护基金会、北京字节跳动科技有限公司建立战略合作关系，签署《古籍保护与利用公益项目合作备忘录》，利用中国文物保护基金会字节跳动古籍保护专项基金，通过开展古籍修复、人才培养以及宣传推广工作，配合制作《穿越时空的古籍》纪录片（9集），发起“寻找古籍守护人”话题，播放16亿次，极大提高了社会公众对古籍保护和优秀典籍文化的关注度。

号召全国开展“察古知今，诗书继世——2021年中华传统晒书活动”。各地以线上线下多种形式开展晒书活动，通过抖音平台发起有关“全民晒书”话题，播放4亿次。

加大中华优秀传统文化的阐发力度，编纂出版《抗战时期典籍文献抢救保护研讨会文集》《中华传统文化典籍保护传承大展图录》，推进《册府千华——四川省图书馆藏国家珍贵古籍暨四川省古籍保护十周年成果展图录》等系列编纂工作。

推动开展“中华经典传习项目”试点工作。为浙江大学马一浮书院授牌“中华经典传习所”；接受山西省图书馆、苏州图书馆、绍兴图书馆、孔子博物馆等设立“中华经典传习所”的申请，并指导相关工作的开展。

推进《工匠筑梦》拍摄工作。完成23位修复导师口述拍摄工作，联合相关部门开展验收工作，策划产品挖掘利用项目。

依托传统和新媒体平台，建立古籍保护宣传阵地。与《藏书报》合作刊发《古籍保护专刊》25期共100版，与《图书馆报》合作刊发《文献保护专刊》100版；“国家古籍保护中心”微信公众号累计刊发图文消息近1000条，关注人数近30000人。古籍保护成果库暨宣传平台基本完成并导入数据3000余条。制作完成2020年《国家古籍保护中心媒体报道汇编》和《古籍修复技艺竞赛媒体报道汇编》。

二、革命文献与民国时期文献保护计划

2021年是“十四五”开局之年，也是中国共产党成立100周年，民国时期文献保护工作坚持以习近平新时代中国特色社会主义思想和习近平总书记给国图老专家回信精神为指导，全面贯彻党的十九大和十九届历次全会精神，较好完成全年各项工作任务。

（一）做好“十四五”统筹规划

根据《“十四五”文化和旅游发展规划》和《国家图书馆“十四五”发展规划》，结合革命文献与民国时期文献保护计划“十三五”期间的实施进展情况，广泛征求各有关单位和部门意见，总结经验，创新思路，努力克服经费缩减影响，编制《革命文献与民国时期文献保护计划“十四五”时期规划纲要》和《2021年革命文献与民国时期文献保护工作方案》，明确重点任务，稳妥规划项目实施。

（二）稳步推进文献普查工作

继续加强与国内各级各类民国时期文献收藏机构的沟通联系，不断拓展普查范围。与郑州图书馆、赣州市图书馆、玉林市图书馆、清华大学、中国海洋大学等5家单位签署文献普查合作协议，完成书目数据评估、联机上载培训等工作。新增民国时期平装书普查书目数据3819条，完成河南省图书馆、黑龙江省图书馆、大理白族自治州图书馆、大庆市图书馆等4家单位民国时期平装书普查登记结项工作。持续推进民国时期连续出版物普查数据收集工作，完成广西壮族自治区桂林图书馆和重庆市北碚图书馆民国时期连续出版物样例数据评估，完成赣州市图书馆藏119条民国期刊数据整理与质检验收。根据《民国时期线装书普查数据标准（草案）》专家反馈意见及业

务讨论会结果，编制民国时期线装书普查工作手册和普查工作方案。截至 2021 年底，“革命文献与民国时期文献联合目录”系统已收录国家图书馆及 41 家民国时期文献普查成员馆的民国时期书目数据 30 余万条、馆藏数据 70 余万条、书影目次 5 万种。

（三）普查成果编纂出版

持续推进文献普查阶段性成果转化，完成《民国时期图书总目·宗教》编纂出版工作，收录来自国家图书馆、上海图书馆、重庆图书馆等 45 家收藏单位的中文图书 7176 种。

认真做好庆祝中国共产党成立 100 周年选题出版工作，加强对革命历史资源的深度挖掘与揭示，依托文献普查成果，开展《革命历史文献专题书目（1911—1949）》编纂出版工作，力争全面呈现这一时期革命历史文献的出版和存世情况。

（四）积极开展海内外文献征集工作

认真贯彻习近平总书记“加强革命文物保护利用，弘扬革命文化，传承红色基因，是全党全社会的共同责任”的指示精神，继续开展国内革命历史文献征集工作。截至 2021 年 12 月 31 日，共征集革命图书 4116 种 4125 册 656836 页，革命期刊 218 种 4287 册 161128 页，较大幅度地提升了馆藏革命历史文献数字资源体量。以强化国家图书馆国家文献战略保障职能、填补国内史料空白为目标，在新冠疫情防控常态化的背景下，积极探索开展海外民国时期文献征集工作新途径，拓宽征集范围，启动对英国国家档案馆、新加坡国家档案馆藏日本战争罪行、抗日战争史料等重要文献的调研与征集，不断丰富和完善馆藏资源建设体系。

（五）稳步推进文献整理工作

以习近平新时代中国特色社会主义思想为指导，坚持正确的政治方向、价值取向和学术导向，全力做好文献整理项目的选题论证和遴选工作，重点调研革命历史文献、马克思主义早期传播史料、民国时期教育文献、河流文献、卫生防疫文献、经济调查文献、海关文献、日本对华调查文献等专题文献的存藏与整理情况，不断提升革命文献与民国时期文献整理项目的申报质量。

2021 年，在全国范围内开展的革命文献与民国时期文献整理项目申报工作共收到项目申报 22 项，涉及收藏单位 21 家。经专家评审会评审，确定 2021 年度立项 14 项。积极协助各单位解决所有已立项项目实施过程中出现的问题，全年完成结项 25 项，出版图书 1192 册，内容涉及民国时期政治、国学、大学教育、女性教育、抗日战争、近代日本对华调查等，其中，抗日空战烈士丁寿康家书、二战时期西南太平洋战区日本战俘讯问档案等出版成果填补了国内史料空白，对推进相关领域研究具有重要价值。

紧密配合庆祝中国共产党成立 100 周年活动，策划建党 100 周年主题文献整理，成功立项《中国共产党党报党刊史料丛编（1920—1949）》《山东革命根据地红色报纸汇编》《晋绥日报》《孔宪质日记》等弘扬光荣传统、赓续红色血脉的红色文献整理项目。

（六）文献数字化与专题资源库建设

继续开展民国时期图书缩微胶片数字化项目，完成2020—2021年度民国图书缩微胶卷数字化加工1054种1185册242338拍，存储量达27.6GB。依托文献征集和整理成果，按主题、分步骤对有价值的专题文献进行深度挖掘与揭示，不断丰富和完善国家图书馆特色专题数据库建设。建成“革命历史文献资源库”，在建党100周年当天正式发布，面向党政军机关及学术机构提供服务。一期发布革命图书6255种、革命期刊170种、革命报纸14种，共计107万页，为“学史明理、学史增信、学史崇德、学史力行”提供史实本源。该资源库发布后，得到中央党史文献研究院、中国社会科学院近代史研究所、军事科学院军事科学信息研究中心等机构的高度认可，较好发挥了国家图书馆“滋养民族心灵、培育文化自信”的主阵地作用。

（七）开展文献原生性保护工作

完成馆藏民国时期图书实验性建档工作，形成馆藏民国时期图书建档数据10万条，在民国时期图书系统号、索取号、条码号、书目信息项的基础上，新增破损类型、破损程度、装帧形式、装具、书心材质、钤印数量、钤印描述、保存状况、文献流转等信息，为建立馆藏民国时期文献总台账及实现后续文献精细化管理和精准保护打好基础。起草《民国时期图书分级保护工作方案（建议稿）》，按照文献的稀见性、内容、形态特征三项指标，制定文献分级标准，并结合破损情况提出保护建议，为开展文献分级保护及装订等工作做好前期准备。完成5.6万册馆藏民国时期图书酸化程度测试工作，统计分析成书时间、纸张类型、装帧形式因素对文献pH值的影响，起草《图书酸化分级标准》。

（八）做好宣传推广及人才培养

完成“革命文献与民国时期文献保护网”改版和相关数据迁移工作，以更好地满足读者服务需求。加强专业人才培养，推进相关工作深入开展。7月27—30日，在江西赣州举办2021年“革命文献与民国时期文献保护计划”专题培训班——赣州站活动，培训来自全国各文献收藏机构主管领导和业务骨干110余人。针对部分基层图书馆对于特殊业务的学习需求，组织专家对赣州市图书馆、大余县图书馆、宁都县图书馆、兴国县图书馆的馆员进行实地指导和上机培训。

（九）推进国家社科基金抗日战争研究专项工程项目

稳步推进国家社科基金抗日战争研究专项工程“日本战犯审判文献征集、整理与数据库建设”项目工作的开展，根据项目要求向“抗日战争与近代中日关系文献数据平台”提交对象数据189536条。

（十）加强与学界交流合作

积极拓展线上线下服务阵地，推动跨界交流合作，增强行业影响力。与中国社会科学院近代史研究所签署战略合作协议，就共同推进民国时期文献和档案资料的整理、保护、研究和开发利用达成合作意向。赴中共中央党校（国家行政学院）开展图书和文化调研，就红色文献与民国时期文献保护利用等内容进行深入交流，为进一步密切与相关机构的合作，实现学研互助、资源共享打下良好基础。

（十一）做好国际图联保存保护中国中心工作

以国际图联保存保护中国中心办公室名义与国际图联保存保护中心保持线上沟通，提交《国际图联保存保护中国中心 2020 年度工作报告》；筹备并参加国际图联保存保护中心（中、日、韩）首次线上会议，撰写中国中心主旨报告并完成日韩中心主旨报告的翻译工作。

三、全国智慧图书馆体系建设项目

（一）全国智慧图书馆体系建设的统筹管理

2021 年，国家图书馆启动智慧图书馆体系建设，组织智慧图书馆相关业务及技术交流，开展智慧图书馆体系深化设计前期调研工作和智慧图书馆理论研究，承办全国智慧图书馆建设联席会议第一次会议。研究制定关于智慧图书馆建设的工作机制并提出阶段性工作建议。筹建全国智慧图书馆体系建设专家库。研究智慧图书馆建设工作需解决的焦点和难点问题。研究制定《全国智慧图书馆体系建设方案》和《国家图书馆智慧图书馆建设工作方案》。开展智慧图书馆建设概要设计工作，推进国家图书馆智慧图书馆建设概要设计咨询服务相关工作，启动国家图书馆智慧图书馆建设概要设计工作，完成需求撰写。制定《2021 年全国智慧图书馆体系建设中央转移支付经费分配方案》，围绕各省资源建设验收情况、数字图书馆平台服务情况、服务人次、网页访问量等指标建立因素指标体系，按照因素分配法测算全国各省中央转移支付地方的年度经费，完成经费的编报和分配工作。根据 2021 年预算拨付情况，国家图书馆研究制定《2021 年图书馆知识服务能力提升经费分配方案》，组织开展 20 余项子项目建设工作，项目涉及理论研究、标准规范、数字资源知识化加工、应用系统升级改造、软硬件平台建设、宣传推广与人才培养等方面。

（二）智慧图书馆体系资源建设

2021 年，国家图书馆在资源建设方面具体开展如下工作：

1. 数字资源知识化建设研究与试点

全年持续开展数字资源知识化加工试点项目建设，以国图公开课、民国时期地方文献、政府公开信息、战“疫”资源、党的十八大以来党建文献等为切入点，启动中国战“疫”记忆库知识组织、国图公开课知识提升、民国文献知识化加工、政府信息知识服务、党建资源特色专题库等项目，对纸本文献、音视频资源、网络信息资源、商购数据库等多种类型、多种来源的文献资源开展细粒度著录、关联数据、知识图谱建设等相关研究。

2. 政府信息知识服务项目建设

对政府公报类数据进行精细化加工，利用大数据、智能分析等技术实现资源内容挖掘、构建关联关系，进一步提升政府信息服务智能化、智慧化转型发展。年内主要开展政府公报缺藏内容的采集与分析工作。

3. 党建专题库资源建设

开展“百年历史 伟大征程——十八大以来党建资源特色专题库”建设工作，深度挖掘知识对象内容，以作品为核心建立资源集合，基于对知识实体的标引构建立体多维的关联关系，并提供可视化展示和基于知识图谱的知识推荐，同时基于FRBR概念模型构建以党建经典作品为核心的书目模型，实现作品全貌的结构化展示，进一步推动党建资源整合，丰富公共数字文化工程党建内容，方便读者访问利用。

4. 国图公开课领域知识体系建设

开展国图公开课知识提升项目建设，通过自然语言处理、算法等技术手段，结合专家辅助与审核，对现有国图公开课资源进行细粒度标引及知识素材析出，实现基于视频资源内容的知识关联和知识表达，提供可视化的知识图谱，通过影音视听资源知识服务平台为读者提供数据服务。年内完成项目需求细化、业务数据流转、原型设计以及样例数据处理等工作。

5. 中国战“疫”记忆库资源建设

构建中国战“疫”记忆库领域本体，利用语义网技术建设25124个实体，发现并揭示8.7万余条多维关系，构建约43万条三元组，建设完成中国战“疫”记忆库关联数据集。通过人物实体与国家图书馆名称规范记录进行关联，实现中国战“疫”记忆库资源与国家图书馆馆藏资源的链接。

6. 民国文献知识化加工项目第一期工作

年内遴选300余种民国时期出版的地方文献数字化资源，按照《智慧图书馆知识资源数据建设指南》整体框架要求，借助自然语言处理技术（NLP），开展基于文献篇章的细颗粒度标引，同时进行人物、组织机构、事件、地名、物产等主题的知识内容抽取，形成细颗粒度的知识化数据，搭建多维度数据展示平台揭示项目建设成果。通过项目数据建设，充分发掘民国文献资源的知识价值，并为进一步开展智慧图书馆知识资源建设提供实践基础。

（三）智慧图书馆基础支撑平台与服务系统建设

2021年，国家图书馆立项智慧图书馆基础支撑平台与服务项目10项，涵盖硬件采购、应用软件开发等，主要包括如下几项：

1. 全网知识内容集中仓储系统一期建设

按照全国智慧图书馆体系“1+3+N”的建设方案，2021年开展三大基础支撑平台之一的全网知识内容集中仓储系统一期建设，通过区块链和数字资产化技术实现全国各级公共图书馆知识资源的集中保存管理，并连通国家图书馆与各省馆间的传输通道，实现知识资源的专线传输。年内成立工作小组，开展数字资源管理、区块链、数字资源资产化、数据智能鉴别溯源、网络传输等相关技术调研，系统梳理项目需求，并与业务专家、技术人员多次深入研讨，明确项目建设内容并制定系统建设需求书。组织召开全网知识内容集中仓储系统建设线上专家论证会，邀请公共图书馆领域专家对项目建设方案进行论证完善。在前期各项工作的基础上，于12月完成项目招标工作，并向参与全网知识内容集中仓储系统省级节点建设的各省级图书馆提供主要技术参考指标，指导江西、四川等 8 家省级图书馆联合开展系统平台和数据传输网络建设工作。

2. 国家图书馆私有云平台建设

云基础设施建设是智慧图书馆“1+3+N”模式中起到基础支撑作用的“1”，将为智慧图书馆的系统建设和服务提升提供可靠的计算、存储、网络等基础运行环境支撑。2021 年，国家图书馆着手启动私有云平台建设项目，结合智慧图书馆建设需求开展云平台调研和部分设备采购工作，采购一批服务器设备和一套容量 170TB 的高端存储设备，用于满足部分智慧图书馆系统应用和私有云平台建设需要。

3. 国家图书馆影音视听资源知识服务平台建设

2021 年启动研发和建设国家图书馆影音视听资源知识服务平台，成立工作小组，对馆藏影音视听资源进行梳理，围绕影音视听智慧化服务要求，制定技术需求书，明确平台架构、业务流程和系统功能，在前期各项准备工作的基础上，完成该项目的商务招标流程，并推动系统研发，完成平台架构的搭建，初步完成 Web 和移动端界面设计。该项目在智慧图书馆建设框架下，全面创新资源生产、加工、组织与应用的理念及模式，升级音视频资源管理机制，加强资源关联和内容挖掘，进行知识组织分析，针对个性化需求开展多样化知识服务。

4. 政府公开信息整合服务平台升级改造

中国政府公开信息整合服务联盟平台于 2011 年建成上线，并于 2013 年依托该平台在全国各地开展政府信息资源的联合建设（后改称“政府公开信息整合服务平台”）。为进一步提升平台服务效能，提高系统稳定性和数据处理能力，2021 年启动平台升级改造工作，通过定制开发专有软件平台，在保留原有功能的基础上，优化平台操作流程，提升用户使用体验，提高系统安全性。年内已完成平台架构的整体搭建、后台主要功能模块的开发及前端页面设计。

5. 统一用户管理系统优化升级项目

为向读者提供更好的用户认证与用户信息管理等服务，启动统一用户管理系统升级工作。通过软件功能升级，重点解决用户反映较多的浏览器兼容性问题以及账号无注销绑定功能等需求，完善系统管理端的统计分析功能。同时，为加强系统安全管理，保证系统安全稳定运行，按照三级等保建设需要，增配网络安全设备、负载均衡设备等硬件，增加双因子认证功能，提升用户信息安全的管控。2021 年 11 月底完成浏览器兼容性功能的上线。

6. 国家图书馆审读平台建设

开展国家图书馆审读平台建设，实现对馆藏文献资源在意识形态、敏感词、内容安全等方面可进行智能分析和审核的功能，以辅助人工提高文献资源筛查的及时性、准确性和持续性，提升文献信息内容的安全化管理水平。截至 2021 年底，完成审读平台的本地化部署和定制开发工作，建设完成国家图书馆专属敏感词库和黑名单库，可根据中外文文献数据的特征细化筛查功能和业务流程。

（四）智慧图书馆理论研究与标准体系研究

2021 年，国家图书馆积极推进智慧图书馆标准规范体系建设研究，筹划研制能够具体指导资源建设的标准规范项目，具体进展情况如下：

1. 指导各地图书馆开展智慧图书馆知识资源数据建设

成立智慧图书馆知识资源细颗粒度建设项目组，进行比较详细的前期需求调研和项目规划，编制完成《智慧图书馆知识资源数据建设指南》(以下简称《指南》)，并召开知识资源细颗粒度建设专家研讨会，组织业界专家进行论证，对《指南》进行进一步修改和完善。《指南》依据《全国智慧图书馆体系建设方案》有关思路，结合当前各地图书馆数据资源建设工作实际而制定，明确智慧图书馆知识资源数据的建设内容与成果形式，提出文献数字资源和音视频资源的精细化标引方法、知识组织与专题服务项目的建设流程以及新型数字资源建设的目标、方向与原则，并对文件存储结果和命名规则进行基本规范。面向全国各级公共图书馆提供《指南》，并做好对其内容的解释、解答工作，支持和指导各地图书馆立足各自资源优势和地方文化特色，不断丰富智慧图书馆的资源内容。

2. 智慧图书馆理论研究与标准体系研究

联合全国图书馆界专家团队，围绕智慧图书馆建设的重、难点问题开展调研。围绕智慧图书馆建设、管理和服务的标准化需求开展调研，研究并提出标准规范体系初步框架建议。

（五）业界培训与宣传推广

2021 年，作为项目牵头实施单位，国家图书馆广泛开展行业合作与共建共享，围绕打通服务途径、深化资源共享、拓展平台互联、提升人员专业技术水平等目标要求，部署开展业界培训及宣传推广工作。

1. 智慧图书馆业务培训

围绕智慧图书馆基本理论、关键技术、平台开发、资源建设、服务推广、标准规范应用等主题，全年策划开展智慧图书馆主题培训 3 场，培训全国公共图书馆学员 2000 余人次，累计线上观看近 2 万人次，同时面向全馆员工开展相关主题培训。协助文化和旅游部公共服务司组织公共数字文化建设专项培训班，讲解中央转移地方经费重点建设内容，解答各级公共图书馆有关全国智慧图书馆体系建设的咨询。选派骨干力量为黑龙江、海南、广西、天津等省（区、市）图书馆提供培训师资，共同推动智慧图书馆人才队伍建设。

2. 智慧图书馆建设成果宣传推广

国家图书馆通过“春雨工程 · 网络书香”数字阅读推广活动和“公共数字文化服务小分队下基层”活动，积极对智慧图书馆建设成果进行宣传推广，内容包括扫码阅读、展览展示、VR 体验、专家讲座等。

四、《中华传统文化百部经典》编纂项目

2021 年，在中宣部、文化和旅游部的支持指导下，《中华传统文化百部经典》编纂项目在按要求进行疫情防控的同时，以总结工作经验、保障编纂质量、推进 2021 年编纂出版任务、加强宣传推广为主线，紧密团结各方力量，共克时艰，稳步推进编纂工作全面开展。

（一）主要工作进展

全年共召开各类型会议 5 次，其中：编纂委员会会议 3 次，包括通信会议 2 次、线下会议 1 次；项目出版单位工作交流会议 2 次。共编报工作简报 8 期、会议纪要 5 期。全年在压茬推进完成前期已开展书稿编纂工作的基础上，推进 8 种疑难书目解读工作进展；新联络并达成合作意向的审订专家 40 人；收到样稿 6 种、初稿 10 种；发审书稿 15 种；编纂出版图书 10 种，保质保量完成阶段编纂出版任务，向中国共产党成立 100 周年献礼。截至 2021 年底，《中华传统文化百部经典》编纂项目累计编纂出版图书六批共计 50 种，达到项目规划编纂出版数量之半。

项目编纂成果得到社会各界认可。3 月，全国古籍整理出版规划领导小组办公室公布首批向全国推荐的 40 种经典古籍及 179 个优秀整理版本，《中华传统文化百部经典》中《周易》《尚书》《论语》《孟子》《史记》《墨子》《孙子兵法》《荀子》《韩非子》《楚辞》等 10 种图书入选。6 月，国家新闻出版署公布第五届中国出版政府奖获奖名单，《中华传统文化百部经典》（第一至五批）（40 册）荣获第五届中国出版政府奖图书奖。

（二）《中华传统文化百部经典》第六批图书（10 种）编纂出版

6 月，《中华传统文化百部经典》第六批图书编纂出版，涉及文学、哲学、宗教、科技等学科领域，时间跨越从先秦到清代，包括《孝经》《淮南子》《太平经》《曹操集》《世说新语》《欧阳修集》《梦溪笔谈》《牡丹亭》《日知录》和《儒林外史》等 10 种。

（三）重要工作会议

1.《中华传统文化百部经典》编纂委员会第三十次会议

4 月 13 日，《中华传统文化百部经典》编纂委员会第三十次会议以通信方式召开。会议主要议题是研讨别集类典籍编纂等工作。《中华传统文化百部经典》编纂委员会主任委员、中央文史研究馆馆长袁行霈和部分编委在编纂工作办公室前期调研的基础上，对《元好问集》《王维集》《陆游集》等 3 部书稿解读工作涉及的底本选择、结构编排、选目等问题进行讨论并形成建议反馈给解读人，推进编纂工作顺利开展。

2.《中华传统文化百部经典》编纂委员会第三十一次会议

6 月 22 日，《中华传统文化百部经典》编纂委员会第三十一次会议在国家图书馆召开。《中华传统文化百部经典》编纂委员会主任委员、中央文史研究馆馆长袁行霈，副主任委员、文化和旅游部副部长饶权，副主任委员、国家图书馆理事会理事长韩永进及部分编委参加会议。

会上，《中华传统文化百部经典》编纂工作办公室向编纂委员会汇报第一至五批（40 册）荣获第五届中国出版政府奖情况并介绍 2021 年 6 月计划编纂出版的 10 种图书进展。与会编委重点讨论国家图书馆关于《法言》原解读人、云南省社会科学院研究员韩敬遗稿处理的建议。编委、中国人民大学教授梁涛表示，愿意接续韩敬未竟工作，完成《法言》书稿的解读。与会编委高度赞扬梁涛知难而上、勇于担当的精神。经充分讨论，决定按照《中华传统文化百部经典》稿费标准，支付韩敬已完成部分的稿费。韩敬《法言》遗稿的导读全文、卷一、卷二、卷三、卷四全部，及卷五部分内容共约13万字，予以保留。梁涛依据韩敬《法言注》（中华书局版）和《法言》（中华书局全本全注全译丛书版）的相关内容，按照《中华传统文化百部经典》编纂体例，完成《法言》的续写和统稿，并在后续审订环节承担修订工作。由韩敬和梁涛合作解读的《法言》，待审订合格后，纳入《中华传统文化百部经典》系列出版。

会议另外讨论确定《文献通考》解读人，以及《通典》《徐霞客游记》《窦娥冤／望江亭》和《赵氏孤儿》等4部书稿审订专家人选。

3.《中华传统文化百部经典》编纂委员会第三十二次会议

11月18日，《中华传统文化百部经典》编纂委员会第三十二次会议以通信方式召开。编纂委员会审阅《中华传统文化百部经典》编纂工作办公室关于第六批图书编纂出版情况和2022年6月计划编纂出版图书情况的汇报，讨论部分书目解读人选和部分书稿审订专家人选。编纂委员会主任委员、中央文史研究馆馆长袁行霈和部分编委在编纂工作办公室前期人选调研的基础上，讨论并确定《天工开物》和《孙中山集》2部书稿解读人选，以及《三国演义》1部书稿审订专家人选。

（四）重点宣传推广活动

2021年，《中华传统文化百部经典》编纂项目克服新冠疫情影响，不断拓展思路，逐步形成特色品牌与新宣传形式相结合的宣传推广模式。项目社会影响力不断扩大，项目成果进一步深入人心。

1.激活经典　熔古铸今——《中华传统文化百部经典》编纂出版成果展暨专家系列讲座

为让传统文化的“优秀基因”活起来，使《中华传统文化百部经典》编纂项目成果深入人心，2021年，《中华传统文化百部经典》编纂项目围绕先期出版成果，在全国公共图书馆和高校图书馆举办“激活经典　熔古铸今——《中华传统文化百部经典》编纂出版成果展暨专家系列讲座”。全年先后在首都图书馆、山东省图书馆、青岛市图书馆、深圳图书馆和南京大学图书馆举办5场活动。

2.《中华传统文化百部经典》编纂项目亮相第十七届中国（深圳）国际文化产业博览交易会

9月23日，第十七届中国（深圳）国际文化产业博览交易会（以下简称“文博会”）在深圳国际会展中心开幕，《中华传统文化百部经典》编纂项目亮相文博会。《中华传统文化百部经典》展位位于深圳国际会展中心（宝安新馆）14号展馆B07区域。展位空间由《中华传统文化百部经典》主题展区、国家图书馆出版社经典图书展区、国图文创专柜、阅读角和传统拓印活动区等组成。展位入口处以传统“月窗”形式展现《中华传统文化百部经典》核心标识，两侧分别是《中华传统文化百部经典》编纂项目介绍、编纂委员会及已编纂出版图书介绍。展位后方是仿真影印版《永乐大典》《中华再造善本》《古本戏曲丛刊》等国家图书馆出版社的部分出版成果，两侧安装触屏供参展观众了解经典图书更多内容信息。国图文创专柜推出《永乐大典》盲盒、《国图日历2022》、《食物本草图谱》等系列文创产品。与文创专柜相对应的区域设置传统拓印活动区，开展传拓体验活动。

参展观众对经典书籍、文创产品以及传统拓印、触屏互动等活动表现出浓厚兴趣。通过参加此届文博会，《中华传统文化百部经典》编纂项目的社会影响力和品牌效应得到进一步提升。

3. 国图公开课“千年回望王安石——纪念王安石诞辰1000周年”《百部经典》阅读推广特别活动

12月18日，在王安石诞辰1000周年之际，国图公开课“千年回望王安石——纪念王安石诞辰1000周年”《百部经典》阅读推广特别活动在北京紫竹院公园友贤山馆和江西抚州王安石纪念馆举行。国家图书馆馆长熊远明出席活动并致辞。

活动以演讲、访谈、实地导览和艺术演绎相结合的方式，带领读者了解这位北宋时期杰出人物波澜壮阔的一生。其中，特别邀请北京大学人文社会科学研究院院长、宋史权威专家、教授、《中华传统文化百部经典·王安石集》审订人邓小南做主题演讲《千年王安石》。华东师范大学古籍研究所教授、《中华传统文化百部经典·王安石集》解读人刘成国与主持人对谈《王安石集》的编撰过程与作品解读。国家图书馆研究馆员林世田做主题演讲“日传万纸——宋代雕版印刷术的普及与王安石著作的流传”。北京人民艺术剧院一级演员孙星，中国艺术研究院副研究员、国家级非物质文化遗产代表性传承人林晨带来诗词音乐朗诵，从作品的内容探访王安石的内心世界。

此次国图公开课活动首次尝试两地同步直播，在王安石故里——江西抚州王安石纪念馆设置第二现场。王安石纪念馆副馆长饶媛兰为读者介绍王安石故乡抚州的历史文化、王安石纪念馆的馆陈和新近推出面向青少年的普及读物《王安石诗词彩图本》。此次活动在中新网、央视新闻、光明网、抖音、光明日报客户端、今日头条、抚州微视、搜狐新闻、文旅部官网等9家平台全程直播，直播收看达803万次，收到良好效果。

4. 群星闪耀·经典同行——M地铁·图书馆《中华传统文化百部经典》推广活动

12月20日，在王安石诞辰1000周年之际，《中华传统文化百部经典》携手“M地铁·图书馆”推出“群星闪耀·经典同行——M地铁·图书馆《中华传统文化百部经典》推广活动”。活动精选《中华传统文化百部经典》中《王安石集》《尚书》《论语》等10种图书，向读者提供限时两个月的免费扫码阅读。活动在京港地铁运营的4号线、大兴线、14号线、16号线等线路车站内投放91块主题灯箱，并在地铁北京大学东门站和平安里站设置专题展览。

据统计，此次活动线上专题阅读量近7000次。活动还通过国家图书馆官方微信、微博与网友进行线上互动，发布微信推文1篇，阅读量4629次，互动评论16条；发布微博推文11篇，总阅读量45.8万次，转发507次，互动评论212条。此外，活动以“我眼中最闪亮的星”为主题，邀请读者在微信、微博中留言推荐心中的优秀经典著作并分享阅读心得，最终抽取18位网友获得“五福临门”福字套装互动奖品。

5.《中华传统文化百部经典》专题阅读推广人培训

12月6—17日，《中华传统文化百部经典》编纂项目与中国图书馆学会联合在线举办主题为“中华传统文化典籍阅读推广”的“阅读推广人”培育行动（第十八期）专题培训，来自全国各级各类图书馆的330余名“阅读推广人”参加培训并顺利结业。

此次“阅读推广人”培育行动将阅读推广工作方法与传统文化典籍解读结合起来，邀请阅读推广领域专家和多名《中华传统文化百部经典》解读人担任授课专家，围绕相关文化典籍进行深度解读。此次培训既提升了“阅读推广人”的业务素质和服务水平，又能深化其对传统文化的理解，对推动传统文化典籍深入大众，进一步推广经典阅读起到了积极作用。为进一步提升《中华传统文化百部经典》在边疆地区的宣传推广成效，此次培训还专门为新疆维吾尔自治区和西藏自治区提供较多培训名额。

五、《鲁迅手稿全集》编辑出版项目

为全面系统地整理鲁迅手稿，实现对鲁迅手稿更好地保存、保护和利用，在中宣部的指导和支持下，原文化部会同国家文物局，于 2017 年 6 月启动《鲁迅手稿全集》编辑出版项目。项目由国家图书馆牵头，联合北京鲁迅博物馆、上海鲁迅纪念馆、绍兴鲁迅纪念馆、广州鲁迅纪念馆等鲁迅手稿主要收藏机构共同实施。2021 年，在各参与单位和来自全国各地百余位专家学者的共同努力下，总计 78 册、3.2 万余页的《鲁迅手稿全集》完成印刷出版。

（一）项目工作机制

《鲁迅手稿全集》编辑出版涉及工作面广，专业性强，任务重时间紧，为保障各项工作顺利推进，项目建立了较为完善的组织领导、决策咨询和质量管理机制。

1. 科学、民主的管理决策机制

由文化和旅游部党组组建并直接领导《鲁迅手稿全集》编辑委员会，主要负责审议编辑出版工作中的重大事项，审定项目总体方案，指导各参与单位开展工作，进行书稿终审，把关工作进度和工作质量等。编委会主任由文化和旅游部部长、党组书记担任，副主任由文化和旅游部、国家文物局领导担任，委员由中宣部文艺局及有关部委、鲁迅手稿主要存藏单位负责人组成。编委会办公室设在国家图书馆，由来自国家文物局、文化和旅游部有关司局、国家图书馆及鲁迅手稿主要收藏机构的同志组成，在编委会领导下，负责全书编辑出版的具体工作。专家委员会由编委会聘任，成员主要由项目参与单位、高校、社科院等研究机构中的鲁迅研究专家组成，主要负责确定《鲁迅手稿全集》内容收录范围、编辑体例、成书规模、出版形式等事项，为编纂过程中遇到的问题提供专业意见，并参与书稿审读等工作。针对专家委员会审议过程中出现的不同意见相持、久议不决的情况，为有效推进工作，2020 年 5 月，在专家委员会下又设立决策组，由专家委员会主任、副主任和 5 位委员组成。决策组的主要任务，是在广泛征求专家意见的基础上，对《鲁迅手稿全集》编辑出版过程中涉及的诸多专业性、技术性问题，在专家咨询层面及时进行意见归集和决断，以便能够有效形成提交编委会审议的专家委员会咨询意见。

2. 严格、高效的编审工作机制

为确保成书质量，切实落实编委会关于“将《鲁迅手稿全集》打造成‘全、精、真、新’的时代精品力作”的要求，《鲁迅手稿全集》制定严格的编审工作制度。每编分别邀请相关专业领域 2—4 位权威专家作为审校专家，对该编书稿进行独立评审，从学术性、全面性、规范性等方面给出详细的审稿意见及修改建议，再返回各编编纂人员进行修改。修改后，经分编审校专家一致认可后，方可进入审校环节。审校环节采用较一般书籍出版更为严格的五审五校制度，前四轮审校由国家图书馆出版社负责，其中，责任编辑负责初审，编辑室主任负责二审，审读室负责三审，总编或社长负责四审，第五轮审校由文物出版社负责。五审五校完成后，专家委员会又专门委托专家委员会副主任、北京鲁迅博物馆常务副馆长黄乔生，专家委员会委员、上海交通大学中国作家手稿研究中心主任王锡荣，对各分编书稿逐页进行复审，指导各分编审校专家对书稿做进一步校订。5 月 27—28 日，专家委员会在国家图书馆组织召开全体会议，用两天时间，对书稿作最后一次集体审稿，专家委员会一致通过书稿审查，并建议提交编委会。

（二）年度重要工作会议

2021 年，共组织召开《鲁迅手稿全集》专家委员会会议、专家委员会决策组会议、编辑委员会会议及新书首发式各 1 次，定期组织召开《鲁迅手稿全集》编辑出版工作会议 4 次，编发简报 3 期。

1. 专家委员会会议

5 月 27—28 日，《鲁迅手稿全集》编辑出版项目专家委员会会议在国家图书馆召开。会议由文化和旅游部副部长、国家图书馆馆长、《鲁迅手稿全集》专家委员会主任饶权主持，《鲁迅手稿全集》专家委员会委员，《鲁迅手稿全集》各编审校专家出席会议，国家图书馆古籍馆、国家图书馆出版社和文物出版社相关人员列席会议。与会专家听取《鲁迅手稿全集》编纂情况及出版准备情况汇报，分组审阅《鲁迅手稿全集》七编书稿，就相关问题进行讨论并对书稿提出意见及处理建议。在经专家委员会决策组会议和专家委员会会议对相关意见及处理建议进一步讨论基础上，大会最终由专家委员会形成审稿意见。与会委员对《鲁迅手稿全集》的书稿质量给予较高评价，一致认为，《鲁迅手稿全集》编辑出版工作扎实细致，较好实现了预期目标，书稿质量总体很高，已达到出版要求，建议抓紧后续工作，确保年内正式出版。

2. 编辑委员会会议

8 月 30 日，《鲁迅手稿全集》编辑委员会第三次会议在文化和旅游部召开。文化和旅游部部长、编委会主任胡和平，文化和旅游部副部长、编委会副主任李群、张旭、饶权出席会议并讲话。中宣部、文化和旅游部、国家文物局有关司局负责人，国家图书馆、中国国家博物馆等单位负责人，编委会、专家委员会委员及编纂人员代表参加会议。此次编委会会议听取项目实施进展情况汇报，审定通过文稿编、译稿编、书信编、日记编、辑校古籍编、辑校金石编、杂编七编样书，并就后续出版及宣传推介工作提出意见建议。

3. 新书首发式

9 月 28 日，《鲁迅手稿全集》新书首发式在国家图书馆举行（参见“特别记载”之“《鲁迅手稿全集》新书首发式举行”）。

（三）新版《鲁迅手稿全集》编辑出版的主要特点

1. 新版《鲁迅手稿全集》充分体现“全、精、真、新”的特点

一是“全”，即收录内容更全面。根据近年来国内外手稿学研究成果和理念，《鲁迅手稿全集》在手稿范围界定方面较过去有较大延伸，除鲁迅创作、辑录、翻译的作品手稿外，还将其课堂笔

记、古籍抄本、手写账册、单据以及有修改手迹的校样稿等多种类型资料纳入收录范围，力求应收尽收，同时首次对文物出版社版《鲁迅手稿全集》原拟后续编辑的“译稿编”进行编辑整理，尽可能从鲁迅研究、学习、创作及生活起居等多个维度，完整立体呈现其人文风骨。成稿共收录鲁迅手稿影像3.2万余页，较已出版的手稿增加近1.5万页，囊括迄今所能搜集并确认的全部鲁迅手稿，其中不少资料系初次面世，可称搜罗齐备，具有突破性意义。

二是“精”，即编纂方式更科学。在对海内外现存鲁迅手稿与墨迹进行全面征集、整理、影印的基础上，专家委员会和编辑委员会就《鲁迅手稿全集》各编分类、定名等核心问题进行了认真研究论证，经反复讨论并征求各方意见，将《鲁迅手稿全集》分为文稿编、译稿编、书信编、日记编、辑校古籍编、辑校金石编、杂编等七编。所收录的每一件手稿都由编校人员细致地加以鉴定、考证和审核，不仅提供每一件手稿的名称、时间、数量、尺寸、收藏者等信息，还就相关问题详加备注，力求为研究者和读者提供更为准确、专业的资料与信息。

除《凡例》外，《鲁迅手稿全集》各编又分别附编纂说明，既统一规范，又相互照应，从而使全书体例更趋完善。同时还专门组织编制各编篇目索引、书信编收信人姓名及日期索引以及与2005年人民文学出版社《鲁迅全集》的差异篇目对照索引等，方便读者查检使用。

三是“真”，即印制更呈现原貌。为更好展现鲁迅手稿原貌，《鲁迅手稿全集》力争每件手稿都采用原件高清扫描，按照原稿彩色影印，原大收录排印，不做修版描润，装订形式采用可将书页完全展开的锁线胶装，力求为读者提供最为舒适的阅读体验，使读者在阅读鲁迅作品的同时，还可欣赏其精妙的书法艺术。

四是“新”，即出版形式更新颖。在编印一部能够反映现代精装精印水平的新版《鲁迅手稿全集》的同时，还利用现代信息技术，编制一套高质量的“鲁迅手稿数据库”，以更好满足广大研究者和读者随时便捷获取、利用鲁迅手稿资料的需求。

2. 新增手稿情况

新版《鲁迅手稿全集》增至3.2万余页，收录大量新资料。较新版《鲁迅手稿全集》立项计划出版时的2万页增加1.2万页，较之前出版物1.7万余页增加近1.5万页。

前四编增加体量不大，但也有不少重要新发现和新亮点。其中：文稿编首次收录《鹭华》等手稿；译稿编首次收录《文学者的一生》等11种译稿，第一次实现鲁迅译稿的完整出版；书信编鲁迅写给胡绥之（1915年4月13日）、蔡元培（1917年5月13日）、胡适（1921年1月15日）、曹靖华（1934年11月29日）、张影（1935年1月18日）等信件，以及其他597件信封均是首次收入手稿全集；日记编没有变化。

后三编为此次《鲁迅手稿全集》编纂内容主要增加部分，实现了鲁迅手稿收集范围的极大扩充。其中：辑校古籍编包括《鲁迅辑较古籍手稿》（上海古籍出版社）未收录者120种，收录不全者5种，包括《於越有明三不朽图赞》《恒训》《镜湖竹枝词一百首》《二树山人写梅歌》《出三藏记集》《遂初堂书目》《墨经正文》《易林》等；辑校金石编首次收录国家图书馆、北京鲁迅博物馆等单位藏金石手稿3516叶又66条、拓本题签773条；杂编均为首次收录出版，主要包括课堂笔记、题字、设计与题签、批校、剪报、家用账、票据及其他难以判定体裁和归类的手迹等。

六、中国记忆项目

2021年，中国记忆项目专题资源建设、标准规范研制、资源整理编目、资源宣传推广等各项工作有序推进。同时，国家图书馆中国记忆项目中心延续性地承担国家级非物质文化遗产代表性传承人记录工作的成果验收和中央直属单位传承人记录等相关工作。

（一）持续开展多类型资源建设工作

继续开展当代重要学者、图书馆界重要人物、人口较少民族口头传统、东北抗日联军、中国战“疫”记忆库口述史等专题的延续性资源建设。启动受中央有关部门委托策划并开展的重要人物口述史采集，以及视障领域代表性人物资源建设。各专题采集和收集口述史料、影音资料共计约307小时。对接北京瑞鸣音乐有限公司捐赠的1000首该公司制作的中国传统音乐音视频资源入藏国家图书馆。

（二）结合已有经验，修订完善业务流程规范

以相关工作实践和已有工作规范为基础，起草《中国记忆项目选题策划和论证办法》《中国记忆项目文献资源入藏方案》《中国记忆项目文献资源利用与服务办法》等规范性文件，修订《中国记忆项目文献采选办法》《中国记忆项目音视频资源对象数据加工规范》等文件，形成全流程规范，并参考相关部门意见进行完善。

（三）开展视频资源整理编目，推进资源有序化

中国记忆项目中心在持续开展资源建设的同时，不断推进对已建设口述史料、影像资料等视频资源的整理、加工和编目工作。2021年，加工、编目考古学家白荣金、纪录片专家司徒兆敦等受访人共计约23小时口述史料，并提交相关部门验收入藏。继续探索素材级视频资源及其关联文献资源的系统管理工作，开展视听影音资源加工管理系统调研。

（四）推动资源开发与宣传推广

2021年，中国记忆项目中心继续完善中国记忆项目网站（域名：memory.nlc.cn），拓展“国家级非物质文化遗产代表性传承人记录工作成果线上展示专区”（域名：ich.nlc.cn）。继续推动资源开发，基于已建设资源，整理出版《丽泽忆往——刘家和口述史》《画语求索——全山石口述史》，并纳入“中国记忆·学者口述史”系列丛书。“中国记忆丛书”之《我们的文字》日文译本《中国的文字世界》在日本出版。

（五）承担国家级非物质文化遗产代表性传承人记录相关工作

受文化和旅游部非物质文化遗产司委托，中国记忆项目中心于2021年继续承担国家级非物质文化遗产代表性传承人记录相关工作。其中包括：对第四批提交的110个国家级非物质文化遗产

代表性传承人记录项目成果进行抽复查验收；继续接收各省实施单位另行提交的前三批国家级非物质文化遗产代表性传承人记录项目成果，进行梳理整合，筹备开展读者服务，并将成果副本移交中国非物质文化遗产保护中心等指定单位保存；继续开展国家级非物质文化遗产代表性传承人记录工作培训，完成上年度全国工作在线培训收尾工作，向600余名完成学习的学员发放电子结业证书；启动中央直属单位国家级非物质文化遗产代表性传承人记录工作，就工作对象人选进行专项调研，向文化和旅游部非物质文化遗产司申报开展国家级非物质文化遗产代表性项目——中医生命与疾病认知方法代表性传承人路志正（100岁）和中药炮制技术代表性传承人金世元（95岁）记录工作，并组建项目执行团队；与西藏自治区群众艺术馆（西藏自治区非物质文化遗产保护中心）签署人才援助合作备忘录，就非物质文化遗产代表性传承人记录工作培训开展合作，并提供相关人才和学术支持。

年度掠影

【国家古籍保护中心举办“册府千华——苏州市藏国家珍贵古籍特展”】

3 月 18 日，“册府千华——苏州市藏国家珍贵古籍特展”在苏州第二图书馆举办开幕式。国家图书馆副馆长、国家古籍保护中心副主任张志清，苏州市政协副主席陆留生，南京图书馆馆长陈军共同启动展览。此次展览由国家图书馆（国家古籍保护中心）、苏州市文化广电和旅游局主办，苏州图书馆（苏州市古籍保护中心）承办，常熟市图书馆、苏州市吴江区图书馆、苏州博物馆、苏州市吴中区图书馆、常熟博物馆等古籍收藏单位合办。展览分为“吴刻最善”“吴门缥缃”及“吴韵流长”三部分，全面展示苏州灿烂辉煌的刻书历史、丰富的古籍收藏及在保护传承方面取得的一系列成果。此次特展首次展出苏州市各古籍收藏单位入选《国家珍贵古籍名录》的珍贵善本 150 部，包括极为稀见的宋元刻本。展览期间，还举办系列古籍专题讲座以及古籍修复、雕版刷印、活字雕刻等体验活动。

【《民国时期图书总目》完成出版 5 卷】

《民国时期图书总目》是一部反映民国时期文献最新普查工作成果的大型回溯性书目，主要收录从 1911 年到 1949 年 9 月我国出版的中文图书（酌情收录这段时间内国外出版的中文图书）。该书目按学科分为 18 卷，分卷陆续出版。国家图书馆民国时期文献保护工作办公室于 2015 年 2 月启动《民国时期图书总目》编撰工作，至 2021 年 3 月已完成出版 5 卷。第一卷《民国时期图书总目・哲学》于 2018 年 5 月出版，主要收录国内出版的有关哲学、心理学方面中文图书 4830 种；《民国时期图书总目・社会科学总论》于 2019 年 12 月出版，主要收录国内出版的有关社会科学总论方面中文图书 2964 种;《民国时期图书总目・自然科学（基础科学）》于 2020 年 6 月出版，主要收录国内出版的自然科学（基础科学）方面中文图书 5079 种;《民国时期图书总目・农业科学》于 2020 年 11 月出版，主要收录国内出版的有关农业科学方面中文图书 4017 种。2021 年 3 月,《民国时期图书总目・宗教》正式出版，收录国内出版的宗教类中文图书 7176 种，与之前出版的《民国时期总书目》同类书目相比，种类增加 55%。

已完成出版的 5 卷书目合计收录图书 24066 种，与《民国时期总书目》相关类别收录总量 17914 种相比，增幅达 34%，更为全面地反映了民国时期图书的出版状况。

【国家古籍保护中心举办全国古籍修复技艺竞赛颁奖仪式暨古籍修复工作研讨会】

4 月 16 日，由国家图书馆（国家古籍保护中心）举办的全国古籍修复技艺竞赛颁奖仪式暨古籍修复工作研讨会在国家图书馆举行。国家图书馆馆长、国家古籍保护中心主任饶权，文化和旅游部非物质文化遗产司副司长钟建波出席活动并致辞，中国古籍保护协会会长刘惠平以及古籍修复技艺传习导师、古籍修复竞赛获奖修复师代表、有关专家和新闻媒体记者等参加活动。活动由国家图书馆副馆长、国家古籍保护中心副主任张志清主持。活动期间，公布全国古籍修复技艺竞赛获奖名单和古籍修复技艺传习所增聘及续聘导师名单。此次竞赛评选出一等奖 5 个、二等奖 10 个、三等奖 21 个、优秀奖 43 个。目前，古籍修复传习所共 32 家，聘任传习导师 32 人，导师助理 27 人，收徒 286 人。饶权、钟建波、刘惠平为古籍修复技艺传习导师颁发聘书，并为古籍修复技艺竞赛获奖人员代表颁奖。来自国家图书馆、上海图书馆、天津图书馆等单位的获奖代表分享古籍修复经验，与会古籍修复技艺传习导师和修复师就古籍修复技艺传习工作进行深入探讨和交流。7 月,《妙手补书书可春——全国古籍修复技艺竞赛暨古籍保护成果展图录》出版。

【国家古籍保护中心举办第七期全国碑帖编目与鉴定研修班】

5 月 24 日，由国家古籍保护中心主办、国家图书馆古籍馆承办的第七期全国碑帖编目与鉴定研修班在国家图书馆总馆举行开班仪式。国家图书馆副馆长、国家古籍保护中心副主任张志清，国家图书馆古籍馆副馆长陈红彦，国家古籍保护中心办公室主任苏品红，国家图书馆研究馆员冀亚平等与 22 名来自北京、山东、天津、河南、山西、青海、重庆等地古籍收藏单位的学员参加开班仪式。此次培训为期 3 周，汇集来自全国 8 个省（区、市）18 家单位的 22 位碑帖编目人员，旨在通过理论学习、编目实践，进一步培养碑帖编目业务骨干。培训班上，学员们聆听来自冀亚平的“拓片（本）的著录”专题讲座、故宫博物院研究馆员施安昌的“碑帖鉴定例谈”专题讲座以及北京大学胡海帆、史睿等金石专家的专题讲座，并以实践课的形式，通过接触拓片实物学习拓片的编目与鉴定。

【公共数字文化建设专项培训班举办】

5 月 25 日，文化和旅游部公共服务司在中央文化和旅游管理干部学院举办公共数字文化建设专项培训班，国家图书馆党委书记、副馆长魏大威，副馆长张军，来自全国各省级文化和旅游行政部门公共服务处处长，各省级图书馆、文化（群艺）馆馆长，全国公共文化发展中心以及国家图书馆相关人员共计 120 余人参加培训。培训班上，魏大威做“‘十四五’时期全国智慧图书馆体系建设项目”专题培训，细致讲解项目总体思路与建设目标、建设内容、工作原则与工作机制、主要工作及实施路径。文化和旅游部公共服务司、财务司负责人分别对“十四五”时期全国智慧图书馆体系建设项目做出整体实施、资金使用的工作安排。培训期间，国家图书馆召开智慧图书馆支撑平台建设座谈会，来自浙江、江苏、福建、山东、江西、黑龙江、四川、重庆的省级图书馆馆长参会。各省代表一致认可智慧图书馆支撑平台在全国智慧图书馆体系建设中的重要作用，同时介绍本省在相关领域的具体做法，并提出相应建议。在随后的全国智慧图书馆体系建设 2021 年重点工作分组讨论中，代表们认为，智慧图书馆是图书馆事业高速发展的必然结果，给图书馆工作带来挑战的同时，更是一次巨大的发展机遇，各省厅、省馆将积极予以配合并投身智慧图书馆体系建设中，并对项目建设提出一些建议。

【国家图书馆召开2021年革命文献与民国时期文献整理项目专家评审会】

6月16日，2021年革命文献与民国时期文献整理项目专家评审会在国家图书馆召开。中国社会科学院世界史研究所所长汪朝光、中国第二历史档案馆馆长马振犊等10位专家参加评审。国家图书馆副馆长汪东波出席会议，民国时期文献保护工作办公室主任马静主持会议。此次申报立项工作坚持以习近平新时代中国特色社会主义思想为指导，增强“四个意识”、坚定“四个自信”、做到“两个维护”，从严把好意识形态关。在具体实施上，采取单位申报、专家评审、项目资助的工作机制。申报项目内容涵盖民国时期政治、经济、文化、教育、卫生等各个领域。与会专家对全国各级图书馆、档案馆、出版社等21家单位申报的22个项目逐一进行评审，遴选出符合要求的优秀申报项目，并对革命文献与民国时期文献的整理工作积极建言献策。

【中国文物保护基金会与国家图书馆合作签约暨字节跳动古籍保护专项基金启动仪式在国家图书馆举行】

6月17日，中国文物保护基金会与国家图书馆合作签约暨字节跳动古籍保护专项基金启动仪式在国家图书馆举行。文化和旅游部副部长，国家图书馆馆长、国家古籍保护中心主任饶权，原文化部副部长、国家文物局原局长、中国文物保护基金会理事长励小捷，北京字节跳动科技有限公司副总裁李涛等领导和嘉宾出席仪式并致辞。文化和旅游部公共服务司一级巡视员陈彬斌，国家文物局博物馆与社会文物司副司长吴旻，全国古籍保护工作专家委员会主任李致忠，以及有关方面领导、专家代表和媒体记者等90余人参加仪式。国家图书馆党委书记、副馆长魏大威主持仪式。

在启动仪式上，中国文物保护基金会副理事长兼秘书长梁钢，国家图书馆副馆长、国家古籍保护中心副主任张志清，北京字节跳动科技有限公司企业社会责任部总经理杨洁分别代表三方签订《中国文物保护基金会与国家图书馆（国家古籍保护中心）古籍保护公益项目战略合作框架协议》《中国文物保护基金会字节跳动古籍保护专项基金设立协议》《古籍保护与利用公益项目合作备忘录》。饶权、励小捷、李涛、陈彬斌、吴旻共同启动“中国文物保护基金会字节跳动古籍保护专项基金”。仪式结束后，大家共同参观“珠还合浦　历劫重光——《永乐大典》的回归和再造”展览、“妙手补书书可春——全国古籍修复技艺竞赛暨成果展”和国家图书馆古籍修复中心。

为加快推动合作产生成效，中国文物保护基金会联合北京字节跳动科技有限公司合作建立“字节跳动古籍保护专项基金”。北京字节跳动科技有限公司首批捐赠1000万元，并通过抖音平台推送充足的流量，专门用来与国家图书馆合作开展古籍修复、人才培养、古籍活化与数字化等公益项目。在修复项目方面，将重点修复《永乐大典》“湖”字册等国家珍贵典籍。此次社会力量介入《永乐大典》的修复工作，也是各有关部门与社会各界通力协作保护文化遗产的重要成果。

【国家古籍保护中心举办“册府千华：中国与亚洲——浙江大学藏中外善本珍本图书”展】

7月15日，由国家图书馆（国家古籍保护中心）主办，浙江大学图书馆、浙江大学艺术与考古博物馆承办的“册府千华：中国与亚洲——浙江大学藏中外善本珍本图书”展在杭州开幕。展览共展出中国古籍82种142册、外国珍本43套82册。此次展览是庆贺浙江大学图书馆古籍馆和方闻图书馆开馆的一项重大活动，也是浙江大学所藏中国古籍与外国珍本的一次重要展示。展览沿“中国古籍”与“外国珍本”两条主线展开，旨在传承与弘扬优秀传统文化，与浙江大学师生和社会公众共享珍贵的典籍。其中：“中国古籍”呈现的是古籍馆所藏宋、元、明、清四个时代具有代表性的善本古籍，以黄永年《古籍版本学》所述之版本脉络为经纬，依版刻之前后及类型，分为“宋元遗珍”“明椠概览”“书林‘清’话”三个单元；“外国珍本”展出的是方闻图书馆藏艺术与考古专题外国珍本图籍，据内容所涉及的地域之别，分为“中国–a耶稣会士与早期汉学文献”“中国–b马戛尔尼访华文献”“东亚”“东南亚”“中西亚”五个单元。

【国家古籍保护中心举办第四期《中华古籍总目·分省卷》编纂研修班】

7月25日—8月4日，由国家古籍保护中心主办、宁夏回族自治区古籍保护中心承办的第四期《中华古籍总目·分省卷》编纂研修班在宁夏回族自治区图书馆举办。此次研修班采取理论学习与实践操作相结合的方式，由复旦大学中华古籍保护研究院教授吴格、湖南图书馆研究馆员寻霖分别讲授“《中华古籍总目·分省卷》编纂工作谈”“《中华古籍总目·分省卷》款目组织”等理论课程。著名版本学家、目录学家李致忠专门为研修班录制“《中华古籍总目·分省卷》分类”视频课程。此次研修班汇集来自全国23个省市32家古籍收藏单位的55位古籍编目人员，各位学员在老师指导下就古籍分类和款目组织进行实践。

【2021年“革命文献与民国时期文献保护计划”专题培训班——赣州站活动举办】

7月27—30日，由国家图书馆、中国图书馆学会主办，江西省图书馆学会、赣州市图书馆、赣州市图书馆学会共同承办的2021年“革命文献与民国时期文献保护计划”专题培训班——赣州站活动在赣州市图书馆举办。来自全国各地110余名文献收藏机构主管领导和相关工作人员参加培训。培训期间，国家图书馆副研究馆员刘俊讲授“革命文献与民国时期文献保护计划”概况；赣南医学院马克思主义学院原党委书记谭宗梅讲授“民国时期革命文献概论”；国家图书馆研究馆员刘小玲，副研究馆员杨静、延卫平分别讲授“民国时期图书著录”“民国时期连续出版物的著录”“民国时期图书馆藏编制与联机上载”。授课结束后，国家图书馆民国时期文献保护工作办公室工作人员与学员一同就民国时期文献普查等工作进行业务交流。

专题培训班结束后，民国时期文献保护工作办公室组织专家对新加入文献普查项目的赣州市图书馆进行实地培训指导，从软件下载、图书和连续出版物著录、馆藏上载等方面进行讲解和实例演示，指导工作人员在计算机上进行普查数据录入，并耐心解答相关问题，使其基本掌握普查数据联机上载的方法。除赣州市图书馆工作人员外，大余县图书馆、宁都县图书馆、兴国县图书馆也派员参加了实地培训。

【国家图书馆开展2021年“春雨工程·网络书香”数字阅读推广活动】

为落实《文化和旅游部　中央文明办关于印发〈2021年文化和旅游志愿服务工作方案〉的通

知》精神，2021 年 7—10 月，国家图书馆以“走进边疆民族地区”和“走进红色景区”志愿服务为主题，面向新疆和福建两省图书馆开展 2 场“春雨工程 · 网络书香”数字阅读推广活动。此次活动以庆祝中国共产党成立 100 周年为核心内容，结合当地文化特色与中华优秀文化，通过图书捐赠、红色文化讲座、阅读推广、VR 体验、展览展示等形式，弘扬红色精神，铸牢中华民族共同体意识。活动期间，国家图书馆共向新疆、福建两省 4 家图书馆捐赠 25000 册纸质书刊和 4 套《中华传统文化百部经典》丛书以充实图书馆实体馆藏。新疆站志愿服务在伊犁哈萨克自治州察布查尔锡伯自治县实地开展，现场设置《永乐大典》全景典籍 VR 体验，邀请专家做文旅融合专题讲座，同时利用“网络书香 · 阅见美好”微信小程序遴选各类主题资源，设计精品资源展，引导公众扫码阅读，并向多家基层图书馆、乡镇文化站配发展览素材，进行业务调研和交流访谈。因疫情防控要求，福建站活动由龙岩市永定区图书馆依托国家图书馆提供的各类服务产品自行开展，受到当地图书馆和读者们的认可与赞扬。

【《清华周刊》新书发布暨出版座谈会举行】

9 月 25 日，革命文献与民国时期文献保护计划重要成果《清华周刊》新书发布暨出版座谈会在清华大学图书馆举行。国家图书馆党委书记、副馆长魏大威出席座谈会并致辞，介绍国家图书馆实施的革命文献与民国时期文献保护计划，希望学界以此为契机进一步发掘《清华周刊》的学术研究价值。

此次共影印出版《清华周刊》80 册，共计 693 期。《清华周刊》创刊于 1914 年 3 月 24 日，是一份由清华学生主办的刊物，原名《清华周报》，1914 年 9 月 22 日改名为《清华周刊》，1947 年 9 月 25 日被列入禁刊，停止发行。内容有言论、译丛、文苑及校闻等，承载清华 23 年的历史（其中 1937 年 1 月—1947 年 1 月停刊），是清华大学校史的缩影，也是中国近现代史上重要的学生刊物之一，是后人修校史的重要依据，也是了解老清华的教育思想，追溯学术大家成长史，乃至研究民国时期中国教育、文化、思想状况的重要历史资料，具有重要的史料价值和学术价值。

【国家古籍保护中心举办中国文物保护基金会字节跳动古籍保护专项基金支持全国古籍修复项目专家评审会】

10 月 12 日，中国文物保护基金会字节跳动古籍保护专项基金支持全国古籍修复项目专家评审会在北京召开。原文化部副部长、国家文物局原局长、中国文物保护基金会理事长励小捷，国家图书馆副馆长、国家古籍保护中心副主任张志清及相关古籍专家、修复专家及国家古籍保护中心办公室、字节跳动古籍保护专项基金委员会相关人员参加现场会议，各申报单位相关项目负责人在线参加会议。

自 6 月以来，国家图书馆（国家古籍保护中心）与中国文物保护基金会、北京字节跳动科技有限公司合作开展“古籍保护与利用公益项目”，修复 100 册 / 件珍贵古籍是该项目资助的重要内容之一，分两批先后实施。第一批有国家图书馆申报海外回归的《永乐大典》“湖”字册、满文《大清律例附例》以及黄河舆图、样式雷图档、碑帖拓本等各类型珍贵文献。第二批由国家古籍保护中心组织其他国家级古籍修复中心开展藏品修复申报工作。各单位申报的珍贵古籍如《永类钤方》《西夏文佛经扉画》等涉及中医药、文学、宗教、民族文字等不同类型，版本价值、内容品类、语言文字等方面都极具代表性，是亟待修复保护的珍贵文化遗产。

这一工作由国家古籍保护中心主导开展，在全国范围内推动古籍收藏单位借助社会力量资助开展古籍修复，一方面是补充财政经费不足、拓展古籍保护经费来源的有益尝试，另一方面也充分发挥了中国文物保护基金会等公益机构的作用，通过调动企业社会责任，以吸引更多社会力量助力古籍等文化遗产的保护，提振行业信心和凝聚力。

【国家图书馆举办2021年省市级公共图书馆馆长智慧图书馆建设与管理线上培训班】

10月20—22日，国家图书馆举办2021年省市级公共图书馆馆长智慧图书馆建设与管理线上培训班，来自全国各省（区、市）图书馆馆长及相关项目负责人参加培训。因疫情防控要求，此次培训采用线上远程直播模式进行。培训班上，国家图书馆党委书记、副馆长魏大威首先做题为《新时期全国智慧图书馆体系的建设与实践》的主旨报告，回顾数字图书馆推广工程建设成果并对新时期全国智慧图书馆体系的建设与内容进行详细解读。随后，南开大学教授柯平、华中师范大学副校长夏立新、国家图书馆智慧图书馆项目负责人以及国内知识服务头部企业技术专家分别从顶层设计、标准研制、资源建设、系统搭建及前沿发展等多维度、全方位进行授课。

为期2天的培训中，近1000人参与直播学习，观看人数累计超过1万人次，同时各馆通过直播积极组织本地学习，实现参训人数的跨越式增长。此次培训是“十四五”期间在全国智慧图书馆体系建设启动后举办的第一场全国范围的馆长培训班，对统一思想认识、传递先进理念、提升人员素质，全面统筹推进各馆智能化、智慧化发展具有重要意义。

【国家图书馆开展2021年“公共数字文化服务小分队下基层”活动】

为庆祝中国共产党成立100周年，积极落实中宣部、文化和旅游部等六部委关于开展2021年“我们的中国梦”——文化进万家活动的要求，10—11月，国家图书馆分别在贵州省遵义市仁怀市图书馆和播州区图书馆开展“公共数字文化服务小分队下基层”活动，进一步丰富基层群众的文化生活。活动期间，国家图书馆公共数字文化服务小分队共向贵州省图书馆、仁怀市图书馆和播州区图书馆3家图书馆捐赠10000册纸质书刊和3套《中华传统文化百部经典》，同时免费开通“基层数字图书馆”服务平台，充实当地的实体馆藏和数字馆藏，满足当地不同群体的阅读需求。因新冠疫情防控要求，此次活动由仁怀市图书馆和播州区图书馆依托国家图书馆提供的各类资源自行开展。活动依托“网络书香·阅见美好”微信小程序，遴选各类主题阅读资源，设计精品数字资源展，并面向当地图书馆、乡镇文化中心等地配发活动展板和海报。活动现场，工作人员和志愿者们引导公众参观“网络书香·阅见美好”精品资源展，读者不仅可以通过手机扫码访问小程序，阅读主题丰富的数字资源，还可以借阅国家图书馆捐赠的实体图书，并领取服务手册等。

【国家古籍保护中心举办全国古籍库房建设与管理研修班及全国古籍数字化建设研修班】

11 月 23 日—12 月 2 日，由国家古籍保护中心举办的全国古籍库房建设与管理研修班正式在网络平台上线。培训课程共 4 门，推送时间共 10 天，所有资源均免费开放。在线课程点击总量达 10 万次，单课最高点击量突破 2 万次，受众人群总量突破 2 万人次，其中培训业内学员超过 5000 人次，线上培训效果凸显。此次培训由国家图书馆的古籍库房建设专家周崇润、国家档案局的全国档案专家荆秀昆等授课，具体内容包括：解读古籍保存环境的要求与标准、阐述受损古籍的应急处理措施，分享古籍库房相关工作管理与维护的实践经验，介绍如何在妥善保管特藏文献的同时提供读者服务等。

12 月 22—28 日，由国家古籍保护中心举办的全国古籍数字化建设研修班正式上线。此次培训班根据古籍数字化工作需要，专门面向全国古籍公藏单位从事古籍数字化工作、数字资源建设与管理的专业人员开设。培训课程共 5 门，持续推送 7 天，所有资源均免费开放。主要内容包括：分析古籍数字化工作现状及面临的挑战与发展对策，分享古籍数字资源服务平台建设经验，讲解古籍知识化建设的思路方法和对策措施，阐释如何长期保存、保护数字资源，探讨在人工智能等新技术发展环境下的古籍数字资源平台建设等。

【国家图书馆举办“智慧图书馆建设与管理——创新服务培训班”】

12 月 1—3 日，国家图书馆举办“智慧图书馆建设与管理——创新服务培训班”。因新冠疫情防控需要，此次培训班采取线上直播模式进行，来自全国各省、市级公共图书馆的约 800 名业务骨干报名参加线上培训，直播累计观看人数近 8000 人次。此次培训聚焦智慧时代图书馆在服务领域的创新发展与实践探索，特别邀请浙江图书馆馆长褚树青和东莞图书馆馆长李东来分别以“面向未来的公共图书馆服务”“图书馆空间建设与阅读推广”为题进行专题授课，深入探讨公共图书馆在智能时代创新服务内容、丰富推广形式、构建智能空间等领域的发展方向。与此同时，为了让学员在生动鲜活的案例学习和经验交流中拓宽视野、深化思考，培训班特别加大案例分享比重，首都图书馆、广东省立中山图书馆、江西省图书馆、武汉图书馆、佛山市图书馆等多家单位分享创新服务实践和先进管理经验，内容涉及服务阅读推广、智能系统研发、智慧空间建设、文创产品开发等诸多领域，让与会者切实感受到智慧时代业内同人的积极探索与丰富成效。

【国家图书馆与中国社会科学院近代史研究所签订战略合作协议】

12 月 22 日，国家图书馆与中国社会科学院近代史研究所战略合作签约仪式在国家图书馆举行。国家图书馆馆长熊远明、副馆长张志清，中国社会科学院近代史研究所副所长金以林等出席活动。熊远明在讲话中表示，国家图书馆与中国社会科学院近代史研究所建立战略合作关系，为充分利用双方文献资源和人才优势开展务实合作搭建重要平台，有利于在更高层次、更大范围、更广领域进一步推进革命文献、抗战文献和民国时期文献的整理、保护、研究和开发利用。金以林表示，双方合作历史悠久，特别是在文献整理出版方面的合作十分密切，已出版《中国现代史档案资料汇编》等系列专题文献 2000 多册，希望今后在文献编目、整理、研究及数字资源建设等方面进一步加强合作，实现优势互补。熊远明和金以林分别代表双方签署合作协议。根据协议，双方将本着发展、共赢、平等、互利原则，发挥各自优势，开展学术交流、人才培养、业务培训等务实合作，共享相关文献数字化成果，共同推动革命文献与民国时期文献研究利用。

【持续开展“国家图书馆民国时期文献建档及酸化程度测试项目”】

“国家图书馆民国时期文献建档及酸化程度测试项目”是由国家图书馆典藏阅览部主持的民国时期文献保护计划项目，于2019年启动，2021年底完成全部建档及酸化测试工作。根据工作要求，最终形成准确、完整、规范的10万册馆藏民国时期图书建档数据一份和5.6万册馆藏民国时期图书酸化测试数据一份，并起草《民国时期图书分级保护工作方案（建议稿）》《图书酸化分级标准》。

【国家图书馆继续开展国家级非物质文化遗产代表性传承人记录工作咨询、指导和验收工作】

2021年，受文化和旅游部非物质文化遗产司委托，国家图书馆中国记忆项目中心继续开展国家级非物质文化遗产代表性传承人记录的学术咨询、操作规范指导和验收工作。组织22位非物质文化遗产专家、8位纪录片专家、5位文献专家及20位技术审核人员，对第四批110个国家级非物质文化遗产代表性传承人记录项目成果进行抽复查验收，共有106个项目验收合格，其中20个项目被评为优秀。根据文化和旅游部非物质文化遗产司统筹安排，接收各省另行提交的前三批国家级非物质文化遗产代表性传承人记录项目成果，并进行梳理整合，与相关业务部门对接加工入藏事宜。同时启动第五批国家级非物质文化遗产代表性传承人记录项目成果抽复查验收工作。

【中国记忆项目出版《丽泽忆往——刘家和口述史》《画语求索——全山石口述史》】

2021年，中国记忆项目基于已采集口述史资源，整理出版《丽泽忆往——刘家和口述史》《画语求索——全山石口述史》，并纳入“中国记忆・学者口述史”系列丛书。其中，《丽泽忆往——刘家和口述史》对国家图书馆藏刘家和口述史料进行整理编辑，由商务印书馆出版。2018年3月—2019年5月，中国记忆项目中心对历史学家、北京师范大学教授刘家和共进行15次口述史访问，访问涉及刘家和的人生经历、治学领域、学术思想等多个方面内容，是研究中国当代史学史和专门史不可多得的珍贵一手资料。《画语求索——全山石口述史》则通过油画家全山石的口述，折射中国油画百年发展历程。另外，“中国记忆丛书”之《我们的文字》的日文译本《中国的文字世界》由树立社在日本出版发行。该书不仅是中国记忆项目资源对外推广的重要成果，也是“中国记忆丛书”首次译介到海外。

文献整理与编辑出版

- 古籍整理出版
- 民国时期文献整理出版
- 学术期刊编辑出版
- 年鉴编辑出版
- 国家图书馆出版社专业文献出版
- 年度掠影

文献整理与编辑出版

一、古籍整理出版

（一）善本特藏古籍

2021年，国家图书馆继续加强同各出版社的联系，积极、主动策划选题，不断加大馆藏古籍文献的整理与开发力度。全年整理、开发古籍3462种3098册/件227937拍。所涉选题比较广泛，既有《中华医藏》《海上丝绸之路文献集成》《明清黄河文献丛书》等与国家文化传承等相关的选题，也有《江苏文库》《四明文库》《萧山丛书》《郴州文献集成》《荆楚文库·方志编》《全椒古代典籍丛书》《贵州文库》《遵义丛书》《韶关历史文献丛书》《茂名历史文献丛书》等集中整理地方文献的选题，还有《中国书院文献丛刊》《历代农业古籍珍本丛刊》《陶文集成》《国家图书馆藏傣文古籍汇编》等专题文献。上述古籍文献的整理与出版工作使得众多馆藏珍贵文献化身千百，不仅进一步促进了馆藏文献的保护，也为学者利用这些珍贵文献提供了极大的便利。

此外还出版《宋蜀刻本唐人集选刊》（全16函32册），南宋中叶在四川地区刻印的若干种唐人诗文集，世称蜀刻唐人集。各集版式大致相同，半叶十二行，行二十一字，白口，左右双边。各书均钤有元代“翰林国史院官书”长方朱印，明清两代仍藏内府，其他收藏印记较少。中国现存蜀刻唐人集20多种（未包括港澳台地区），国家图书馆所藏最多，北京大学与上海图书馆各1种。此次特选其中16种，汇为一编，宣纸线装高仿彩印，再现宋代蜀刻本风貌。另外，《李太白文集》等4种近年被仿真再版，《昌黎先生集》部头较大，此次均暂不选入。

（二）普通古籍

普通古籍的整理出版按照专题分类的方式进行，涵盖传记文献、史籍史料、书目版本、文学艺术、方志地理、金石文献、综合文献等方面。

传记文献方面：①《清代文集人物传记资料汇编·第一辑》（全118册）。该书将散存于现存清代文集、笔记、碑传资料等文献中的人物传记资料予以萃编成刊，分辑陆续出版。第一辑除精选对清代政治、经济、文化等有重要影响的名家如毛奇龄、阎若璩、翁方纲、姚鼐、洪亮吉、阮元、李鸿章、曾国藩等人物传记资料外，还涉及重要的释道人物，共计7000余人、8000余篇传记资料。同时编制所涉及的传主人名索引，以便读者检索和使用。②《国家图书馆藏稿抄本传记文献选刊》（全120册）。该书主要收录国家图书馆藏稿抄本人物传记文献，其中明代稿抄本9种、清代稿抄本142种，涉及重要历史人物近2万人。重要者有明稿本《历代隐逸传》、清稿本《畿辅人物略》、清稿本《重编义勇武安王集》等，其中不乏名家批注题跋，如吴骞增补校注《疑年录》、叶昌炽跋《历代隐逸传》等珍贵善本文献。

史籍史料方面：①《清代笔记珍本丛刊·第一辑》（全80册）。该书精选国家图书馆所藏清代有影响的人物所撰、馆藏4家以下的珍稀笔记250余种。其中稿抄本98种，多未面世，占总规模的近40%，涉及魏裔介、尤侗、翁方纲、钱泳、冯登府、朱士端、王韬等诸多名人，具有重要的文献和版本价值。该丛刊按作者生年排序，分辑出版，此为第一辑，主要收录清前、中期名人笔记。②《保山丛书·第一编》(全10册)。保山历史悠久，古代便是南方丝绸古道上重要的驿站，是西南边疆地区社会、经济、文化发展交流的中心。保山自古就有“文献名邦”之美誉，保山各族人民在各个历史时期创造了灿烂的文化，留下了丰富的文化珍品。该丛书旨在全面系统收集、整理、出版保山历代乡邦文献，计划分辑出版。第一编主要收录《永昌府文征》。该书由民国元老李根源编纂于1940年夏至1941年冬，广泛搜集原永昌府下辖六县(保山、腾冲、龙陵、永平、漾濞、镇康)七设治局(梁河、盈江、莲山、陇川、瑞丽、泸水、潞西)等地古往今来的各类有价值的诗文，按诗录、文录、记载、列传四类纂辑，是研究保山地方史的重要资料，对研究西南边疆地区的历史、社会、文化、民族等都具有重要意义。

书目版本方面:《加拿大多伦多大学慕氏藏书目(外一种)》(全5册)。该书为影印加拿大多伦多大学东亚图书馆藏慕氏藏书目录而成。“慕氏藏书”的原收藏者为山东蓬莱人慕学勋(1880—1929)，后其子将图书出售给加拿大主教怀履光，由时在北京的美国驻华公使馆官员义理寿为慕氏藏书编目。内容包括索书号(Accession No.)、索引号(Index No.)、题名(Title)、分类(Classification)、主题(Subject)、参考(References)、著者(Author)、版本(Edition)、索引(Index)、装帧(Bound in)、备注(Remarks)共11个著录项目，真实记录慕氏藏书西移加拿大时的原貌，是十分珍贵的中加文献交流史资料和加拿大中国研究史资料。此次出版特将慕学勋自编、自刊《蓬莱慕氏藏书目》附于书后，并编制书名索引。义理寿的目录与慕学勋的目录最大的区别在于：义理寿的目录是供大众使用的现代图书馆目录，而慕学勋的目录则是供个人使用的传统私藏目录。在20世纪30年代，我国的图书馆目录尚无统一规制，而欧美东亚图书馆的中文目录尚处在探索之际，作为公用的图书馆目录，义理寿的目录就显得特别有价值和意义。

文学艺术方面：①《梦觉主人序本红楼梦》(4函40册)。该书共80回，卷首有篇名为“梦觉主人”的序，故据以定名，简称“梦觉本”。因梦觉主人作序时间署为“甲辰岁菊月中浣”，故又名“甲辰本”。这一版本于1953年在江西被发现，现藏于国家图书馆。此版本的序言中指出了“红楼梦”三字的意义。全书目录之前、每回前后、每叶中缝都标明“红楼梦”三字，这是与各脂本最显著的区别之一。梦觉本的一些特点表明脂本是梦觉本的祖本，梦觉本是程甲本的祖本，可以从中看出脂本到程甲本所经历的过渡过程。该书依照原貌，采用四色仿真印刷，是值得《红楼梦》爱好者阅读与收藏的一套珍贵的线装书。②《明人别集稿抄本丛刊》(全100册)。明代别集已知现存3000种左右，《四库全书》及《续修四库全书》共收集数百种，远不能反映明代别集的全貌。大量的明代别集尘封于各图书馆中，不为世人所知，也未得到很好的研究利用，尤其是稿抄本，由于其版本珍稀，更是难为世人所见。浙江师范大学教授李圣华带领的编纂团队在对传世明人别集稿抄本展开全面深入调查搜集的基础上，厘清存世数量、收藏状况、著录情况，将所得稿抄本分类梳理，剔除重复，精选有重要价值者150种，如稿本《松月轩诗稿》、万历间未刊写本《归震川先生未刻集》、清初未刊写本《归震川先生未刻集》、明蓝格抄本《南山黄先生家传集》、清初抄本《沧州诗集》、清末抄本《四梅轩集》（孤本）等，汇辑为《明人别集稿抄本丛刊》，影印出版，以原始的形态将其真实、完整地展示于学术界。每种集前皆附提要，介绍作者生平事迹及学术成就，以及该集抄写刻传经过及文献价值等基本情况。

方志地理方面：①《嘉兴文献丛书・史部・方志》（全100册）。《嘉兴文献丛书》是嘉兴迄今规模最大、最全面、最系统的地方文献史料编纂工程，收录现存现行行政区域内、嘉兴籍人士1912年前所撰、编、辑佚之著作，以及虽非嘉兴籍，但寓居嘉兴人士所撰、编、辑佚之著作。该丛书按方志、经、史、子、集分类，各部类下细目则以《四库全书总目》的子目编排，各类目著述则按著作成书年代先后排列。此次出版的《嘉兴文献丛书》之《方志》编，以今之嘉兴辖区为界，网罗嘉兴地区历代地方志文献共计114种，上至宋代，下至民国，全面反映嘉兴地理沿革，风土人情。该书收录各朝所修嘉兴府志、嘉兴县志及下辖各区、县、镇志，如自明崇祯至清光绪的嘉兴县志，历代方志网罗齐全，应收尽收，脉络清晰。该书除收录地方所修传统方志之书，清同治三年（1864）纂稿本《竹里述略》等地方述闻亦在收录之列。其他乡土志亦网罗不弃，如收录朱尚编《海宁县乡土志》等。对历史上曾划归嘉兴管辖之地域方志，亦纳入选目。除全备之本外，对珍稀之本如稿抄本、珍善本及具有重要史料价值之底本应收尽收。②《中国古代地方志序跋文献集粹》（全110册）。该书主要收录《中国地方志联合目录》及其他方志丛刊著录和收录的、现可见的方志之序、跋，旨在将历代方志所载序、跋网罗一帙，尤其是由纂修者和名家撰写的序和跋，尽量收入其中。在编排顺序上，悉遵《中国地方志联合目录》，以省、府、州、县、乡为序。本丛刊选取华东、华北、西北、东北3000余种重要方志中的序、跋1万余篇，可为方志及相关地方文化研究提供有价值的专题参考资料。

金石文献方面：《歙县程氏钟鼎彝器款识》。该书主要收录商周至春秋战国青铜器铭文拓本，另附秦诏书权拓本二器，计二百十三器。该书原版在日本访得，此次庆幸能重回中国，进而影印全貌，分享学林。所有拓本依照原帖顺序，目录没有进行重排。每张拓本都是彩色原大影印，并将可考释出的器物名称都做了标注。目前学术界已有考证将原器定为伪器的拓本，书中也标注了“（疑伪）”，方便读者辨识。该书精选部分拓本进行放大展示，并配上铭文释文，这套拓本除具有历史价值外，更是一份书法、篆刻的珍贵参研资料。

综合文献方面：《孔氏南宗文献丛书》（全48册）。南宋建炎三年（1129），宋室危亡、中原动荡，孔氏族人在孔子第四十七世孙孔传，第四十八世孙、衍圣公孔端友的率领下，辗转来到衢州。孔氏南渡成为孔氏家族史上具有转折意义的重大事件。此后，形成以衢州孔氏家庙为重要物质遗存、以衢州孔氏为核心、支派遍布江南地区的孔氏南宗。该丛书便是收集整理孔氏南宗相关文献资料而成，共收录文献43种，其体例按孔氏南宗族人世系先后编排，同时兼顾撰者生年先后次序。所收范围为1949年以前著述的文献，内容涉及孔氏南宗族人所撰著述史部15种、子部14种、集部12种，非孔氏南宗族人所撰著述2种。所收文献力求精准，原则上1种著述只收1种，做到不滥收，如《古今奇文品胜》乃书肆委托孔贞运编撰，故不收录。又如《增修孔庭纂要》有疑为孔彦绳增修，然实非孔彦绳之作，亦不收录。

二、民国时期文献整理出版

2021年，民国时期文献开发力度继续加大，相关图书的基本信息分为民国文献资料从编、珍稀日记手札文献丛刊、抗战及对日战犯审判文献、其他等类。

民国文献资料丛编：①《近代国学文献汇编：第四辑》(全20册)。为厘清近代国学发展的脉络，呈现近代以来国学发展状况，该书在《近代国学文献资料汇编》第一、二、三辑的基础上，继续搜集、整理、收录近代以来国学期刊近百种，内容上包括标明“国学”二字的期刊、国学机构编写的期刊，报纸上的国学专刊、专号以及近代国学校资料三部分。这些文献一直是国学论战的主要阵地，也在一定程度上反映国学发展的趋势。近代以来国学文献的整理出版，有利于进一步推动近代国学问题的研究，为近代学术史、思想史的研究打下坚实基础。②《中国现代史档案资料汇编》(全90册)。该书原名《中国现代政治史资料汇编》，是20世纪50年代编纂的大型档案资料集，由当时隶属于中国科学院历史研究所第三所(现中国社会科学院近代史研究所)的南京史料整理处组织编选。该书分为四辑，系统整理从五四运动到第三次国内革命战争时期的档案资料，构成条理分明的“辑—类目—项目—条目”的目录体系，大多数为一手档案资料，少量为报刊资料，内容不局限于民国政治史，还系统汇辑经济、军事、外交、文化教育、工农学生运动等方面的档案。该书作为编纂较早的大型档案资料集，有超过一半的档案未被后来出版的《中华民国史档案资料汇编》收录，其中有相当一部分的资料较少被研究者所利用，如“中国与帝俄的关系”“兵役舞弊与虐待壮丁”“(国民党的)官僚贪污与政治腐败”，以及“战时青年训导团”档案等，因此仍具有重要的参考价值。该书于1959年曾少量油印并内部发行，此次为首次公开影印出版，总目单册另行。

珍稀日记手札文献丛刊：《中国民间家书集刊》(全10册)。家书是中华民族民间优秀文化的组成部分，集文学、史学、美学、礼仪、邮政、包装、纸张等文化元素于一体。该集刊所言“民间家书”，是指尚未被各图书馆、档案馆、博物馆等公藏机构收藏，散落在民间的家书，包括名人家书和普通人家书。该书遴选3000余封极具历史价值和收藏价值的家书，厘为3卷10册，分为清代卷2册、民国卷3册和当代卷5册，其内容分别为清人信札，民国徽商家书、侨批、文人手迹及当代知青家书、新疆生产建设兵团教师家书、两岸家书、华侨家书等，力图反映清代以来中国民间家书的大概风貌。

抗战及对日战犯审判文献：①《近代日本对华调查档案资料丛刊：第五辑　兴亚院调查》(全60册)。该书为国家出版基金项目图书《近代日本对华调查档案资料丛刊》的第五辑，内容为兴亚院调查，收录文献274种。兴亚院调查资料此前未经整理，此次为首次系统刊布。1938年成立的兴亚院是日本内阁设立的专门负责处理侵华事宜的机构，总部设在东京，在中国，根据所负责调查区域的不同，主要分为兴亚院华北联络部(包括青岛出张所及下属青岛都市计画事务所)、华中联络部(包括华中调查机关联合会、华中建设资料整备委员会)、蒙疆联络部、厦门联络部等，共同开展对中国的政治、经济、文化的“实态调查”，包括中国工业调查、重要国防资源调查、流通关系调查、社会调查等。这些文献经此次整理刊出，对于研究日本最高统治集团的对华决策和侵华史实具有极高的史料价值。②《二战时期西南太平洋战区日本战俘讯问档案汇编》(全

30册）。该书基本内容为第二次世界大战西南太平洋战区的盟军机构对日军战俘及平民的讯问记录。审讯的时间跨度为1942年至1945年，涉及事件的时间跨度为1937年至1945年。主导机构为盟军西南太平洋战区总司令部翻译处，对象为第二次世界大战时期西南太平洋战区被俘的日军中下级军官及当地劳工。讯问记录遵循相对固定的结构，基本由以下几部分组成：战俘的个人信息和军事履历，战俘所在部队及战俘熟知的其他部队的组建历史、组织架构、兵力分布、武器装备、物资补给、疾患医疗、军官名单等，日军部队的部署与调动情况以及战俘所参与或熟知的军事任务，各型武器装备的技术细节（报告结尾处附图示），日占区的地形交通、防御工事、基础设施、军工企业、培训学校等，日占区的盟军战俘情况，盟军的海空袭击对日军造成的损失，日军的士气及盟军的战事宣传对日军的影响，审讯人员对战俘陈述可信程度的判断及是否再审的建议。这些讯问记录具有重要的史料价值和现实意义，有利于深化和推进对第二次世界大战历史的研究。

其他方面：①《广州大典·民国广东公报丛编》（全100册）。该书收录广东地区省级公报类文献13种，这些文献为政府及其相关机构、团体在从事各项公务活动中形成的官方文件。该书涵盖综合、民政、财政、教育、实业、建设、司法等多方面，包括《广东省政府特刊》、《广东省政府年刊》、《粤政简报》、《广东民政公报》、《广东财政公报》、《广东教育公报》、《广东建设公报》（包括《广东建设》《广东建设月刊》等）、《广东土地公报》、《广东实业厅公报》、《广东高等法院月报》、《广东司法月刊》等。该书对已单独影印出版过的《广东省政府公报》等文献不予收录。各书所缺刊期、页面均尽量配补完整。民国时期的很多法规、章则、会议录、例行公文只在公报登载，不另行文，故极具文献价值，具有鲜明的档案性质。②《云南丛书续编》（全150册）。该书主要收录1911年至1949年间成书（稿）或出版的记载滇事之书和滇人所著之书，以记载滇事之书为重点，共收录文献462种，按现代学科体系，分为哲学宗教、社会学、政治、法律、军事等14个大类，是对民国时期云南文献的首次全面系统整理。

三、学术期刊编辑出版

（一）《中国图书馆学报》

《中国图书馆学报》中文刊创刊于1957年，是由文化和旅游部主管、中国图书馆学会和国家图书馆共同主办的图书情报学专业学术期刊。期刊的学术定位是思想性、战略性、前瞻性。

选题方面，2021年全年出版6期，发文55篇，尤其重视专题和专稿的组织策划。全年刊登的专题主要包括："全国智慧图书馆体系"（第1期）、"公共文化服务"（第2期）、"中国的图书馆学"（第3期）、"中国特色情报学"（第4期）、"图书馆学理论与实践"和"数据科学理论与实践"（第5期）、"'三大体系'构建研究"和"图书馆理论与实践"（第6期）。专稿包括"马克思主义文献研究"专稿《向人类历史上最伟大的思想家致敬——中山大学图书馆藏马克思恩格斯手稿与珍稀著作的时代价值》（第4期），"面向未来的图书馆与社会"笔谈专稿《服务社会　面向未来》《图书馆与社会理论前瞻：理念、制度、文化》《面向未来的图书馆学科教育》《图书馆智能知识服务的未来》《在新发展格局中推进公共图书馆的创新和高质量发展》《图书馆之社会与社会之图书馆——国际图联与〈联合国 2030 议程〉》(第 2 期)。以上专题、专稿从全国智慧图书馆体系、公共文化服务、数据科学、马克思主义文献研究、图书馆事业未来发展以及新时代中国特色图情学基本理论问题等方面展开研究，推动学术研究的理论创新和事业发展的实践创新，具有深远的理论意义和重要的现实意义。

审稿方面,《中国图书馆学报》编辑部全年审稿 1137 篇。严格执行双向匿名审稿制度，严格遵守学术规范和编辑出版规范，认真执行国家有关编校质量的规定。针对学术不端行为，在审稿过程中严格审核；同时，规范版权授权管理。

出版发行方面,《中国图书馆学报》全年面向国内外正式发行，国内读者主要为全国公共图书馆、大学图书馆、专业图书馆、高校相关院所、信息机构的研究人员、从业人员和高校学生。通过国家图书馆国际交换组，发行至世界 300 个国家和地区的国家图书馆及相关地区的图书馆。

学术交流方面，11 月 7 日,《中国图书馆学报》编辑部组织召开以“基层图书馆发展调研”为主题的线上学术研讨会，共有来自北京大学、武汉大学、中国人民大学、中山大学等近 10 个单位的 20 余名专家学者参加。会上，专家学者们主要围绕《从融通融合到协同治理：新时代文明实践中心的文化实践与基层公共文化高质量发展》《面向深层次的均等化：百强县公共图书馆总分馆调查与反思》《少数民族基层图书馆治理效能提升与高质量发展——以武陵山片区县级图书馆总分馆建设为例》3 份调研报告的内容展开讨论，同时对《中国图书馆学报》如何进一步推动基层图书馆的理论发展与实践研究提出建设性意见。

《中国图书馆学报年刊(英文版)》创刊于 2009 年，每年一辑。从该刊中文版中挑选代表中国图书馆事业发展和图书馆学研究的学术成果，翻译成英文，结集出版。2021 年完成 2020 年第 12 卷的编辑出版和发行工作，与《中国图书馆学报》一起发行至世界 300 个国家和地区的国家图书馆和其他重要图书馆。

(二)《国家图书馆学刊》

《国家图书馆学刊》是由文化和旅游部主管、国家图书馆主办，国内外公开发行的图书馆学专业学术刊物，主要面向国内外图书馆、高等院校及科研单位的广大图书情报专业工作者。该刊是《中文社会科学引文索引》(CSSCI)来源期刊和《中文核心期刊要目总览》收录期刊，入选《中国人文社会科学核心期刊要览》《“中国人文社会科学综合评价 AMI”核心期刊》《复印报刊资料重要转载来源期刊》。

2021 年,《国家图书馆学刊》全年来稿 1200 多篇，刊发 65 篇，另刊登“业界动态”16 条。主要栏目有“专家视点”“政策与法规研究”“智慧图书馆”“公共文化服务”“阅读推广”“数字人文”“管理与服务”“图书馆史研究”等。为充分反映图书馆学研究与图书馆事业发展重点，2021 年度新设专栏“公共图书馆‘十四五’战略研究”，并通过约稿组织专题“公共图书馆评估理论与评估标准创新研究”。

(三)《文献》

《文献》杂志创刊于 1979 年，是由文化和旅游部主管、国家图书馆主办的学术刊物。内容以披露国家图书馆的丰富馆藏和其他公私家典藏的、国内外新近发现的、具有重要价值的各种古、近代文献资料及其研究成果为主，着重收录古文献学、训诂学、校勘学、目录学、版本学、辨伪学、辑佚学等方面的研究论文，同时重视报道海外汉学研究进展。该刊从文献学的角度，为促进和繁荣我国传统文化及其研究事业服务。

2021 年，《文献》杂志共出版 6 期，刊发各类稿件 73 篇，约 144 万字。根据文章选题，每期均设立专刊或专栏，并约请相关领域专家撰写导言 2 篇。结合部门工作重点，特设“古籍保护”和“古籍普查”栏目，刊发相关文章 2 篇。2021 年，《文献》继续保持入选南京大学 CSSCI（2021—2022）、北京大学《中文核心期刊要目总览》（2020 版）、中国社会科学评价研究院核心期刊（2018 版）3 种来源期刊目录，在部分高等院校中被评定为权威刊物。全年继续利用“国家古籍保护中心”“古代小说网”“古文字微刊”“古文献学微刊”“精一文献”等多个较为成熟的微信公众号发布各期目录和内容摘要，成效显著，有更多学者对已刊发文章给予高度关注。根据中国知网发布的《中国学术期刊影响因子年报》（2021 版），《文献》杂志在“历史”“文学”“图书馆学・情报学”3 种学科类目中影响力指数排序和被引频次均比 2020 年有所提升。

四、年鉴编辑出版

（一）《中国图书馆年鉴》

《中国图书馆年鉴》是由中国图书馆学会、国家图书馆联合主办，反映中国图书馆事业发展状况的大型资料工具书。

《中国图书馆年鉴 2021》全面反映 2020 年中国图书馆事业的发展状况。正文采用分类编辑法，设立特载、纪事、图书馆事业、学术研究与活动、法律法规与政策性文件、专业文献、统计资料、年度大事记、图书馆活动图辑、综合索引 10 个栏目。自 2020 年初新型冠状病毒肺炎疫情发生以来，全国各级各类图书馆根据有关部门部署，及时闭馆，暂停读者到馆服务，免除闭馆期间读者外借文献逾期费用。同时，全国各级各类图书馆主动作为，充分发挥专业优势，利用网络平台发布防疫主题资讯，推荐抗疫专题书刊，为社会公众普及防疫安全知识，开展在线办证服务，提供远程免费阅读资源，举办互动阅读活动等形式丰富的活动。各馆还通过捐赠疫情防控急需物资等方式助力武汉及湖北其他地区图书馆。为此，《中国图书馆年鉴 2021》以“全国图书馆界积极行动，共同抗‘疫’”为题，通过“特载”栏目对全国图书馆界的抗‘疫’行动予以特别记录。

《中国图书馆年鉴》编辑部共收到《中国图书馆年鉴 2021》的原始稿件 110 余万字、图片 662 幅，誊清稿约 90 万字，交付国家图书馆出版社出版。

（二）《国家图书馆年鉴》

《国家图书馆年鉴》由国家图书馆主办，系统、全面地记录国家图书馆年度事业发展进程。《国家图书馆年鉴 2021》全面记录国家图书馆在 2020 年的工作全貌，系统、准确地反映国家图书馆 2020 年各项事业的发展情况，为读者了解和研究国家图书馆提供基础数据资料。全书共分为综述、特别记载、基础业务工作、服务工作、国家数字图书馆建设与服务、重点文化工程及项目、文献整理与编辑出版、学术与科研、对外交流与合作、机构与人事管理、党建与群团活动、设施建设与安全保卫、统计资料、重要文件选编、媒体报道、年度大事记、综合索引17个栏目。其中，“特别记载”栏目重点记录“国家图书馆举办习近平总书记给国家图书馆老专家回信一周年暨建馆111周年相关活动”“国家图书馆举行法文本《论语导读》典藏仪式暨展览开幕式”“国家图书馆研究提出‘全国智慧图书馆体系’建设思路”“国家图书馆全面统筹部署疫情防控与复工开馆各项工作”等内容。

《国家图书馆年鉴2021》在排版格式上进行了改版，由国家图书馆出版社出版，全书共计54.7万字、图片65幅、统计图表28个。

五、国家图书馆出版社专业文献出版

2021年，国家图书馆出版社出版图书377种，比2020年增长71%。其中新版书247种，比2020年增长36%，重印书130种，比2020年增长242%。全年销售额有所回升，发货码洋2.24亿元，比2020年增长19%。

（一）重点图书的出版

2021年，《中华传统文化百部经典》中的《孝经》《淮南子》《牡丹亭》《日知录》《世说新语》《欧阳修集》《梦溪笔谈》《曹操集》《儒林外史》《太平经》等10种图书出版（参见“重点文化工程及项目”之“《中华传统文化百部经典》编纂项目”）；《鲁迅手稿全集》（全78册）编辑出版工作圆满完成（参见“重点文化工程及项目”之“《鲁迅手稿全集》编辑出版项目”）；《中华医藏》项目启动，《中华医藏》数据工作平台搭建，“养生卷”编辑出版工作进展顺利；列入中华古籍保护计划的项目《全国古籍普查登记目录》系列出版《辽宁省二十六家收藏单位古籍普查登记目录》等19种24册，《国学基本典籍丛刊》出版《傅增湘校本栾城集》等9种38册（含精装版1种3册），“海外藏《永乐大典》仿真影印回归项目”出版《原国立北平图书馆藏〈永乐大典〉（第一辑）》1种20册；革命文献与民国时期文献保护计划完成《民国时期图书总目・宗教》出版，另出版《民国时期大学校刊汇编》《中国现代史档案资料汇编》等共计17种911册。

出版“十一五”国家重点图书出版规划项目图书《梦觉主人序本红楼梦》、“十二五”国家重点图书出版规划项目图书《中国古籍珍本丛刊》2种［吉林省图书馆卷、浙江图书馆卷（第一辑）］、“十三五”国家重点图书出版规划项目图书《中华传统文化百部经典》9种、2011—2020年国家古籍整理出版规划项目图书《古本戏曲丛刊十集》《英国国家图书馆藏中文古籍目录》《山东大学图书馆藏稀见书目书志丛刊》《原国立北平图书馆藏〈永乐大典〉（第一辑）》、国家出版基金项目图书《近代日本对华调查档案资料丛刊：第五辑　兴亚院调查》《道家与道教研究著作提要集成（1901—2017）》《浙学未刊稿丛编・第一辑・书志》、国家古籍整理出版资助项目图书《古本戏曲丛刊十集》《英国国家图书馆藏中文古籍目录》《山东大学图书馆藏稀见书目书志丛刊》《明人别集稿抄本丛刊》《清代笔记珍本丛刊（第一辑）》《原国立北平图书馆藏〈永乐大典〉（第一辑）》《汉魏六朝集部珍本丛刊提要》《近代史研究所藏稿钞本日记丛刊提要》、国家社科基金后期资助项目图书《宋代地方的官民信息沟通与治理秩序》《面向国家安全的情报研究》。

（二）申报项目和参评奖项

1. 入选“十四五”国家重点图书出版规划

12个项目入选《出版业“十四五”时期发展规划》。其中，“《永乐大典》、敦煌文献出版工程”入选重大出版工程规划，由国家图书馆出版社与中华书局、上海古籍出版社等共同承担（参见“年度掠影”之“国家图书馆出版社12个项目入选《出版业“十四五”时期发展规划》”）。

2. 申报各类国家重点项目

《近代日本对华调查档案资料丛刊（第四、五辑）》《中国图书馆人物口述史（第一批）》《明清宫藏丝绸之路档案图典》3个项目获得2021年度国家出版基金资助。

《原国立北平图书馆藏〈永乐大典〉（第一辑）》《清代诗文集珍本丛刊续编》《敦煌遗书书法选集（第一、二辑）》《国家图书馆藏样式雷图档·定东陵卷》《清代笔记珍本丛刊（第一辑）》《山东大学图书馆藏稀见书目书志丛刊》《北京地区中医古籍目录提要初编》《美国芝加哥大学图书馆藏中文古籍善本书志·史部》《松荫轩藏印谱书目提要》《中国书院文献丛刊（第三辑）》10个项目获得2021年度国家古籍整理出版资助。

《〈陈氏礼记集说补正〉整理与研究》《禅之延异》《民国时期图书馆社团研究》3个项目为2021年国家社科基金后期资助项目。

3. 优秀图书评奖

《中华传统文化百部经典》（第一至五批）（40册，与科学出版社联合申报）荣获第五届中国出版政府奖图书奖，《古本戏曲丛刊》（六、七、八集）（46函510册）荣获图书奖提名奖；《图书馆学概论》（第4版）获国家教材委员会首届全国教材建设奖全国优秀教材（高等教育类）二等奖；《子产文献集成》获2020年度河南省社会科学优秀成果一等奖；《苏颂全集》获福建省第十四届社会科学优秀成果奖一等奖；《中国历史编纂学史》获北京市第十六届哲学社会科学优秀成果奖二等奖；《图书馆视角下的近代日本对华文化侵略》获江苏省第十六届哲学社会科学优秀成果（著作）奖二等奖；《孔氏南宗文献丛书》获浙江省第二十一届哲学社会科学优秀成果二等奖；《古本戏曲丛刊八集》获全国古籍出版社2019年度百佳图书一等奖，《孙诒让稿本汇编》《哈佛燕京图书馆藏稀见书目书志丛刊》《汉魏六朝集部珍本丛刊》《清华大学图书馆藏稿钞本日记丛刊》《清代诗话珍本丛刊·第一辑》获二等奖；《美国芝加哥大学图书馆藏中文古籍善本书志·经部》获全国古籍出版社2020年度百佳图书一等奖，《近代史研究所藏稿钞本日记丛刊》《苏颂全集》《清代乡试文献集成·第一辑》获二等奖，《中华传统文化百部经典·陶渊明集》获普及读物奖；《神龙说字》入选中国出版协会第五届中国数字出版创新论坛“出版融合发展优秀案例年度推优”项目；《中华传统文化百部经典·论衡（节选）》获第八届中华印制大奖“精装1—3色类”金奖，《清代进士传录》获“套书10册及以下类”银奖；《中华传统文化百部经典·李白集》荣获第八届优秀审读报告推介活动优秀奖。

《老子绎读》和《中华传统文化百部经典》之《周易》《尚书》《论语》《孟子》《史记》《墨子》《孙子兵法》《荀子》《韩非子》《楚辞》11 种图书入选全国古籍整理出版规划领导小组办公室公布首批向全国推荐经典古籍及其整理版本;《中华传统文化百部经典》之《尚书》入选全国政协委员读书参考书目(第七期)。

4. 数字出版项目

"国家文化大数据体系建设——基于历代典籍整理的中国传统文化图典深度标引与素材库建设"入选 2021 年中央文化企业国有资本经营预算支出项目,"中国历史文献总库·近代报纸数据库"入选国家新闻出版署主办的"百佳数字出版精品项目献礼建党百年专栏","《永乐大典》高清影像数据库(第一辑)""古籍印谱知识与印章识别系统"获 2021 年度国家古籍数字化工程专项经费资助。

"中国历史文献总库"平台建设被列入落实习近平总书记给国家图书馆老专家回信精神重点项目。完成"民国图书数据库"六期和"近代报纸数据库"六期建设。完成"永乐大典""鲁迅手稿""中华医藏文献平台""域内方志数字资源平台""北京古建遗迹大观"等专题数据库建设。"国家文化大数据体系建设——基于历代典籍整理的中国传统文化图典深度标引与素材库建设"一期建设完成。

年度掠影

【国家图书馆出版社 11 种图书入选首批向全国推荐经典古籍及其整理版本】

3 月 3 日，全国古籍整理出版规划领导小组办公室公布首批向全国推荐 40 种经典古籍及 179 个优秀整理版本。国家图书馆出版社报送的《老子绎读》和《中华传统文化百部经典》之《周易》《尚书》《论语》《孟子》《史记》《墨子》《孙子兵法》《荀子》《韩非子》《楚辞》11 种图书入选。

由全国古籍整理出版规划领导小组办公室组织开展的经典古籍及其整理版本推荐工作，目的是进一步规范古籍普及工作，充分发挥优秀古籍整理图书传承和弘扬中华优秀传统文化的重要作用，为广大读者遴选中华优秀传统文化的“最要之书”“最善之本”。《老子绎读》是任继愈先生注释《老子》的集大成之作，以王弼本为底本，参以帛书本、竹简本校之，配以简明的释文，精练的题解，寥寥数语，尽显大家风范。《中华传统文化百部经典》编纂项目由中宣部支持指导，由文化和旅游部委托国家图书馆组织实施。该项目从中华民族几千年积累的传统文化典籍中选择在哲学、文学、历史、科技等各个学术领域具有重大思想价值、社会价值、历史价值和学术价值的 100 部经典著述。截至 2021 年底，已完成第一至六批共 50 种图书的编纂出版。

【《孔氏南宗文献丛书》新书发布暨南孔文化研讨会召开】

5 月 20 日，《孔氏南宗文献丛书》新书发布暨南孔文化研讨会在国家图书馆召开。衢州市社会科学界联合会主席刘章华、国家图书馆出版社社长魏崇出席会议并致辞，衢州学院副校长周兆忠、杭州师范大学国学院副院长范立舟分别主持新书发布会、专家座谈会仪式，首都师范大学文学院特聘教授黄灵庚、四川大学古籍研究所所长舒大刚等 40 余人参会并发言。会上，丛书主编、衢州学院教授吴锡标介绍图书整理情况，责编张慧霞介绍图书出版情况。

由衢州学院孔氏南宗文化研究中心编纂的《孔氏南宗文献丛书》共 48 册，收录孔氏南宗文献 43 种，所收范围为 1949 年以前著述，内容涉及孔氏南宗族人所撰著述史部 13 种、子部 15 种、集部 13 种，非孔氏南宗族人所撰著述 2 种。《孔氏南宗文献丛书》的编纂出版，是继明代衢州知府沈杰整理汇编《三衢孔氏家庙志》后，对孔氏南宗文献所进行的第一次全面而系统的搜集整理和汇编出版。

【《清代蒙古族别集丛刊》新书发布会召开】

5 月 29 日，《清代蒙古族别集丛刊》新书发布会在呼和浩特召开。内蒙古大学党委书记刘志彧、副校长额尔很巴雅尔，国家图书馆出版社社长魏崇出席会议并致辞。新书发布会与学术会议分别由内蒙古大学文学与新闻传播学院党委书记乔旺、院长魏永贵主持。

《清代蒙古族别集丛刊》是内蒙古大学教授米彦青主持的国家社会科学基金重大项目“元明

清蒙汉文学交融文献整理与研究”的阶段性成果。元明清时期，大量的蒙古族文人学习汉语写作诗文，以别集或总集、选本、散存的形式给后世留下丰富的蒙古族汉文创作，清代诗文集留存数量最多，文献价值最大，故先期出版《清代蒙古族别集丛刊》40 册。该丛刊以藏于国家图书馆的 87 种蒙古族别集为底本，校以其他图书馆藏本。其中 42 种未曾面世，包括 10 种稿抄本、15 种刻本、9 种铅印本、5 种石印本、1 种朱印本、1 种影印本、1 种油印本，内含孤本 22 种。此套丛刊的影印出版，不仅有助于稿抄本的保存，更可以为相关研究提供可靠的文献支撑。

【《古本戏曲丛刊》编纂出版座谈会举行】

7 月 23 日，“六十载使命接续　千百卷传奇完璧——《古本戏曲丛刊》编纂出版座谈会”在国家图书馆举行。座谈会由中国社会科学院文学研究所和国家图书馆出版社共同主办。中国社会科学院学部委员、文学研究所原所长刘跃进和国家图书馆出版社社长魏崇分别主持会议。原文化部副部长王文章，国家图书馆党委书记、副馆长魏大威，中宣部出版局（全国古籍办）古籍处处长章隆江等出席座谈会。中国作家协会书记处书记廖奔发表书面致辞。来自全国各地的戏曲文献研究专家学者，图书馆界、出版界专家汇聚一堂，共同庆祝《古本戏曲丛刊》编纂完成并探讨古代戏曲文献理论与实践研究的途径。

【《中华传统文化百部经典》（第一至五批）、《古本戏曲丛刊》（六、七、八集）两个项目荣获第五届中国出版政府奖】

7 月 29 日，第五届中国出版政府奖表彰会在北京举行。会上发布《国家新闻出版署关于表彰第五届中国出版政府奖获奖出版物、出版单位和出版人物的决定》和第五届中国出版政府奖获奖名单。此届中国出版政府奖评选表彰是在庆祝中国共产党成立 100 周年、迈上全面建设社会主义现代化国家新征程之际，对出版界的一次巡礼和检阅。国家图书馆出版社出版的《中华传统文化百部经典》（第一至五批）（40 册）荣获第五届中国出版政府奖图书奖，《古本戏曲丛刊》（六、七、八集）（46 函 510 册）荣获第五届中国出版政府奖图书奖提名奖。

《中华传统文化百部经典》由中宣部支持指导，由文化和旅游部委托国家图书馆组织实施，被列入“中华优秀传统文化传承发展工程”重点项目、国家“十三五”重点图书规划重大出版工程，由中央文史馆馆长袁行霈先生领衔主编。这套书的编纂宗旨是“激活经典，熔古铸今”，一方面立足学术，深入诠释古代经典，体现当今传统经典研究的权威性和新高度，另一方面深入浅出，化繁为简，让大众读懂经典，更好地理解经典，实现用优秀传统文化来滋养当代读者的目标。《古本戏曲丛刊》第六、七、八集是“2011—2020 年国家古籍整理出版规划”项目。该项目是古代戏曲文献整理、文学文献研究的重要成果，也是做好当代古籍整理、传承中华优秀传统文化的代表性项目。

【国家图书馆出版社入选 2021 年中国图书海外馆藏影响力 30 强】

9 月 14 日，中国图书海外馆藏影响力 10 周年纪念暨 2021 年度报告发布礼在北京举办，会上发布《2021 年中国图书海外馆藏影响力报告》。在中国出版社进入世界图书馆系统品种排行榜中，国家图书馆出版社以185种位列第20位（并列），入选2021年中国图书海外馆藏影响力30强。截至2021年，该报告发布至第十届，此次为国家图书馆出版社第九次入选中国图书海外馆藏影响力百强。

2012年开始的中国图书海外馆藏影响力研究，由北京外国语大学、中国出版传媒商报社联合举办，是学术界第一次用图书馆收藏的书目数据来评价中国出版机构，确立中国图书海外影响力研究的客观标准。此次检索范围是中国近600家出版社（未包括港澳台地区的出版社）在2020年1月至12月出版（含再版）的中文、英文图书，并扣除国家图书馆等10家机构向联机计算机图书馆中心（OCLC）上传的中文书目数据。

【《图书馆学概论》（第4版）荣获首届全国教材建设奖】

10月12日，国家教材委员会发布《关于首届全国教材建设奖奖励的决定》，国家图书馆出版社出版的《图书馆学概论》（第4版）荣获首届全国教材建设奖全国优秀教材（高等教育类）二等奖。全国教材建设奖是由国家教材委员会主办、教育部承办的教材领域的最高奖，旨在加强教材建设激励保障、树立教材建设标杆和典型、展示教材建设成果。《图书馆学概论》是图书馆学专业必修课经典教材。第1版出版于1985年，第4版在做出较大修订后于2019年出版。该书全面讲解图书馆学的基本理论和基本知识，介绍国内外图书馆学理论研究进展及图书馆事业宏观发展状况。第4版吸收国内外图书馆工作实践与理论研究的最新成果，对各章节内容进行修订乃至重写，反映新技术对图书馆转型的影响。该书除用作高校图书馆学专业教材外，还适合作为图书馆员的专业入门读物。

【《子藏·儒家部·论语卷》首发式举行】

10月15日，《子藏·儒家部·论语卷》首发仪式在孔子博物馆举行。国家图书馆副馆长、《子藏》编纂出版委员会副主任张志清，华东师范大学先秦诸子研究中心主任、《子藏》总编纂方勇，孔子博物馆馆长郭思克，国家图书馆出版社副社长葛艳聪出席活动并为新书揭幕。孔子博物馆副馆长杨金泉主持活动。会上还举行赠书活动，《子藏》编纂出版委员会向孔子博物馆赠送《子藏·儒家部·论语卷》一套。

《子藏·儒家部·论语卷》是《子藏》系列丛书中的一部，收录目前所知有关《论语》各种白文本、注释本、节选本、校勘本、批校本及其相关研究著作等珍稀古籍版本共293种，成书精装16开，共182册。该书注重对《论语》稀见文献及辑佚本的收入，特别是对《四书》类文献择优收入。《子藏》系列图书已出版26种，计1016册，收录文献2989种。另出版提要1种。

【国家图书馆出版社12个项目入选《出版业“十四五”时期发展规划》】

12月28日，国家新闻出版署发布《出版业“十四五”时期发展规划》，部署推动“十四五”时期出版业高质量发展，深入推进出版强国建设，对“十四五”时期国家重点图书、音像、电子出版物出版做出项目规划，首次遴选规划项目1929个，其中图书项目1753个、音像电子出版物项目176个。国家图书馆出版社12个项目入选该规划当中的“十四五”国家重点图书出版专项规划。其中，“《永乐大典》、敦煌文献出版工程”（与中华书局、上海古籍出版社等共同承担）入选重大出版工程规划，《中国少数民族文字古籍普查登记目录》入选民族文字出版规划，《宋濂全集笺注》《历代诗话珍本丛刊》《国家珍贵古籍丛刊》《中华再造善本三编》《日本藏中国古籍总目》《韩国藏中国古籍总目》6个项目入选古籍出版规划，《中国远征军档案汇编》、《民国时期图书总目》、《鲁迅手稿全集》（与文物出版社共同承担）、《中国古代音乐史》4个项目入选社会科学与人文科学出版规划。

【多种形式开展缩微文献整理与开发工作】

2021年，国家图书馆依托革命文献与民国时期文献保护计划和公共服务平台，采取多种形式开展缩微文献整理与开发工作。一是推动革命历史文献的整理开发，策划项目“红色中华”系列专题取得民国时期文献保护计划立项支持；二是继续开展民国时期文献选题策划与整理工作，《中国建筑史料编研（1911—1949）》《近代警政史料汇编》正式出版，并为国家图书馆出版社《广州大典·民国篇：广东公报丛编》等多个项目提供文献资料支持，推动相关开发项目的实施；三是构建知识共创空间，为各类组织机构提供知识内容一站式支持与服务，结合庆祝中国共产党成立100周年主题活动，充分运用馆藏缩微文献资源，策划拍摄微党课视频《红色中华》《红星照耀中国——外国记者眼中的红色延安》，设计研发“见微知著——缩微胶片中的革命文献”课程，进一步丰富开发形式。

学术与科研

- 科研项目
- 学术成果
- 博士后科研工作站
- 图书馆事业发展研究与图书馆政策研究

学术与科研

一、科研项目

（一）立项情况

2021年，国家图书馆获准立项国家社科基金项目4项，资助经费105万元；获准立项省部级科研项目3项，资助经费14万元（参见“统计资料”之“科研项目”）。

（二）结项情况

2021年共结项18项。其中，馆级项目12项、部级项目2项、国家级项目4项（参见“统计资料”之“科研项目”）。

二、学术成果

2021年，国家图书馆员工正式发表的成果包括著作类（含参与编撰等）28部、论文302篇。

三、博士后科研工作站

（一）制度建设

2021年，国家图书馆博士后科研工作站（以下简称“工作站”）始终按照《国家图书馆博士后科研工作站管理办法》（国图研发〔2016〕15号）等规章制度要求开展工作，坚持对博士后出站工作报告等在站研究成果进行学术不端检测，确保工作站工作开展的规范性。

（二）博士后进出站及日常管理情况

工作站发布2021年招聘简章，共收到4份进站申请。组织召开进站面试会，2021年无合适人选进站。工作站出站博士后2人，出站博士后研究工作报告均被评定为优秀等级。按照北京市及国家图书馆疫情防控要求，工作站采取线上线下相结合的方式，全年组织召开博士后工作相关会议5场，其中出站鉴定会1场、开题论证会2场、中期考核会1场、进站面试会1场。

（三）在站博士后人员基本情况

截至2021年底，工作站共有合作导师4人，主要研究方向包括文献信息组织、数字图书馆、公共数字文化建设、古籍整理和保护、立法和决策服务、智库建设等。已出（退）站博士后31

人。在站博士后 2 人，研究方向均为古籍善本书志，其中女生 1 人、男生 1 人，全职 1 人、兼职 1 人。

四、图书馆事业发展研究与图书馆政策研究

（一）图书馆事业发展研究

1. 编纂事业发展出版物

2021 年，为全面反映国家图书馆以及国内各类图书馆上年度的事业发展情况，国家图书馆组织编纂《国家图书馆年鉴》和《中国图书馆年鉴》（参见“文献整理与编辑出版”之“年鉴编辑出版”）。

联合 15 家副省级以上图书馆，共同推进“全国公共图书馆事业发展战略研究”委托项目，该项目于 5 月正式结项。在项目调研报告基础上策划出版系列丛书，共同编纂总报告《全国公共图书馆事业发展战略研究》并交付出版。

编纂《中国图书馆事业发展报告》（蓝皮书），推进《中国图书馆事业发展报告 · 图书馆建筑卷》编辑出版。

在文化和旅游部财务司的支持与指导下，继续组织对我国公共图书馆事业发展的年度数据进行汇总整理和分析，编制完成《2020 年全国公共图书馆事业发展基础数据概览》，为全国公共图书馆事业发展主要数据及多维度对比提供分析依据，供省级以上政府主管部门领导、副省级以上公共图书馆管理者和业界研究者参阅。

编辑出版发行《中国图书馆学报》《文献》《国家图书馆学刊》《文津流觞》《古籍保护研究》《书志》等学术刊物，与全国图书馆界共享发展思路。

2. 组织事业发展交流活动

开展“公共图书馆事业高质量发展研究”项目研究，围绕公共图书馆事业高质量发展的基本理论、发展现状、发展环境等方面开展调研，探索建设公共图书馆事业发展数据统计分析平台。

组织召开“图书馆建筑空间优化与高质量发展”学术研讨会，探讨图书馆高质量发展背景下图书馆建筑空间发展情况、发展趋势、发展路径等问题，400 余人线上参会。

3. 开展事业发展调研

围绕图书馆事业发展转型升级，深入开展调查研究，听取各有关方面意见建议，完成《全国智慧图书馆体系建设方案》。围绕智慧图书馆理论、智慧图书馆标准规范体系建设开展研究。

深入研究国家图书馆国家文献战略储备库建设项目的战略意义、建设思路、实施进展，论证项目建设的必要性、紧迫性，主动报送中宣部、国家发展和改革委员会、财政部、文化和旅游部等部门，努力争取政策支持，并及时反馈意见建议。

配合文化和旅游部公共服务司，联合中山大学信息管理学院，开展“公共图书馆少儿党史读

物阅读推广服务研究”项目调研工作。

根据文化和旅游部政策法规司要求，征集上报国家图书馆2020年度调研成果8项，其中《全国智慧图书馆体系建设研究报告》获评全国文化和旅游系统2020年度二十佳调研报告。上报2021年度调研选题5项，“图书馆未成年人阅读服务研究”项目被列入文化和旅游部2021年度课题研究与调研要点一般选题。

（二）图书馆政策研究

1. 事业发展规划研究

编制《国家图书馆“十四五”发展规划》，围绕“智慧转型”“品质提升”“开放合作”三大战略，部署13项重点任务及22个专栏项目，于10月正式发布。根据《文化和旅游部关于印发〈关于建立健全“十四五”规划实施机制的意见〉的通知》要求，编制《〈国家图书馆“十四五”发展规划〉分工方案》。

密切关注《“十四五”文化和旅游发展规划》《“十四五”公共文化服务体系建设规划》《“十四五”非物质文化遗产保护规划》等规划编制进度，积极推动国家图书馆国家文献战略储备库工程、全国智慧图书馆体系建设项目、中华古籍保护计划、革命文献与民国时期文献保护计划、《中华传统文化百部经典》编纂项目等重大项目列入国家及文化和旅游行业“十四五”规划。

2. 立法支撑研究

推进《中华人民共和国公共文化服务保障法》《中华人民共和国公共图书馆法》配套制度研究，与广州图书馆、中山大学等联合编制的《公共图书馆年度报告编制指南》正式结项；配合文化和旅游部公共服务司，反复讨论修改《公共图书馆馆藏文献信息处置管理办法》及起草说明。

利用《中华人民共和国文物保护法（修订草案）》《关于加强文化和旅游领域法治建设的指导意见》《文化和旅游部第八个五年法治宣传教育实施方案》等重要法律法规文件征求意见契机，推动将《中华人民共和国公共图书馆法》实施督导及配套制度建设、“古籍保护条例”立法等工作纳入国家立法和普法计划。

为贯彻新著作权法要求，贯彻落实《文化和旅游部办公厅关于印发〈学习宣传贯彻《中华人民共和国著作权法》实施方案〉的通知》，梳理国家图书馆著作权相关规章制度调研及工作建议报告。

3. 提供重要政策建议及报告

深入分析研判经费预算削减对图书馆事业发展的影响，联合有关部门组织整理调研汇报材料，积极反映国家图书馆事业发展的困难与问题，努力争取有关经费及政策支持。

报送图书馆进口文献免税政策需求调研及论证材料，成功推动图书馆被纳入《“十四五”期间进口科学研究、科技开发和教学用品免税清单（第一批）》适用范围。

配合中央及文化和旅游部党组关于事业单位人事制度改革有关要求，就《文化和旅游部职称评审管理办法（试行）》（征求意见稿）、《中共文化和旅游部党组关于在直属事业单位试行党委领导下的行政领导人负责制的实施办法（试行）》（征求意见稿）等人事制度及《中华人民共和国职业分类大典》修订等相关工作进行深入研究，结合工作实际，整理报送有关意见建议。

对《关于征求古文字与中华文明传承发展工程实施办法（征求意见稿）意见的函》《中华人民共和国国家通用语言文字法（修订草案）》等法律政策进行研究，结合工作实际，提出意见建议。

开展《国家图书馆文献采选条例》修订、外文馆藏质量评价工作，不断完善多元立体的馆藏文献信息资源体系。根据实际工作需要，对国家图书馆服务空间格局优化调整、库房空间调整、捐赠文献资源接受管理办法、文献资产管理办法、读者证卡服务优化提升方案、网站管理办法、网站版权声明、合同管理办法等馆内重要业务及管理制度建设问题开展讨论研究，提出调整优化建议。组织开展馆藏古籍文献数字化情况调研、集体卡管理和使用情况调研等。

4. 组织研制相关标准规范

组织起草《公共数字文化绩效评估指标》《公共图书馆年度报告编制指南》，参与起草《图书馆公共安全应急管理规范》等行业标准。

5. 对相关政策文件及行业发展动态进行搜集整理和研究

面向图书馆管理者和政府主管部门领导，跟踪报道国内外图书馆相关政策制度发布情况和图书馆事业发展动态信息，全年组织编发《图书馆决策参考》3 期及《图书馆动态》24 期。

编辑整理《2020 年公共文化法律政策选编》，选取 12 项国家和地方法律、法规及规章，35 项全国性政策文件，以及 10 项地方性政策文件，供图书馆管理者及政府主管部门领导查阅使用。

（三）智慧图书馆研究

2021 年，国家图书馆开展图书馆现代技术、智慧图书馆建设与发展等相关内容研究，追踪图书馆和 IT 业界以及文化行业最新资讯热点。结合“十四五”时期开展全国智慧图书馆体系建设规划，将《数字图书馆发展研究》刊物名称变更为《智慧图书馆发展研究》，并丰富刊物呈现形式。完成《你了解微服务吗？》《领略硬核科技“沉浸式技术”的魅力》2 期专报的出刊，每期配套发布 7—8 分钟短视频。推出技术动态 7 期，内容包括边缘计算、物联网、人工智能、数据智能、容器云、数字孪生等实时热点技术专题追踪，同时创新服务形式，完成 2021 年中国国际服务贸易交易会专题跟踪，为相关业务的决策和发展提供参考。

对外及与我国港澳台地区交流合作

对外及与我国港澳台地区交流合作

2021年，国家图书馆继续坚持以习近平新时代中国特色社会主义思想为指引，在疫情防控常态化的情况下，以线上线下相结合的方式，积极通过网络、邮件、视频通话等形式保持并加强与我国港澳台地区图书馆的交流，以及与周边国家、重点地区图书馆的交流。

一、对外交流合作

（一）业务交流与研讨

1. 线上双边会议及国际会议

馆领导全年参加线上双边会议共计3场，包括：10月25日，馆长熊远明与新加坡国家图书馆管理局局长黄子鹏举行线上会议；11月30日，馆长熊远明与日本国立国会图书馆馆长吉永元信举行线上会议，两馆同时开展业务交流；12月7日，馆长熊远明与俄罗斯国立外国文学图书馆馆长帕维尔·库兹明举行线上会议。

国家图书馆全年参加线上国际会议共计23场。其中，馆领导参加17场会议：2月26日，副馆长陈樱参加国际图联亚洲和大洋洲地区专业组常委会年中线上会议；4月30日，时任办公室主任霍瑞娟与国际图联图书馆协会管理专业组主席举行线上会议；5月19日，时任馆长饶权以视频形式参加俄罗斯图书馆协会二十五周年年会系列活动之“世界图书馆协会”国际研讨会并发言；6月22日，时任办公室主任霍瑞娟参加国际图联图书馆协会管理专业组常委会会议；7月13—14日，副馆长陈樱参加第十三次中文文献资源共建共享合作会议并致辞；8月11—25日，2021年世界图书馆和信息大会（第86届国际图联大会）及下设机构工作会议以线上形式举办，副馆长魏大威、陈樱、霍瑞娟及相关部门负责人参加此次大会开幕式，大会期间，副馆长魏大威还参加知识管理专业组常委会会议，副馆长陈樱参加亚洲和大洋洲地区专业组常委会会议，副馆长陈樱、霍瑞娟参加图书馆协会管理专业组公开会，副馆长陈樱参加亚洲和大洋洲地区专业组公开会等；9月1日，副馆长陈樱赴杭州参加第四届中国与阿拉伯国家图书馆及信息领域专家会议；9月2日，副馆长陈樱参加首届丝绸之路国际图书馆联盟大会；10月15日，副馆长陈樱参加金砖国家图书馆联盟小组讨论会；11月1日，馆长熊远明出席“展望我们的未来：图书馆和档案馆的总体发展规划——亚大地区国家图书馆领导者对话”活动；11月11日，副馆长张志清参加国际图联保存保护中心（中、日、韩）线上会议；11月15日，副馆长陈樱参加中文文献资源共建共享合作会议理事会第十四次会议；12月10日，副馆长陈樱参加国际图联亚洲和大洋洲地区部委员会线上工作会议。

其他线上国际会议包括：2月12日，国际交流处副研究馆员郝金敏和中国图书馆学会秘书处馆员李晨光参加2021年国际图联全体会员线上特别大会；4月27—29日，中文采编部研究馆员朱青青等5人在线参加第三届国际书目大会；5月10—12日，古籍馆研究馆员田周玲参加第48届国际标准化组织信息与文献标准技术委员会（ISO/TC46）大会；8 月 11—25 日，国家图书馆国际图联任职人员结合自身业务工作，分别参加国际图联各下设机构工作会议；11 月 9 日，中文采编部主任王洋等 2 人参加中文名称规范联合协调委员会第十八次会议；11 月 17—19 日，中文采编部副主任槐燕等 2 人参加第 46 届国际标准连续出版物刊号组织（ISSN）国家中心主任（线上）会议。

2. 其他双边交流

4 月，中国国家图书馆向新加坡国家图书馆管理局赠送《中华传统文化百部经典》已出版图书 40 部，新方在整理加工后已向新加坡读者提供服务；5 月 7 日，中国国家图书馆受邀为《欧罗巴那“宝塔”项目与中国》一书提供序言文字；7 月 13 日，中国国家图书馆与法国国家图书馆共同进行“中法门户网站”的内容更新工作；10 月 1 日，中国国家图书馆向新加坡国家图书馆管理局提供 4 种已进入公有领域、无意识形态问题且已进行数字化的文献资源，并签署《中国国家图书馆与新加坡国家图书馆管理局合作协议》；10 月 13 日，副馆长陈樱向第 58 届韩国图书馆大会暨展览会致视频贺词；11 月 5 日，馆长熊远明代表中国国家图书馆向蒙古国家图书馆发送百年馆庆贺信；此外，中国国家图书馆于 11 月期间与英国国家图书馆协作开展国际敦煌项目的数据库升级工作。

（二）国外合作项目

国家图书馆坚持服从国家文化外交大局，结合本馆业务特点以及疫情防控形势，积极巩固双、多边交流机制，努力寻求合作契机，搭建合作桥梁，打造合作品牌。

1.“丝绸之路国际图书馆联盟”品牌建设

高质量的项目内容是丝绸之路国际图书馆联盟可持续发展的关键。在广泛调研的基础上，结合各成员机构的普遍诉求，国家图书馆于 2021 年启动实施“首届丝绸之路国际图书馆联盟大会”（参见“特别记载”之“首届丝绸之路国际图书馆联盟大会举行”）、“丝绸之路数字图书馆”、“首期丝绸之路国际图书馆联盟馆员线上培训班”等多项重点项目，力争在联盟框架下，深化资源共建共享理念、开展专题文献保护和数字化合作、加强图书馆人才培养方面的交流等，实现联盟内部优势互补和资源对接。

（1）丝绸之路数字图书馆

为推动共建“一带一路”图书馆领域国际合作沿着高质量发展方向不断前进，国家图书馆作为牵头单位，在前期调研及充分论证基础上计划建设“丝绸之路数字图书馆”项目，以期切实发挥联盟的引领带动作用。本着“合作共建、合理共享”“友好协商、权责对等”“分步推进、逐步完善”的原则，以元数据由国家图书馆统一管理、对象数据由成员机构服务为基本合作模式，搭建支持中英文双语、多终端自适应的数字图书馆，最终将项目建设成为成员机构“一带一路”主题的文献资源展示平台、联络通信及成果交流的信息发布平台，实现成员机构优秀资源的共建共享，促进各国文化交流互鉴。

丝绸之路数字图书馆建设方案在通过文化和旅游部审批后，于 10 月正式启动数字平台搭建、资源整合及组织加工等工作，包括国家图书馆自建资源中“一带一路”主题相关资源的遴选和整合检索以及国内相关主题资源展示等。同时将通过专题页面及模块重点展示联盟成员机构的资源，如计划展示陕西省图书馆建设的“丝绸之路多媒体系列资源库”和福建省图书馆建设的“海上丝绸之路”系列资源库等。

（2）丝绸之路国际图书馆联盟图书馆员线上培训班

11月23日，由丝绸之路国际图书馆联盟指导委员会办公室主办、主题为“数字图书馆的建设与发展”的首期丝绸之路国际图书馆联盟图书馆员线上培训班正式召开。此期培训班系文化和旅游部2021年推进“一带一路”建设重点工作，由国家图书馆负责实施。经前期调研与反复论证，培训班采用摄制专家授课视频、向联盟成员机构定向推送视频访问链接和调查问卷、征集反馈意见并开展互动答疑等形式，以每周一课的频次完成3期课程的在线培训。

党委书记、副馆长魏大威作为数字图书馆领域专家进行首期视频授课，他围绕培训主题系统、全面地介绍中国国家数字图书馆的建设与发展，与联盟各成员机构的馆员分享国家数字图书馆工程、数字图书馆推广工程以及智慧图书馆建设规划的探索与实践。此外，国家图书馆数字资源部兼信息技术部主任谢强、福建省图书馆副馆长陈顺以及陕西省图书馆地方文献部主任窦鹏分别就数字图书馆服务创新以及丝绸之路专题资源库建设等内容进行视频授课。

经收集整理联盟各成员机构相关意见，此期培训班得到广泛关注并取得良好的培训效果。联盟指导委员会办公室在培训结束后总结经验，在进一步调研联盟成员机构需求基础上，计划按年度、分批次，以国内外成员单位代表相结合的模式定向邀请培训嘉宾进行视频讲座，为共建“一带一路”沿线国家的图书馆员创造在文献资源建设、古籍保护、数字图书馆建设等领域的交流机会，从而加强“一带一路”图书馆人才培养工作。

2.“2021中英图书馆论坛”线上培训

2021年，中国国家图书馆、中国图书馆学会、英国国家图书馆共同举办“2021中英图书馆论坛”线上培训，主题为“中西文古籍修复技艺及保护措施”。中英双方共同制作6期培训视频，在中国国家图书馆、中国图书馆学会、英国国家图书馆官方网站上线，同时邀请中国国家图书馆、英国国家图书馆以及中英双方的公共图书馆馆员在视频上线后自主观看学习。此外，双方签署关于《中国国家图书馆与英国国家图书馆合作计划——典藏与修复技术交流——2021—2022中英图书馆论坛》的协议。

3. 第四届中国与阿拉伯国家图书馆及信息领域专家会议

9月1日，第四届中国与阿拉伯国家图书馆及信息领域专家会议在浙江杭州以线上会议形式举行。会议由中华人民共和国文化和旅游部国际交流与合作局、浙江省文化和旅游厅支持，中国国家图书馆和阿拉伯国家联盟（以下简称“阿盟”）秘书处共同主办，浙江图书馆承办。阿盟秘书处信息文献和翻译司司长哈莱·贾德，中华人民共和国文化和旅游部国际交流与合作局副局长封立涛，中国国家图书馆副馆长陈樱，浙江省文化和旅游厅副厅长叶菁，浙江图书馆馆长褚树青，以及来自11个阿拉伯国家及阿盟秘书处、13家中方机构共40余名馆长、官员、专家以视频连线的方式出席会议。封立涛、哈莱·贾德、陈樱分别致辞。

此次会议主题为“疫情常态化条件下图书馆的区域性交流与合作”，与会代表围绕“中阿图书馆线上服务的机遇与挑战”“中阿图书馆运营管理新特点与新模式”等分主题，紧扣常态化疫情防控的客观实际，积极交流各馆在当前条件下，适时调整馆区开放政策、优化到馆读者服务能力、稳步提升线上资源内容的各项举措和经验做法。会议还重点研究如何丰富中阿电子图书馆的资源内容和提升项目的服务影响，并探讨中阿双方在图书馆及信息领域深化互惠机制的目标愿景与实现路径。

会议发布闭幕公报，就“加强中阿图书馆在疫情防控常态化条件下的交流与合作”“鼓励中国和阿拉伯国家的图书馆参与共同建设中阿电子图书馆项目”“积极发挥中阿电子图书馆项目联合委员会的长效机制作用”“继续鼓励中阿图书馆互赠文化、历史、文明相关图书、刊物，完善互赠机制”“欢迎沙特阿卜杜勒・阿齐兹国王公共图书馆于2022年为中方相关机构开展阿拉伯语图书编目培训课程”“鼓励中阿图书馆合作整理图书馆疫情防控最佳案例集”等议题达成共识。

作为中阿合作论坛第九届部长级会议成果文件《中阿合作论坛2020年至2022年行动执行计划》的重要内容，此次会议进一步增强中国和阿拉伯国家文明交流与互鉴的发展理念，为中阿图书馆及信息领域携手应对新冠肺炎疫情凝聚更多共识，有利于双方继续在“一带一路”倡议下开展中阿图书馆及信息领域集体合作，更有利于双方在业已建立的中阿电子图书馆等合作机制框架下持续开拓创新，共同推进各国图书馆事业实现高质量发展。

二、与我国港澳台地区交流合作

2021年，国家图书馆在遵守疫情防控各项措施的前提下，全年共接待来访团组3批次，共计64人次，包括：3月11日，接待港澳台美协主席蔡豪杰一行3人来访参观、赠书；6月8日，接待国情教育（澳门）协会会长率澳门青少年北京学习参访团一行60人来访参观；7月19日—8月23日，接待参加港澳实习生项目的香港实习生1人到馆实习。

年度掠影

【第十三次中文文献资源共建共享合作会议在线上召开】

7 月 13—14 日，由台湾汉学研究中心承办的第十三次中文文献资源共建共享合作会议在线上召开。国家图书馆副馆长陈樱、台湾汉学研究中心主任曾淑贤、台湾大学图书馆馆长陈光华出席会议并致开幕词。来自中国、美国和英国等国家的 230 余位代表通过视频参加或观看会议。会议以“跨越经纬 · 创新翻转——图书馆与数位人文的对话”为主题，通过报告的方式进行研讨和交流。会上共宣读 8 篇报告并进行 2 场专题讲座，参会代表围绕图书馆数字人文领域的最新发展和探索展开广泛而热烈的讨论。

中文文献资源共建共享合作会议是中文图书馆界最具代表性的会议之一，主旨是研讨跨地域的中文文献资源共建共享问题，推动全球中文图书馆和中文资源收藏机构之间的交流与合作。会议自 2000 年由国家图书馆发起至今已成功举办 13 次，分别由内地（大陆）、香港、澳门、台湾的图书馆机构轮流承办，对于弘扬中国文化，提升中国文化在全球的影响力起到积极作用。此次会议原计划于 2020 年 9 月在台北举办，后因新冠肺炎疫情影响，延期并改为线上进行。

【国家图书馆组织参加 2021 年世界图书馆和信息大会（第 86 届国际图联大会）】

8 月 17—19 日，国际图联首次组织召开线上年会——2021 年世界图书馆和信息大会（第 86 届国际图联大会）。此次会议主题为“让我们携手共创未来”，会议下设“图书馆创新”“图书馆包容”“图书馆可持续发展”“图书馆启发思考”“图书馆赋能”等 5 个分主题。中国国家图书馆副馆长魏大威、陈樱、霍瑞娟及相关部门负责人参加此次大会，与各国参会代表就知识管理与服务、亚洲和大洋洲地区图书馆交流与合作、图书馆可持续发展、图书馆宣传和推广、文献编目、文献保存和保护以及文献提供和资源共享等议题进行交流。

大会期间和会期前后（8 月 11—25 日），国际图联还通过分会场的形式组织召开各下设机构工作会议和公开会、展览会等。

【副馆长陈樱出席金砖国家图书馆联盟线上讨论会】

10 月 15 日，金砖国家图书馆联盟线上讨论会于迪拜世博会期间举行。此次会议由南非国家图书馆发起，主会场设在迪拜世博园，主题为“信息获取与疫情：国家图书馆案例”。中国国家图书馆副馆长陈樱、俄罗斯国立图书馆馆长瓦蒂姆 · 杜达、印度国家图书馆馆长阿杰 · 普拉塔普 · 辛格、南非国家图书馆馆长兼首席执行官凯皮 · 马度莫等参加会议并分别发言。陈樱在会上做题为《信息获取与疫情防控——中国国家图书馆发展案例》的主旨报告，向与会代表介绍中国国家图书馆的基本情况以及应对新冠肺炎疫情的主要举措，特别提到应及时总结疫情防控经验，加强对新技术应用的系统性研究，拓展各国图书馆间的交流与合作，促进社会各领域优质阅读资源整合，使其获取途径更为便捷。俄罗斯、印度和南非的代表们分别围绕会议主题介绍各馆的基本馆藏情况、发展历程和成就，重点介绍在数字资源呈缴、数字版权获取和数字图书馆建设等方面的经验教训及未来发展规划。

基于《金砖国家政府间文化合作协定》，中国国家图书馆于 2017 年 7 月倡议成立金砖国家图书馆联盟，邀请金砖国家图书馆代表签署《金砖国家图书馆联盟成立意向书》，议定中国国家图书馆联合巴西、俄罗斯、印度和南非的国家图书馆轮流举办金砖国家图书馆联盟会议。此次研讨会的召开，对于金砖国家图书馆联盟倡议的实施将发挥重要的推动作用。

【馆长熊远明与新加坡国家图书馆管理局局长黄子鹏举行线上会议】

10 月 25 日，中国国家图书馆馆长熊远明与新加坡国家图书馆管理局局长黄子鹏举行线上会议，就双方应对疫情所采取的举措及各自中远期发展规划等议题进行探讨。熊远明首先向黄子鹏及新方同人表示诚挚问候，并介绍中国国家图书馆的近况。他指出，近年来中新两国图书馆界开展了积极有效的交流与合作，双方互相支持、互有借鉴，推动了两国图书馆事业的共同进步，树立了区域合作的良好典范。黄子鹏介绍新加坡国家图书馆管理局的近况，并指出双方近年来交往密切，双方相互学习、借鉴彼此的发展经验，有效推动了事业发展。在疫情背景下，双方更应通过多种方式继续加强交流。此外，双方还围绕“智慧图书馆建设”“打造学习平台”“提升公民信息素养”“讲好国家故事”“提供公平、包容的服务”等内容进行交流。

【馆长熊远明出席亚大地区国家图书馆领导者对话活动】

11 月 1 日，中国国家图书馆馆长熊远明出席“展望我们的未来：图书馆和档案馆的总体发展规划——亚大地区国家图书馆领导者对话”活动（线上），并做题为《智慧・品质・开放——中国国家图书馆未来发展愿景》的专题报告。熊远明介绍中国国家图书馆在“十四五”发展规划中明确的三大核心战略，即智慧转型战略、品质提升战略和开放合作战略，并从宏观上阐述落实三大核心战略需要开展的工作。熊远明指出，智慧城市、智慧社会建设已成为各国共同关心的全球议题，知识生产、传播和服务的链条在新技术条件下被全面重塑，图书馆的社会功能、服务形态、业务逻辑、管理方式都面临持续而深远的变革。他强调：面对复杂而充满挑战的新环境，图书馆界应该着眼于未来，思考如何更有效率地开展工作，应加快图书馆智慧化转型，策划启动“全国智慧图书馆体系”建设项目；应积极适应图书馆现代化治理的新要求，及时更新完善馆藏政策、服务制度和管理规范，全面提升管理水平、运行效率和科学决策水平；应积极参与国内外图书馆事务，加强与相关行业的合作，实现与多元主体的优势互补、合作共赢和协同发展。

此次对话活动由新加坡国家图书馆管理局（国际图联亚大地区办公室）组织实施，并得到国际图联的大力支持。活动以线上会议方式举行，旨在分享、研讨新时期各国国家图书馆的长期发展规划。国际图联主席巴巴拉・利森与来自新加坡、澳大利亚、芬兰、印度尼西亚、新西兰、英国等国的国家图书馆馆长参与对话活动。

【国际图联保存保护中心（中、日、韩）线上会议召开】

11 月 11 日，国际图联保存保护中心（中、日、韩）线上会议召开。中国国家图书馆副馆长、国际图联保存保护中国中心负责人张志清，国际图联保存保护日本中心负责人永井善一，国际图联保存保护韩国中心负责人李贵馥，以及三方有关人员参加会议。张志清在主旨报告中介绍近年来中国国家图书馆在文献保存保护、灾害预防与应对、宣传推广与人才培养、海外合作等四个方面开展的工作及取得的成绩；永井善一介绍日本国立国会图书馆的灾害风险管理及近年来与其他国家开展保存合作的情况；李贵馥介绍韩国国立中央图书馆的数字文献保存策略。三方还就相关主题展开交流讨论。

此次会议为中、日、韩三国图书馆有关工作交流提供重要契机，对推动文献保存保护起到积极作用。三方一致表示，希望今后通过多种形式，就文献修复与保存、数字资源异地及异质存储、文献抢救与保存领域的人才培养等方面加强交流。

【中文文献资源共建共享合作会议理事会第十四次会议在线召开】

11 月 15 日，由台湾汉学研究中心承办的中文文献资源共建共享合作会议理事会第十四次会议在线召开，国家图书馆副馆长陈樱出席会议。来自中国、美国等国家的 9 所图书馆机构的 16 名代表参加会议。陈樱在会上简要介绍下一届会议的筹备计划，指出在疫情形势下中文文献存藏机构之间加强交流、扩大交往渠道的必要性，希望该项目平台能为各机构的双边和多边交流提供更多合作契机。理事会秘书处秘书长张煦汇报中文文献资源共建共享合作会议项目近期工作开展情况以及今后工作重点。会议讨论通过此次理事会会议记录，分享台湾汉学研究中心的专题报告“合作建置权威链结资源”，并讨论理事会成员机构新申报的 2 个子项目。

中文文献资源共建共享合作会议理事会成立于 2007 年，第一次理事会会议于 2007 年 12 月在澳门举行，此后每年举行一次，旨在加强理事会成员之间的沟通，推进共建共享合作项目开展，并确定今后会议的承办方等。

【馆长熊远明与日本国立国会图书馆馆长吉永元信举行线上会议，两馆开展业务交流】

11 月 30 日，中国国家图书馆馆长熊远明与日本国立国会图书馆馆长吉永元信举行线上会议。熊远明在会议中指出，中国国家图书馆与日本国立国会图书馆通过 40 年的合作，促进了相互了解与学习借鉴，推动了图书馆界的区域合作，树立了良好的合作典范。中国国家图书馆深切感受到两国图书馆界的交流合作对促进两国文化交流发挥的重要作用，希望两馆本着互相理解、互相尊重、友好协商的精神，继续携手努力推进中日图书馆事业共同发展。吉永元信表示，两馆业务交流具有优良传统，日方愿意继续推动两馆的友好往来，持续交流分享图书馆业务最新发展等方面的内容。

会上，双方以“智慧图书馆的发展与建设”为主题进行业务交流。中国国家图书馆研究院（业务管理处）院长申晓娟做题为《“全国智慧图书馆体系”建设项目有关情况》的报告，介绍该项目的初步构想、建设计划和目前重点推进的工作。日本国立国会图书馆电子情报部主任司书德原直子做题为《应用 AI 技术实现图书馆服务创新》的报告，介绍该馆应用 AI 技术开发研制的“下一代数字图书馆”测试系统。双方均认为智慧化转型将成为驱动图书馆创新发展的主要动力，这也是一个长期渐进的过程，彼此将进一步深化交流与合作，积极分享智慧图书馆建设的经验。双方还就疫情时期图书馆的应对措施及面临的挑战、图书数字化版权问题等进行探讨。

【馆长熊远明与俄罗斯国立外国文学图书馆馆长帕维尔·库兹明举行线上会议】

12 月 7 日，中国国家图书馆馆长熊远明与俄罗斯国立外国文学图书馆馆长帕维尔·库兹明举行线上会议。中国国家图书馆副馆长陈樱、俄罗斯国立外国文学图书馆副馆长玛丽亚·别洛科连科参加会议。熊远明对近年来俄罗斯国立外国文学图书馆在深化中俄两国图书馆领域交流与合作关系方面做出的努力表示感谢，介绍中国国家图书馆的基本情况，并简要回顾两国图书馆界及两馆之间的交流与合作情况。他指出，两国友好关系不断深化发展，为两馆的交流合作提供大好机遇和光明前景。希望两馆继续探索拓宽线上合作交流模式，深化图书馆专业机构间的交流合作，携手推进丝绸之路国际图书馆联盟高质量发展。帕维尔·库兹明介绍俄罗斯国立外国文学图书馆的定位、馆藏文献、发展目标等基本情况，着重介绍该馆以“图书馆见证伟大胜利”“图书馆作为国家间的文化桥梁”等核心理念为主题开展的文化教育活动和图书馆专业领域的国际合作项目，以及未来战略发展重心和在应对疫情常态化方面策划实施的线上服务和活动，并对在国际舞台上宣传推广丝绸之路国际图书馆联盟，共同助力提升联盟国际影响力等提出建议。

【推进中阿电子图书馆建设工作】

中国国家图书馆负责承建的中阿电子图书馆中方网站以中华优秀传统文化为主线、中华典籍文化为支线，遴选发布电子图书、音视频、线上展览等多媒体资源，以中文、阿拉伯文双语切换界面的形式提供数字资源和资讯服务。该项目入选世界互联网大会《2021 携手构建网络空间命运共同体实践案例集》。

群团工作

群团工作

一、工会工作

（一）深入学习贯彻习近平新时代中国特色社会主义思想

2021年，馆工会紧密结合国家图书馆实际和员工特点，组织引导全馆员工深入学习贯彻习近平新时代中国特色社会主义思想，学习贯彻习近平总书记在庆祝中国共产党成立100周年大会上的重要讲话精神和党的十九届六中全会精神，深入学习党史，不断加强理论武装，提高思想认识水平，提高政治站位。深入学习贯彻习近平总书记给国家图书馆老专家回信精神，教育引导广大员工紧密结合岗位实际，深刻认识回信精神重大意义，不断增强责任感和使命感，自觉将回信精神融入本职工作中。开展“永远跟党走”群众性主题宣传教育和“四史”宣传教育，引导广大干部员工从党的百年伟大奋斗历程中汲取继续前进的智慧和力量，深刻认识“两个确立”的极端重要性和决定性意义。通过学习，广大干部员工学懂、弄通、做实习近平新时代中国特色社会主义思想的自觉不断强化，增强“四个意识”，坚定“四个自信”，做到“两个维护”的自觉不断巩固。

（二）推动民主管理，完善机制建设

积极发挥职工代表大会在推进国家图书馆民主管理中的重要作用。线上召开国家图书馆第二届职工代表大会第十一次全体会议，审议并通过《国家图书馆2021年工作要点》，组织审议《国家图书馆“十四五”规划纲要》。召开国家图书馆第四次工会会员代表大会暨第三届职工代表大会，完成工会换届工作，进一步完善工会组织建设，认真总结回顾过去工会工作的主要成绩和经验，客观分析面临的新形势、新机遇、新挑战，谋划未来五年工会工作的总体要求和工作任务，进一步丰富和完善国家图书馆工会工作的发展思路。协调指导各分工会（基层工会）委员会补选工作，加强基层工会组织建设；加强对馆属企业基层工会组织建设的指导，协调帮助北京国图酒店管理有限公司基层工会调整完成关系接转，并成功选举产生新一届基层工会。与相关部门一道落实馆领导不断办好员工食堂的有关要求，组织部分分工会委员通过参观、交流等方式，进一步增进员工与食堂的交流理解，畅通沟通方式，促进良性互动。积极落实厉行节约、反对浪费要求，开展相关工作宣传教育。

（三）围绕全馆工作大局，广泛开展群众性文体活动

围绕国家图书馆庆祝中国共产党成立100周年工作，举办“重温光辉历史　牢记初心使命”书画、摄影作品征集展示活动，向全馆员工（含离退休员工）征集书画、摄影作品295幅，评选并展出100幅优秀作品进行展示，引导全馆员工不断加深对党的光辉历史和伟大成就的认识，进一步凝聚力量，鼓舞士气。举办国家图书馆第十四届员工运动会，结合疫情防控要求，共设置13

项比赛项目，其中单项团体赛 4 项、趣味类比赛 9 项，总计参赛员工达 1400 余人次。组队参加全国广播体操工间操云比赛悦动打卡团体赛，获得中央和国家机关工会联合会专区一等奖。在整体组织协调的基础上，引导鼓励各分工会（基层工会）及各健身社团因地制宜地开展系列群众性健身活动，各分工会（基层工会）举办了灵活多样的群众体育活动。选派队员参加文化和旅游部“永远跟党走　迈步新征程”秋季健步走比赛，以第三名的优异表现获得十佳团队奖。

（四）关心群众生活，努力把工会建设成员工之家

馆工会努力发挥桥梁纽带作用，围绕民生问题，积极主动开展工作，不断提升服务水平。结合节日开展相关活动，增强员工凝聚力和归属感。举办“三八”妇女节“献礼建党百年”寄语活动和主题观影活动；举办“六一”亲子教育系列讲座和亲子互动活动，举办“以书为伴　快乐假期”暑期亲子活动；“八一”建军节，馆工会对全馆在职复转军人给予慰问。落实“我为群众办实事”举措，开展会员生日慰问活动，表达对员工的关怀慰问。结合常态化疫情防控相关要求，进一步加强母婴室、健身房、员工活动室等员工活动场所管理，有力支持群众文体活动的开展。做好全体员工的节日慰问，持续深入开展员工慰问和“送温暖”活动，给予当年罹患重病或生活出现特殊困难的员工切实帮扶。完成职工子女紫竹院学区 2021 年幼升小集体户口审核报送工作。

（五）加强自身建设，提高工作水平

加强工会干部队伍建设，围绕学习贯彻习近平新时代中国特色社会主义思想，通过线上线下学习相结合的方式，切实提高广大工会干部思想政治水平，自觉坚持党委对工会工作的统一领导，进一步提高工会干部专业精神和履职能力，为统筹推进疫情防控和事业发展做出积极贡献。按照中华全国总工会印发的《基层工会经费收支管理办法》《中央和国家机关基层工会经费收支管理实施细则（试行）》要求和国家图书馆财务管理相关政策，进一步加强工会经费管理，严格落实中央八项规定精神，确保工会经费使用合规高效。

二、共青团工作

（一）深入学习宣传贯彻习近平新时代中国特色社会主义思想，加强思想政治建设，强化使命担当

深入学习习近平新时代中国特色社会主义思想，全面贯彻党的十九大精神和十九届历次全会精神，将党史学习教育贯穿全年思想政治学习的全过程，认真落实习近平总书记给国家图书馆老专家回信精神，全面学习习近平总书记在庆祝中国共产党成立 100 周年大会上的重要讲话精神。根据共青团中央、文化和旅游部团委文件要求，以集中学习与团员自学的方式，开展“学党史、强信念、跟党走”学习教育活动，组织开展“学习百年党史　汲取奋进力量”团员青年党史知识

竞赛，向团员青年发放《中国共产党简史》《习近平新时代中国特色社会主义思想学习问答》等论著。通过全面深入学习，激发团员青年爱党爱国的热情，拥护“两个确立”，增强“四个意识”，坚定“四个自信”，做到“两个维护”。

（二）持续强化团组织建设，不断提升团组织凝聚力和战斗力

召开共青团国家图书馆第九次代表大会，选举产生新一届共青团国家图书馆委员会，进一步完善组织建设，认真总结回顾过去团委工作的主要成绩和经验，谋划未来五年团委工作的总体要求和工作任务，进一步丰富和完善发展思路。协助部直属机关团委做好文化和旅游部“智慧团建”系统管理和应用工作，推进共青团信息化建设。落实共青团各项制度，规范基础团务，完成各团支部2021年度团费收缴及团员信息统计报送工作。规范支部选举，指导典藏阅览部团支部、数字资源部团支部完成支部换届、支委补选等工作。做好典藏阅览部外文文献阅览组、立法和决策服务部国防与外交组的青年文明号复核工作。2021年，国家图书馆团委及团支部获得多项殊荣，其中，馆团委荣获“中央和国家机关青年五四奖章集体”荣誉称号，古籍馆文献修复组获“全国青年文明号”荣誉称号，立法和决策服务部团支部荣获“2019—2020年度中央和国家机关五四红旗团支部”荣誉称号。

（三）围绕党政中心任务，以团建活动助力图书馆事业发展

举办国家图书馆第五届青年学术论坛，以“智慧引领下的图书馆转型与发展”为主题，共收到相关学术论文150篇，经专家综合评审，选取105篇优秀论文结集出版。馆团委组织学术论坛获奖代表赴广州参加中国图书馆学会第八届青年学术论坛，与全国图书馆界同人开展学习交流，以拓展思路、拓宽视野、拓新格局。在2021年文化和旅游部“根在基层”青年干部调研实践活动中，馆团委组织团员青年以“党史学习”“立法决策服务”“文化旅游创新”“非物质文化遗产保护”等为主题开展调研实践活动，共形成调研报告7篇，举办分享交流会8次，其中立法和决策服务部团支部、外文采编部团支部、参考咨询部团支部提交的3篇报告分别获得部直属机关党委授予的一、二、三等奖。通过这次调研，团员青年的调查研究和实践活动能力进一步提升，这对后续业务工作的开展有极大帮助。与此同时，馆团委还广泛号召和引导各团支部立足部门实际，结合团员青年思想多元、需求多元的特点，开展特色鲜明、富有创造性的支部活动。

（四）以竭诚服务青年为导向，促进青年成才成长

清明节前夕，馆团委组织团员青年代表与馆党委委员一同前往西山无名英雄纪念广场开展“清明祭英烈”活动，并赴香山双清别墅参观学习，追寻红色记忆，加强爱国主义教育，激发青年人爱国爱岗的热情。为拓宽馆内单身青年交流交往的渠道，馆团委组织单身青年参加“情暖三冬·缘定云端”国家机关、央企专场线上联谊活动，增进沟通、增进友谊，为解决单身青年婚恋问题创造有利条件。组织团员青年参加中央和国家机关青年联合会文化界别与文化和旅游部直属机关团委联合举办的“唱支山歌给党听”党史主题活动，深入参与党史微党课、红歌演奏合唱

等互动活动，抒发对党的真挚情感，展现国图青年风采。馆团委配合组织召开青年座谈会，相关部处负责同志以及来自全馆各部处的50名青年代表参加会议，青年代表结合岗位实践畅所欲言，谈感想、享经验、提建议，充分发挥团员青年生力军作用，凝心聚力为国家图书馆事业发展出谋划策。

三、离退休服务与管理工作

2021年，国家图书馆离退休干部处坚持“围绕中心、服务大局”，做好各项服务保障，加强离退休干部党支部建设，与时俱进优化提升服务质量，推进老干部工作信息化、精准化、规范化建设，助力老同志深入践行文化养老，维护老干部队伍整体和谐稳定，按照年度计划扎实推进老干部工作。

（一）基础服务

截至2021年12月底，国家图书馆共有离退休员工1206人，含离休员工29人、退休员工1177人。全年共接收新退休员工53人；为老同志办理就近就医医院及社区卫生服务中心登记备案及变更手续162人次；为年满80、90周岁老同志祝寿28人次，通过各种形式慰问离退休生病人员、困难员工等141人次；协助过世离退休员工家属办理后事26人次；发放退休员工独生子女费44人次44000元；完成老同志家属入党政审17人次；协助完成老艺术家名单、提高部分离休干部医疗待遇名单、离退休司局级干部社会兼职情况、北京市评标专家增选与续聘报送工作；参加文书及兼职档案员培训、网络安全培训、“一警六员”消防安全培训、学习党史知识线上培训、第二期党史知识线上培训等15人次；组织全体离退休员工开展体检；为离退休女员工发放“三八”妇女节礼物，组织离退休员工参加海淀区人大代表选民登记及换届选举；加强部门安全工作教育，开展消防安全月活动，提交部处计算机网络和网络安全检查自查报告，学习《网络安全常见知识手册》，开展网络安全攻防演习，提高网络安全应用及保障能力；完成部门预算、档案归档、年鉴编纂及固定资产管理工作。

（二）党建工作

离退休干部处党支部按照文化和旅游部党组及馆党委安排部署，以习近平新时代中国特色社会主义思想为指引，组织支部党员通过读原文悟原理、撰写心得体会、举行小组讨论等形式，深入学习领会党的十九大及十九届二中、三中、四中、五中、六中全会精神，贯彻落实习近平总书记关于党史学习教育系列的重要论述、关于宣传思想工作特别是意识形态工作的重要论述、关于文化和旅游工作的重要论述、给国家图书馆老专家回信精神、在庆祝中国共产党成立100周年大会上的讲话等，高度重视离退休员工意识形态工作，引导老同志更加紧密地团结在以习近平同志为核心的党中央周围；提交《离退休干部处党支部标准化规范化建设》《开展落实意识形态工作责任制自查报告》《保密风险点梳理报告》等。顺利完成支委换届选举，预备党员谢春花按期转正。

2021年是中国共产党建党100周年，离退休干部处党支部组织青年志愿者对吴瀚、陈翔华等老党员进行“红色文旅年华”专访，整理报送相关文稿；为80名离退休党员颁发“光荣在党50年”纪念章；拍摄《什么是共产党员》党课微视频；为全体离退休党员发放政治生日贺卡，定制发放党徽及“不忘初心”胸徽；组织老党员老同志代表参加升旗仪式；组织离退休党员观看《光辉岁月·时代之音——中国电影乐团视听交响音乐会》；协助刘湘生、岳书宝、朱芊等老党员交纳特殊党费；对困难党员、老党员进行“七一”慰问；与中国图书馆学会秘书处党支部联合开展文献借阅创新志愿服务；开展党史知识专项学习一百条活动；整理刊发离退休员工热议党的十九届六中全会精神汇编，激励老同志从党的百年奋斗历程中汲取智慧和力量，更好地推动文化和旅游事业发展。

（三）重点工作

2021年春节期间，根据新冠肺炎疫情防控工作相关精神，国家图书馆取消现场举办团拜会，由各部处结合实际情况，采取电话慰问、邮寄慰问品等方式酌情开展慰问，转达馆领导班子的亲切关怀，让老同志们体会国图大家庭的温情，感受到组织的重视和牵挂。离退休干部处综合老同志身体状况、离退休金水平、医药费报销额度等，筛选出困难员工发放补助。在中秋、国庆“双节”期间，离退休干部处代表馆领导班子和全体员工，通过电话连线、视频通话等形式，慰问老专家、老领导、离休干部、居住在敬老院的老同志等60余人，向他们致以诚挚的节日问候。老同志们衷心感谢组织的关心关怀，表示要一如既往支持国家图书馆各项建设，祝愿国家图书馆取得新的更大的成就。

经过数轮功能测试、系统优化和精心打磨，国家图书馆离退休党群服务管理系统正式上线，助力离退休员工跨越数字化鸿沟，享受信息化成果。该系统由电脑端和手机端组成，包括离退休员工基础数据管理以及面向工作人员、老同志的小程序，涵盖“互联网+智慧党建+服务管理+医疗保健”等多项内容，把支部建在线上、把党员连在网上，有效覆盖老同志主要需求和老干部日常工作。面向离退休员工的“书写岁月”小程序充分考虑老同志身体条件和阅读习惯，进行适老化设计：所有栏目简化链接层级，发布内容实现语音播报，字体大小可自行调节，让千余名老同志足不出户实现“指尖上的新闻”“指尖上的党建”“指尖上的学习”“指尖上的服务”“指尖上的保健”。

（四）文化养老

离退休干部处高度重视宣传工作，通过《国家图书馆通讯》等平台，刊发老同志书法、摄影、篆刻、诗歌等作品及相关文章，展现离退休员工队伍奋发有为的精神风貌；组织老同志参加文化和旅游部系统“庆祝中国共产党成立100周年”离退休干部书画摄影展、国家图书馆“重温光辉历史　牢记初心使命”书画、摄影作品征集展示活动，表达老同志对党和国家的深厚感情；协助将文化和旅游部“脱贫攻坚，同心抗疫”书画摄影展相关作品入藏中国战“疫”记忆库，做好特殊时期的国家记忆保存；与文化和旅游部离退休干部局、国家博物馆等单位开展业务交流，学习先进经验；与北京健康保护协会签订合作框架协议，为老同志提供助餐、助浴、助洁、助医、助急等专业社会化养老服务；开展离退休员工“记忆国图”口述史采访整理及“老有所为、老有所乐”专题采访，传承弘扬百年国图精神，展示老同志多彩人生；组织老同志参加养老机构推介会，考察大爱书院等养老机构，为老同志提供更多的优质养老信息。

积极支持离退休社团在做好疫情防控前提下，开展丰富多彩的线上线下活动。离退休银杏摄影之家组织会员参加居庸关长城、玉东郊野公园、大兴梨园、翠湖国家湿地公园等采风活动，举办庆祝离退休银杏摄影之家成立十周年征文、线上征集祝福及摄影作品展；书香舞蹈队开展线上课程学习，参加紫竹院社区“五月的鲜花”文艺汇演、文化和旅游部老年大学文艺展演、“百年华诞，歌舞升平”庆祝建党百年舞蹈演出；夕阳红合唱团在日常训练中让老同志增进艺术修养，感受欢乐、收获和进步；卓越乒乓球不定期举办友谊赛事活动，传播科学健身理念，助力老同志拥有优质充实的晚年生活。

年度掠影

【开展“红色文旅年华”专访】

4—6 月，在文化和旅游部机关党委、离退休干部局统筹安排下，国家图书馆开展“红色文旅年华”访谈活动。离退休干部处组织青年志愿者对吴瀚、彭竹、唐绍明、陈翔华、朱颜莊、刘湘生、孙承鉴、黄润华、李仁年等老党员进行专访，将老同志的经历整理为真实感人的老党员故事，传承红色基因，弘扬老一辈图书馆工作者的优良传统，打造党史学习教育的鲜活课堂，相关文稿及视频访谈成果报送文化和旅游部《红色文旅年华》组委会。参与访谈的老党员包括为党和人民的事业做出杰出贡献的离休干部，以及党性观念强、专业能力突出、学术水平高、在本专业领域具有较高代表性和影响力的老专家。老党员在访谈中回忆入党初心，全面回顾在中国共产党领导下图书馆事业发生的历史性变革及取得的历史性成就，讲述作为党员最重要的品质，为党的百岁生日送上祝福。

【举办“重温光辉历史　牢记初心使命”书画、摄影作品征集展示活动】

5 月 19 日，为庆祝中国共产党成立 100 周年，深入学习党史、新中国史、改革开放史、社会主义发展史，践行初心使命，进一步抒发国家图书馆员工爱党爱国爱馆的真挚情感，为国家图书馆事业发展凝聚更大合力，馆工会举办“重温光辉历史　牢记初心使命”书画、摄影作品征集展示活动。各分工会（基层工会）、离退休干部处认真组织、积极动员广大员工参与活动，共征集书画、摄影作品 295 幅，评选并展出 100 幅优秀作品进行展示，引导全馆员工不断加深对党的光辉历史和伟大成就的认识，进一步凝聚力量，鼓舞士气。

【看望慰问获得“光荣在党 50 年”纪念章的老党员】

在中国共产党成立 100 周年之际，党中央决定为党龄达到 50 周年的党员颁发“光荣在党 50 年”纪念章，国家图书馆共有 80 名党员获此殊荣。“七一”前夕，文化和旅游部党组成员、副部长、馆长饶权，党委书记、副馆长魏大威以及馆领导班子其他成员看望慰问获得纪念章的老党员代表，向他们致以崇高敬意和衷心感谢，号召全馆上下结合党史学习教育活动，以获得荣誉的老党员为榜样，传承发扬党的优良传统，激发砥砺前进的精神动力，为推动新时代国家图书馆事业转型创新发展做出新的更大贡献。老同志们表示，领取到纪念章是荣誉更是激励，要继续为党和人民服务，永远听党话、跟党走，以实际行动献礼建党百年。

【举办国家图书馆第十四届员工运动会】

10 月 14 日，国家图书馆第十四届员工运动会开、闭幕式及趣味项目比赛在中国气象局体育场举办。此次运动会结合疫情防控要求，共设置比赛项目13项，其中单项团体赛4项、趣味类比赛9项。自6月起，相继举办跳长绳团体赛、踢毽子团体赛、乒乓球团体赛、电竞项目比赛、广播操团体赛等一系列比赛项目，共有1400余人次参与各项赛事，充分体现全民健身的理念。在为期5个月的比赛过程中，广大员工积极参与，各赛事工作组周密策划、认真组织，确保各项赛事的顺利进行，此次运动会集中展示了全馆员工健康向上的精神风貌，进一步提升全馆员工的凝聚力和荣誉感。

【召开国家图书馆第四次工会会员代表大会暨第三届职工代表大会】

10月27日，国家图书馆第四次工会会员代表大会暨第三届职工代表大会在国图艺术中心召开。馆长、党委副书记熊远明，党委书记、副馆长、工会主席魏大威，文化和旅游部机关党委二级巡视员、直属机关工会主席关红雯出席大会并讲话。经过充分讨论，大会通过《关于国家图书馆工会第三届委员会工作报告的决议》《关于国家图书馆工会第三届经费审查委员会工作报告的决议》《关于国家图书馆第二届职工代表大会提案审理落实情况工作报告的决议》。大会选举产生国家图书馆工会第四届委员会委员和经费审查委员会委员。此次大会的召开，进一步完善国家图书馆工会组织建设，拓展国家图书馆工会工作的发展思路。

【召开共青团国家图书馆第九次代表大会】

10月29日，共青团国家图书馆第九次代表大会在文会堂召开。馆长、党委副书记熊远明，党委书记、副馆长魏大威，文化和旅游部直属机关团委书记张呈鼎出席大会并讲话。来自全馆各团支部选举产生的团代表参加大会。经过充分讨论，大会通过《关于共青团国家图书馆第八届委员会工作报告的决议》，选举产生新一届共青团国家图书馆委员会。此次大会的召开，进一步完善国家图书馆团委组织建设，拓展国家图书馆团委工作的发展思路。

【召开国家图书馆青年座谈会】

11月11日，国家图书馆召开青年座谈会。馆长、党委副书记熊远明出席会议并讲话，党委书记、副馆长魏大威主持会议。来自全馆各部处50名青年代表和相关部处负责同志参加会议，11位青年代表结合各自岗位实践汇报发言。熊远明在讲话中充分肯定青年员工对国家图书馆事业发展的重要作用，对国家图书馆广大青年员工的辛勤付出表示感谢，并对广大青年员工的成长成才提出殷切期望。

内部综合管理

- 机构与人事管理
- 审计工作
- 法务工作
- 基建工程
- 安全保卫
- 后勤服务保障
- 年度掠影

内部综合管理

一、机构与人事管理

（一）机构设置与调整

为进一步理顺业务流程、加强统筹管理、提高工作效能，根据《文化和旅游部关于国家图书馆内设机构调整的批复》（文旅人函〔2021〕76号），并经2021年第51次馆务会研究决定，对国家图书馆部分内设机构进行调整。设立内设处级职能部门经营管理处，撤销内设处级业务部门国图艺术中心，内设处级业务部门古籍馆加挂"《永乐大典》研究中心"牌子。

为进一步优化科级机构设置，2021年第51次馆务会议研究决定：增设3个科组，典藏阅览部综合管理组、参考咨询部知识产权信息服务组、展览部展览运维组；合并2个科组，典藏阅览部中文图书阅览组与中文图书外借组合并为中文图书阅览外借组，参考咨询部综合咨询组与读者证卡组合并为综合咨询服务组；更名5个科组，外文采编部外文报刊采编组更名为外文报刊和数字资源采编组，立法和决策服务部外交与国防组更名为外交国防组，缩微文献部综合管理组更名为综合管理与典藏组，编目与典藏组更名为文献编目与开发组，社会教育部摄编组更名为影视资源建设组；划转1个科组，研究院《文献》编辑部划入国家古籍保护中心办公室；撤销6个科组：研究院办公室、政策研究室、学科研究室、馆史资料征集与研究室、《国家图书馆学刊》编辑部、展览部文创开发组。调整后，国家图书馆科级机构由114个调整为109个。

（二）干部管理

为更好推进创新转型，更有力度地推动各项重点工作落实落地、推进干部队伍建设，国家图书馆开展中层干部聘任工作。根据文化和旅游部对直属事业单位人事管理的规定和要求，规范履行程序，做好中层干部续聘、调整、提任相关工作，其中：部处正职提任3人，岗位调整2人，解除聘任1人；部处副职续聘30人，岗位调整13人；做好馆属企业管理岗位人员聘任工作，综合考虑各企业工作需要及人员实际情况，共聘任4人。

（三）职称评审

按照文化和旅游部关于职称评审工作的统一部署，组织完成2021年度职称评审和推荐工作。2021年度共有153人申报评审，其中有6人晋升正高级专业技术职称资格，56人晋升副高级专业技术职称资格，6人晋升或转任中级专业技术职称资格。25人完成专业技术职称资格初聘。

处级机构：33 个
科级机构：109 个

国家图书馆内设机构设置图

（2021 年 12 月 31 日）

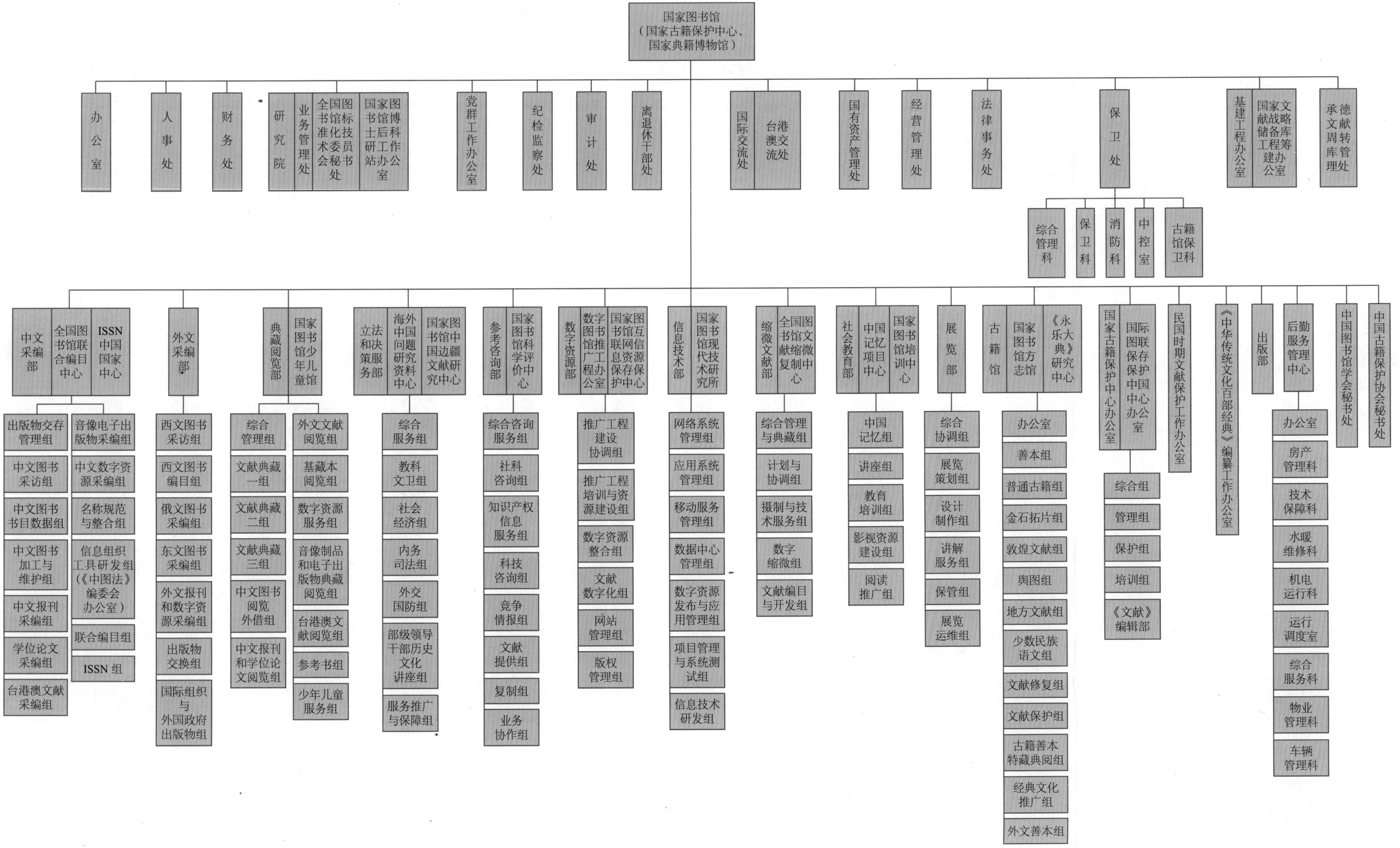

二、审计工作

（一）审计工作

2021 年全年开展 8 项审计工作，其中，原馆领导任期经济责任审计 1 项，重要财务制度落实情况审计 2 项，出版社及馆属企业财务报表审计和经营责任书审计各 1 项，国家社会科学基金项目鉴定结项审计 3 项。开展内部审计统计工作，统计 2020 年度和 2021 年上半年国家图书馆本馆、国家图书馆现代技术研究所、国家图书馆出版社和 5 家馆属企业内部审计情况。持续健全审计发现问题台账，从细从实加强历次审计发现问题台账建设、维护和管理工作，对台账已有信息持续梳理、完善、优化、更新，补充新完成审计项目信息，为审计发现问题整改督查工作奠定良好基础，提高审计发现问题整改督查工作效率。

（二）绩效管理工作

1. 重点项目绩效评价

开展 2020 年度 2 个文化和旅游部一级项目（非物质文化遗产传承保护项目、信息化运行维护项目）和 3 个二级项目［非物质文化遗产传承发展工程、装裱修复技艺（古籍修复技艺）项目、数字图书馆信息化运行维护经费项目］的绩效评价工作。通过重点项目绩效评价，进一步加强财政支出管理，强化支出责任，提高财政资金使用效益。

2. 绩效自评

开展 2020 年度馆内单位整体支出和 22 个项目（包含以前年度结转资金项目）支出绩效自评工作。通过项目绩效自评，促进全馆对各个项目管理工作的自省和全方位梳理，查找存在的问题，对未来提供指导。

3. 绩效监控

开展馆内 18 个项目（包含以前年度结转资金项目）2021 年 1—7 月的支出绩效目标执行监控工作。通过绩效监控，跟踪年初设定的绩效目标完成情况，查找资金使用和业务管理中的薄弱环节，及时发现和纠正绩效目标执行偏差，弥补管理“漏洞”，促进预算管理、财务管理和项目管理有机融合，有效提高项目资金的使用绩效和管理水平，进一步促进全年绩效目标如期实现。

（三）财务考评工作

开展 2021 年度财务考评工作。通过财务考评，以考评指标标准对照实际工作，进一步改进和完善预算、决算、资产、政府采购、基建、内部控制建设管理等相关工作，提升财务管理水平。

（四）内部控制工作

编报国家图书馆 2020 年度内部控制报告，全面梳理全馆内部控制流程和制度建立情况，重点梳理权力集中的重点领域和关键岗位建立制衡机制的情况、职责分离和主要风险管控情况、内部控制制度的执行情况，进一步分析查找出全馆内部控制的薄弱环节和关键点，对内部控制建立与实施情况进行监督，对内部控制制度和体系有效性进行评价，建立国家图书馆内部控制建设问题台账，提高内部控制发现问题整改督查工作效率。

（五）其他监督检查工作

对 14 个政府采购项目进行风险审查，接待审计署群团文化审计局及文化和旅游部财务司领导到馆调研座谈。

三、法务工作

（一）案件处理

1. 全年共计处理案件 27 件。其中：诉讼案件 26 件、仲裁案件 1 件，在审案件 4 件、结案 23 件（含裁判结案 4 件、和解撤诉结案 19 件）。所有案件中，涉及知识产权纠纷 20 件、合同纠纷 2 件、人事及劳动争议 1 件、服务合同纠纷 1 件、工程合同纠纷 1 件、人身损害赔偿纠纷 2 件。

2. 全年共处理侵权投诉事件 3 件。

（二）知识产权保护和管理

1. 进一步梳理汇总全馆商标注册的需求，更好助力国家图书馆服务创新。协助《中华传统文化百部经典》编纂工作办公室，继续推进被驳回注册申请的行政诉讼。

2. 开展网站版权声明的修订工作。为贯彻落实新修订的《中华人民共和国著作权法》，有步骤地对全馆官方网站、app 以及新媒体服务等所有对外服务界面的版权声明进行全面调整。完成主网站版权声明的更新。

（三）法律服务与重点合同审查

发挥专业优势，与外聘律师密切配合，为全馆提供优质高效的法律咨询服务，咨询范围涵盖重点合同审查、资源建设与服务、采购需求风险审查、规章制度的制修订、重要合同文本的制修订、为全馆对外重要事件的磋商和谈判提供法律支持等。

参与重大决策的法律风险评估，针对 2021 年财政经费全面压减的现实情况，对受经费压减影响较大的业务展开法律风险评估，协助各部处应对合同风险并提出解决方案，有力保障业务依法依规开展。

每月底向馆内各部处发布下月律师到馆安排以提高咨询服务效率，对馆聘律师出具的书面法律意见进行备案备查，加强内控管理。

（四）外聘律师服务

全年外聘律师共计出具正式法律意见书 39 份，审核合同 1461 件次，提出审核意见 2114 条，代理国家图书馆及馆属企业诉讼案件 2 件，回复邮件咨询或到馆咨询若干，切实发挥外聘律师管控全馆法律风险的重要作用。

四、基建工程

2021 年，继续推进国家图书馆国家文献战略储备库工程（以下简称“储备库工程”）项目筹建前期工作和北平图书馆旧址修缮工程项目前期工作，做好一期维修改造工程仲裁资料整理核对工作以及其他基建相关工作。

（一）继续推进储备库工程筹建工作

2021 年，国家图书馆向文化和旅游部及其相关司局报告储备库工程项目建设进展情况 4 次，报告项目初步设计及投资概算审批工作暂停带来的问题，如土地被无偿收回、工程名称不明确等。4 月，向承德县自然资源和规划局函报项目未能开工建设的原因。5 月，组织相关人员赴丰台火车站改建工程、中国工艺美术馆新馆建设工程等工程现场进行考察调研，了解和学习先进的工程技术及智慧化管理经验。9 月，馆长熊远明率队赴河北省承德县项目用地视察，与承德市、县两级政府负责人商讨项目重启。10 月，馆长熊远明在北京会见承德市委书记董晓宇，商谈项目规划，研究推动重启事宜。

（二）启动北平图书馆旧址修缮工程相关工作

2021 年，国家图书馆启动北平图书馆旧址修缮工程相关工作。一是政策方面，争取国家文物局和北京市文物局等有关部门支持。在馆长熊远明、副馆长霍瑞娟的推动下，11 月 3 日，文化和旅游部党组成员、副部长，国家文物局局长李群到国家图书馆古籍馆调研，听取北平图书馆旧址修缮等工作进展以及工作中遇到的困难情况汇报，并做重要讲话。二是具体工作方面，完成北平图书馆旧址安防消防防雷升级改造计划书的补报工作，完成主楼点云测绘和主楼结构安全检测，充分吸纳北京市文物局专家意见并修改北平图书馆旧址保护规划。三是历史资料收集整理方面，通过承建部门内部存档，以及馆档案室、参考咨询部等部门和网络资源、外部单位等途径，全方位搜集北平图书馆建设与改造相关历史资料和档案，已收集到 1928 年建设时期的图纸、招标文件、函件以及 2000 年大修的施工档案，北平图书馆建设档案整理出版项目被列入民国时期文献整理项目。

（三）跟进一期维修改造工程收尾工作

2021 年，国家图书馆开展一期维修改造工程施工合同的仲裁资料复核、竣工图纸核对等工作，及时对相关现场情况和变更洽商进行确认或答复，并对相关证据提供技术支持；开展一期维修改造工程设计费尾款的确认工作，要求中国建筑设计研究院有限公司补充依据材料和已付款凭证。

（四）加强基建团队建设，厘清基建部门职责，完善基建管理制度

2021年，国家图书馆进一步加强基建团队内部组织建设，根据业务职责和人员专业，将岗位划分为综合管理、技术管理和造价管理3个方向，以优化组织架构、明确任务分工、提高工作效率。10月，馆长熊远明主持召开2021年第51次馆长办公会，明确北平图书馆旧址修缮工程由基建工程办公室牵头，后勤服务管理中心配合。11月，副馆长霍瑞娟主持召开2021年第52次馆长办公会，界定基建工程办公室和后勤服务管理中心有关基建工作的职责范围。

基建工程办公室修订已有制度，进一步健全请假审批制度，加强请销假管理；制定新的规定，如《基建工程办公室公章使用管理暂行规定》《基建工程办公室合同款支付管理暂行办法》《基建工程办公室合同原件管理暂行办法》《基建工程办公室工程日志管理规定》《基建工程办公室廉洁自律工作管理规定》；建立每周班子碰头会和每月部门例会等工作定期汇报机制，遇重大事项、关键工作集体讨论研究，并形成纪要，做到公开透明；重点推进有全局影响的办法的制定工作，着手制定建设工程洽商变更审批暂行办法，按照“先批准、后变更；先变更、后施工”的原则，加强建设工程过程控制和规范变更洽商办理，从而保证工程预算控制在合理范围内，为切实加强部门运作规范化和工程建设制度化提供坚实保障。

五、安全保卫

（一）做好常态化疫情防控下的治安工作

1. 配合做好疫情防控工作

在常态化的疫情防控工作中，保卫处制订人员出入馆方案并严格执行。在馆区出入口分别设置读者和员工专用通道，划分专门区域设置隔离室；积极与国有资产管理处联系，保证各类防疫物资供应充足；采取不交叉、不接触、严检测、勤消毒的方法，安排专人指导驻馆保安公司骨干定期对人员居住和工作区域进行病毒消杀；坚持每天对所属人员进行两次体温监测，发现体温异常人员立即隔离就医。在后勤服务管理中心大力协助下，安排安保人员接种新冠疫苗，对因身体原因不适合接种疫苗的人员及时调整工作岗位。

2. 治安工作

（1）重大活动安保任务

2021年，保卫处完成“《共产党宣言》专题展”“珠还合浦　历劫重光——《永乐大典》的回归和再造”“伟业——庆祝中国共产党成立一百周年书法大展”等大型展览的现场安保工作；完成刘延东同志在古籍阅览室出席赠书仪式、“4·23”世界读书日、《清代教育档案文献》出版座谈会暨赠书仪式、字节跳动古籍保护专项基金启动仪式、中国古籍保护协会第二次会员代表大会暨二届一次理事会会议、《鲁迅手稿全集》新书首发式、2021年部级领导干部历史文化讲座、国际儒联第三次学习等大项活动的现场安保工作；完成中央政治局委员、全国人大常委会副委员长王

晨，中国文学艺术界联合会主席、中国作家协会主席铁凝，中央纪委国家监委驻文化和旅游部纪检监察组组长、部党组成员腊翊凡等领导以及国家广播电视总局、中国科学技术协会党组、文化和旅游部党史学习教育第十指导组、湖北省文化和旅游厅、国家信访局、国家机关事务管理局、全国人大常委会法制工作委员会办公室、审计署群团文化审计局、承德市委、财政部、中央档案局等单位来馆参观、交流、调研的现场安保工作。

（2）日常安保工作

2021 年，保卫处整体经费预算压缩近 40%。为此，削减保安执勤岗位 30 余个，减少保安员 60 余人。实际工作中，保卫处一方面扩大现有在编人员的责任区域，加大巡查力度，确保缺人不缺岗；另一方面不断优化保安员组成，把形象好、能力强、有责任心的人员调整到重要岗位，并给有经验的保安公司骨干压担子，力求一人多用。一旦保安员不够，保卫干部顶上。全年共处理读者故意滋事 14 起、猥亵事件 2 起，查扣各类刀具 60 余把、打火机 800 余个，协助寻找走失儿童 4 人，紧急处置和帮助突发疾病读者 2 人。日常值班和巡视检查中，发现并排除房屋漏雨、玻璃碎裂、围墙受损、门窗未关等隐患 30 余起，均按程序处置。

全年共办理人员调动手续 94 人次，办理 IC 卡新增、丢失补办和权限变更 186 人次，退休证及各类证书加盖钢印 995 人次，办理临时出入证 57 人次。共为 11 名员工及子女办理落户手续，出借员工户口卡及集体户口首页复印件 154 人次，办理集体户口迁出手续 33 人次。

（二）消防安全工作

1. 日常消防工作

一是积极开展火灾隐患常态化治理，做好消防安全日常巡查工作，加强馆区施工动火审查，全年累计开具动火证 110 余张。按照分区负责的原则，对巡查中发现的违反消防安全管理规定的行为“零容忍”，发现一起，处理一起，绝不将隐患留到次日。全年共组织安全检查 30 余次，查出并整改安全隐患 51 件。督促各部门清理可燃物 8 批次，完成业务部门加班的安全监督任务 325 次。12 月 6—17 日，组织开展 2021 年度创建安全单位验收工作（参见“年度掠影”之“完成 2021 年度创建安全单位验收工作”）。二是突出重要时间节点的火灾隐患整改督办。年内共组织安全专题会议及协调会 4 次，督促开展消防安全自查 4 次，针对各部处自查结果进行专项督查，对发现的火灾隐患责令相关部处立即进行整改。三是加强宣传教育。首先是通过督促各部处安全员履行消防安全宣传职责，加大灭火救援、疏散逃生、消防器材使用等常识、技能的宣传力度，并利用《消防文摘》、消防安全展板、OA 系统及微信小程序等形式进行宣传教育。全年共下发《消防文摘》电子邮件 12 期 18400 余份、纸质版 840 份。四是不断提升微型消防站队员应急处置能力。古籍馆保卫科对微型消防站人员进行拉动演练 9 次，进行灭火器和消火栓的操作使用培训 7 次，邀请府右街消防中队消防员针对微型消防站队员消防服的穿戴及灭火常识进行培训 3 次；古籍馆微型消防站迎接西城消防支队考核 3 次，接受西城消防支队拉动 4 次。五是不断加强中控室日常运行值班管理。针对外包公司变更的实际情况，注重安全教育，开展业务培训。围绕提高消防基础业务、现场查警方法、重要设备操作、应急处置能力等，对值班员及新上岗人员进行业务知识和实际操作培训考核。

2. 培训工作

6月“安全生产月”期间，组织员工开展安全生产宣传培训，包括组织各部处科组负责人及安全员共130余人观看《生命重于泰山——学习习近平总书记关于安全生产重要论述》电视专题片，开展“专项整治集中攻坚战”专题活动和“我身边的安全故事”主题征文活动。10月29日，组织驻古籍馆馆区各单位分管安全工作人员和安全员30余人，到府右街消防中队参观学习，消防员结合图书馆实际讲授灭火器的使用方法，解答相关消防安全问题并予以现场指导。利用11月“消防宣传月”契机，开展以“落实消防责任，防范安全风险”为主题的消防宣传活动（参见“年度掠影”之“举办‘消防安全月’消防演练活动”），活动包括线上答题、观看宣教视频以及灭火器、消火栓灭火的实操演练。3月和6月，分别对保安、物业和部分在职员工进行“一警六员”消防基本技能实操实训考核。

（三）设施建设与维护工作

2021年，发现和纠正消防报警设施现场位置与中控室显示器图形显示位置描述信息错误，督导维保公司排除消防报警探测器、常开防火门、防火卷帘门等故障，更换手动报警按钮、消防模块、消防设备开关电源等设施43处，解决全馆视频监控、入侵报警、门禁及漏水报警设备故障54处。1月，完成M栋4台空气采样报警设施维修拆移和E栋空调机房、G栋4层西走廊、综合楼负1层L-115室、国图酒店西南门、国家图书馆总馆北区2层数字图书馆体验区消防管线冻裂跑水的处理和维修。10月，完成国家图书馆消防、电气设施专业检测，排查和消除消防、电气设施安全隐患41处。

在特殊时间节点，重点做好四项工作。一是完成国家图书馆39个气体灭火保护区控制系统及现场设备的检测巡视工作，及时修复线路和设备故障。按照消防规范要求，对国家图书馆总馆南区、总馆北区七氟丙烷气体灭火设施进行专业检测。二是在国家图书馆总馆北区2层新增视频监控17处，对典籍博物馆8个展柜进行安防设施安装调试。三是加强两会、七一以及法定节假日等重点时期设备检查巡视和维护维修工作，保证系统设备正常运行。利用闭馆停电检修期间，对18台不间断电源、21台存储服务器、39台硬盘录像机进行清洁除尘和专业检测。四是定期对气体钢瓶间、报警阀间、高位水箱、消防水池、消防泵房、弱电机房的设备、设施运行进行重点检查。

5月和9月，分别对国家图书馆总馆、古籍馆以及各家属区的5296具灭火器进行年度检修。6月，对国家图书馆总馆、古籍馆、各家属区建筑物进行避雷检测。按照《国家图书馆安全生产专项整治三年行动计划实施方案》要求，于3月完成馆区内消防车道划线和立牌工作。

（四）迎检和督查工作

2021年，承担两次文化和旅游部安全工作督查小组对国家图书馆督导检查时的部分迎检工作（参见“年度掠影”之“文化和旅游部机关服务局来馆开展‘中秋’‘国庆’节前安全督查工作”），以及北京市消防救援总队到国家图书馆调研和海淀消防支队“双随机”检查的迎检工作，工作成绩均获肯定。

根据应急管理部《高层民用建筑消防安全管理规定》，7月9日，保卫处会同物业公司，以警戒线的方式，禁止电动自行车在馆区内重要区域停放和充电。通州区“9·20”火灾事故后，保卫处于9月23日下发《保卫处关于进一步加强电动车安全管理的通知》，加大巡查和处理力度。10月15日，保卫处将西城区文化和旅游局转发的《北京市文物局关于持续做好文博单位内禁止电动自行车停放和充电管理工作的通知》上报后，馆领导要求古籍馆和相关部处严格落实该文件精神。同时，在员工食堂播放《电动车防火宣传教育片》视频。

六、后勤服务保障

2021年，后勤服务管理中心围绕“管理有序、保障有力、服务到位”主线，以做好疫情常态化防控为基础，立足运行保障，以增强保障能力为目标，推进重点工程改造项目，攻坚克难成果转化，以继续贯彻“常修常新”理念为着力点，提升馆区基础设施设备管理水平，做好服务后勤建设。以建章立制为基础，规范日常工作准则，以服务质量为中心，加强馆区物业管理、食堂监督和员工体检、核酸检测等的组织工作，做好管理后勤建设。以“创新小组”为平台，推动科研成果在后勤工作中的不断转化，做好技术后勤建设。确保各项工作稳步开展，各系统设备平稳运行，服务水平不断提升，完成各项服务保障任务，做到稳中有进，服务质量和服务水平稳步提高。

（一）系统设备运行保障和日常维修工作

全年无重大设备事故，综合设备完好率达到96%以上。完成2020—2021年度冬季供暖保障和2021年度冬季供暖各项工作；完成2021年中央空调保障任务，中央空调全年安全运行6672小时，恒温恒湿机运行保障8760小时；完成电力设备巡检730次；完成空调、电气、照明设备、书刊传送系统维修以及房屋、家具、给排水等各种维修7000余次；接听、解决全馆保修电话2420次；安装、调整电话240部；接听查询电话29000余次。

（二）服务保障工作

在重大活动服务保障方面，完成2021年两会期间的车辆保障及通信保障，国家领导人参观视察、高层讲座、馆长公开课等重要活动和会议以及国图艺术中心演出活动的空调、医务、保洁、绿植摆放、车辆、电力保障121次。

车辆保障方面，车队结合不同季节特点对司机进行安全行车教育，认真落实公务用车管理和车辆安全检查制度，全年共完成重大活动、会议及各部处车辆保障任务4200余台次，安全行驶22万余公里，无重大交通安全责任事故。医务保障方面，全年日常门诊服务8130人次；为各项活动提供医务保障；完成全馆341名一线员工的健康证体检和全馆员工健康体检工作，并根据疫情调整体检时间。收发保障方面，收发工作准确率99%以上，完成2021年度的报刊订阅工作。电梯保障方面，按照电梯运行管理制度和维保合同，督促电梯公司加强日常巡检和年检，对馆区及馆属宿舍区电梯及时进行维修；组织对总馆、古籍馆及馆属宿舍区共计59部电梯进行逐一排查，排除各类故障及维修100余次；保证电梯日常安全运行，完成接待保障任务18次。

（三）行政管理工作

完成计划生育、爱国卫生、房屋管理、人防工程、节能减排、馆区及宿舍区改造维修等各项行政管理工作。加强食堂监督管理小组对食堂经营监管力度。根据疫情防控形势和要求做好员工体检工作部署，在原有体检项目上新增HPV筛查。开展地铁十六号线施工占地还建验收工作，并对南区广场停车位等进行重新规划。多次对员工食堂食品与卫生工作、物业服务、设备运行及安全管理等进行检查及抽查，促进其服务水平的提升，确保各项工作平稳运行。

（四）制度建设

2021年，后勤服务管理中心加强制度建设，落实和完善安全管理工作。明确后勤各科室、各级人员安全职责，编制应急预案及后勤年度安全工作汇编；落实安全检查制度，加强基础设施设备维护、维修、安全排查，及时发现安全隐患，开展电器设备安全综合治理，确保设备设施安全可靠运行；抓好车辆定位、派遣、动用、维修和保养、节假日检查、停驶和登记等相关制度的落实。

（五）继续申报重点改造工程项目

1. 国家图书馆老旧小区综合整治项目。为解决馆属老旧小区因年代久远造成的安全隐患，提升居民居住体验，拟对国家图书馆西小区、海淀区民族学院南路19号院5号楼、东城区黄化门35号院、西城区新开胡同17号院等4处老旧小区实施综合整治，完成可行性研究报告（代项目建议书）的编制和报送工作。

2. 国家图书馆热力站及人防工程屋顶防水修复工程。为进一步提升设备安全性能，增强馆热力系统安全稳定性，创造舒适、安全的工作生活环境，后勤服务管理中心申请启动施工采购工作。已完成施工图设计、技术需求文件、工程量清单和控制价编制工作。根据工程建设项目施工相关管理办法要求，已具备采购条件，启动工程施工采购工作。从中央政府采购库中拟选6家符合资质的供应商，完成磋商文件编制等工作，经过3轮竞争性磋商，最终确定供应商。

3. 国家图书馆善本库房和国家典籍博物馆一展厅空调系统改造工程。善本库房和国家典籍博物馆一展厅空调系统由3台西亚特恒温恒湿机组组成，2002年机组安装并投入使用至今，一直未进行改造，年久老化，故障率高。为满足善本文物存藏展示环境要求，并解决该空调系统存在的安全隐患，确保善本文物安全，拟对该空调系统进行改造。2021年，文化和旅游部已批准此项工程，等待工程进一步开展。

年度掠影

【召开 2021 年春节和两会期间安全工作部署会】

2 月 8 日，国家图书馆 2021 年春节和两会期间安全工作部署会召开，副馆长孙一钢、各部处负责人出席会议。会上，保卫处副处长周道贵传达《文化和旅游部综治办关于转发〈中央国家机关社会治安综合治理委员会办公室关于做好 2021 年春节和全国两会期间安全事务有关工作的通知〉的通知》，保卫处处长赵建国传达文化和旅游部电视电话会议有关精神，宣读《保卫处关于做好春节期间各项安全工作的通知》。孙一钢在讲话中对春节期间安全工作提出三点要求，高度重视安全工作、压实各级安全责任、抓好节前安全检查三点要求，并强调确保全馆安全形势持续稳定，确保全馆员工过一个喜庆祥和的新春佳节，为“十四五”规划顺利开局奠定坚实基础。

【完成春、秋季电力设备检修保养工作】

5 月 10 日，为确保国家图书馆电力系统运行安全，根据《电力安全工作规程》管理规定，后勤服务管理中心在总馆、古籍馆开展 2021 年春季电力设备检修保养工作。为使对业务工作、居民生活的影响降到最低，停电检修工作采取分区或分层对供电设备进行分时、分段检修保养，利用闭馆之后的时间甚至是夜间对供电设备进行检修。此次检修范围是南区总配电室和 12 个分区配电室、冷冻站配电柜以及北区配电室高压部分和热力站配电柜。检修内容是对供电设备进行检修维护及必要的系统检查、检测保养、除尘及处理系统中的故障隐患和新近发现的问题，同时对整个配电系统继电保护定值进行调校整定和系统打压实验。进一步保障全馆供电系统安全稳定运行。10 月 11 日，在总馆、古籍馆完成秋季电力设备检修保养工作。

【馆领导带队开展安全检查工作】

6 月 22 日晚，党委书记、副馆长魏大威，副馆长张军等一行 5 人对国家图书馆总馆 34 个夜间值班岗位进行突击安全检查。此次检查采取不发通知、不打招呼、不听汇报、不用陪同接待、直奔基层、直插现场的“四不两直”方式，重点检查高压站、冷冻站、运行调度室、南区中控室、热力站、各保安岗亭等夜间值班岗位，向值班人员详细询问岗位职责，重点考查值班人员在遇到突发事件时的应急处置能力，对灭火器等消防器材的使用掌握情况进行抽查。经检查，各岗位值班人员都确保在岗，熟悉岗位职责，掌握值班必备技能和应急处置能力。

6 月 25 日，党委书记、副馆长魏大威，副馆长陈樱、汪东波、张军一行 12 人对国图艺术中心、总馆北区中控室、不间断电源室、视听阅览室、食堂热操作间等重点要害部位进行安全检查。检查中，特别强调要注意用电安全，尤其是电源插座附近不要堆放纸张等可燃物，下班后注意断电；出入不间断电源室要落实登记制度；要时常检查燃气管道，注意燃气使用安全。

12月17日，馆长熊远明、副馆长张军到保卫处检查指导工作，保卫处处长赵建国、副处长张明亮、周道贵、全体科长陪同并参加座谈。熊远明、张军实地查看国家图书馆总馆北区、南区消防中控室、消防水泵房、B栋弱电机房、A栋气体灭火钢瓶间、保安居住区等区域，着重了解消防、安防相关设备设施运行情况，并就做好技术防范设施维护和升级改造、消防安全管理、馆区安全管理、疫情防控等工作，与值守人员进行深入交流。此次现场检查指导，既对2021年国家图书馆安全保卫工作进行肯定，也对下一步保卫工作提出更高要求。

【文化和旅游部财务司一级巡视员周宇一行来馆调研】

7月15日，文化和旅游部财务司一级巡视员周宇一行来到国家图书馆，围绕“北平图书馆旧址修缮及保护性设施建设工程”情况进行调研，副馆长张军及有关部门负责人陪同调研。周宇一行现场调研古籍馆院落主要建筑和文物，深入了解古籍馆保护修缮现状及各系统改造升级方案，认真听取后勤服务管理中心近年来各项工程申请和实施进展情况的汇报，并针对专项改造资金申请等情况给出具体建议。张军对文化和旅游部财务司给国家图书馆建设与发展所提供的支持和指导表示感谢。他表示，国家图书馆将继续坚持合法合规、厉行节约、科学环保、安全底线等原则，不断建立健全工程项目管理工作机制，稳步推进各项工程改造。文化和旅游部财务司基建处，国家图书馆保卫处、基建工程办公室、古籍馆、后勤服务管理中心以及工程相关设计院等有关人员参与调研。

【文化和旅游部机关服务局来馆开展“中秋”“国庆”节前安全督查工作】

9月14日，文化和旅游部机关服务局副局长步士忠一行8人来国家图书馆开展“中秋”“国庆”节前安全督查工作。党委书记、副馆长魏大威，保卫处处长赵建国和后勤服务管理中心主任曹伟等人陪同并参加座谈。座谈结束后，督查组专家分成台账资料查阅组和现场安全检查组对国家图书馆安全工作进行督查。台账资料查阅主要检查国家图书馆的消防安全制度、消防安防维保、消防巡查检查、安全隐患整改等方面。专家对台账相关工作给予肯定。现场安全检查组对国家图书馆总馆南区中控室、A栋书库、D栋阅览室、热力站、食堂操作间、消防水泵房等重点区域进行检查，并给予相应的指导意见。针对检查中指出的风险点，魏大威强调，相关部门要及时做好相应的整改工作，清除安全隐患。今后将继续加大安全投入，进一步改善安全环境。

【馆长熊远明带队调研承德文献周转库和国家图书馆国家文献战略储备库工程项目用地】

9月14日，馆长熊远明，副馆长张军、霍瑞娟赴河北省承德县调研承德文献周转库和国家图书馆国家文献战略储备库工程项目用地，了解有关工作进展情况。承德市委常委、宣传部部长赵青英，副市长张树国，承德县委书记刘志琦，县长柳雪松等有关方面负责同志参加调研。熊远明一行对文献周转库房逐个进行仔细检查，了解文献储藏和库房安防消防设备设施配置情况，并深入办公楼中控室、保安宿舍、员工食堂等区域，详细询问和了解值班人员、驻库保安队员、后勤保障人员的学习、工作和生活情况；在储备库工程项目用地，实地查看用地情况，听取各方对项目进展情况的汇报。熊远明强调，储备库工程项目是国家级重点工程，要充分认识项目的重要意义，团结一致，齐心协力，为项目开工建设先行探索、积累经验。承德文献周转库管理处承担着文献接收、储藏、安全管理等保障工作，责任重大，要完善库区安防消防设备设施，加强人才队伍建设和保安力量，进一步梳理和解决当前工作中存在的问题和安全隐患，要注重与当地政府及库区业主的沟通联系，争取获得更多支持与配合，切实做好安全保障工作。承德方面领导表示，希望与国家图书馆继续密切合作，进一步加强沟通联系，建立健全双方工作合作联动机制，凝心聚力，共同把文献周转库建设好、管理好，争取储备库工程项目早日开工建设，为承德文化事业发展注入新鲜活力。基建工程办公室主任王六长、副主任卢希，承德文献周转库管理处处长张海波、副处长王正元等参加调研。

【召开“中秋”“国庆”两节安全工作布置会，开展节前安全检查工作】

9 月 15 日，国家图书馆“中秋”“国庆”两节安全工作布置会召开，各部处主要负责人、馆属企业及驻馆公司领导共计 50 余人参加会议。会议由副馆长张军主持，馆长熊远明出席会议并讲话。熊远明强调，安全工作在图书馆的各项工作中是重中之重。做好安全工作一是要提高政治站位，树立总体国家安全观，人人筑牢安全意识；二是要制定行之有效的安全制度，并将制度落到实处；三是要层层压实主体责任，杜绝侥幸心理，注重细节，并且要坚决防止“灯下黑”，切实抓好内部人员安全管理，“全体员工既是业务员，也是安全员”。

9 月 16 日，馆长、党委副书记熊远明，党委书记、副馆长魏大威，副馆长、党委副书记、纪委书记陈樱，副馆长张军、霍瑞娟等馆领导带队开展节前安全检查工作。保卫处处长赵建国、后勤服务管理中心主任曹伟等相关部处负责同志陪同。一行人依次对 A 栋书库、善本库、计算机机房、中控室、国图艺术中心等馆区重点要害部位进行检查。检查中，馆领导就疫情防控与安全工作方面做出重要指示，要求各部处高度重视，假日期间疫情防控不松懈，对阅览室等人员密集区域要坚持每日消毒杀菌。严格执行馆内各项安全管理规定，对夜景照明等电气线路、消火栓和灭火器等消防设施设备、善本库房的安防和善本保存、计算机机房和中控室运行等做好日常安全检查和管理，确保馆内各项设施处于正常工作状态。

【馆长熊远明会见承德市委书记董晓宇一行】

10 月 18 日，国家图书馆馆长熊远明会见到访的承德市委书记董晓宇一行，双方围绕推进国家图书馆国家文献战略储备库工程项目等进行深入交流。国家图书馆副馆长霍瑞娟，承德市委常委、市委秘书长傅海旺参加会见。熊远明对董晓宇一行到访表示热烈欢迎，对承德方面一直以来对储备库工程项目的大力支持表示衷心感谢，希望双方积极谋划、共同努力，推动项目早日开工建设，更好满足人民群众精神文化需求，为建设社会主义文化强国做出新的贡献。董晓宇表示，此次到访旨在贯彻落实习近平总书记在承德考察时的重要讲话精神，加快推进储备库工程项目，并就项目规划和建设等进行交流。他希望项目早日开工建设，进一步夯实承德文化事业发展基础，为经济社会发展做出更大贡献。董晓宇一行还参观了国家图书馆总馆北区及正在国家典籍博物馆举办的“中华传统文化典籍陈列展”和“《共产党宣言》专题展”。承德县委书记刘志琦，承德市发展和改革委员会党组书记、主任何元武，承德市旅游和文化广电局党组书记、局长唐秋华，国家图书馆研究院（业务管理处）院长申晓娟，办公室负责人孙伯阳，基建工程办公室主任王六长、副主任董雪磊等有关负责人参与座谈交流。

【文化和旅游部党组成员、副部长，国家文物局局长李群一行到国家图书馆古籍馆调研】

11 月 3 日，文化和旅游部党组成员、副部长，国家文物局局长李群到国家图书馆古籍馆调研，先后考察古籍馆中控室、文津楼、古籍书库、阅览室、脱酸实验室、缩微母片库、临琼楼、弘文堂等区域，深入了解古籍馆保护修缮、馆藏文献资源保存保护、消防安防设施设备运行等有关情况，与国家图书馆相关负责人座谈交流，听取关于北平图书馆旧址修缮、古籍类文物定级工作进展以及工作中遇到的困难情况汇报。国家文物局有关司室负责人、国家图书馆有关负责人参加调研。

【举办“消防安全月”消防演练活动】

11 月 8 日，保卫处在国家图书馆总馆北区广场举办以“落实消防责任，防范安全风险”为主题的“消防宣传月”演练活动。各部处安全员、物业公司和保安公司的部分员工 90 余人参加。保卫处提前制订消防演练方案，组织相关科室召开协调会，对活动当日的场地布置、人员安排以及科目演示等进行具体协调和先期预演。国家图书馆是海淀公安分局划定的反恐防暴重点单位，因此在演练中增加了相关内容。此次演练共包括反恐防暴处置、疑似爆炸或易燃物处置、灭火器扑灭初起火灾演示、地下消火栓灭火演示 4 个科目。演示结束后，保卫处对在场员工进行灭火器使用培训。

【完成 2021 年度创建安全单位验收工作】

12 月 6—17 日，国家图书馆组织开展 2021 年度创建安全单位（以下简称“创安”）验收工作。为做好此次“创安”验收工作，保卫处成立以处长赵建国为组长的验收工作组，分别对国家图书馆 33 个部处 2021 年安全工作落实情况进行检查验收。验收工作组在总结往年工作经验的基础上，继续深化检查细则，统一检查标准，量化项目分值，进行全方位、分层次、多角度的检查。“创安”验收过程中采用查阅档案、现场提问、现场检查、考试抽查等多种形式，对各部处组织领导、安全制度、安全教育、安全检查等工作开展情况进行详细的检查核实。此次“创安”验收检查在分析和掌握安全规律的基础上，全面考核各部处安全工作开展情况，推动年度安全工作任务目标的完成，为国家图书馆先进部处评比提供参考，也为国家图书馆各项工作安全平稳运行夯实基础。

【副馆长霍瑞娟一行赴故宫博物院调研】

12 月 14 日，副馆长霍瑞娟、保卫处副处长张明亮、基建工程办公室副主任董雪磊等赴故宫博物院调研，故宫博物院常务副院长娄玮、保卫处处长王波、安全技术处处长赵连江等接待并参加座谈交流。霍瑞娟一行实地参观故宫博物院的消防水泵房和中控室等重点区域，了解故宫博物院消防、安防和防雷相关设施设备设计和运营情况，并就消防、安防、防雷施工改造对文物建筑的具体影响及保护措施、相关经验和做法等，与故宫博物院保卫处、安全技术处等负责同志深入交流，学习故宫博物院在文物安防、消防、防雷保护工作上的好经验、好做法，为做好北平图书馆旧址升级改造工程设计方案编制工作奠定基础。

【做好疫情防控各项工作】

2021 年，为打赢新冠肺炎疫情防控攻坚战，确保馆内工作人员以及读者的生命安全，维护正常开馆秩序，后勤服务管理中心牵头，积极与海淀区卫健委及属地街道等进行沟通，完成 7 批次共计 2325 人次新冠肺炎疫苗接种工作，同时定期统计全馆疫苗接种人数及接种比例。按照新冠肺炎疫情防控要求，保障馆领导参加会议、活动及出访，组织到馆核酸检测 6 批次共计 20 余人次。物业车管继续严格落实馆区防控规定，对进入馆区的司乘人员进行登记，测量体温。加强馆区消杀，公共区域、开放的阅览室每天消杀 2 次，家具、窗台、门窗等每天用 84 消毒液擦拭不少于 1 次，卫生间、垃圾桶、垃圾中转站等重点区域每天消杀 2 次。电梯轿厢、候梯厅配置纸巾，按键张贴保鲜膜，每天更换 2 次。

【完成新一轮物业服务招标】

2021 年，结合上一物业合同季到期后馆领导的批复意见和 2021 年度运行经费大幅压减的实际情况，后勤服务管理中心对物业服务经费及服务内容做进一步研究，落实经费压减指标，明确物业服务外包需求，将总馆物业合同和古籍馆物业合同进行拆分，对物业服务项目进行相应调整，并通过与人事处、财务处沟通，将代管人员从物业服务合同中剥离出来，参照其他部门的模式，使其与北京双高志信人力资源有限公司及馆里签订相应的派遣合同和退休返聘合同。

【继续推进重点工程改造项目】

2021 年，国家图书馆二期数据中心机房和四库全书库空调改造工程完成竣工验收及主要工程结算工作，同时对工程剩余资金进行上报，拟利用这部分资金对总馆南区老旧西亚特机组进行改造。国家图书馆运行保障维护调度中心控制系统改造工程完成电力监控系统、给水流量检测等子项施工内容。国家图书馆总馆北区基础设施设备改造项目完成四层地板、水池防水及 Q 栋管道改造工程竣工结算审核工作，启动热力站及人防工程屋顶防水修复子项施工采购工作，并最终确定供应商。员工食堂油烟净化系统升级改造项目拆除包括运水烟罩、控制器、集烟管道等原有系统，对保留部分进行彻底清洗，完成新设备湿式一体机的吊装，完成后油烟净化率达 90% 以上。

【提升馆区基础设施设备管理水平】

2021 年，后勤服务管理中心在提升馆区基础设施设备管理水平方面开展两方面工作。一是加强维修材料管理。完成库房管理软件的安装调试，实现维修材料的集中存放、专人管理、实时查询、动态跟踪、定期盘点。每季度对报修、日常巡检、设备维修等情况进行总结梳理，对维修材料的采购、消耗等情况进行统计，对库存材料备件进行清点，做到账实相符。二是更换总馆南区部分卫生间洗手池柜体和台面。按照《关于进一步加强国家图书馆基础设施设备管理的通知》要求，继续改善厕所设施，在前两年已完成总馆南区部分卫生间洗手盆及柜体改造的基础上，结合日常巡查结果，对部分仍存在台面破裂、洗手池柜体变形和腐烂的设施设备进行更换，确保正常使用。

统计资料

- 经费使用
- 国有资产
- 业务统计数据
- 科研项目
- 人员
- 馆内外奖励
- 对外及与我国港澳台地区交流
- 部分会议、讲座、培训、展览
- 档案资料

统计资料

一、经费使用

国家图书馆书刊资料购置经费

单位：万元

项目	经费	项目	经费
中文书	1536.76	图书装订费	283.61
西文书	2523.62	中文资料	20.51
东文书	353.97	中文刊	176.58
俄文书	175.02	外文报刊	3694.29
交换书	260.00	中文报	38.28
港台书	220.01	港台报刊	104.89
善本特藏	33.99	地方文献	65.92
视听资料	16.75	其他书	4.64
联合国资料	48.00		
合计	9556.84		

国家数字图书馆资源建设服务及推广经费

单位：万元

项目		经费
电子出版物	中文	200.10
	外文	1200.35
合计		1400.45

二、国有资产

（一）简况

截至2021年12月31日，国家图书馆资产总量达到537019.52万元。其中，流动资产32184.83万元，长期投资3307.73万元，固定资产净值475567.82万元，无形资产净值12469.30

万元，在建工程 13264.31 万元，其他资产 225.53 万元。固定资产中，图书文物 349623.26 万元，房屋构筑物 114338.43 万元，车辆 190.01 万元，通用办公设备 337.55 万元，通用办公家具 4110.13 万元，文物和陈列品 1602.4 万元，其他固定资产 5366.04 万元。无形资产中，计算机软件 3668.73 万元，土地使用权（名义价值）0.0014 万元，其他无形资产（含数据）8800.57 万元。

与 2020 年同期相比，2021 年资产总量减少 6467.35 万元。其中，流动资产减少 5615.4 万元，固定资产增加 73662.42 万元，无形资产减少 2109.51 万元，对外投资增加 75.65 万元，在建工程由于转固等原因减少 72493.41 万元，其他资产增加 12.9 万元。

（二）政府采购信息

2021 年，国家图书馆严格执行政府采购的各项法律法规，全年政府采购预算 14595.70 万元，实际政府采购总额 14409.34 万元，节约资金 186.36 万元，资金节约率为 1.28%。

受到经费减少的影响，全年政府采购规模比 2020 年下降近四成。其中：货物类为 7038.18 万元，占采购总额的 48.84%；服务类为 7371.16 万元，占采购总额的 51.16%。其中：采用公开招标方式采购 13710.26 万元；采用其他方式采购 699.08 万元。

（三）出版社及馆属企业

2021 年，国家图书馆出版社及馆属企业营业总收入为 27759.47 万元，缴纳国有资产收益费 5108 万元。出版社及馆属企业坚持把社会效益放在首位，管理运行规范、高效，实现社会效益和经济效益相统一、双丰收，为国家图书馆事业发展做出积极贡献。同时，面对新冠疫情防控常态化，各企业始终将疫情防控工作作为最重要的任务来抓，高度重视、认真落实，疫情防控及各项经营工作取得良好成绩。

国家图书馆出版社全年共出版图书 377 种，获得各级各类奖项 30 余项，其中《中华传统文化百部经典》（第一至五批）荣获第五届中国出版政府奖图书奖，《古本戏曲丛刊》（六、七、八集）（46 函 510 册）荣获第五届中国出版政府奖图书奖提名奖。北京国图文化发展有限责任公司全年培训服务学生超过 30 万人次，会议服务场次超过 2400 场次，赢得服务对象的高度认可。由该公司负责运营的江苏省淮安市文化三馆（淮安市图书馆、文化馆、美术馆）、南通市文化三馆（南通市崇川区图书馆、南通市经济技术开发区图书馆、南通开发区能达剧院）和河北省衡水市图书馆等各文化场馆运营平稳，凸显品牌优势。北京国图书店有限责任公司与颐和园合作，启动“颐和园书院・霁清轩”，并配合国家图书馆完成“4・23”世界读书日特别活动；设计制作“纸曰——中国传统技艺展”项目获得传播交流推广项目艺术基金；国家图书馆北区二层悦读空间获得 2021 年实体书店政府扶持资金；《民国时期万县海关档案》入选国家新闻出版署关于《出版业“十四五”时期发展规划》中的“十四五”国家重点图书出版专项规划。北京国图创新文化服务有限公司与天津城投集团合作，在天津津湾广场打造 3000 余平方米集图书馆、特色书店、城市书房、文创产品等功能于一体的多元文旅融合大型综合文化创意空间；通过自主开发、联合开发、授权合作等方式新开发各类文化创意产品 200 余种，其中“永乐大典”“敦煌”“庆赏昇平”“食物本草”等主题文创产品先后在 2021“北京礼物”旅游商品及文创产品大赛、2021 年全国百佳文化创意产品评选等活动中获奖。北京国图酒店管理有限公司严格执行新冠疫情防控规定，确保员工用餐安全；积极开拓市场，克服疫情带来的影响，酒店营收迅速恢复。北京国图文化艺术有限公司全年举办各类线下公益活动 30 场，其中公益演出 12 场、公益讲座 11 场、公益展映 2 场、国图库客沙龙 5 场，参与读者达 1.49 万人次。

三、业务统计数据

1. 各类文献登记总量 595193 种 2670462 册 / 件，登记册 / 件数与 2020 年相比增长 6.40%。

2. 各类文献编目加工总量 595558 种 1314509 册 / 件，编目加工种数与 2020 年相比增长 30.13%。

3. 正式入藏各类文献 641115 种 1221754 册 / 件，与 2020 年相比增长 61.87%；非正式入藏各类文献 538941 册 / 件，与 2020 年相比增长 7.67%。

4. 截至 2021 年底，馆藏总量 42301505 册 / 件。

5. 接待到馆读者 1646754 人次，与 2020 年相比增长 144.96%。

6. 全馆流通书刊 7456165 册次，与 2020 年相比增长 250.06%。

7. 国家图书馆网站读者年访问量 112825.40 万次，与 2020 年相比增长 31.56%。月平均访问量 9402.12 万次，日平均访问量为 309.11 万次。手机门户网站读者年访问量 9332.02 万次，月平均访问量 777.67 万次，日平均访问量为 25.57 万次。

8. 各类咨询 61.59 万件，与 2020 年相比增长 245.04%。其中一般咨询 60.51 万件，与 2020 年相比增长 257.62%。

9. 办理读者证卡共计 42.85 万个，其中实体证卡 6.01 万个、虚拟证卡（网络实名注册）36.84 万个。实体证卡数量与 2020 年相比增长 137.55%。

10. 线下培训、讲座、参观、展览等各项活动共接待读者 37.37 万人次，与 2020 年相比增长 96.74%。其中：举办展览 15 场，共计 26.26 万人次；开办公益性讲座 48 场，共计 0.75 万人次；组织培训 1508 批，共计 4.47 万人次；接待参观 937 批，共计 1.24 万人次；举办演出 79 场，共计 4.65 万人次。

线上展览、讲座、培训、演出等各项活动共计 5.76 万人次参与，浏览量 2701.04 万次。其中：在线展览 8 场，浏览量 0.30 万次；在线讲座 92 场，0.07 万人次参与，浏览量 1540.04 万次；在线培训 115 批，5.69 万人次参与，浏览量 1158.00 万次；在线演出新增 57 场，浏览量 2.70 万次。

11. 截至 2021 年底，数字资源总量达 2497.98TB，与 2020 年相比增加 223.48TB。其中，馆藏特色数字资源 1904.48TB（含征集资源 162.53TB 和交存报纸 6.95TB）、外购数据库库 285.21TB、网络采集资源 308.29TB。资源内容主要包括：电子图书 2181256 种 2661797 册、电子期刊 55884 种、电子报纸 3553 种、学位论文 11665298 篇、会议论文 7815528 篇、音频资料 1919972 首、视频资料 199412 小时。

12. 截至 2021 年底，外购数据库共计 253 个，包括中文数据库 135 个，外文数据库 118 个。

外购数据库类型及数量

单位：个

数据库类型	中文库数量	外文库数量
全文数据库	68	77
文摘/索引数据库	14	18
数值/事实数据库	32	16
多媒体数据库	16	0
工具型数据库	3	3
复合型数据库	2	4
合计	135	118

13. 截至2021年底，已发布数字资源的内容单元主要包括：电子图书（含民国图书）1468808种，发布率67.34%；电子期刊（含民国期刊）54838种，发布率98.13%；电子报纸（含民国报纸）2752种，发布率77.46%；学位论文11642121篇，发布率99.8%；会议论文7815528篇，发布率100%；音频资料1194070首，发布率62.19%；视频资料148307小时，发布率74.37%；古籍类资源97986种，发布率67.54%。

2021年各类文献入藏明细表（正式馆藏）

	文献类别	种数	册/件数	上年册/件数	增长率/%
图书	中文普通书	326951	721706	424666	69.95
	台港图书	18498	18966	15808	19.98
	盲文图书	668	1342	0	—
	普通古籍	4877	5470	1171	367.12
	中文图书总计	350994	747484	441645	69.25
	西文图书	42373	45759	39699	15.26
	俄文图书	6320	7481	6108	54.42
	日文图书	12346	12582	13833	-9.04
	东文图书	4344	4640	3681	26.05
	外文图书总计	65383	70462	63321	11.28
	图书总计	416377	817946	504966	61.98

（续表）

	文献类别	种数	册 / 件数	上年册 / 件数	增长率 / %
期刊	中文期刊	10353	103849	109859	-5.47
	台港期刊	371	6405	6967	-8.07
	中文期刊总计	10724	110254	116826	-5.63
	西文期刊	3124	28574	26875	-10.47
	日文期刊	1160	8943	9587	2.98
	俄文期刊	580	4611	5424	-38.43
	东文期刊	77	849	1024	-4.57
	外文期刊总计	4941	42977	42910	0.16
	期刊总计	15665	153231	159736	-4.07
报纸	中文报纸（合订册）	1308	7957	3323	139.45
	台港报纸（合订册）	43	1709	0	—
	中文报纸总计（合订册）	1351	9666	3323	190.88
	外文报纸总计（合订册）	58	1304	0	—
	报纸总计（合订册）	1409	10970	3323	230.12
特藏专藏	善本	0	0	17	-100.00
	外文善本	0	0	0	—
	新善本	81	764	56	1264.29
	精装精印	15	15	30	-50.00
	其他文献	0	0	0	—
	金石文献	4169	5070	1143	343.57
	手稿	103	2096	4189	-49.96
	舆图	1484	2316	4426	-47.67
	画片	11	11	115	-90.43
	照片	7	22	109	-79.82
	民语文献	5085	8812	7130	23.59
	敦煌资料	508	729	557	30.88
	地方文献	346	2096	2280	-8.07
	甲骨实物	35651	35651	—	—

（续表）

	文献类别	种数	册 / 件数	上年册 / 件数	增长率 / %
	联合国资料	734	1051	1001	5.00
	学位论文及国内其他资料	143871	144166	34426	318.77
	特藏专藏总计	192065	202799	55479	265.54
缩微	缩微平片	7482	17800	19373	-8.12
	缩微胶卷	0	0	0	—
	缩微文献总计	7482	17800	19373	-8.12
音像资料	中文音像资料	3965	7333	6858	6.93
	外文音像资料	1124	7728	1766	337.60
	音像资料总计	5089	15061	8624	74.64
电子文献	电子文献总计	3028	3947	3254	21.30
正式入藏文献总计		641115	1221754	754755	61.87

注：表中所列台港文献即台港图书、台港期刊、台港报纸（合订册），包括台湾、香港、澳门地区文献和海外华文文献。

到馆读者人次、文献流通册次统计表

	人次	册次
1月	87748	386527
2月	85815	387366
3月	108044	452240
4月	143901	698604
5月	164178	798772
6月	189977	801274
7月	229107	866397
8月	133666	670557
9月	124657	599796
10月	143230	668478
11月	105624	536902
12月	130807	589252
合计	1646754	7456165

各阅览室与服务点接待读者人次统计表

阅览室及服务点名称	读者人次	阅览室及服务点名称	读者人次
OPAC检索（南区）	25746	法律参考阅览室	2754
人工复制（南区）	21989	OPAC检索（北区）	12706
自助复制（南区）	966	人工复制（北区）	1924
缩微文献阅览室	5330	自助复制（北区）	1253
保存本（综合阅览室）	0	中文图书阅览区	575478
基藏本（综合阅览室）	117868	工具书区（北区）	156291
工具书（综合阅览室）	13565	中文图书借阅区	19284
馆际互借出纳台	48774	中文报刊区（期刊）	23511
台港澳文献阅览室	14179	中文报刊区（报纸）	15676
外文文献第一阅览室	38485	学位论文阅览室	7003
外文文献第二阅览室	12769	中国少数民族语文阅览室	2044
外文文献第三阅览室 国际赠书阅览室 日本出版物文库阅览室	8616	数字共享空间（集中区）	25661
基藏外文图书外借出纳台	8050	数字共享空间（分散区）	2107
年鉴 新方志阅览室	4892	视听服务空间	25126
善本特藏阅览室	1848	少年儿童图书馆	52066
敦煌吐鲁番资料阅览室	3049	复制服务（古籍馆区）	1064
国际组织与外国政府出版物阅览室	1656	普通古籍阅览室（古籍馆区）	14078
海外中国问题研究资料中心	1709	家谱旧方志阅览室（古籍馆区）	5626
总计/人次	1273143		

咨询工作统计

单位：件

	一般咨询	代检索课题	编制文献	年累计
党和国家领导	3	1	5	9
中央国家机关	39	56	1577	1672
重点科研教育生产单位	1376	6237	2762	10375
一般读者	603680	21	99	603800
年累计	605098	6315	4443	615856

国际互借工作统计表

项目	借出资料	借入资料
人次	18	130
册次	18	203
复印/件	6	84
拒绝/件	12	117

读者证卡统计

单位：个

证卡名称	本年证卡	累计（实体/虚拟）
人工办证	7520	3098808
自助办证	52619	
虚拟办证（实名注册）	368353	2261125
合计	428492	5359933

四、科研项目

（一）立项科研项目

项目类型	编号	项目名称	申请人	经费/万元	项目开展时间
国家社科基金一般项目	21BTQ029	阅读推广人专业化职业化培育模式研究	霍瑞娟	20	2021年9月—2024年8月
国家社科基金一般项目	21BTQ097	公共图书馆婴幼儿阅读推广研究	孙　蕊	20	2021年9月—2024年12月
国家社科基金冷门绝学专项	21VJXG046	国家图书馆藏样式雷信札整理与研究	翁莹芳	35	2021年11月—2026年9月
国家社科基金后期资助项目	21FTQB013	袁同礼年谱长编	雷　强	30	2021年11月—2022年12月
2020—2021年度文化和旅游研究项目	21DY28	智能化时代的公共数字文化建设研究	魏大威	3	2021年1月—2021年11月
2020—2021年度文化和旅游研究项目	21DY29	国家图书馆藏黄河文献整理研究	白鸿叶	3	2021年1月—2021年11月
北京市社科基金青年项目	21LSC008	近代北京博物馆与社会变迁研究	赵国香	8	2021年10月—2024年6月

（二）结项科研项目

项目类型	编号	项目名称	申请人	结项时间
国家社科基金青年项目	16CTQ004	公共图书馆线上线下服务融合研究	童忠勇	2021年12月30日
国家社科基金青年项目	16CTQ003	互联网+时代公共数字文化工程的服务模式转变研究	温　泉	2021年11月29日
国家社科基金重点项目	18ATQ002	民国时期革命历史文献整理与研究	马　静	2021年8月31日
国家社科基金后期资助项目	15FZS005	宋代地方的官民信息沟通与治理秩序	高柯立	2021年5月26日

（续表）

项目类型	编号	项目名称	申请人	结项时间
2020—2021年度文化和旅游研究项目	21DY29	国家图书馆藏黄河文献整理研究	白鸿叶	2021年12月28日
文化艺术和旅游研究项目信息化发展专项	MCT2019XZ14	公共数字文化工程融合创新发展技术应用研究	魏大威	2021年10月12日
馆级	NLC-KY-2020-29	公共数字文化工程文化帮扶现状及策略研究	任　通	2021年8月30日
馆级	NLC-KY-2019-29	国家图书馆希腊语文献编目研究	李怡锐	2021年7月13日
馆级	NLC-KY-2016-12	玛格丽特曼荣誉奖主要获奖者思想评述及对现代及当代编目实践的影响研究	赵丹丹	2021年7月5日
馆级	NLC-KY-2019-31	馆藏民国时期“林译小说”的版本研究	娄　纯	2021年6月22日
馆级	NLC-KY-2019-24	库瓷青纸的染色复原研究	杨　凡	2021年6月21日
馆级	NLC-KY-2014-22	图书缴送率地区差异的原因分析及对策研究	张建存	2021年5月18日
馆级	NLC-KY-2019-11	民国时期儿童图书馆阅读推广研究	孟燕燕	2021年4月30日
馆级	NLC-KY-2017-09	国家图书馆藏蒙古族学者著藏文古籍研究	王建海	2021年4月15日
馆级	NLC-KY-2016-10	刘国钧与国家图书馆文献分类编目发展研究	赵　悦	2021年4月15日
馆级	NLC-KY-2018-08	外文学术期刊评价方法的演进及其对采访工作的影响研究	齐东峰	2021年3月24日
馆级	NLC-KY-2018-23	朱砂印泥老化过程研究	张　铭	2021年3月19日
馆级	NLC-KY-2019-05	国家图书馆馆舍变迁	胡建平	2021年1月8日

五、人员

（一）2021 年馆领导名单（截至 2021 年 12 月 31 日）

姓名	职务名称
熊远明	馆长、党委副书记、国家古籍保护中心主任、国家典籍博物馆馆长
魏大威	党委书记、副馆长
张志清	副馆长、国家古籍保护中心副主任
陈　樱	副馆长、党委副书记、纪委书记
汪东波	副馆长
张　军	副馆长
霍瑞娟	副馆长

（二）2021 年馆领导职务变动情况

2021 年 4 月起，孙一钢不再担任国家图书馆副馆长。

2021 年 6 月起，霍瑞娟担任国家图书馆副馆长。

2021 年 7 月起，饶权不再担任国家图书馆馆长、党委副书记、国家古籍保护中心主任、国家典籍博物馆馆长，熊远明担任国家图书馆馆长、党委副书记、国家古籍保护中心主任、国家典籍博物馆馆长。

（三）2021 年部处负责人名单

部处	职务名称	姓名	备注
办公室	主任	孙伯阳	
人事处	处长	辛　璐	
	副处长	吴　洋	
财务处	处长	李红霞	
	副处长	刘婷婷	

（续表）

部处	职务名称	姓名	备注
研究院（业务管理处、全国图书馆标准化技术委员会秘书处、国家图书馆博士后科研工作站办公室）	院长（副局级）	申晓娟	
	副院长（正处级）	张　玮	
	副院长（副处级）	樊　桦	
	《国家图书馆学刊》常务副主编（副处级）	陈清慧	
党群工作办公室	主任	荣　杰	
	副主任	谢万幸	
纪检监察处	处长	陈荔京	
	副处长	乔淑锦	
审计处	处长	安　洁	
离退休干部处	处长	孙　乐	
国际交流处（台港澳交流处）	处长	张　煦	
国有资产管理处	处长	黄　洁	
	副处长	齐　欣	
经营管理处	处长	吕慧军	
法律事务处	副处长	黄　亮	主持工作
保卫处	处长	赵建国	
	副处长	张明亮	
	副处长	周道贵	
基建工程办公室（国家文献战略储备库工程筹建办公室）	副主任	董雪磊	主持工作
承德文献周转库管理处	处长	张海波	
	副处长	王正元	
中文采编部（全国图书馆联合编目中心、ISSN中国国家中心）	主任	王　洋	
	副主任	刘　瑛	
	副主任	槐　燕	

（续表）

部处	职务名称	姓名	备注
外文采编部	主任	顾　犇	
	副主任	罗　翀	
	副主任	宋仁霞	
典藏阅览部（国家图书馆少年儿童馆）	主任	李晓明	
	副主任	陈慧娜	
	副主任	郭传芹	
立法和决策服务部（海外中国问题研究资料中心、国家图书馆中国边疆文献研究中心）	主任	李春明	
	副主任	田贺龙	
参考咨询部（国家图书馆科学评价中心）	主任	曹　宁	
	副主任	李翠薇	
	副主任	白云峰	
	副主任	张李江	
数字资源部（数字图书馆推广工程办公室、国家图书馆互联网信息资源保存保护中心）	主任	谢　强	
	副主任	李志尧	
	副主任	张　炜	
信息技术部（国家图书馆现代技术研究所）	主任	谢　强	兼任
	总工程师（正处级）	邢　军	
	副主任	茹　文	
缩微文献部（全国图书馆文献缩微复制中心）	主任	王　磊	
	副主任	张　阳	
	副主任	张红霞	
社会教育部（中国记忆项目中心、国家图书馆培训中心）	主任	廖永霞	
	副主任	田　苗	
	副主任	李　楠	
展览部	主任	顾　恒	

（续表）

部处	职务名称	姓名	备注
古籍馆（国家图书馆方志馆、《永乐大典》研究中心）	馆长	张志清	兼任
	副馆长（正处级）	陈红彦	
	副馆长（副处级）	谢冬荣	
	副馆长（副处级）	萨仁高娃	
国家古籍保护中心办公室（国际图联保存保护中国中心办公室）	主任	苏品红	
民国时期文献保护工作办公室	主任	马　静	
	副主任	雷　亮	
	副主任	朱　亮	
《中华传统文化百部经典》编纂工作办公室	主任	张　洁	
出版部	主任	方自金	
	总编辑	魏　崇	
	副主任	葛艳聪	
后勤服务管理中心	主任	曹　伟	
	副主任	卢　希	
中国图书馆学会秘书处	秘书长	王雁行	
	《中国图书馆学报》副主编	吴澍时	
中国古籍保护协会秘书处	秘书长（副处级）	王红蕾	

（四）人员结构

单位：人

人员总数		
	在编员工	1313
	离退休人员	1206
	2021年进馆人数	46
	2021年离馆人数	69（其中退休53人，调出16人）

（续表）

性别结构		
	男	435
	女	878
部处科组管理人员		
	处级	68
	科级	300
年龄结构		
	30岁及以下	167
	31—40岁	659
	41—50岁	271
	51岁及以上	216
专业技术职务结构		
	正高级职称	81
	副高级职称	508
	中级职称	598
	初级职称	48
学历结构		
	博士研究生	94
	硕士研究生	671
	大学本科（硕士学位）	81
	大学本科	394
	专科及以下	73

六、馆内外奖励

（一）馆内奖励

2021 年度先进集体名单

1. 获得 2021 年度国家图书馆先进集体的部处

国有资产管理处

保卫处

典藏阅览部

数字资源部

古籍馆

后勤服务管理中心

中国古籍保护协会秘书处

2. 获得 2021 年度国家图书馆先进集体的科组

中文采编部联合编目组

外文采编部西文图书编目组

立法和决策服务部教科文卫组

参考咨询部科技咨询组

信息技术部网络系统管理组

缩微文献部计划与协调组

社会教育部教育培训组

展览部展览策划组

国家古籍保护中心办公室保护组

2021 年度国家图书馆服务标兵名单

（按姓氏笔画排序）

王　迎（典藏阅览部中文报刊和学位论文阅览组）

王宝兴（典藏阅览部基藏本阅览组）

王萌萌（参考咨询部知识产权信息服务组）

王谢文（参考咨询部综合咨询服务组）

刘　雅（展览部讲解服务组）

刘毅超（古籍馆敦煌文献组）

运　梅（参考咨询部竞争情报组）

李　静（社会教育部讲座组）

李东屹（立法和决策服务部外交国防组）
李晓鸣（信息技术部项目管理与系统测试组）
杨晓微（缩微文献部摄制与技术服务组）
杨晓蕊（参考咨询部综合咨询服务组）
沈艳丽（古籍馆古籍善本特藏典阅组）
张　薇（典藏阅览部参考书组）
张学梅（外文采编部国际组织与外国政府出版物组）
陆　承（参考咨询部文献提供组）
陈天竹（立法和决策服务部综合服务组）
赵晓玲（典藏阅览部数字资源服务组）
赵媛媛（数字资源部网站管理组）
袁乐乐（中文采编部联合编目组）
耿兴岩（社会教育部教育培训组）
章　静（典藏阅览部少年儿童服务组）
葛　良（典藏阅览部文献典藏二组）
辜　军（参考咨询部科技咨询组）
解　荣（典藏阅览部中文图书阅览外借组）

2021 年度“馆长特别奖”获奖名单

1.《共产党宣言》专题展
获奖部处：展览部、缩微文献部、外文采编部、民国时期文献保护工作办公室、办公室
2. 国家图书馆文献共享借阅项目
获奖部处：典藏阅览部、信息技术部、国有资产管理处、党群工作办公室
3.《鲁迅手稿全集》编纂出版
获奖部处：研究院（业务管理处）、古籍馆、国家图书馆出版社
4. 入选首批文化和旅游行业智库建设试点单位
获奖部处：立法和决策服务部、研究院（业务管理处）
5. 入选中国科学技术协会“科创中国”科技服务团示范项目
获奖部处：中国图书馆学会秘书处、参考咨询部

（二）馆外奖励

序号	获奖单位	奖项名称	授予单位
1	国家图书馆党委	“先进基层党组织”荣誉称号	中共文化和旅游部直属机关委员会
2	国家图书馆	第五批国家级非物质文化遗产代表性项目之“传统书籍装帧技艺”项目保护单位	文化和旅游部
3	国家图书馆	《全国智慧图书馆体系建设研究报告》荣获全国文化和旅游系统2020年度二十佳调研报告	文化和旅游部
4	国家图书馆	“传拓技艺（甲骨传拓）”项目、“敦煌遗书修复技艺”项目入选北京市第五批市级非物质文化遗产代表性项目名录	北京市人民政府
5	国家典籍博物馆	“中华传统文化典籍陈列”入选2021年度“弘扬中华优秀传统文化、培育社会主义核心价值观”主题展览征集“重点推介项目”	国家文物局
6	国家图书馆	纪录片《口述国图》荣获首届“国际口述历史协会传媒奖”	国际口述历史协会
7	国家图书馆	纪录片《口述国图》评选为2021年第十一届北京国际电影节纪录单元入围作品	第十一届北京国际电影节纪录单元工作委员会
8	国家图书馆	“印象数图”数字图书馆体验区进入2021年特色阅读空间风采展示活动之“智慧体验空间”名单	中国图书馆学会
9	国家图书馆	国图·津湾文创空间进入2021年特色阅读空间风采展示活动之“文旅融合空间”名单	中国图书馆学会
10	国家图书馆	“庆赏昇平”主题文创产品、“敦煌”主题文创产品、“永乐大典”主题文创产品荣获全国文化创意产品推介活动“全国百佳文化创意产品”	中国文物报社、中国博物馆协会文创产品专业委员会、中国文物学会文化创意发展委员会
11	国家图书馆	金榜题名系列文创、甲骨文系列文创获得2021“北京礼物”旅游商品及文创产品大赛总榜单TOP100	北京市文化和旅游局
12	国家图书馆	敦煌系列文创获得2021“北京礼物”旅游商品及文创产品大赛“文博之光”文创主题子榜单	北京市文化和旅游局

（续表）

序号	获奖单位	奖项名称	授予单位
13	国家图书馆	三山五园系列文创获得2021“北京礼物”旅游商品及文创产品大赛“京华神韵”特色主题子榜单	北京市文化和旅游局
14	国家图书馆	“健康中国我行动”全国广播体操工间操云比赛和活动　悦动打卡赛团体赛中央和国家机关工会联合会专区一等奖	国家体育总局群众体育司、中华全国总工会宣传教育部
15	国家图书馆	文化和旅游部机关和直属单位“永远跟党走　迈步新征程”秋季健步走比赛十佳团队奖	文化和旅游部直属机关工会
16	国家图书馆	2021年度海淀区交通安全先进单位	海淀区交通安全工作部门联席会
17	国家图书馆团委	中央和国家机关青年五四奖章集体	中央和国家机关团工委、中央和国家机关青联
18	国家图书馆展团	2021中国–东盟博览会旅游展最佳展示奖	中国–东盟博览会旅游展秘书处
19	国家图书馆微博	2020年度政务微博影响力报告全国十大文旅微博	微博、新浪网
20	国家图书馆微博	2020年度创新应用与传播优秀微博	微博、新浪网
21	国家图书馆微博	2020年度政务微博战“疫”优秀案例	微博、新浪网
22	国家图书馆微信公众号	第五届“大众喜爱的阅读新媒体号”	中国新闻出版传媒集团、中国全民阅读媒体联盟
23	国家图书馆微信公众号	走好网上群众路线百个成绩突出账号	中国互联网发展基金会
24	典藏阅览部	全国三八红旗集体	中华全国妇女联合会
25	立法和决策服务部团支部	中央和国家机关五四红旗团委（团支部）	中央和国家机关团工委
26	古籍馆	全国文化和旅游系统先进集体	人力资源社会保障部、文化和旅游部
27	中国古籍保护协会	全国先进社会组织	民政部

（续表）

序号	获奖单位	奖项名称	授予单位
28	中国图书馆学会	8个会议入选中国科学技术协会《重要学术会议指南（2021）》	中国科学技术协会
29	中国图书馆学会	进入中国科学技术协会“中国特色一流学会”支持名单	中国科学技术协会学会服务中心
30	国家图书馆出版社	与科学出版社联合出版的《中华传统文化百部经典》（第一至五批）（40册）荣获第五届中国出版政府奖图书奖	国家新闻出版署
31	国家图书馆出版社	开发的“中国历史文献总库·近代报纸数据库”入选“百佳数字出版精品项目”（光明网读掌上精品　庆百年华诞——百佳数字出版精品项目献礼建党百年专栏）	国家新闻出版署
32	国家图书馆出版社	出版的《古本戏曲丛刊》（六、七、八集）（46函510册）荣获第五届中国出版政府奖图书奖提名奖	国家新闻出版署
33	国家图书馆出版社	出版的《图书馆学概论》（第4版）荣获首届全国教材建设奖全国优秀教材（高等教育类）二等奖	国家教材委员会
34	国家图书馆出版社	出版的《图书馆视角下的近代日本对华文化侵略》荣获江苏省第十六届哲学社会科学优秀成果（著作）奖二等奖	江苏省人民政府
35	国家图书馆出版社	出版的《老子绎读》及《中华传统文化百部经典》［周易、尚书、论语、孟子、史记（节选）、墨子（节选）、孙子兵法、荀子（节选）、韩非子（节选）、楚辞］11种图书入选“首批向全国推荐经典古籍及其整理版本”	全国古籍整理出版规划领导小组办公室
36	国家图书馆出版社	出版的《中华传统文化百部经典　尚书》（钱宗武著）入选全国政协委员读书参考书目（第七期）	全国政协委员读书活动指导组办公室
37	国家图书馆出版社	与故宫出版社联合出版《神龙说字》荣获中国数字出版创新论坛“出版融合发展优秀案例年度推优”	中国出版协会
38	国家图书馆出版社	出版的《古本戏曲丛刊八集》（十五函一百六十册）荣获全国古籍出版社2019年度百佳图书一等奖	中国出版协会古籍出版工作委员会

（续表）

序号	获奖单位	奖项名称	授予单位
39	国家图书馆出版社	出版的《孙诒让稿本汇编》（全二十五册）、《哈佛燕京图书馆藏稀见书目书志丛刊》（全二十三册）、《汉魏六朝集部珍本丛刊》（全一百册）、《清华大学图书馆藏稿钞本日记丛刊》（全二十四册）、《清代诗话珍本丛刊·第一辑》（全五十册）荣获全国古籍出版社2019年度百佳图书二等奖	中国出版协会古籍出版工作委员会
40	国家图书馆出版社	出版的《美国芝加哥大学图书馆藏中文古籍善本书志·经部》（全二册）荣获全国古籍出版社2020年度百佳图书一等奖	中国出版协会古籍出版工作委员会
41	国家图书馆出版社	出版的《近代史研究所藏稿钞本日记丛刊》（全八十册）、《苏颂全集》（全四册）、《清代乡试文献集成·第一辑》（全一百五十册）荣获全国古籍出版社2020年度百佳图书二等奖	中国出版协会古籍出版工作委员会
42	国家图书馆出版社	出版的《陶渊明集》荣获全国古籍出版社2020年度百佳图书普及读物奖	中国出版协会古籍出版工作委员会
43	国家图书馆出版社	与西泠印社联合出版的《中国珍稀印谱原典大系（第一编）（4辑48种）》荣获第二十三届（2019年度）华东地区古籍优秀图书奖特等奖	华东地区古籍优秀图书奖评委会
44	国家图书馆出版社	出版的《子产文献集成》荣获2020年度河南省社会科学优秀成果奖一等奖	河南省社会科学优秀成果评奖办公室
45	国家图书馆出版社	出版的《苏颂全集》荣获福建省第十四届社会科学优秀成果奖一等奖	福建省社会科学优秀成果评奖办公室
46	国家图书馆出版社	2021中国图书海外馆藏影响力出版100强	中国出版传媒商报、北京外国语大学国际新闻与传播学院·中国文化走出去效果评估中心、中国图书进出口（集团）总公司
47	国家图书馆出版社	出版的《芷兰斋初集》《芷兰斋五集》荣获北京市印刷工业产品质量监督检验一等品	北京市印刷工业产品质量监督检验站

（续表）

序号	获奖单位	奖项名称	授予单位
48	国家图书馆出版社	出版的《苏颂全集》（全四册）荣获“北京印刷质量知名品牌提名产品”	北京印刷协会
49	北京国图文化发展有限责任公司	运营的淮安市美术馆、文津书房（大运河典籍馆）入选2021年度江苏省“最美公共文化空间”打造对象	江苏省文化和旅游厅
50	北京国图文化发展有限责任公司	“‘新生活·新风尚·新年画’——我们的小康生活主题美术创作征集展示活动·淮安巡展”活动获奖	文化和旅游部全国公共文化发展中心、中国文化馆协会
51	北京国图书店有责任公司	“纸曰——中国传统技艺展”入选北京文化艺术基金2021年度资助项目“传播交流推广资助项目”	北京文化艺术基金管理中心

七、对外及与我国港澳台地区交流

（一）双边交流（线上）

10 月 25 日，馆长熊远明与新加坡国家图书馆管理局局长黄子鹏举行线上会议。

11 月 30 日，馆长熊远明与日本国立国会图书馆馆长吉永元信举行线上会议。

12 月 7 日，馆长熊远明与俄罗斯国立外国文学图书馆馆长帕维尔·库兹明举行线上会议。

（二）国际会议（线上）

2 月 12 日，国际交流处副研究馆员郝金敏、中国图书馆学会秘书处馆员李晨光参加 2021 年国际图联全体会员线上特别大会。

2 月 26 日，副馆长陈樱参加国际图联亚洲和大洋洲地区专业组常委会年中线上会议。

4 月 27—29 日，中文采编部研究馆员朱青青，副研究馆员索晶，馆员高凌云、朱云秦、韩佳芮在线参加俄罗斯科学院西伯利亚分院国立科技公共图书馆举办的第三届国际书目大会。

4 月 30 日，时任办公室主任霍瑞娟与国际图联图书馆协会管理专业组主席举行线上会议。

5 月 10—12 日，古籍馆研究馆员田周玲参加第 48 届国际标准化组织信息与文献标准技术委员会（ISO/TC46）大会。

5 月 19 日，时任馆长饶权以视频形式参加俄罗斯图书馆协会二十五周年年会系列活动之“世界图书馆协会”国际研讨会。

6 月 22 日，时任办公室主任霍瑞娟参加国际图联图书馆协会管理专业组常委会会议。

7 月 13—14 日，副馆长陈樱参加由台湾汉学研究中心承办的第十三次中文文献资源共建共享合作会议。

8 月 11—25 日，副馆长魏大威、陈樱、霍瑞娟及相关部门负责人参加 2021 年世界图书馆和信息大会（第 86 届国际图联大会）（线上）开幕式；副馆长魏大威参加知识管理专业组常委会会议；副馆长陈樱参加亚洲和大洋洲地区专业组常委会会议；副馆长陈樱、霍瑞娟参加图书馆协会管理专业组公开会；副馆长陈樱参加亚洲和大洋洲地区专业组公开会；中国国家图书馆国际图联任职人员结合自身业务工作，参加国际图联各下设机构工作会议。

9 月 1 日，副馆长陈樱参加第四届中国与阿拉伯国家图书馆及信息领域专家会议。

9 月 2 日，副馆长陈樱参加首届丝绸之路国际图书馆联盟大会。

10 月 15 日，副馆长陈樱参加金砖国家图书馆联盟小组讨论会。

11 月 1 日，馆长熊远明出席“展望我们的未来：图书馆和档案馆的总体发展规划——亚大地区国家图书馆领导者对话”活动。

11 月 9 日，中文采编部主任王洋、副研究馆员王彦侨参加中文名称规范联合协调委员会第十八次会议。

11 月 11 日，副馆长张志清参加国际图联保存保护中心（中、日、韩）线上会议。

11 月 15 日，副馆长陈樱参加中文文献资源共建共享合作会议理事会第十四次会议。

11 月 17—19 日，中文采编部副主任槐燕、副研究馆员金文昌参加第 46 届国际标准连续出版物刊号组织国家中心主任会议。

12 月 10 日，副馆长陈樱参加国际图联亚洲和大洋洲地区部委员会线上工作会议。

（三）来访

3 月 11 日，港澳台美协主席蔡豪杰一行 3 人来访参观、赠书。

6 月 8 日，国情教育（澳门）协会会长率澳门青少年北京学习参访团一行 60 人来访参观。

7 月 19 日—8 月 23 日，接待参加港澳实习生项目的香港实习生 1 人到馆实习。

八、部分会议、讲座、培训、展览

（一）会议

时间	会议名称	地点	备注
3月15日	国家图书馆党史学习教育动员部署会	北京	
4月16日	全国古籍修复技艺竞赛颁奖仪式暨古籍修复工作研讨会	北京	

（续表）

时间	会议名称	地点	备注
4月21日	古籍数字资源联合发布座谈会	北京	
5月25—26日	2021年全国公共图书馆技术部主任会议	河南郑州	河南省图书馆承办
6月16日	2021年革命文献与民国时期文献整理出版项目专家评审会	北京	
6月17日	中国文物保护基金会与国家图书馆（国家古籍保护中心）签约暨字节跳动古籍保护专项基金启动仪式	北京	
6月29日	国家图书馆“两优一先”表彰大会	北京	
9月1日	第四届中国与阿拉伯国家图书馆及信息领域专家会议（线上）	浙江杭州	与阿拉伯国家联盟秘书处合办
9月2日	首届丝绸之路国际图书馆联盟大会（线上）	浙江杭州	与浙江省文化和旅游厅合办
9月13日	学习贯彻习近平总书记给国图老专家回信精神两周年座谈会	北京	
11月23日	全国图书馆联合编目中心2021年度工作会议（线上）	北京	
12月2日	全国智慧图书馆建设联席会议第一次会议	北京	
12月2日	国家图书馆藏“天禄琳琅”修复专项专家验收会	北京	
12月8日	2021年全国古籍保护工作座谈会	湖北武汉	
12月13日	国家图书馆岗位建功经验交流会	北京	
12月19日	2021年海峡两岸档案暨缩微学术交流会（线上）		中国文献影像技术协会、中国档案学会合办
12月22日	国家图书馆与中国社会科学院近代史研究所战略合作协议签约仪式	北京	
12月23日	2021年全国文献影像技术标准化技术委员会分会主任（扩大）会	北京	全国文献影像技术标准化技术委员会主办
12月28日	第十六届全国省、自治区、直辖市、较大城市图书馆馆长联席会议	北京	

（二）讲座

时间	讲座名称	主讲人	备注
1月16日	中国文明的哲学基础	陈　来	部级领导干部历史文化讲座
1月27日	藏文文献的搜集、编目与利用	萨尔吉	中国典籍与文化系列讲座
2月1日	美国大选与中美关系走向	倪　峰	部级领导干部历史文化讲座
2月4日	年话年画——“无限的生气与喜悦”	姜彦文	国图讲坛·“贰零贰壹　吉利如意”新春贺岁特别活动
2月8日	剪“牛”送福——剪纸里的中国年	李　旺	国图讲坛·“贰零贰壹　吉利如意”新春贺岁特别活动
2月10日	贺新年　品京音——新春曲艺赏析	翟静婉	国图讲坛·“贰零贰壹　吉利如意”新春贺岁特别活动
2月12日	“曲艺贺新春”——京韵大鼓《万里春光》	王　晶	国图讲坛·“贰零贰壹　吉利如意”新春贺岁特别活动
2月13日	“曲艺贺新春”——梅花大鼓《十字西厢》	何　丹	国图讲坛·“贰零贰壹　吉利如意”新春贺岁特别活动
2月14日	“曲艺贺新春”——西河大鼓《偷年糕》	王玟琪	国图讲坛·“贰零贰壹　吉利如意”新春贺岁特别活动
2月15日	岁岁年年　生生不息——诗词里的中国节日	董　梅	国图讲坛·“贰零贰壹　吉利如意”新春贺岁特别活动
2月15日	“曲艺贺新春”——单弦《北京小吃赞》	王　晶	国图讲坛·“贰零贰壹　吉利如意”新春贺岁特别活动
2月16日	“曲艺贺新春”——梅花大鼓《二泉映月》	何　丹	国图讲坛·“贰零贰壹　吉利如意”新春贺岁特别活动
2月17日	“曲艺贺新春”——快板《正月里　正月正》	王玟琪	国图讲坛·“贰零贰壹　吉利如意”新春贺岁特别活动
3月4日	中国应急管理现代化之路	薛　澜	部级领导干部历史文化讲座
3月21日	与诗歌相遇——“文津经典诵读”诗歌吟诵会	黄明康、彭　敏等	国图讲坛往期精品回顾·世界诗歌日特别活动
3月23日	气候变化与人类健康	朱定真	国图讲坛往期精品回顾·世界气象日特别活动

（续表）

时间	讲座名称	主讲人	备注
3月25日	蒙古族古代文字及其文献概览	叶尔达	中国典籍与文化系列讲座
4月4日	二十四节气与清明文化	崔岱远	国图讲坛往期精品回顾·清明节特别活动
4月17日	中西文化的精神差异	赵　林	部级领导干部历史文化讲座
4月17日	书法与诗词——如何让时间更有意义	周文彰	国图讲坛·文津经典诵读系列讲座
4月19日	阅读力——校园阅读怎么读	聂震宁	国图讲坛往期精品回顾·世界读书日特别活动
4月21日	读书与人生	詹福瑞	国图讲坛往期精品回顾·世界读书日特别活动
4月23日	阅读与人生	周国平	国图讲坛往期精品回顾·世界读书日特别活动
4月23日	红船精神——中国共产党的精神之源	戴立兴	国图流动讲坛，与辽宁省营口市图书馆合办
4月23日	托忒蒙古文及其文献：以伊犁流域厄鲁特人民间收藏为中心	叶尔达	中国典籍与文化系列讲座
4月24日	中华传统有声文化的科学视角	孔江平	文津讲坛·中国语言文字系列讲座之一
5月9日	科学家是怎样学习和工作的？	曹则贤	国图讲坛·科学家讲坛
5月9日	走向人民文学——从1921年的文学说起	李敬泽	国图讲坛·“红色经典里的中国”系列讲座
5月13日	从《永乐大典》看古籍保护	张志清	部级领导干部历史文化讲座
5月22日	未来一百年，我们能在火星上种菜吗？	郑永春	国图讲坛往期精品回顾·纪念天问一号成功发射
5月23日	中国共产党与中国科技发展	王渝生	国图讲坛·2021年科技活动周特别活动
5月27日	世界记忆遗产纳西东巴经典中的多民族多元文化漫谈	木仕华	中国典籍与文化系列讲座
5月28日	战略视角中的中共百年奋斗历程	张宏志	部级领导干部历史文化讲座

（续表）

时间	讲座名称	主讲人	备注
6月5日	二十四节气和中国传统节日	刘魁立	国图讲坛·2021年非物质文化遗产保护讲座月
6月5日	红色经典与民族形式塑造——从六部红色经典文学作品说起	贺桂梅	国图讲坛·“红色经典里的中国”系列讲座
6月11日	“书香沁华诞　粽情颂百年”端午诗词音乐会	秦国成、于晓鹏、孙　豪、紫竹院地区朗读沙龙、老战友合唱艺术团等	国图讲坛·“读经典诗词　品书香生活”系列讲座
6月18日	印度文明进程中的种姓问题	王红生	部级领导干部历史文化讲座
6月18日	新民主主义革命何以胜利?	罗平汉	国图讲坛·庆祝建党100周年党史教育专题讲座
6月20日	恩格斯《家庭、私有制和国家的起源》两种生产理论解读——评“两种生产依次决定论”	林　锋	文津讲坛·马克思经典著作研读系列讲座之一
6月25日	时代的新眼光——鲁迅《阿Q正传》	李敬泽	国图讲坛·“红色经典里的中国”系列微视频
6月26日	黄河十四走——探寻民间艺术是一条伟大的路	杨先让	国图讲坛·2021年非物质文化遗产保护讲座月
6月26日	中国传统音乐的现代化保护与传播——以《中国音乐地图》之听见系列为例	叶云川	国图讲坛·2021年非物质文化遗产保护讲座月
6月27日	红船精神——中国共产党的精神之源	戴立兴	国图流动讲坛，与江苏省淮安市图书馆合办
7月3日	古典与汉字：《说文解字》与古书阅读	孟　琢	文津读书沙龙
7月3日	新中国革命历史题材的美术创作	陈履生	国图讲坛·“红色经典里的中国”系列讲座
7月5日	民族精神的发现与探索——郁达夫《沉沦》	李敬泽	国图讲坛·“红色经典里的中国”系列微视频

（续表）

时间	讲座名称	主讲人	备注
7月6日	风靡一时的文学经典——魏巍《谁是最可爱的人》	李敬泽	国图讲坛·“红色经典里的中国”系列微视频
7月6日	变异与规约：清末北京官话口语与明清小说的语体嬗变	张美兰	文津讲坛·中国语言文字系列讲座之二
7月10日	在身边感受伯父周恩来的人格风范	周秉建	国图流动讲坛，与江苏省淮安市图书馆合办
7月11日	在身边感受伯父周恩来的人格风范	周秉建	国图流动讲坛，与江苏省淮安市涟水县图书馆合办
7月12日	太和殿——建筑技艺、建筑美学与建筑文化	周　乾	文津讲坛
7月16日	中国民族古文字的文字学意义	孙伯君	中国典籍与文化系列讲座
7月17日	真力弥满，万象在旁——红色诗词、军旅诗词中力量的使用	刘庆霖	国图讲坛·文津经典诵读系列
7月17日	由《天工开物》看中国独特的发明创造	张柏春	文津读书沙龙
7月17日	中国人的南极梦	刘小汉	国图讲坛·科学家讲坛
7月22日	赵树理与《三里湾》	贺桂梅	国图讲坛·“红色经典里的中国”系列微视频
7月23日	红船精神——新长征路上的精神底蕴	戴立兴	国图流动讲坛，与辽宁省图书馆合办
7月24日	梁斌与《红旗谱》	贺桂梅	国图讲坛·“红色经典里的中国”系列微视频
7月26日	周立波与《山乡巨变》	贺桂梅	国图讲坛·“红色经典里的中国”系列微视频
7月28日	柳青与《创业史》	贺桂梅	国图讲坛·“红色经典里的中国”系列微视频
8月6日	我国知识产权发展：现状与未来	易继明	部级领导干部历史文化讲座
8月10日	《长征组歌·四渡赤水出奇兵》	老战友合唱团	国图讲坛·“读经典诗词·品书香生活”系列讲座

（续表）

时间	讲座名称	主讲人	备注
8月11日	《长征组歌·飞跃大渡河》	老战友合唱团	国图讲坛·“读经典诗词·品书香生活”系列讲座
8月11日	考古学——走向真实之道	刘　斌	文津读书沙龙线上巡讲系列讲座
8月12日	《长征组歌·到吴起镇》	老战友合唱团	国图讲坛·“读经典诗词·品书香生活”系列讲座
8月16日	《长征组歌·大会师》	老战友合唱团	国图讲坛·“读经典诗词·品书香生活”系列讲座
8月20日	正说乾隆下江南：国博馆藏《乾隆南巡图》撷英	林　硕	中国典籍与文化系列讲座
8月24日	鲁迅先生与中外美术	刘运峰	文津讲坛·鲁迅诞辰140周年特别讲座
8月25日	自然观与神秘观的对决	史　钧	文津读书沙龙线上巡讲系列讲座
8月26日	遭逢危机之际向马克思请益——再读《资本论》	聂锦芳	文津讲坛·马克思经典著作研读特别讲座
8月27日	文化自觉与非物质文化遗产保护	田　青	部级领导干部历史文化讲座
8月27日	中国与联合国	郑启荣	部级领导干部历史文化讲座
9月8日	苏格拉底：阅读是良方，还是毒药？	徐　弢	文津读书沙龙线上巡讲系列讲座
9月16日	无边风月在中秋——中秋诗词赏析	林　峰	国图讲坛·“读经典诗词·品书香生活”系列讲座
9月17日	汉字发展的阶段及其演化机制	王贵元	文津讲坛·中国语言文字系列讲座之三
9月22日	杨守敬的书法及其在日本的重大影响	陈传席	文津讲坛·中国书画艺术系列讲座之九
9月22日	用极限思维看世界	严伯钧	文津读书沙龙线上巡讲系列讲座

（续表）

时间	讲座名称	主讲人	备注
9月24日	抗战时期——艾青的诗歌创作高峰	程光玮	国图讲坛·“读经典诗词·品书香生活”系列讲座
9月29日	21世纪彝族古籍文献整理研究进展及成就	朱崇先	中国典籍与文化系列讲座
10月9日	古典与汉字：《说文解字》与古书阅读	孟　琢	文津读书沙龙线上巡讲系列讲座
10月20日	汉字发展的目标	齐元涛	文津讲坛·中国语言文字系列讲座之四
10月26日	17世纪江南地区绘画中的西洋痕迹	莫小也	文津讲坛·中国书画艺术系列讲座之十
10月27日	宋代医学文献在东亚的流传与影响	韩　毅	文津讲坛
10月29日	宋元书斋市井香内观	滕　军	文津讲坛
10月29日	超越拼音规则：汉字文化圈形成的文字机制	陈保亚	文津讲坛·中国语言文字系列讲座之五
10月30日	井中奇书：国宝级的奇书，奇书里的国宝	陈福康	文津讲坛·琅嬛书话系列讲座之十
11月2日	古代字书的数字化整理	周晓文	文津讲坛·中国语言文字系列讲座之六
11月5日	中国文明的起源	陈星灿	部级领导干部历史文化讲座
11月10日	重拾中国文化	冯　时	文津讲坛·中国考古100周年特别讲座
11月11日	古文字视野下的《说文解字》	李守奎	文津讲坛·中国语言文字系列讲座之七
11月18日	可居室藏周叔弢先生来鸿及二十世纪藏书心史	孟繁之	中国典籍与文化系列讲座
11月26日	北庭文书与唐代西域经营	刘子凡	中国典籍与文化系列讲座
11月27日	国家通用语言文字规范标准概说	王　敏	文津讲坛·中国语言文字系列讲座之八
11月29日	明本之最——从《永乐大典》谈起	赵　前	文津讲坛·琅嬛书话系列讲座之十一

（续表）

时间	讲座名称	主讲人	备注
11月30日	汉字的取象法则与文化价值	王立军	文津讲坛·中国语言文字系列讲座之九
12月1日	从《玄奘》到《玄赞》——胜光的译经工作	阿依达尔·米尔卡马力	中国典籍与文化系列讲座
12月3日	中国书法：历史与重构	邱振中	部级领导干部历史文化讲座
12月7日	我是《统计法》	国家统计局等	纪念《统计法》颁布38周年系列短视频展演
12月7日	知晓《统计法》提高守法自觉性	国家统计局等	纪念《统计法》颁布38周年系列短视频展演
12月8日	统计法律底线跟我学	国家统计局等	纪念《统计法》颁布38周年系列短视频展演
12月8日	统计有法之劳动力调查篇	国家统计局等	纪念《统计法》颁布38周年系列短视频展演
12月9日	统计有法之超级玛丽版	国家统计局等	纪念《统计法》颁布38周年系列短视频展演
12月9日	做诚信企业　报真实数据	国家统计局等	纪念《统计法》颁布38周年系列短视频展演
12月9日	44部委联合惩戒之“我不要你觉得　我要我觉得”	国家统计局等	纪念《统计法》颁布38周年系列短视频展演
12月9日	《统计法》宣传歌曲《依法统计为国家》	国家统计局等	纪念《统计法》颁布38周年系列短视频展演
12月10日	统计法关系你我他	国家统计局等	纪念《统计法》颁布38周年系列短视频展演
12月10日	白日“造”梦	国家统计局等	纪念《统计法》颁布38周年系列短视频展演
12月10日	秦简·法治	国家统计局等	纪念《统计法》颁布38周年系列短视频展演
12月10日	住户调查需要注意哪几点？	国家统计局等	纪念《统计法》颁布38周年系列短视频展演

（续表）

时间	讲座名称	主讲人	备注
12月11日	冰雪聪明——冬奥知识小课堂系列活动预热：国图来了冬奥会吉祥物！剧透花絮都曝光啦！！！	荆惠梓等	国图讲坛·冰雪聪明　冬奥知识小课堂系列讲座
12月24日	陀思妥耶夫斯基的思想小说	刘文飞	国图讲坛·俄国小说家的流金岁月系列讲座
12月27日	一条大河：人民音乐家刘炽作品中的人民与祖国	刘欣欣	国图讲坛·“红色经典里的中国”系列讲座
12月28日	礼敬先贤——百年红色经典舞蹈回眸	欧建平	国图讲坛·“红色经典里的中国”系列
12月30日	统计法律法规	侯予菲	国图讲坛·“纪念《统计法》颁布38周年”
12月30日	《统计法》概要	徐　超	国图讲坛·“纪念《统计法》颁布38周年”
12月30日	各级人民政府、统计机构的法定职责职权	周游来	国图讲坛·“纪念《统计法》颁布38周年”
12月30日	统计调查对象	包红艳	国图讲坛·“纪念《统计法》颁布38周年”
12月30日	统计违法必究	崔　慧	国图讲坛·“纪念《统计法》颁布38周年”
12月30日	党中央、国务院对统计法治的要求	马　婧	国图讲坛·“纪念《统计法》颁布38周年”

（三）培训

时间	培训名称	主讲人	备注
3月6日—5月29日	古籍修复提高班（春季周末班）	崔志宾、易晓辉	
3月7日—5月16日	书画装裱基础班（春季周末班）	刘建明	
4月2日	网络安全攻防演习培训	魏大威	

（续表）

时间	培训名称	主讲人	备注
4月6—9日	中国机读目录格式编目员上岗资质培训班	朱青青、刘　伟	
4月15日—5月15日	图书馆基础业务知识培训班	朱　芊、富　平、刘小玲	
4月23日	世界读书日直播活动	李子日	
5月17—20日	普通图书的编目与管理培训班	朱青青、曹玉强、王广平	
5月23日—6月12日	第七期全国碑帖编目与鉴定研修班	施安昌、冀亚平、卢芳玉等	
5月23日—7月11日	雕版印刷技艺培训班	李振豪	
5月23日—8月1日	古籍修复基础班（夏季周末班）	田婷婷	
5月31日—6月4日	中文期刊与报纸的编目与管理培训班	贺　燕、杨　静	
6月1日	“不一样的看典”六一活动	朱　莺	
6月8日	数字图书馆体验区读者服务培训	王宇鸽	
6月15日—7月16日	书画装裱基础班（夏季脱产班）	张旭光	
6月21—24日	全国图书馆联合编目中心2021年上传资格培训（线上）	王艳萍、刘小玲、袁乐乐等	
6月21—25日	新媒体环境下图书馆读者服务工作的创新实践培训班	富　平、郭　斌、宋　姝、郭　炯、张立朝、宋　辰、郑裕鸿	
7月12—16日	《中图法》第五版（电子升级版）及机助分类主题一体化标引培训班	卜书庆、刘华梅、喻　菲	
7月13—27日	“知行合一”论语精读班	刘　雅	
7月15—20日	“我是小小讲解员”永乐主题班	赵国香	
7月19—30日	古籍修复基础班（暑期脱产班）	李　莉	
7月20—25日	“探秘纸与书”专题班	刘羽冰	

（续表）

时间	培训名称	主讲人	备注
7月25日—8月4日	第四期《中华古籍总目·分省卷》编纂研修班	寻　霖、吴　格等	宁夏回族自治区古籍保护中心承办
7月27—30日	2021年“革命文献与民国时期文献保护计划”专题培训	刘小玲、杨　静、延卫平、刘　俊、谭宗梅	与中国图书馆学会合办
8月2—13日	古籍修复提高班（暑期脱产班）	李　莉	
8月11—13日	新媒体环境下图书馆读者服务工作培训（书尚图书公司定制培训）	富　平、张新宇、王　媛、邓咏秋、金　龙、宋　辰	
8月16—27日	欧洲古典书籍装帧培训班	胡　瑾	
8月23—27日	图书馆参考咨询业务案例解析培训班	黄　昆、刘素清、赵　红、唐　晶、邵思蜜、张曙光	
8月30日—9月12日	欧洲古典书籍装帧培训班	胡　瑾	
9月13—17日	数字资源征集与服务中的版权管理培训班	肖慧琛、宁　雪、朱　云、陈秋慧、肖珂诗、魏　青	
9月26–28日	中国机读目录格式编目员上岗资质培训班（云南省新华书店定制）	朱青青、刘　伟	
10月11—15日	2021年图书馆新入职及转岗员工培训班	王子舟、李　丹、张新宇、马　涛、王　媛、田　苗、郭　斌、张　玮	
10月12日—11月30日	书画修复培训班	张旭光	
10月13—14日	2021年全国公共图书馆缩微技术培训班（线上）	张美芳、马玉峰、马红旭、宁　波、肖　波、樊向伟	中国文献影像技术协会承办
10月16日—12月18日	书籍装帧技艺提高班（秋冬周末班）	田婷婷	

（续表）

时间	培训名称	主讲人	备注
10月25—29日	中国机读目录格式编目员上岗资质培训	朱青青、刘　伟	
11月23日—12月2日	古籍库房建设与管理研修班（线上）	周崇润、荆秀昆、颜　彦、赵大莹	
12月22—28日	古籍数字化建设研修班（线上）	龙　伟、韩新月、季士妍等	

（四）展览

日期	展览名称	地点	备注
2019年9月10日—2021年12月31日	“甲骨文记忆”展	北京	
2020年7月28日—2021年12月31日	中华传统文化典籍陈列展	北京	
2020年9月1日—2021年12月31日	妙手补书书可春——全国古籍修复技艺竞赛暨成果展	北京	与全国各省级古籍保护中心合办
2020年11月4日—2021年3月4日	法文本《论语导读》入藏展	北京	
1月15日—4月5日	“洹水殷契——商代甲骨文特展”巡展	重庆	与重庆中国三峡博物馆（重庆博物馆）合办
1月30日—2月28日	“品书香　赏年俗——2021年新春文化展”巡展	北京	与中国妇女儿童博物馆合办
2月5日—3月21日	家和万事兴——家教家风主题展	北京	与中国妇女儿童博物馆合办
3月6日—6月6日	《尚书》专题陈列展	北京	
3月18日—4月24日	册府千华——苏州市藏国家珍贵古籍特展	江苏苏州	苏州图书馆（苏州市古籍保护中心）承办
3月19日—4月22日	“从《诗经》到《红楼梦》——那些年我们读过的经典”巡展	湖北武汉	与武汉图书馆合办

（续表）

日期	展览名称	地点	备注
3月26日—7月8日	“从《诗经》到《红楼梦》——那些年我们读过的经典”巡展	河南安阳	与河南省图书馆、河南省古籍保护中心、中国文字博物馆合办
4月23日—6月23日	第十六届文津图书奖获奖图书展	北京	
6月1日起	“珠还合浦　历劫重光——《永乐大典》的回归和再造”展	北京	
6月8—27日	道承东南——虞山文化流派展	北京	
6月19日—7月31日	“伟业——庆祝中国共产党成立一百周年书法大展”之“崇高信仰”	北京	与中国文学艺术界联合会、中国书法家协会合办，中国文联书法艺术中心承办
6月29日起	《天工开物》专题陈列展	北京	
7月3日起	“伟业——庆祝中国共产党成立一百周年书法大展”之“光昭九域”	北京	与中国文学艺术界联合会、中国书法家协会合办，中国文联书法艺术中心承办
7月8日起	《共产党宣言》专题展	北京	与中共浙江省委宣传部合办
7月15日	“册府千华：中国与亚洲——浙江大学藏中外善本珍本图书”展	浙江杭州	浙江大学图书馆、浙江大学艺术与考古博物馆承办
9月28日	国家图书馆馆藏鲁迅手稿专题展示	北京	
10月23日起	“甲骨文记忆”巡展	浙江嘉兴	与嘉兴博物馆合办
11月22日—12月21日	册府千华·南雍撷珍——南京大学古籍菁华展	南京大学	南京图书馆（江苏省古籍保护中心）、南京大学承办
12月9日起	“珠还合浦　历劫重光——《永乐大典》的回归和再造”巡展	湖北武汉	与湖北省文化和旅游厅合办

九、档案资料

2021年，顺利完成2020年度档案归档工作。为更好地开展年度归档工作，办公室向各部处印发《关于做好2020年度档案归档工作的通知》（图办发〔2021〕8号）。档案室在各部处移交档案时，加大归档检查力度，第一时间对移交的纸质档案进行质量复核，发现问题及时提醒，并督请有关部处进行修改。在办公室统筹协调下，各部处进一步加强对档案工作的重视，兼职档案员认真负责地完成档案归档工作。全年共接收全馆34个部处移交的文书、活动、业务、照片、实物、刊物、项目等各类档案共计18529件。纸质文件与电子文件一一对应。部分部处还对历史档案开展回溯整理工作。

档案室积极为馆内各项工作提供档案支持。随着馆内各项工作不断深入开展，对历史档案的需求也随之提升。截至12月底，档案室接待各部处查阅档案共计68项68人次，查阅电子档案112条，电话咨询166次。

归档情况统计

档案类型	档案数量
文书档案	3555件
活动档案	155件
业务档案	3546件
照片档案	10601张
实物档案	10件
刊物档案	454件
项目档案	208件
合计	18529件/张

注：为方便统合全年档案件数，照片档案以每张按件计算归总。

馆发文件

- 馆发文件目录
- 馆发重要文件选编

馆发文件

一、馆发文件目录

◇ 关于印发《国家图书馆纪念建党 100 周年工作方案》的通知
国图研发〔2021〕1 号
◇ 国家图书馆关于王雁行职务试用聘任的通知
国图人发〔2021〕2 号
◇ 关于印发《国家图书馆文献资源建设专家委员会管理办法》的通知
国图研发〔2021〕3 号
◇ 国家图书馆关于解除王浩职务聘任的通知
国图人发〔2021〕4 号
◇ 关于印发《国家图书馆新媒体管理办法》的通知
国图办发〔2021〕6 号
◇ 关于印发《国家图书馆新闻宣传工作管理办法》的通知
国图办发〔2021〕7 号
◇ 关于公示全国文化和旅游系统先进集体、先进工作者拟推荐对象的通知
国图人发〔2021〕8 号
◇ 关于印发饶权同志、魏大威同志在国家图书馆 2021 年年初中层干部扩大会议上讲话的通知
国图办发〔2021〕9 号
◇ 关于印发《国家图书馆服务标兵评选办法》的通知
国图研发〔2021〕10 号
◇ 国家图书馆关于颁发 2020 年度“馆长特别奖”的决定
国图办发〔2021〕11 号
◇ 国家图书馆关于表彰 2020 年度先进集体的决定
国图人发〔2021〕12 号
◇ 国家图书馆关于表彰 2020 年度服务标兵的决定
国图研发〔2021〕13 号
◇ 国家图书馆关于表彰 2020 年度创建安全单位先进集体和先进个人的决定
国图保发〔2021〕14 号
◇ 国家图书馆关于 2020 年度全员考核情况的通报
国图人发〔2021〕15 号
◇ 国家图书馆关于组织开展科级干部选拔任用工作的通知
国图人发〔2021〕16 号

◇ 国家图书馆关于魏崇等 6 人职务聘任的通知
国图人发〔2021〕17 号

◇ 国家图书馆关于吴洋等 30 人职务聘任的通知
国图人发〔2021〕18 号

◇ 国家图书馆关于张玮等 10 人职务聘任的通知
国图人发〔2021〕19 号

◇ 关于印发张旭、饶权同志在 2021 年国家图书馆员工大会上讲话的通知
国图办发〔2021〕20 号

◇ 关于印发《国家图书馆采购代理机构管理工作办法》的通知
国图资发〔2021〕21 号

◇ 关于印发《国家图书馆开展党史学习教育工作方案》的通知
国图党发〔2021〕22 号

◇ 关于印发《国家图书馆 2021 年“4·23 世界读书日”系列活动方案》的通知
国图研发〔2021〕23 号

◇ 国家图书馆关于表彰 2020 年度宣传工作先进集体和个人的决定
国图办发〔2021〕24 号

◇ 关于印发《国家图书馆 2021 年工作要点》《国家图书馆 2020 年工作总结》的通知
国图研发〔2021〕25 号

◇ 关于在党史学习教育中开展“清明祭英烈”活动的通知
国图党发〔2021〕26 号

◇ 国家图书馆关于张玮等 3 人任职公示的通知
国图人发〔2021〕27 号

◇ 关于印发《国家图书馆智慧图书馆建设工作方案》的通知
国图研发〔2021〕28 号

◇ 关于印发《国家图书馆开展党史学习教育宣传工作方案》的通知
国图党发〔2021〕29 号

◇ 关于印发《国家图书馆馆藏文献开发收费工作方案》的通知
国图资发〔2021〕30 号

◇ 国家图书馆关于张玮等 3 人职务试用聘任的通知
国图人发〔2021〕31 号

◇ 国家图书馆关于保密工作领导小组及其办公室成员调整的通知
国图人发〔2021〕32 号

◇ 关于认真学习贯彻习近平总书记重要文章《用好红色资源，传承好红色基因，把红色江山世世代代传下去》的通知
国图党发〔2021〕33 号

◇ 关于印发《国家图书馆开展“永远跟党走”群众性主题宣传教育和“四史”宣传教育工作方案》的通知
国图党发〔2021〕34 号
◇ 国家图书馆关于开展 2021 年度职称评审工作的通知
国图人发〔2021〕35 号
◇ 关于认真学习贯彻习近平总书记在青海考察期间重要讲话精神的通知
国图党发〔2021〕36 号
◇ 关于印发《国家图书馆国有资产管理办法》的通知
国图资发〔2021〕37 号
◇ 关于认真学习贯彻习近平总书记在庆祝中国共产党成立 100 周年大会上重要讲话精神的通知
国图党发〔2021〕38 号
◇ 关于认真学习贯彻习近平总书记在中央政治局第三十一次集体学习时重要讲话精神的通知
国图党发〔2021〕39 号
◇ 关于印发《国家图书馆工作人员奖励办法》的通知
国图人发〔2021〕40 号
◇ 关于公示 2021 年度专业技术职务任职资格评审（推荐）结果的通知
国图人发〔2021〕41 号
◇ 国家图书馆关于认真学习贯彻习近平总书记在西藏考察期间重要讲话精神的通知
国图党发〔2021〕42 号
◇ 关于印发《国家图书馆舆情应对机制工作方案》的通知
国图办发〔2021〕43 号
◇ 关于印发《国家图书馆文献资产管理办法（试行）》的通知
国图资发〔2021〕44 号
◇ 国家图书馆关于李红霞、顾恒任职转正的通知
国图人发〔2021〕45 号
◇ 国家图书馆关于王红蕾职务调整的通知
国图人发〔2021〕46 号
◇ 国家图书馆关于董雪磊、卢希职务调整的通知
国图人发〔2021〕47 号
◇ 国家图书馆关于机构调整的通知
国图人发〔2021〕48 号
◇ 国家图书馆关于调整部处内设机构的通知
国图人发〔2021〕49 号
◇ 国家图书馆关于调整职能部门及参照职能部门管理部门人员编制的通知
国图人发〔2021〕50 号
◇ 国家图书馆关于科级干部聘任的通知
国图人发〔2021〕51 号

◇　国家图书馆关于员工聘任工作的通知
国图人发〔2021〕52 号
◇　关于印发《国家图书馆“十四五”发展规划》的通知
国图研发〔2021〕53 号
◇　国家图书馆关于馆属企业管理岗位竞争上岗的通知
国图人发〔2021〕54 号
◇　国家图书馆关于薛尧予等 4 人职务聘任的通知
国图人发〔2021〕55 号
◇　关于印发《国家图书馆设备家具类资产管理实施细则》的通知
国图资发〔2021〕56 号
◇　国家图书馆关于孙伯阳等 3 人职务调整的通知
国图人发〔2021〕57 号
◇　国家图书馆关于李春明、谢强职务调整的通知
国图人发〔2021〕58 号
◇　国家图书馆关于解除王六长职务聘任的通知
国图人发〔2021〕59 号
◇　关于印发《〈国家图书馆“十四五”发展规划〉分工方案》的通知
国图研发〔2021〕60 号
◇　关于召开国家图书馆岗位建功经验交流会的通知
国图人发〔2021〕61 号
◇　关于 2021 年度部处领导班子及全员年度考核工作的通知
国图人发〔2021〕62 号
◇　国家图书馆关于认真学习宣传贯彻党的十九届六中全会精神的通知
国图党发〔2021〕63 号
◇　国家图书馆关于办公室副主任等 24 个副处级岗位竞聘的通知
国图人发〔2021〕64 号
◇　国家图书馆关于王雁行任职转正的通知
国图人发〔2021〕65 号
◇　关于馆领导班子成员分工调整的通知
国图人发〔2021〕66 号
◇　关于印发熊远明同志在国家图书馆岗位建功经验交流会上讲话的通知
国图人发〔2021〕67 号
◇　国家图书馆关于王浩、牛春兰职务调整的通知
国图人发〔2021〕68 号
◇　关于印发《国家图书馆加强“一把手”和领导班子责任监督工作的落实方案》的通知
国图办发〔2021〕69 号

二、馆发重要文件选编

国家图书馆新媒体管理办法

第一章　总则

第一条　为充分发挥国家图书馆新媒体的作用，明确发布原则，规范管理流程，进一步拓展信息公开渠道，根据《中华人民共和国网络安全法》《互联网信息服务管理办法》《网络信息内容生态治理规定》《互联网用户公众账号信息服务管理规定》等法律法规及国家有关新媒体管理规定，结合国家图书馆实际，制定本办法。

第二条　国家图书馆新媒体管理工作应当严格遵守法律法规，遵循公序良俗，履行社会责任，坚持正确的政治方向、舆论导向、价值取向，弘扬社会主义核心价值观，生产发布向上向善的优质信息内容，发展积极健康的网络文化，维护清朗网络空间。严格落实运营管理主体责任，遵循工作任务、工作环节与应负责任相对应的原则，落实意识形态工作责任制，统筹规划、分级管理，层层压实责任。

第三条　本办法所称新媒体，是指以国家图书馆（国家典籍博物馆、国家古籍保护中心）、国家图书馆各部（处）名义在微博、微信、抖音短视频等第三方平台注册的账号以及自行开发建设的移动客户端等。

第二章　管理机构及职责

第四条　办公室是新媒体归口管理部门，其职责是研究制定管理办法，统一管理、协调统筹、整体规划，监督检查与考评新媒体运营状况等。

第五条　国家图书馆官方微博、国家图书馆微信公众号（订阅号、服务号、视频号）、国家典籍博物馆微信公众号（订阅号）、国家古籍保护中心微信公众号（订阅号）、国家图书馆通讯微信公众号（订阅号）、国家图书馆官方抖音号等，由账号注册部（处）负责运营管理与维护。

第六条　以部（处）名义注册的新媒体由账号注册部（处）负责运营管理与维护。

第三章　账号开通与注销

第七条　开通新媒体账号应阐明开通的必要性，明确发布与运维职责，由办公室等相关部（处）会签，经主管馆领导批准，并报馆主要负责同志审定。完成相关手续后，在正式上线运营前填写《新媒体备案登记表》（见附件），报办公室审核，由办公室按程序办理向上级主管单位的报备手续。

第八条　因工作原因需变更、关停、注销新媒体账号的，应阐明原因，由办公室等相关部（处）会签，经主管馆领导批准，并报馆主要负责同志审定。完成相关手续后，报办公室审核，由办公室按程序办理向上级主管单位的报备手续。

第九条　禁止员工个人以“中国国家图书馆”“国家图书馆”“国图”“国家古籍保护中心”“国家典籍博物馆”“文津”“典博”等（以上均含拼音及英文缩写）容易误解为馆方的名义注册新媒体账号；非因工作关系并经合规审核程序，员工不得以工作人员身份注册新媒体号，不得发布与单位或工作有关的信息与评论。

第四章　信息发布与审核

第十条　国家图书馆新媒体发布信息范围：

（一）各类动态信息、宣传教育、服务信息、重要事项和行业动态；

（二）形象宣传、文化建设、公益活动等；

（三）结合工作需要，认定需要发布或转发的信息。

第十一条　国家图书馆新媒体禁止发布与转发违反国家相关法律法规及国家图书馆规章制度、损害国家图书馆品牌形象、破坏国家图书馆正常工作秩序的内容。

第十二条　国家图书馆新媒体发布的信息应严格履行审核程序，严格执行“先审后发”制度。

第十三条　国家图书馆新媒体发布的信息应严格遵守著作权保护相关法律法规，尊重和保护著作权人的合法权益。

第十四条　各部（处）应建立新媒体管理责任人制度，原则上部（处）正职（或主持工作）为第一责任人，并指定专人负责本部（处）新媒体的日常运营管理，人员名单报办公室备案。因工作原因需变更运营管理人员的，应及时向办公室备案。

第十五条　国家图书馆新媒体发布的信息，应严把政治关、法律关、政策关、保密关、文字关。有关讲座预告、图书推荐、展览信息等一般性内容，由内容提交部（处）新媒体管理第一责任人负责审核，并酌情报请主管馆领导审定发布；涉及重大活动、重点工作、重要人物的内容，由负责部（处）报办公室审核，办公室酌情报请宣传工作主管馆领导或业务工作主管馆领导审定发布；必要时，报请馆主要负责同志审定发布。

第五章　舆情监测与应对处理

第十六条　新媒体运营管理部（处）应加强日常监测，建立健全值班制度和应急处置机制，对新媒体公众留言、跟帖、评论等互动环节进行实时监控管理，制定应急预案。

第十七条　对于重大负面或敏感舆情，办公室根据实际情况，及时报馆领导，并按要求做好舆情监测、研判和应对处置。

第十八条　对于读者用户在国家图书馆新媒体平台提出的业务咨询和意见建议，相关部（处）应根据业务职责及时回复。

第六章　账号安全与违规处罚

第十九条　各部（处）应严格落实新媒体管理责任人制度。新媒体运营管理部（处）应加强新媒体账号安全管理，明确专人负责账号，定期更换密码，不得随意对外泄露，不得在公共场所、公共设备或缺乏安全保障的电脑和设备上登录新媒体账号。如发现账号被盗用、内容被篡改或被恶意攻击等安全事件，应立即与第三方平台对接处理，启动应急措施，查明原因，及时处置。

第二十条　新媒体运营管理人员不得私自转让或向无关人员泄露账号信息。如遇管理人员工作变动，所在部（处）应第一时间收回账号管理权限、更改密码，重新指定责任人员，并报办公室备案。因管理人员变动、私自转让、安全意识不强等导致新媒体账号信息泄露或被盗，视情节严重程度，参照有关规定，给予相关责任人员相应处罚。

第二十一条　新媒体运营管理人员应按规定进行内容编辑、审核及发布，因操作失误等人为原因造成信息发布错误，视情节轻重，参照有关规定，给予相关责任人员相应处罚。

第七章　工作统计与考核

第二十二条　办公室将新媒体工作纳入年度绩效考核，建立新媒体年度总结和考评机制。各部（处）应于每年1月底前向办公室报送上一年度新媒体年度运营情况，包括信息发布量、阅读量、转发量、关注量、下载量等。对新媒体运营管理成效好的部（处），由办公室提出通报表扬意见，提交馆务会审定后执行。

第二十三条　办公室负责评估国家图书馆新媒体运营管理情况，并提出相应的保留、整改、关停、注销等考核意见，提交馆务会审定后执行。

第八章　附则

第二十四条　办公室负责对国家图书馆新媒体运营情况进行实时监测和定期检查。对于监测发现的问题第一时间约谈相关运营管理部（处），督促整改，并按照有关规定追究相关人员责任。

第二十五条　本办法由国家图书馆办公室负责解释，自发布之日起施行。

国家图书馆开展党史学习教育工作方案

2021年是中国共产党成立100周年。根据党中央、部党组统一部署和要求，国家图书馆在全馆范围内开展党史学习教育，制定如下方案。

一、指导思想

国家图书馆开展党史学习教育，坚持以马克思列宁主义、毛泽东思想、邓小平理论、“三个代表”重要思想、科学发展观、习近平新时代中国特色社会主义思想为指导，深入学习贯彻党的十九大和十九届二中、三中、四中、五中全会精神，深入学习贯彻习近平总书记关于党的历史一系列重要论述，紧紧围绕学懂弄通做实党的创新理论，坚持学习党史与学习新中国史、改革开放史、社会主义发展史相贯通，做到学党史、悟思想、办实事、开新局，引导全馆党员、干部从党的百年伟大奋斗历程中汲取继续前进的智慧和力量，增强“四个意识”、坚定“四个自信”、做到“两个维护”，不断提高政治判断力、政治领悟力、政治执行力，办好让党放心、让人民满意的国家图书馆，为建设社会主义文化强国再立新功，谱写全面建设社会主义现代化国家新篇章。

二、目标要求

坚持学史明理。通过学习教育，树牢唯物史观，深入理解把握马克思主义中国化成果特别是习近平新时代中国特色社会主义思想的科学性真理性，系统掌握贯穿其中的马克思主义立场观点方法，教育引导全馆党员、干部提高思想理论水平，坚持不懈用习近平新时代中国特色社会主义思想武装头脑，用新时代党的创新理论指导推动实践创新，不断开创国家图书馆事业发展新局面。

坚持学史增信。通过学习教育，增强历史自觉，深刻认识中国共产党为什么能、马克思主义为什么行、中国特色社会主义为什么好，坚定对马克思主义的信仰，对社会主义、共产主义的信念，对实现中华民族伟大复兴中国梦的信心，增强忠诚核心、维护核心、看齐核心的政治自觉和行动自觉，教育引导全馆党员、干部不断提高政治判断力、政治领悟力、政治执行力，坚定文化自信，自觉承担起举旗帜、聚民心、育新人、兴文化、展形象的使命任务。

坚持学史崇德。通过学习教育，弘扬优良传统，增强党的意识和党员意识，自觉践行社会主义核心价值观，永葆对党的忠诚之心，对人民的赤子之心，永葆党的先进性和纯洁性，教育引导全馆党员、干部认真学习革命烈士、英雄人物、先进模范的先进事迹和各个历史时期淬炼锻造的一系列伟大精神，将其内化于心、外化于行，转化为干事创业、勇担使命的强大精神动力。

坚持学史力行。通过学习教育，加强党性锤炼，不断提高应对风险、迎接挑战、推进实际工作的能力水平，教育引导全馆党员、干部把学习党史同总结经验、观照现实、推动工作结合起来，同解决实际问题结合起来，努力将所学所思所得转化为推动“十四五”国家图书馆事业改革发展的目标思路、任务举措，奋力推进社会主义文化强国建设。

三、学习内容

（一）深刻铭记中国共产党百年奋斗的光辉历程。党的百年历史是党领导人民进行革命、建设、改革取得伟大胜利的历史。通过学习，深刻铭记我们党走过的百年历程、付出的巨大牺牲、展现的巨大勇气、彰显的巨大力量，深刻认识中国共产党的领导、中国特色社会主义道路是历史的选择、人民的选择，不断增强继往开来走好新时代长征路的自觉性、坚定性。

（二）深刻认识中国共产党为国家和民族作出的伟大贡献。一百年来，在中国共产党领导下，中华民族迎来了从站起来、富起来到强起来的伟大飞跃，创造了中华民族发展史、人类社会进步史上的伟大奇迹。通过学习，深刻铭记我们党为实现国家富强、民族振兴、人民幸福和人类文明进步事业作出的伟大历史贡献，深刻认识中国共产党是中国人民和中华民族的主心骨，没有共产党就没有新中国，就没有中国特色社会主义，就没有中华民族伟大复兴。

（三）深刻感悟中国共产党始终不渝为人民的初心宗旨。中国共产党为人民而生、因人民而兴，始终同人民在一起、为人民利益而奋斗。通过学习，深刻认识党的性质宗旨，始终牢记为了谁、依靠谁、我是谁，牢记人民是真正的英雄，是我们党执政的最大底气，自觉坚持人民立场，践行群众路线，永远和人民群众同呼吸、共命运、心连心，把人民对美好生活的向往作为奋斗目标，不断增强人民获得感幸福感安全感。

（四）系统掌握中国共产党推进马克思主义中国化形成的重大理论成果。中国共产党坚持把马克思主义基本原理同中国具体实际和时代特征相结合，形成了一系列重大理论成果，特别是习近平新时代中国特色社会主义思想，开创了马克思主义发展新境界。通过学习，深刻认识马克思主义是立党立国之本，在当代中国坚持和发展习近平新时代中国特色社会主义思想，就是真正坚持和发展马克思主义，增强用党的创新理论武装全党的政治自觉。

（五）学习传承中国共产党在长期奋斗中铸就的伟大精神。一百年来，中国共产党人坚定理想信念、发扬斗争精神、推动伟大实践，淬炼锻造了一系列伟大精神，成为党和人民事业开拓前进的不竭动力。通过学习，始终牢记革命理想高于天、崇高精神不过时，自觉继承革命传统、传承红色基因、补足精神之钙，在具有许多新的历史特点的伟大斗争中，不断书写中国共产党人的精神史诗。

（六）深刻领会中国共产党成功推进革命、建设、改革的宝贵经验。一百年来，中国共产党始终坚持马克思主义政党的政治本色，坚持党对一切工作的领导，带领人民战胜各种风险挑战，不断从胜利走向胜利，积累了弥足珍贵的历史经验。通过学习，认真汲取我们党坚持真理、修正错误的经验教训，统筹中华民族伟大复兴战略全局和世界百年未有之大变局，认清形势，把握规律，抓住机遇，应对挑战，为实现第二个百年奋斗目标而接续奋斗。

四、重点任务

党史学习教育贯穿2021年全年，面向全体党员，以处级以上领导干部为重点开展学习教育。“七一”庆祝中国共产党成立100周年大会前，以全面学习党史为重点，深入了解党的百年奋斗史，深化对马克思主义中国化成果特别是习近平新时代中国特色社会主义思想的理解；从庆祝大会到总结大会，重点学习习近平总书记在庆祝中国共产党成立100周年大会上的重要讲话精神，并以此为指导不断深化对党的历史的系统把握，明确继承传统、立足当前、开创未来的实践要求。

（一）开展专题学习。认真研读必读书目。坚持以自学为主，突出全面系统学习党史，认真读原著、学原文、悟原理，将学习贯穿始终。认真研读习近平《论中国共产党历史》《毛泽东、邓小平、江泽民、胡锦涛关于中国共产党历史论述摘编》《习近平新时代中国特色社会主义思想学习问答》《中国共产党简史》等指定书目；通读《中国共产党的100年》《中华人民共和国简史》《改革开放简史》《社会主义发展简史》等重要参考书目；深入学习领会习近平总书记关于文化和旅游工作的重要论述和总书记给我馆老专家回信精神，学好用好历年编印的《习近平关于文化和旅游工作重要论述摘编》等学习资料。

组织集中学习培训。全馆党员干部要在自学的基础上，采取理论学习中心组学习、举办读书班等形式，进行集中学习和研讨交流。3月下旬，司局级领导干部参加文化和旅游部党史学习教育专题读书班。8月中旬，安排全馆处级及以上领导干部参加文化和旅游部专题培训班。馆党委理论学习中心组聚焦党的光辉历程、伟大贡献、初心宗旨、理论成果、伟大精神、宝贵经验等六方面内容和习近平总书记在庆祝中国共产党成立100周年大会上的重要讲话精神，分专题进行集中学习研讨，全年至少进行四次专题学习。推进党史教育全覆盖，组织全体党员干部参加部系统线上党史培训学习及在线知识竞赛等学习活动；以党支部或党小组为基本单位，组织党员干部研读指定读物等党史学习材料，以撰写学习体会、座谈、微党课等方式展示交流学习成果。依托年轻干部理论学习小组统筹推进全馆青年员工学习，依托群团组织推进群众和党外人士"四史"学习。通过系统学习，引导全馆党员干部员工进一步深化对习近平新时代中国特色社会主义思想的理解和认识，增强"四个意识"，坚定"四个自信"，做到"两个维护"。

举办主题党日活动。各党支部要抓住"七一"、国庆等重要时间节点，依托"三会一课"等组织生活举办主题党日活动，组织党员集中学习、过组织生活、开展为民志愿服务等，确保主题突出、特色鲜明、形式多样。要充分发挥国图自身资源优势，注重紧密结合实际，积极创新方式方法，开展特色鲜明的教育活动。要充分利用部系统红色演出、主旋律电影等特色资源和优势条件开展活动。组织观看"不忘初心、牢记使命"大型主题展览，开展形势政策教育、革命传统教育和先进典型教育，推动专题学习往深里走、实里落。

讲好专题党课。"七一"前后，馆领导班子成员、党支部书记和先进典型讲授专题党课。党课要围绕党史学习教育、文化和旅游工作实际、国家图书馆事业发展实际，突出政治性、思想性、实效性。饶权同志在全馆范围讲授专题党课，领导班子其他成员在一定范围讲授专题党课；各党支部书记为所在党支部党员干部讲专题党课。组织各支部党员讲授录制"微党课"，"七一"前后开展"微党课"评比表彰。

（二）发挥党史宣传教育阵地作用。充分发挥国家文献信息资源总库、国家级公共文化服务阵地作用，挖掘利用红色馆藏资源，面向全社会积极开展党史宣传教育，普及党史知识，大力发扬红色传统、传承红色基因。依托典籍博物馆阵地，策划举办《共产党宣言》专题展，通过展示相关红色文献，回顾马克思主义传播历程、中国共产党百年历史和团结、领导全国各族人民取得的伟大胜利。加强馆藏革命历史文献的整理揭示力度，建设"革命历史文献专题资源库""中国历史文献总库·红色文献数据库"，出版《中国共产党党报党刊史料丛编（1920—1949）》。上线国图公开课"父辈的旗帜"党建系列课程，举办"红色经典里的中国"等系列讲座。建设PC端、移动端线上专题页面和专题展览。发挥馆区空间宣传作用，完善"习近平新时代中国特色社会主义思想"学习专区，深入宣传党的创新理论。通过多种方式宣传展示党史教育必读书目以及第五届全国党员教育培训教材展示交流活动成果，服务党史学习教育。依托国图艺术中心阵地，举办"颂歌献给党系列活动"。

（三）开展全馆党员教育和慰问活动。组织开展多形式、多层面党员教育，增强全馆党员干部凝聚力创造力，团结动员广大党员干部投身国家图书馆事业发展。邀请相关专家举办党史相关主题讲座。结合我馆红色馆藏，举办红色记忆宣讲，面向全馆党员干部员工，介绍馆藏革命文献背后的故事。以弘扬"国图精神"为主线，结合我馆"两优一先"获得者先进事迹，在全馆及支部层面，开展先进事迹宣讲，用身边的榜样激励全馆党员干部砥砺奋进。推进智慧党建平台建设，提升我馆党员教育等党务工作水平。"七一"前，开展优秀共产党员、优秀党务工作者和先进基层党组织评选表彰，选树先进典型，倡导学习先进。围绕"重温光辉历史　牢记初心使命"主题，在全馆员工中开展主题征文、书画、摄影、视频作品等征集及展示活动，引导全馆党员干部、员工回顾党的光辉历史，抒发对党的热爱。举办第五届青年学术论坛，增强广大青年推进文化强国建设的使命感和责任感，提升工作本领。开展帮扶慰问活动，加大对困难职工的帮扶力度，开展各项送温暖慰问活动，做好困难职工、残疾重病子女等帮扶关怀。

（四）开展“我为群众办实事”实践活动。坚持以读者为中心，着力提升公共文化服务水平，为人民群众提供更加丰富、更高质量的精神食粮，把党史学习成效转化为推进图书馆工作的动力和成效。完善“全国智慧图书馆体系”建设思路，启动智慧图书馆相关项目建设，引领带动全行业提升读者服务水平。推动全民阅读，组织“文津图书奖”评选，办好“国图公开课”“文津讲坛”等品牌活动，联合全国图书馆共同开展“4·23世界读书日”、科技活动周、全民读书周等主题阅读推广活动。进一步强化线上服务，拓展阅读推广渠道，持续打造高质量国家级互联网学习平台。建设“国家图书馆智能问答系统”，在数字图书馆体验区部署沉浸式阅读体验空间。为特殊群体提供有温度、有质量的阅读服务，推动国家图书馆少年儿童图书馆功能转型，加强适老阅读资源和服务产品开发，推进“关爱夕阳”老年课堂品牌建设。加强珍贵典籍的保护利用，以更高标准推进国家典籍博物馆建设，提升展陈服务水平。充分发挥我馆文化志愿服务阵地作用，围绕读者服务、业务建设以及基层文化建设，在全馆党员干部中广泛开展党员志愿服务活动，建立健全党员志愿服务相关工作机制，推进志愿服务常态化规范化。

（五）召开专题生活会。开好专题民主生活会和组织生活会。“七一”前后，各党支部要召开一次专题组织生活会，馆领导班子成员要严格执行双重组织生活制度，以普通党员身份参加所在党支部的组织生活，一起学习讨论、一起交流心得、一起接受思想教育，确保取得扎实成效。年底，馆领导班子围绕党史学习教育召开专题民主生活会，认真进行党性分析，开展批评和自我批评，查摆差距不足、明确努力方向。要把本次学习教育相关整改与部党组巡视整改贯通起来，一体提出整改落实措施，推动新老问题一起改、改到位。

五、组织领导

全馆要把开展党史学习教育作为一项重大政治任务，与深入学习贯彻习近平新时代中国特色社会主义思想结合起来，与巩固深化“不忘初心、牢记使命”主题教育成果结合起来，与贯彻落实习近平总书记关于文化和旅游领域重要指示批示精神和总书记给我馆老专家回信精神结合起来，与推进落实部党组巡视整改任务结合起来，精心组织、周密安排、务求实效，高标准高质量完成学习教育任务，引导党员、干部提高认识、解决问题、推动工作。

（一）层层压实责任。成立国家图书馆党史学习教育领导小组，饶权同志担任组长，魏大威同志担任常务副组长，其他馆班子成员为领导小组成员。领导小组下设办公室，陈樱同志担任办公室主任，办公室成员由办公室、人事处、研究院、党群工作办公室组成。办公室负责党史学习教育相关宣传报道工作，做好督办；研究院负责“我为群众办实事”实践活动、“国家图书馆纪念建党100周年”工作方案中相关业务工作的组织落实；人事处负责馆级层面相关学习培训教育活动的组织；党群工作办公室负责综合协调、方案制定、工作计划安排及党委理论中心组学习组织等工作。馆党史学习教育领导小组根据学习教育活动进展情况，适时召开工作推进会，加强对各支部各部门开展党史学习教育活动情况的督促指导；领导小组成员对分管部门及组织关系所在党支部开展党史学习教育活动情况给予指导。党史学习教育启动时召开动员部署会，结束时召开总结大会。各党支部各部门要提高站位，立足实际、守正创新，党支部、部门主要负责同志履行第一责任人职责，结合实际作出针对性安排部署，扎实推进党史学习教育落地落实。

（二）发扬优良学风。要弘扬马克思主义优良学风，带着信仰、带着感情、带着责任开展党史学习教育，同推动我馆中心工作结合起来，防止学用“两张皮”，力戒形式主义、官僚主义，防止消极对待、敷衍应付。严格执行中央八项规定及其实施细则精神，力戒铺张浪费。统筹做好疫情防控和学习教育，确保学习教育安全有序。

（三）把握正确导向。要坚持以我们党关于历史问题的两个决议和党中央有关精神为依据，准确把握党的历史发展的主题主线、主流本质，正确认识和科学评价党史上的重大事件、重要会议、重要人物，引导全馆干部群众树立正确的历史观、民族观、国家观、文化观，不断提高政治判断力、政治领悟力、政治执行力。要旗帜鲜明反对历史虚无主义，坚决抵制歪曲和丑化党的历史的错误倾向。

（四）做好宣传报道。调动各支部、部处积极性，创新宣传理念、体裁形式、方法手段，通过文字、图片、海报、短视频等多种方式做好活动宣传报道，深入宣传各支部开展学习教育的好做法好经验好成果，注重发挥我馆“国图通讯”“党建信息平台”“智慧党建平台”等宣传平台作用，在全馆营造党史学习教育的浓厚氛围。

国家图书馆党史学习教育领导小组
成员名单

组　　长：饶　权　馆长、党委副书记
常务副组长：魏大威　党委书记、副馆长
成　　员：张志清　副馆长
孙一钢　副馆长
陈　樱　副馆长、党委副书记、纪委书记
汪东波　副馆长
张　军　副馆长

国家图书馆2021年工作要点

2021年是中国共产党成立100周年，是“十四五”规划开局之年，也是国家图书馆“转型发展年”。国家图书馆将坚持以习近平新时代中国特色社会主义思想为指导，以习近平总书记给国图老专家回信精神为基本遵循，深入学习贯彻党的十九大和十九届二中、三中、四中、五中全会精神，全面贯彻落实党中央、国务院及文化和旅游部党组决策部署，贯彻落实全国宣传思想工作会议、全国文化和旅游厅局长会议精神，增强“四个意识”，坚定“四个自信”，做到“两个维护”，立足新发展阶段，坚持新发展理念，以更好促进满足人民文化需求和增强人民精神力量相统一，推进社会主义文化强国建设为目标，以转型创新为主线，以智慧图书馆建设为重要抓手，围绕坚持正确政治方向、弘扬优秀传统文化、创新服务方式、推动全民阅读等要求，扎实推进各项事业创新发展，以优异成绩迎接建党100周年。

一、深入学习贯彻习近平新时代中国特色社会主义思想，坚定事业发展正确政治方向

1. 系统学习习近平新时代中国特色社会主义思想。坚持用党的创新理论武装党员干部头脑，深入学习贯彻习近平新时代中国特色社会主义思想，深入学习贯彻习近平总书记重要讲话、关于文化和旅游工作重要论述和指示批示精神，在学原文悟原理、学懂弄通做实上下功夫，坚持学思用贯通、知信行统一，自觉主动学、及时跟进学、联系实际学、笃信笃行学，在学习的过程中对照检视分析，把自己摆进去、把职责摆进去，将其中蕴含的思路和要求转化成指导国家图书馆工作的根本遵循和方法。强化学风建设，充分发挥馆党委理论学习中心组在学习上的带动引领作用，发挥党支部学习主阵地作用，调动国图年轻干部理论学习小组积极性，深入开展学习研讨，带动营造全馆浓厚学习氛围。

2. 认真学习宣传贯彻党的十九届五中全会精神。切实将广大党员干部员工的思想统一到全会精神上来，切实将全会精神转化为指导改革发展的实践遵循和思路举措。全面对标全会精神，特别要结合我馆实际，大力推进国家文献储备库、古籍保护研究利用等工作，办好让党放心、让人民满意的国家图书馆。把学习贯彻全会精神与“十四五”时期规划编制工作结合起来，推动规划编制工作成为贯彻落实全会精神的实践举措和具体行动。

3. 深入贯彻落实习近平总书记给国图老专家回信精神。结合工作实际将总书记回信精神学习引向深入，真正做到学懂弄通做实，切实理解回信精神实质，将其转化为指导国家图书馆事业创新发展的根本遵循。积极落实《文化和旅游部贯彻落实习近平总书记重要批示精神　深入做好公共图书馆改革创新工作的实施方案》部署要求，统筹推进17项专题工作，认真学习中央和国家机关工委、文化和旅游部党组重要指示批示精神，坚持学以致用，推动学习成果落地。

4. 扎实推进巡视整改工作任务落实落细。按照部党组关于巡视整改工作的整体部署和要求，进一步强化政治担当，认真履行巡视整改责任，扎实推进整改工作方案及台账部署的各项整改任务，夯实责任、逐条“对账”，真改实改，确保巡视整改落实落细，切实增强巡视整改落实的成果运用和转化。以推进各项整改任务落实为契机，深入研究分析事业发展面临的复杂形势和机遇挑战，总结经验、查摆问题，通过巡视整改进一步推动事业长足发展。

5. 严格落实意识形态工作责任制。进一步明确全馆意识形态责任制工作格局，完善意识形态问题研究决策机制。加强意识形态工作定期研判，细化和完善各业务领域、环节的意识形态审批审核等管理工作程序及分工，加强敏感文献审读与筛查；建立健全意识形态风险应急响应机制，完善意识形态突发事件应急预案，加强舆情监测。举办全馆意识形态工作系列培训，开展工作案

例交流培训，提升党员干部员工意识形态工作能力，加强党员干部员工政治言行管理。制订《馆属企业意识形态工作实施细则》，提升企业意识形态工作管控水平。

二、围绕中心、服务大局，扎实推进各项重点工作

6. 做好庆祝建党100周年系列活动。围绕建党100周年，充分挖掘馆藏特点与优势，举办党建专题展，建设发布党建特色专题数据库，组织开展党建文献专题阅读学习活动。深入开展党史学习教育，策划举办党史、新中国史、改革开放史、社会主义发展史系列讲座，举办专题学习、参观、知识竞赛等系列活动，传播优秀文化，弘扬时代精神，培育和践行社会主义核心价值观。

7. 高质量完成"十四五"规划编制工作。结合工作实际，对标国家重大战略决策和部党组重点工作部署，编制发布《国家图书馆"十四五"规划纲要》《全国古籍保护工作十年规划》《革命文献与民国时期文献保护计划"十四五"规划纲要》《全国图书馆文献缩微工作"十四五"规划纲要》。支持中国图书馆学会、全国图书馆标准化技术委员会等行业组织编制发展规划。

8. 启动"全国智慧图书馆体系"建设。完善项目建设方案，建立健全工作机制，研究提出智慧图书馆管理系统、多维融合知识服务平台、线下智慧服务空间和智能楼宇等的业务需求及技术路径，部署推进智慧图书馆管理系统和多维融合知识服务平台阶段性工作。为系统平台的前期开发提供实验性资源，探索建立各类型知识资源的智慧化采集、组织、描述与保存标准。开展技术、设备及合作伙伴等调研，提出商务解决方案，做好招投标准备。启动电子出版物与学位论文交存管理系统建设、"国图公开课"知识库建设等试点项目。建立开放工作机制，吸纳有条件的公共图书馆参与需求调研、系统测试和试点开发等工作。

三、深入推进国家文献信息资源总库和国家总书目建设，提高文献信息深度加工、整合揭示与战略保存能力

9. 强化文献信息资源总库建设。进一步优化馆藏文献发展政策，修订文献采选条例、捐赠文献接受管理办法等规章制度，制定发布数字资源建设五年规划。完善文献资源建设决策咨询机制，充分发挥文献资源建设专家委员会作用。加强国内正式出版物催交力度，规范对交存文献的管理与处置。加强海外中国学、法律、周边国家地区、古籍特藏等重点领域文献的采访入藏，创新推动海外文献征集入藏。推进中国战"疫"记忆库项目建设，建立纪录片收藏体系，探索建设新型知识资源。完善口述资源收集、保存机制，推进活态记忆资源与馆藏体系有机融合。推进馆藏古籍文物定级试点及国家珍贵古籍资源专题数字化建设。调整优化数字资源采访流程，加强对数字资源内容的意识形态审核和版权风险筛查。配合保存本文献搬迁，有序开展缺藏本补藏工作。开展馆藏外文文献质量评估工作。

10. 促进国家文献信息资源总目建设。继续编制与发布国家书目。加强元数据仓储平台数据统一管理。推进跨语种名称规范控制。持续关注国际编目理论、方法和技术最新进展，推进国际性编目规则的研究应用。依托"国图公开课"，建设知识内容管理模型，实现资源内容的自动识别、自动添加知识标签，提升资源整合揭示能力。推进微博数据等新兴资源整合，适时发布整合数据成果。

11. 提升国家文献战略保存保护能力。筹建国家纸质文献修复中心。加强馆藏古籍、革命文献与民国时期文献的原生性保护与修复，完成"天禄琳琅"专项修复结项。继续开展缩微胶片修复工作，推进全国图书馆文献缩微复制中心成员馆善本缩微胶片异质保存项目，开展近现代文献实验性修复工作。继续开展馆藏文献的数字化、缩微及整理出版工作，提升再生性保护水

平。继续实施国家网络信息资源典藏工程，推进互联网资源采集保存等工作。推动国家文献战略储备库破土动工。做好承德文献周转库文献安全和管理工作。推动实施北平图书馆旧址修缮计划。

四、深入整理研究阐释文献典籍，推动中华优秀传统文化创造性转化、创新性发展

12. 继续实施中华古籍保护计划。做好全国古籍普查总结工作，推进《中华古籍总目》分省卷编纂，开展《第六批国家珍贵古籍名录图录》编纂出版工作。推进“全国古籍普查登记基本数据库”“中华历代古籍书目数据库”建设。筹建《永乐大典》研究中心，进一步促进海外藏《永乐大典》的数字化回归和仿真出版。加强“中华古籍资源库”特色专题策划与实施，支持和指导各古籍收藏单位加快古籍数字化步伐，适时举办古籍数字资源联合发布活动，推进古籍数字资源发布与共享。继续推进少数民族文字古籍保护工作。积极开展海外中华古籍全面调查和数字化回归。支持推进“全球汉籍合璧工程”、《中华医藏》编纂出版等工作。继续推进全国古籍保护人才培养。加强古籍保护宣传推广，举办“中华传统晒书大会”“书山有路”活动。推进古籍定级工作和古籍保护标准规范体系建设。

13. 持续推进革命文献与民国时期文献保护计划。深入开展民国时期文献普查工作，做好普查数据的整理发布。继续推进《民国时期图书总目》编纂工作，完成《革命历史文献专题书目（1911—1949）》第一阶段编纂成果出版。继续开展国内革命历史文献征集工作，完成“革命历史文献专题资源库”一期建设。完成“西南太平洋战区日本战争嫌犯讯问档案”整理项目，继续开展“中缅印战区抗战历史档案”整理项目。完成馆藏民国时期图书酸化程度测试项目。做好“革命文献与民国时期文献保护网”“革命文献与民国时期文献联合目录”“东京审判资源库”“日本细菌战资源库”等专题库运行维护。开展革命文献与民国时期文献保护宣传推广工作，加强专业人才队伍培养。

14. 做好中华优秀传统文化典籍整理出版工作。深入实施《中华传统文化百部经典》编纂项目，年内再出版图书 15 种；召开出版座谈会，规划项目发展；加强宣传推广，挖掘项目品牌文化内涵，有效扩大项目影响力。完成《鲁迅手稿全集》编辑出版工作，适时召开编委会，审定书稿并报中宣部，配合有关方面召开出版暨发布座谈会。继续实施国家传统文化典籍整理工程，推进“长江、黄河、长城、大运河古籍文献整理与研究”“徽州文书的调查、整理与研究”“清代乡试文献整理与研究”“清代藏书史料整理与研究”等项目。改版中国历史文献总库平台。

15. 积极推广中华优秀传统文化。开展“中华经典传习项目”，联合全国公共图书馆举办“传统经典阅读进校园”活动。深入挖掘典籍文化内涵，做好《永乐大典》《山海经》等经典专藏的深度开发，探索利用 5G、VR、AR 等新技术，提供专藏资源的沉浸式阅读体验，积极培育图书馆文化创意品牌，推动传统文化元素深入社会公众日常生活。

16. 以更高标准推进国家典籍博物馆建设。丰富展览形式，策划举办“珠还合浦　历劫重光——《永乐大典》的回归和再造”“纪念中国共产党成立 100 周年红色文献展”等专题展览，启动“国家图书馆馆史展”，加大引进优秀展览力度，继续拓宽典籍博物馆展陈题材。提升巡展输出水平，深化与各级公共图书馆、博物馆等机构合作。参加博物馆定级评估。组织“典籍博物馆大课堂”系列活动，开发研学游项目，建设好“全国中小学生研学实践教育基地”“青少年中华优秀传统文化教育基地”。完善讲解员队伍建设及相关培训机制。开展文物征集工作，完善库房及藏品入藏流程与管理规范。加大国家典籍博物馆展览活动宣传力度，提高社会知名度。

五、优化专业知识服务，提升公共文化服务水平

17. 提升面向国家立法和决策的支撑服务能力。完善立法和决策服务业务规范和工作流程，继续实施立法和决策服务品牌产品开发计划，服务国家治理体系和治理能力现代化。发挥中国学专藏优势，加强对海外涉华重点领域和重大问题的研判分析，编发《海外涉华研究内参专报》。依托全国公共图书馆立法决策服务协作平台，策划开展“海外看中国”项目。做好部委分馆建设。办好部级领导干部历史文化讲座。筹建国家法律图书馆，构建国家法律文献信息保障体系。

18. 提升面向科技创新的知识服务能力。开展对重点机构用户的需求分析与研究，提升对教育科研生产单位的专业化信息服务能力，主动做好文献信息推送工作。积极拓展与国内外文献信息机构在文献传递与馆际互借业务方面的合作，做好机构用户的文献提供。推进国家图书馆科学评价中心、知识产权信息服务中心建设，设计并推出有影响力的服务产品。

19. 提升面向社会公众的阅读学习服务能力。根据疫情防控形势，不断优化调整服务政策、开放区域和服务空间格局，调整总馆北区办证处等服务空间，进一步优化读者证卡管理，更好适应到馆读者需求变化。启动“国家图书馆智能问答系统”建设。在数字图书馆体验区部署沉浸式阅读体验空间。加强新媒体适用资源建设和服务产品设计，改版国家图书馆官方网站，深化官方微博、微信公众号、视频账号等社交平台的互动服务能力，不断拓宽新媒体服务及宣传渠道。努力为特殊群体提供有温度、有质量的阅读服务，推动国家图书馆少年儿童图书馆功能转型，建设全国少年儿童读物收藏中心、少年儿童图书馆发展研究中心、少年儿童图书馆交流合作中心和少年儿童服务示范基地；继续推进“关爱夕阳”老年课堂品牌建设，加强适老阅读资源建设和服务产品开发，提升老年人到馆服务体验，切实解决老年人运用智能技术困难，保障老年人公共文化权益。开展读者需求调研，进一步提升读者满意度。继续依托各地总分馆体系，将临时馆藏文献更加精准有效地投入地方图书借阅流通网络，更好服务全国公众。

20. 积极开展丰富多彩的阅读活动。组织好第十六届“文津图书奖”评选工作，进一步优化调整奖项设置，加大宣传推广力度，提升品牌影响力。研究推出国家图书馆推荐阅读书目，加大对优质阅读资源的宣传推广力度。联合全国图书馆共同开展“4·23世界读书日”“文化和自然遗产日”、科技服务周、全民读书月等主题阅读推广活动，提升图书馆在全民阅读领域的影响力。召开第十四届全民阅读论坛，开展2021年全国少年儿童阅读年系列活动。进一步丰富“国图公开课”学习资源，优化课程体系，持续打造高质量国家级互联网学习平台。办好文津讲坛、文津少儿讲坛、国图讲坛，进一步发挥“文津经典诵读”“文津读书沙龙”“M地铁·图书馆”等品牌在阅读推广活动中的影响力。

六、积极发挥行业示范引领作用，拓展国内外交流与合作

21. 支持行业组织发展。加强对中国图书馆学会、中国古籍保护协会、中国文献影像技术协会、全国图书馆标准化技术委员会、全国文献影像技术标准化技术委员会的支持，进一步提升行业组织履职能力。举办中国图书馆学会年会、第八届青年学术论坛。召开中国古籍保护协会第二次代表大会和二届一次理事会，完成换届工作；筹建分支机构；继续组织实施古籍保护文化志愿服务。组织召开全国图书馆标准化技术委员会第三届委员会成立大会。做好全国文献影像技术标准化技术委员会换届工作。

22. 加强业界交流合作。加强对地方图书馆的业务指导和技术支持。依托全国图书馆联合编目系统，进一步推动全国各级图书馆书目数据资源共建共享。继续发挥全国省级公共图书馆决策咨询服务协作平台、全国图书馆参考咨询协作网等各类业界协作平台作用。加强与各级各类图书馆

及其他文献信息机构间的交流与合作，建立文献资源联合保障体系。继续推进全国公共图书馆事业发展战略研究项目，推动项目研究成果转化利用，进一步明晰全国公共图书馆事业高质量转型发展思路。加强全国图书馆界创新工作和典型案例的收集整理与宣传推广。依托《中国图书馆学报》《文献》《国家图书馆学刊》等刊物，推进图书馆领域理论与实践研究。

23. 推进跨界融合发展。落实与绍兴市人民政府、国际儒学联合会、美国盖蒂研究所、敦煌研究院等机构的合作。加强与社会各领域在传统文化宣传推广、革命文化传承弘扬、地方特色文化资源建设等方面的合作交流，完善多元互补的发展格局。继续拓展与高等院校、研究机构、高新技术企业在智慧图书馆建设领域的战略合作，探索通过建立联合实验室等方式，推进先进技术的研发应用。不断深化与北京市公园管理中心及其所辖公园的全面合作，延伸我馆公共文化服务触角。

24. 加强对外及港澳台交流与合作。举办2021中英图书馆论坛、第四届中国与阿拉伯国家图书馆及信息领域专家会议、中美图书馆合作会议。深入开展丝绸之路国际图书馆联盟有关工作，包括筹备联盟年度论坛、品牌项目建设、发展联盟成员机构等。在疫情常态化背景下，做好来访接待、团组出访、外事活动组织等工作。做好“中国之窗”赠书工作。继续为海外中国文化中心图书馆提供文献保障和技术支持。继续加强与台湾汉学研究中心、香港中央图书馆、澳门科技大学图书馆等机构的交流与合作。切实履行好国际图联保存保护中国中心、中文语言中心职责。

七、推进人才队伍建设，以科研成果推动业务创新发展

25. 加强人才队伍建设。进一步完善选人用人工作机制，明确选人用人导向，加强对重大选人用人工作的统筹谋划，完善考核评价机制和岗位管理制度，切实提高选人用人质量和水平。配齐配优中层干部，组织开展科组长及全员聘任。加强优秀年轻干部培养，提升干部“七种能力”建设。完善人才引进机制，多渠道补充符合事业发展需要的专业技术人才，推动实施面向社会公开招聘工作，加强各领域领军人才引进与培养。优化调整收入分配政策，完善奖励激励机制。加强员工培训，打造结构合理、梯次分明、传承有序的高素质专业化人才队伍。

26. 提升科研能力与水平。修订《国家图书馆科研管理办法》，完善科研工作管理机制，健全科研人才及团队的培养、激励与保障机制。充分发挥学术委员会作用，结合事业发展需要，加强科研方向指导。做好科研项目规划、申报、管理等工作，重点支持与事业创新发展关系密切的选题研究。构建开放科研平台，加强科研成果转化利用。

八、提升综合治理能力和水平，为事业发展提供坚实保障

27. 提升规范管理水平。制定《国家图书馆新闻宣传工作管理办法》《国家图书馆新媒体管理办法》。修订《国家图书馆会议制度和管理规定》《国家图书馆公文处理办法》。启动人事档案整理专项，加强干部人事档案的科学化、规范化管理。加强内部审计制度建设，开展各类审计和专项检查工作。进一步提升依法治馆能力，规范馆藏资源建设和用户服务，加强全馆知识产权成果保护，提高全馆员工法律意识。完善国家图书馆理事会运行机制，积极发挥理事会作用。

28. 加强财务和国有资产管理。完善财务制度，加强预算管理。进一步调整细化项目预算，做好预算压减工作，将“过紧日子”的要求落到实处。认真研究保障核心业务顺利开展的工作方案，切实保障开馆运行必要支出和重点支出。推进财务信息化管理，建设并启用电子发票采集机器人程序和财务信息化综合系统。制订《国家图书馆文献资产管理办法》，修订《国家图书馆采购管理办法》，推进业务自动化管理系统与资产管理信息系统对接，提升资产管理精细化水平。加强办公

用房管理，完善房产管理系统房屋数据。加强馆属企业监管，修订《国家图书馆馆属企业监督管理办法》，支持馆属企业开展经营活动。进一步推进设立基金会相关工作，促进社会力量参与国家图书馆事业发展。

29. 提高综合保障能力。研究改进业务流程。加强工程管理，根据实际情况动态调整管理制度，完成“北区基础设施设备改造”“总馆运行保障维护调度中心控制系统改造”，推进“国家图书馆少年儿童馆改扩建工程”“国家图书馆总馆南区电梯改造”等项目前期工作。继续做好全馆健康促进工作、爱国卫生工作和全员体检服务工作。加强物业公司、员工食堂的监督管理，提升服务保障水平。

30. 确保安全生产万无一失。严格落实新冠肺炎疫情防控各项工作部署，保障读者和工作人员生命安全和身体健康。做好重要展览和重大活动的安全保卫工作，加强值班和巡视检查。加强基础设施设备管理，保证供水、供电、供暖、空调、电梯以及车辆运行、汛期安全。做好全馆年度消防、安防设施维修日常保养及专业检测工作，加强消防安全宣传教育和培训。做好重点区域消防、安防设施升级改造，完成总馆南区消防泵房环境改造，完成总馆北区消防水炮设备维修改造。完善网络安全管理制度，加强网络安全检查，开展总馆北区无线网络升级改造、数字图书馆专网替代方案调研及等保合规差距分析及规划设计工作。

31. 立体推进群团工作。召开国家图书馆第四次工会代表大会暨第三届职工代表大会、共青团国家图书馆第九次代表大会，完成工会、团委换届改选。组织开展新一届工会、团干部培训。举办国家图书馆第十四届员工运动会。举办国家图书馆第五届青年学术论坛。做好党员志愿服务策划组织工作。继续发挥文化和旅游部老年大学、老干部活动中心等平台作用，推进离退休员工服务管理系统建设，组织引导离退休社团开展活动，丰富离退休员工文化生活，深入推进文化养老。

九、提升党建工作水平，建设坚强战斗堡垒

32. 落细落实全面从严治党主体责任。坚持以党的政治建设为统领，继续抓好强化政治机关意识教育、“灯下黑”问题专项整治。落实党中央及部党组全面从严治党新部署、新要求，聚焦主责主业，突出政治监督，严明政治纪律和政治规矩，一体推进不敢腐、不能腐、不想腐。坚持“党政同责、一岗双责”，压紧压实“两个责任”，推动完善一级抓一级、层层抓落实工作格局，有效传导压力，逐层夯实责任，确保各项工作任务落实落地。

33. 切实加强党的组织建设。充分发挥党建引领作用，确保事业发展正确政治方向。准确把握“强化政治机关意识、走好第一方阵”内涵，落实新时代党的组织路线，强化基层党组织建设，不断提升党组织政治功能和组织功能。推进“不忘初心、牢记使命”主题教育、增强“四力”教育实践等常态化。充分发挥党支部面对困难时的坚强堡垒作用和党员先锋模范作用，为事业发展构建坚强有力的组织保证。以召开中国共产党国家图书馆第四次代表大会、组织党支部换届选举、创建“四强党支部”、做好“两优一先”等党员表彰工作为契机，推进党组织建设科学化水平不断提升。加强对馆属企业党建工作指导。

34. 持之以恒正风肃纪。聚焦“四风”隐形变异新表现以及“关键少数”“关键领域”，继续以节日关口为重点，加强教育提醒和监督检查，巩固拓展落实中央八项规定精神成果，坚决防止“四风”反弹回潮。依纪依规做好信访举报和纪律审查工作，强化监督执纪问责力度，实事求是运用监督执纪“四种形态”。聚焦重点部门及突出问题，持续加强监督执纪，营造风清气正的良好政治生态。持续深入开展厉行节约反对浪费活动。

国家图书馆文献资产管理办法（试行）

第一章　总则

第一条　为健全完善国家图书馆资产管理制度，加强文献资产的管理，依据《中华人民共和国公共图书馆法》《行政事业性国有资产管理条例》《中央级事业单位国有资产管理暂行办法》《文化和旅游部直属事业单位国有资产管理办法》和《国家图书馆国有资产管理办法》等有关规定，制定本办法。

第二条　本办法所称文献资产，是指国家图书馆占有、使用的所有实体文献资源，包含图书、期刊、报纸、学位论文、图片、缩微文献、音像制品、特殊文献等类型。

按保存方式，文献资产分为正式馆藏文献和临时馆藏文献。其中正式馆藏文献由保存本和基藏本组成，临时馆藏文献包括除保存本和基藏本之外的所有文献。

第三条　文献资产管理应遵循合法合规、分级分类、科学规范、协同合作的原则。

第四条　文献资产实行统一领导、分级负责、动态管理的管理模式，做到合理配置、有效整合、科学使用、依法处置。

第二章　管理职责

第五条　国有资产管理处是国家图书馆文献资产的综合管理的职能部门，主要职责是：

（一）贯彻执行国家有关文献资产管理的法律、行政法规和政策。

（二）依据财政部、文化和旅游部事业单位国有资产管理的有关规定，制定国家图书馆文献资产管理的具体制度并组织实施。

（三）会同有关部门，执行本年度书刊资料购置费分配方案。配合各业务部门完成本年度书刊资料购置经费各阶段的预算执行进度。根据政府采购合同，加强合同期限内供货商的考察和管理。并根据政府采购相关规定，进一步规范书刊文献采购中的非招标采购。

（四）负责文献资产的总账管理，包括账务维护、统计和上报。

（五）负责文献资产的监督、检查工作，定期部署盘点工作。

（六）接受上级单位的监督、指导，并按要求报告国家图书馆文献资产管理工作。

第六条　研究院（业务管理处）（以下简称“研究院”）是国家图书馆文献资产的业务监督管理部门，主要职责是：

（一）负责编制年度文献资源建设经费分配计划，参与制定本馆业务经费及专项业务经费的分配计划，参与业务部门分配政策的制定。

（二）负责全馆性馆藏资源利用情况分析、文献利用政策制定，会同各业务部门开展专门类型馆藏资源利用情况分析、文献利用政策制定，并组织实施和监督检查文献利用工作。协调国内重要出版物捐赠的接受事宜。承担馆内出版物进出口业务的联络协调与统筹管理职责。

（三）负责文献使用与处置工作的业务监督管理，对文献的使用与处置事项进行评估与监督。

第七条　各典藏、采编、流通及其他相关部门是国家图书馆文献实物管理的责任部门，负责本部门业务流程中实物文献的管理。

第八条　典藏阅览部是国家图书馆临时馆藏文献退库后的统一管理部门，负责按规定程序接收临时馆藏文献的退库，并负责临时馆藏文献退库后的使用与处置事项。

第九条　信息技术部是国家图书馆文献资产管理的技术支持部门，负责按规定程序协助提供相关文献数据信息等。

第三章　资产配置

第十条　文献资产配置是指根据国家图书馆履行职能的需要，按照国家有关法律、行政法规和规章制度及我馆相关制度规定的程序，通过接受交存、购买、交换、受赠、征集、接受调拨等渠道，为国家图书馆获取文献资产的行为。

第十一条　文献资产配置应严格遵循统筹计划、合法合规、廉洁高效的原则进行配置。

第十二条　文献资产的年度购置计划编制与审核：研究院负责总体规划、协调与管理本馆文献信息资源建设；对年度文献购置经费进行合理分配和使用；科学地分配各类文献的采购比例及复本量，保证藏书质量；严格执行国家图书馆文献购置费管理的有关规定，保证购书经费的正常运转。

第十三条　文献资产的获取和验收：

（一）以年度文献购置经费取得的文献应严格依据《国家图书馆采购管理办法（修订）》的相关规定执行；依规纳入政府采购范围的文献资产，应严格依据政府采购管理有关规定执行。

（二）非年度文献购置经费取得的文献应严格依据国家图书馆相关规定执行。

（三）除特殊文献外的文献由接收部门负责验收，特殊文献由古籍馆或古籍馆、研究院、国有资产管理处组成的文献验收小组负责验收。

第十四条　各文献管理部门应当将文献资产及时、准确登记录入文献资产账、自动化管理系统记录。文献资产账、自动化管理系统记录是统计和核算文献资产实物量的主要依据。

第十五条　新增文献资产入账方式：

（一）购买和征集获得的文献资产，根据采购部门提交的批次价值凭证，文献验收、请款单和该批次电子书单到国有资产管理处办理文献入资产账手续；编目部门按文献最小单位（种/册/件/期等）在自动化管理系统挂接。

（二）在我馆文献自动化管理系统中挂接的，根据技术支持部门定期提交的自动化管理系统记录，国有资产管理处入文献资产账。

（三）未在我馆文献自动化管理系统中挂接的文献，根据文献接收部门提交的文献数量，国有资产管理处入文献资产账。

（四）我馆以其他方式获取的文献资产入账方式依具体情况而定。

第十六条　各文献管理部门应该建立部门协作机制，完整反映文献资产管理情况。

第十七条　采编部门编目加工完毕的文献资产应严格依据国家图书馆的相关规定入书库或阅览室，未在我馆自动化管理系统挂接的文献应严格依据国家图书馆的相关规定进行管理。

第四章　资产使用

第十八条　文献资产的使用包括长期保存、阅览服务、文献开发、共享借阅等方式。

第十九条　书库和阅览室要建立健全文献使用和维护的相关制度，做好防火、防盗、防虫、防潮、防尘、防霉变等工作。

第二十条　书库和阅览室要根据文献的不同类型制定相应的安全保密工作守则、文献修补装订管理办法，以规范管理人员的行为，维护文献的完整性和连续性。

第二十一条　我馆文献资产的使用应严格依据国家图书馆的相关规定执行。

第二十二条　文献资产的管理部门发生合并、分立、撤销等变动时，涉及正式馆藏文献资产的，须到国有资产管理处办理资产转移手续；不涉及正式馆藏文献资产的，资产变动情况报国有资产管理处备案。

第二十三条　文献资产的退库应严格依据国家图书馆的相关规定执行。

第二十四条　文献资产的盘点对账：

（一）国有资产管理处与财务处应每季度进行正式馆藏文献资产的账务核对，以保证账账相符；国有资产管理处根据实际需要与文献实物管理部门进行分类别分部门（单位）的账实核对，以保证账实相符。

（二）盘点工作分为部门（单位）自查盘点和馆方集中核查盘点。部门（单位）需在自查基础上将盘点结果如实上报国有资产管理处，对其中账实不符的事项要查明原因并作书面说明；馆方在部门自查基础上组织专项集中核查，确保文献资产家底清楚、账实相符。

第五章　资产处置

第二十五条　文献资产处置，是指国家图书馆在切实履行国家文献信息战略保存职责、妥善保存馆藏文献资产、充分发挥馆藏文献资产作用价值的前提下，根据工作需要，对文献资产进行相关权利转让或注销的行为。处置方式包括对外捐赠、报废和报损等。

第二十六条　国家图书馆可以进行处置的实物文献包括：

（一）损坏严重的；

（二）复本量过多的；

（三）流通率较低的；

（四）涉及盘亏以及丢失、被窃、故意毁损等非正常损失的；

（五）因自然灾害等不可抗力造成毁损、灭失的；

（六）因馆藏发展策略调整而需要进行处置的；

（七）其他原因需要处置的。

第二十七条　对需要长期保存的馆藏文献信息，原则上不进行处置，确需处置的，处置时应当遵循保留品种、剔除复本的原则。

对通过接受捐赠入藏的文献资产进行处置，应当遵守捐赠有关法律法规和捐赠协议。

对宣传、文化和旅游、新闻出版等主管部门依法要求处置的文献资产，应当依法依规处置。

第二十八条　正式馆藏文献资产的处置，应当依据国务院文化主管部门有关处置文献信息的规定执行。

第二十九条　临时馆藏文献资产的处置，由文献管理责任部门提出申请，应经研究院、国有资产管理处审核，提交馆领导审批。

第三十条　文献管理部门申请对外捐赠临时馆藏文献资产，应提交以下材料：

（一）对外捐赠申请文件；

（二）拟对外捐赠文献资产清单；

（三）捐赠报告，包括捐赠事由、途径、方式、责任人、文献信息构成和数额、交接程序，以及对本单位财务状况和业务活动的影响等；

（四）其他相关材料。

第三十一条　文献管理部门申请临时馆藏文献资产报废或报损，应提交以下材料：

（一）报废或报损申请文件；

（二）拟报废或报损文献资产清单；

（三）如果文献资产属于非正常损失，提交非正常损失情况说明及拟采取的改进措施的说明；

（四）其他相关材料。

第三十二条 国有资产管理处应及时核销处置文献资产的台账信息。实物文献的清理应严格依据国家图书馆的相关规定执行。

第三十三条 国有资产管理处对每批处置文献资产建立处置业务档案，包括申请报批文件、文献资产交接记录、文献资产台账等。档案应当按有关规定妥善保存，并确保相关内容完整、真实。

第六章 监督检查

第三十四条 文献资产的监督检查应坚持部门（单位）内部监督与馆方集中监督相结合，日常监督与定期检查相结合。

第三十五条 文献资产共享借阅单位应接受国家图书馆典藏阅览部对于共享借阅文献资产的监督和检查，维护文献资产的安全完整，提高文献使用效益，每年提交接收文献资产的盘点报告。

第三十六条 部门（单位）在文献资产管理工作中，有违规行为或造成文献非正常损失的，对相关的部门（单位）及个人将严肃追究责任。

第七章 附则

第三十七条 本办法中凡涉及文献业务方面的规定，按照《国家图书馆文献采选条例》《国家图书馆文献利用条例》《国家图书馆临时馆藏文献使用与处置管理办法》等执行。

第三十八条 本办法经2021年第50次馆务会议讨论通过，自发布之日起施行。过去有关规定与本办法相悖的，以本办法为准。

第三十九条 本办法由国有资产管理处负责解释。

国家图书馆"十四五"发展规划

目　录

为贯彻落实《中华人民共和国国民经济和社会发展第十四个五年规划和2035年远景目标纲要》、国家"十四五"文化改革发展规划、《"十四五"文化和旅游发展规划》和《"十四五"公共文化服务体系建设规划》，贯彻落实习近平总书记给国图老专家回信精神，加快推进国家图书馆事业高质量转型发展，编制本规划。

序　言

"十三五"以来，在文化和旅游部党组的正确领导下，在社会各界的关心支持下，国家图书馆坚持以习近平新时代中国特色社会主义思想为指导，深入学习贯彻落实习近平总书记给国图老专家回信精神，积极履行《中华人民共和国公共图书馆法》赋予国家图书馆的法定职能，较好完成了《国家图书馆"十三五"规划纲要》确定的主要目标和重点任务。"十三五"时期，多元立体的馆藏资源体系日渐完善，国家文献信息战略保存与支撑保障能力不断增强；国家古籍保护中心、国家典籍博物馆功能不断拓展，传承发展中华优秀传统文化成效日益凸显；面向中央和国家机关、重点教育科研生产单位、社会公众和图书馆行业的多元分层服务体系进一步健全，特色服务品牌影响力不断扩大，公共文化服务效能持续提升。国家图书馆在传承中华文明、提高国民素质、推动经济社会发展等方面的作用日益彰显，得到党和国家高度肯定，得到社会各界广泛认可。

"十四五"时期是我国全面建成小康社会、实现第一个百年目标之后，乘势而上开启全面建设社会主义现代化国家新征程、向第二个百年奋斗目标进军的第一个五年，我国进入新发展阶段，国家图书馆事业发展基础更加坚实，发展环境和发展条件深刻变化，进一步发展面临新的机遇和挑战。科教兴国战略、人才强国战略、创新驱动发展战略深入实施，科技创新与人才竞争在现代化国家建设全局中的核心地位进一步提升，迫切要求国家图书馆主动面向国家创新体系建设加强专业知识服务，在支持国家战略科技力量发展、促进人才创新能力提升、服务社会创新创造等方面积极作为。文化建设被提到中国特色社会主义全局工作的突出位置，建成社会主义文化强国，实现国民素质和社会文明程度达到新高度，国家文化软实力显著增强，迫切要求国家图书馆在传承弘扬中华优秀传统文化、完善公共文化服务体系、提升中华文化影响力等方面善谋实干。新一轮科技革命深入推进，数字技术对经济社会发展的放大、叠加、倍增作用日益凸显，数字中国建设步伐进一步加快，迫切要求国家图书馆在提供智慧便捷的公共文化服务、支持智慧城市和数字乡村建设、构筑美好数字生活新图景等方面持续创新。

站在新的历史起点，我们必须清醒地认识到，面对国内外形势的新变化，面对经济社会高质量转型发展的新要求，面对人民群众日益增长的美好生活新期待，面对数字经济环境下知识服务生态的新发展，面对疫情防控常态化等带来的不确定性，国家图书馆事业发展还存在不少亟待解决的问题和短板，特别是文献资源保障能力还有待进一步增强，专业知识服务水平还有待进一步提高，智慧化转型步伐还有待进一步加快，改革创新的力度还有待进一步加大。我们必须深入贯彻新发展理念，积极构建新发展格局，擘画新发展蓝图，继续拼搏进取、开拓创新、奋发有为，努力实现更高质量、更有效率、更可持续、更加安全的发展。

一、总体要求

（一）指导思想

高举中国特色社会主义伟大旗帜，深入贯彻党的十九大和十九届二中、三中、四中、五中全会精神，坚持以马克思列宁主义、毛泽东思想、邓小平理论、“三个代表”重要思想、科学发展观、习近平新时代中国特色社会主义思想为指导，全面贯彻党的基本理论、基本路线、基本方略，按照“五位一体”总体布局和“四个全面”战略布局的总要求，全面贯彻党中央关于文化和旅游工作的决策部署，深入学习贯彻落实习近平总书记给国图老专家回信精神，坚定不移贯彻创新、协调、绿色、开放、共享的新发展理念，贯彻落实总体国家安全观，以社会主义核心价值观为引领，以推动高质量发展为主题，以智慧化转型为主线，以改革创新为动力，以促进满足人民文化需求和增强人民精神力量相统一为根本目的，坚守“传承文明、服务社会”初心使命，坚持正确政治方向，弘扬优秀传统文化，创新服务方式，推动全民阅读，充分发挥图书馆“滋养民族心灵、培育文化自信”的价值与作用，积极为建设社会主义文化强国再立新功。

（二）发展原则

——坚持正确方向。坚持党对国家图书馆事业的领导，牢牢把握社会主义先进文化前进方向，坚持以社会主义核心价值观为引领，自觉承担举旗帜、聚民心、育新人、兴文化、展形象的使命任务，主动维护意识形态领域安全，努力守护中华民族共有精神家园。

——坚持以人为本。坚定不移秉持公益属性，坚持以满足人民精神文化需求、顺应人民群众美好生活新期待、支持公众终身学习成长、促进人的全面发展为中心，持续丰富服务内容、创新服务手段、提升服务效能，让人民享有更高质量的精神文化产品与服务。

——坚持服务大局。主动将事业发展置于全国图书馆事业、文化和旅游事业发展的大局，置于全面建设社会主义现代化强国的宏图远景，置于全面实现中华民族伟大复兴中国梦的伟大征程中，进行前瞻思考、全局谋划、战略布局、整体推进，充分发挥行业引领、示范、带动作用。

——坚持改革创新。坚持向改革要效益，以创新谋发展，科学把握内外部环境发展变革带来的机遇与挑战，着力解决制约事业发展的突出矛盾与问题，积极培育改革精神和创新意识，不断增强事业发展的活力与动力，持续推动国家图书馆事业在危机中育先机，于变局中开新局。

（三）主要目标

到2025年，国家图书馆将成为更具智慧、更有品质、更加开放的世界一流国家级图书馆，事业发展活力进一步增强，信息采集与整合管理能力明显提升，阅读服务与知识服务效能显著增强，高质量信息与文化服务产品日益丰富，对国家经济社会发展、公民精神文化生活和国内外行业发展的影响力进一步凸显，成为支撑国家现代化建设和人的全面发展的高质量文献信息保障和知识服务中心。

——国家文献信息资源总库与总目建设实现新发展。馆藏发展政策更加优化，多元立体的文献信息资源保障体系更加完备，国家文献信息战略保存能力更加突出，专题特色资源优势更加明显，融汇多来源、多类型、多载体文献信息和数据资源的关联整合能力显著提升。

——中华优秀传统文化传承发展凸显新优势。中华珍贵典籍保护工作机制与标准体系更加完备，珍贵典籍修复、整理与研究水平大幅提升，普查登记、复制转化、整理研究等成果充分共享，传播推广、展示利用方式不断创新，典籍文化品牌影响力持续扩大，中华典籍服务当代、服务社会的功能价值不断彰显。

——支持国家现代治理和创新发展的专业知识服务能力得到新提升。为国家立法和决策服务的能力不断增强，面向国家重大战略关切的专业知识服务优势更加明显，服务国家主要科技创新领域、支持企业创新能力提升和人才创新活力培育的信息共享平台和知识交流中心作用有效发挥。

——面向全民阅读和终身学习的综合服务水平达到新高度。优质阅读学习资源的协同供给能力显著增强，线上线下阅读学习体验持续优化，特殊群体阅读学习权益保障水平全面提高，特色阅读服务品牌的行业集群优势更加凸显，在“书香中国”和全民终身学习体系建设中的作用充分发挥。

——适应新技术发展和社会需求变革的智慧化转型迈出新步伐。智慧图书馆管理系统与多维融合知识服务平台基本建成，全馆业务及服务的全流程智慧化管理初步实现，线下智慧化阅读服务场景日益丰富，全网集成的智慧化知识资源仓储体系和知识关联图谱有序发展，基于互联网生态的智慧化知识服务开放合作运营机制不断成熟。

——开放包容、优势互补的多元合作赢得新突破。国家重点工程项目与各类业务合作平台的资源整合效益进一步凸显，在国际图书馆事务中的影响力和话语权进一步提升，与高新技术、出版传媒、网络传播、文化旅游等领域的战略合作不断拓展，面向文化与科技融合、文化与旅游融合、文化与媒体融合的开放合作布局持续优化。

——高素质人才队伍建设打开新局面。充分尊重人才、主动发现人才、着力培育人才、有效使用人才的现代人力资源管理理念不断深化，充分激发人才创新活力、促进员工素质能力全面提升的引才聚才、识才育才、选才用才机制不断健全，重点领域、关键岗位人才梯队不断完善，有影响力的行业领军人才逐步显现。

——综合性研究型图书馆建设取得新成效。适应新时代图书馆事业创新发展需求的科研管理体系进一步健全，立足岗位工作实践、面向事业发展全局的科研工作导向进一步强化，开放共享的国内外研究合作与学术交流平台不断拓展，研究成果对全国图书馆事业管理与业务实践的指导作用显著增强。

——现代治理体系和治理能力建设跃上新台阶。适应事业高质量转型发展需求的制度保障体系更加完备，党组织发挥战斗堡垒作用、理事会有效决策监督、馆班子统筹管理谋划与职工民主参与相统一的多元治理体系更加健全，全馆干部员工干事创业积极性充分激发，组织活力和凝聚力有效增强。

展望2035年，国家图书馆将成为特色鲜明、更有活力的新时代文明窗口，有效促进中华优秀传统文化的创造性转化和创新性发展；成为更高品质的公共文化服务阵地，有效支持全民阅读和终身学习，推动国民素质和社会文明程度整体提升；成为更具智慧的知识交流中心，为全面建设社会主义现代化国家提供坚强有力的信息保障和智力支撑。

（四）战略任务

——实施“智慧转型战略”。基于5G网络、大数据、云计算、物联网、区块链、人工智能等关键技术，推动国家图书馆在资源、服务、设施、管理等领域全面实现智慧化转型，显著提升面向国家立法和决策机构的快速知识响应和决策支持能力，显著提升面向国家科技创新与产业变革的知识保障和服务能力，显著提升面向公众终身学习的个性化知识提供效率，显著提升图书馆设施的智慧空间价值和知识中介功能。

——实施“品质提升战略”。强化事业发展的目标导向、需求导向和质量效益导向，大力推进国家图书馆治理能力现代化，全面提升资源和服务供给质量，全面提升业务管理精细化水平，全面提升人才队伍能力，全面提升管理水平、运行效率和科学决策水平，全面提升有效防范化解各种风险挑战的弹性与韧性。

——实施“开放合作战略”。积极面向国际国内双循环发展新格局，持续深化全国图书馆行业交流合作、全产业链知识服务协同创新、全球多元文明交流互鉴和全流程用户数据动态交互，推动更大范围、更深层次、更高质量的共创、共知、共享，实现与多元主体的优势互补、合作共赢和协同发展。

（五）重点发展指标

指标名称	发展目标①
馆藏文献总量/万册（件）	4500
数字资源总量/TB	2700
年均接待到馆读者/万人次	300
年均远程访问②/亿人次	12
注册用户数量③/万人	600
年均馆藏文献流通④/万册次	2000
年均解答参考咨询/万件	100
其中：年均为国家立法和决策提供咨询服务/件	2000
年均举办公共文化活动⑤/场次	2500
年均培训全国图书馆从业人员⑥/万人次	12
全国图书馆联合编目中心年均上传数据/万条	65

注：① 2021年的服务数据还将受疫情影响，大部分年均数据为“十四五”时期后四年预期年均数据。

②含官方网站、手机门户、移动app、微信微博账号及其他合作平台访问总量。

③含线上、线下各种途径注册用户数。

④含通过馆内外借窗口、馆外自助借还书机、馆际互借以及通过借阅创新项目投入地方总分馆体系的文献外借总量，不含馆内阅览数量。

⑤含公益性讲座、展览、培训、阅读推广、艺术鉴赏、文艺演出等。

⑥含国家图书馆主办或与其他机构合办的线上、线下各类型业务培训，不含面向社会公众的教育培训。

二、完善多元立体馆藏资源体系，强化国家文献信息战略保存保障职能

面向国家战略，积极拓展完善多元立体馆藏资源体系，健全适应新时代国家文献信息战略保存保障需要的馆藏发展制度体系与工作机制，为国家现代化治理、经济社会发展、文明与文化传承、科技创新、公民发展提供更加系统完备的资源保障。

（一）完善馆藏发展政策及制度体系，健全馆藏建设的科学决策管理机制

进一步明确依法履行国家文献信息战略保存保障职能的策略与路径。根据社会信息环境和国内外出版形势变化，修订《国家图书馆文献采选条例》，及时调整优化缺存文献补藏、交存本文献管理、文献资产管理与处置、文献征集与捐赠、纸电采访协同等基础业务制度，在外文文献进口、正式出版物交存等方面积极争取更好政策支持。继续加强馆藏外文文献战略价值、保障能力、利用效率等的综合评价，积极确立和巩固外文馆藏发展优势。完善数字资源版权管理制度。进一步健全馆藏资源建设的决策咨询、绩效评价、需求反馈等工作机制。

（二）加强各类型资源的采集和管理，强化国家文献信息资源总库职能

加大法定交存出版物的催交力度。拓展捐赠、交换、征集等文献资源采选渠道。推进海外珍贵文献调查与补充入藏。探索开展国家典籍博物馆实物资源征集入藏，制定国家典籍博物馆实物类藏品入藏管理办法。依托互联网信息战略保存和“中国记忆”、中国战“疫”记忆库等项目，继续推动网络资源、活态记忆资源、纪录片、非遗传承资料等各类型资源入藏。有序推动政府公开信息、科学研究数据、开放存取资源等纳入馆藏体系。加强对各类入藏文献的统一管理与整合利用。

（三）提升重点领域资源保障能力，建立国家文献信息联合保障机制

加强重点学科领域、重点专题领域文献保障，形成海外中国问题、边疆海疆、“一带一路”、法律文献等专题领域文献资源的明显优势和鲜明特点。加强对重点国家和地区文献的采集，形成对周边国家和地区、与国家重大战略密切相关的国家和地区文献资源的有效保障。探索与教育、科技等领域其他国家级文献信息机构合作，推动建设国家文献信息协同保障机制，实现重点领域外文文献的联合保障。

（四）优化馆藏库房空间布局，提高文献资源保存保护水平

积极推进国家文献战略储备库建设，充分发挥承德文献周转库作用，有序推进馆藏保存本文献搬迁和本地库房空间调整，不断优化馆藏文献存藏布局。推动实施北平图书馆旧址修缮计划，筹建国家纸质文献修复中心，进一步改善馆藏文献的存藏环境。建立健全各类型文献信息的异地灾备保存机制。探索建立海外文献采集保存基地。加强数字资源、网络资源、活态记忆资源长期保存技术的研发与应用。

（五）建设国家文献信息仓储体系，推进知识资源的全网立体集成

依托国家图书馆已有合作网络，联合全国各级各类图书馆，共同建设标准统一、数据共享、监管有效的图书馆知识内容体系。逐步建立与各类公共文化机构、知识资源生产和供应商以及生产知识作品、科学数据的个人、科研院所等的多样态开放合作机制，推动建立知识生产源全域覆盖的立体化知识资源集成仓储。

专栏：

1.国家文献战略储备库建设项目

完成国家文献战略储备库基础设施建设，调整完善国家文献信息资源总库的总体规划和业务布局，充分利用数字化、缩微复制、影印出版等手段，以同城灾备和异地灾备相结合的方式，实现对国家文献信息长久、安全保存。

2.“中国记忆”项目

坚持抢救性、代表性、前瞻性原则，以口述史料与影像史料为特色，建设和推广当代重要学者、中国图书馆界重要人物、人口较少民族口头传统、东北抗日联军等专题资源；编制功勋模范人物资源建设标准规范，建设功勋模范人物资源库；进一步完善口述资源收集、保存、服务机制和标准规范，建立记忆资源体系，建设“中国记忆资源库”。

3.中国战“疫”记忆库建设项目

联合全国图书馆界，面向全国党政机关、企事业单位、社会团体和社会各界人士，广泛征集战“疫”过程中形成的具有收藏、研究、展示、纪念价值的代表性主题资源，有计划地开展对战“疫”亲历者和见证者的口述采访，通过专业化的组织与整合，全面记录全民战“疫”的生动故事，永续留存全民战“疫”的国家记忆。

4.国家图书馆互联网信息战略保存项目

联合国内重点信息保存机构，在全国范围内构建分级分布的中文网络信息资源采集与保存体系，有重点地系统采集和保存互联网信息资源，加强网络资源专题数据库建设，逐步实现重要网络信息资源的联合长期保存。

三、加强知识资源组织加工，提升知识发现与获取能力

加强对馆藏文献信息及线上线下各类知识资源的集成管理、深度加工与整合揭示，初步形成若干重点领域的知识关联体系，打造面向多源知识内容的统一检索与发现平台，全面提升用户知识获取效率。

（一）加强馆藏文献信息编目加工，提升书目数据质量

推进文献信息智能化加工与编目。完善各类型文献信息书目数据加工标准，推进跨语种的规范控制。细化古籍、民国时期文献、音视频资源、新方志等的数据标引粒度，推进基于知识内容的文献信息深度加工。加强数字资源、网络资源、活态记忆资源、政府公开信息、科学研究数据、开放存取资源等新型资源的编目。推进馆藏各类型文献信息书目数据的统一组织与管理。定期抽查和完善已有书目数据，进一步提升书目数据质量。

（二）推动国家书目数据中心建设，形成国家知识资源元数据集成仓储

加强中国国家书目建设，全面整合、揭示、报道我国各类文献信息出版情况，强化和深化数字时代中国国家书目的服务职能。推进全国图书馆联合馆藏目录建设，逐步实现各级各类图书馆文献信息元数据的集中登记与协同共享。推进多元主体、多载体类型知识资源元数据的协同共建与集中管理。

（三）促进基于语义关联的知识内容整合，构建开放知识图谱

借助语义网、数据挖掘、智能计算、人工智能等技术，推进馆藏各类文献信息的语义关联和深度聚合。加强与其他图书馆和各类知识资源生产、管理与服务主体的合作，推动实现互联网环境下多源知识资源的关联揭示。结合经济社会发展重大战略领域科学决策、科技创新及公民阅读学习需求，推进重点领域专题知识图谱建设，逐步构建全网集成的开放知识图谱。

（四）优化统一检索与发现平台功能，提升知识资源发现能力

优化“文津”搜索系统算法，推动实现基于细粒度知识内容揭示的智能、关联检索。以国家书目数据中心和知识资源仓储体系为基础，推动实现面向全国图书馆联合馆藏目录和全网知识资源的统一检索与智能发现。面向用户多元化、个性化知识需求，加强系统平台对检索与发现结果的立体、可视化呈现。

专栏：

中国国家书目数据中心建设

依托全国图书馆联合编目中心，不断加强各级各类图书馆之间的书目数据合作与共享，完善国家书目门户系统，全面推进数字化国家书目系统建设。推动数字出版物元数据逐步纳入国家书目系统，不断提升国家书目数据体系的系统性与完整性。

四、加强珍贵典籍保存保护和研究利用，创新推动中华优秀传统文化传承发展

联合全国典籍存藏机构，运用多种创新手段推进中华珍贵典籍的保存保护、整理研究、阐释开发和利用工作，发掘中华典籍中蕴涵的时代价值，推动中华优秀传统文化不断发扬光大。

（一）依托重点文化项目，全面加强中华珍贵典籍保存保护

深入实施“中华古籍保护计划”“革命文献与民国时期文献保护计划”，推动建立更加科学有效的中华珍贵典籍保护长效机制。深入开展文献普查，全面掌握海内外古籍及革命文献、民国时期文献的存藏情况，发布典籍文献普查成果，促进海外藏中华典籍的数字化回归及异质备份。加大典籍保护技术的研发和应用力度，加强典籍修复人才培养，改善存藏条件，加强文献脱酸技术与设备研发推广，提升中华珍贵典籍、革命文献和民国时期文献的保存保护水平。加强古籍再生性保护，推进古籍保护数字化建设，建设中华古籍影像数据库、全文数据库，重点推进古籍专题数字化项目，促进古籍数字资源便捷使用和开放共享；依托全国图书馆文献缩微复制中心，开展特色文献缩微抢救工作。

（二）深入挖掘馆藏价值，加强中华珍贵典籍的整理出版和深入研究

成立国家图书馆《永乐大典》研究中心，开展敦煌文献整理工程，加强中华珍贵典籍的收集整理、影印出版、学术研究、学界服务、展览宣传等工作。深入实施《中华传统文化百部经典》编纂、《鲁迅手稿全集》编辑出版、《中华医藏》编辑出版、国家传统文化典籍整理工程等项目，深入发掘中华优秀典籍的文化内涵和历史智慧，延续历史文脉，弘扬时代价值。

（三）创新推广中华优秀传统文化，展示中华文化独特魅力

组织开展古籍知识讲座、展览、互动体验、数字化体验等推广活动，继续打造“册府千华”系列珍贵古籍展、中华传统晒书大会等宣传推广品牌。实施中华经典传习计划，举办“传统经典阅读进校园”活动，加强古籍在公共文化服务中的应用，引导社会公众通过参观展览、经典诵读、互动交流、研习分享等方式，不断从典籍中汲取积极向上的精神力量。加强古籍创意产品开发，培育《山海经》《永乐大典》等经典文化IP，打造系列文创品牌，推动传统文化元素深入社会公众日常生活。深入挖掘革命历史文献资源，联合各级各类公共文化、教育机构，广泛开展“四史”教育，弘扬继承新时代革命文化。建设汉学家培育基地，加强海外中国文化研究。

专栏：

1.中华古籍保护计划

统筹推进古籍普查登记、保护修复、数字化建设、整理出版和宣传推广等工作。继续做好国家珍贵古籍名录和全国古籍重点保护单位评审，进一步完善古籍分级分类保护制度；高质量完成全国古籍普查登记，推进《全国古籍普查登记目录》等普查成果有序开放利用；加强“中华古籍资源库”建设，推进国家珍贵古籍数字化，推进古籍影像的文字识别转化，促进古籍数字资源发布与共享；开展黄河、长江、大运河流域等相关古籍的保护修复和整理出版；推进少数民族文字古籍保护工作；推动《国家珍贵古籍丛刊》《中华再造善本（三编）》《中华古籍总目》《中华医藏》、孔府档案、敦煌文献等的整理出版工作；加强对海外中华典籍的全面调查与数字化回归；加大古籍的科技保护力度，实施预防性保护和抢救性修复项目，推进古籍保护科技重点实验室建设；探索对古籍文献进行文物定级；推动古籍保护立法，加强古籍保护标准规范体系建设；进一步提升全国古籍保护人才队伍专业能力；创新古籍保护宣传推广形式，在全国范围内建设一批“中华经典传习所”，构建既传承经典又贴近时代、既传播知识又推进研究、既涵养精英又教育大众的可持续传习模式。

2.革命文献与民国时期文献保护计划

继续开展民国时期文献普查工作，发布普查数据和馆藏数据，编辑出版《革命历史文献专题书目》《民国时期图书总目》；深入挖掘革命历史文献资源，加强海内外珍贵革命历史文献与民国时期文献征集，整理出版重要革命文献与民国时期专题文献，建设“革命历史文献专题资源库”；加强民国时期文献修复技术研究，加快推进文献酸化检测；做好“革命文献与民国时期文献联合目录”“东京审判资源库”“日本细菌战资源库”等专题库运行维护；开展革命文献与民国时期文献保护宣传推广，加强文献保护专业人才培养。

3.《中华传统文化百部经典》编纂项目

以中华优秀传统文化典籍为依托，以具有永恒的价值理念为主线，以与当代文化相适应、与现代社会相协调的思想文化资源为切入点，解读一批、整理一批、根据现实需要编撰一批典籍，形成100部具有学术性、知识性和普及性相结合的系列丛书，建立新时代“中华传统文化经典”体系。

4.《鲁迅手稿全集》编辑出版项目

以“全、精、真、新”为目标，系统收集整理鲁迅先生手稿，完成文稿编、日记编、译稿编、书信编、辑校古籍编、辑校金石编和杂编的编辑出版，力求全面反映鲁迅先生的思想、文化、学术成就。加强手稿资料展览展示，适时启动鲁迅手稿数据库建设，不断丰富手稿资料传播利用方式，推动项目成果更好地为社会公众和专家学者使用，充分发挥其传承保护鲁迅文化遗产，弘扬鲁迅精神、推进鲁迅研究的作用。

5.《永乐大典》研究中心

依托国家图书馆《永乐大典》研究中心，加强《永乐大典》的收集整理、影印出版、学术研究、学界服务、展览宣传等工作，促进《永乐大典》等散藏在世界各地的海外藏中华珍贵典籍的数字化回归和仿真出版，建设《永乐大典》专题数据库，举办《永乐大典》特展以及巡展，增进社会公众对《永乐大典》的认识和了解。

6.国家传统文化典籍整理工程

联合全国各级各类图书馆等相关机构，共同开展中国传统文化典籍的整理、揭示、研究、出版和宣传推广。围绕长江、黄河、长城、大运河古籍整理等与国家内政外交和百姓民生联系紧密的专题，编制专题典籍联合目录，整理出版专题典籍丛书。加大出版成果宣传推广。

五、办好国家典籍博物馆，大力提升典籍展览展示水平

依托国家典籍博物馆，充分挖掘珍贵典籍资源内涵，通过专题展览、讲座、培训、研学游活动等形式，打造“国内一流”的典籍博物馆，推动传统典籍文化走入百姓生活。

（一）强化业务管理，促进规范化标准化建设

参加博物馆定级评估，对国家典籍博物馆的综合管理与基础设施、藏品管理与科学研究、影响力与社会服务情况等进行全面评估，以评促建，全面提升发展水平。做好文献展陈统筹规划与顶层设计，完善国家典籍博物馆业务规范。推进文物征集和文物库房建设，推进藏品管理系统建设，实现藏品智能管理。加强展厅建设维护。进一步完善讲解员队伍建设及相关培训机制，提升讲解服务水平。

（二）提升策展办展水平，争取更大社会效益

围绕重大历史题材、中华优秀传统文化和重要节庆纪念日，结合社会公众文化需求拓宽展陈题材，策划精品专题展览。不断完善“基本陈列展＋专题展＋引进展＋国内外巡展”立体化展陈体系，加强自主策展办展能力，加大引进优秀展览力度，提升巡展输出水平。丰富在线虚拟展厅内容，创新应用智能展陈手段，提供沉浸式交互观展体验，延伸展览空间。加大展览活动宣传力度，提高社会知名度。

（三）探索文旅融合新路径，提高社会教育服务水平

打造“展厅讲解＋技艺体验＋目标研学”的全方位公共教育课程体系。组织“典籍大课堂”系列活动，创新推动青少年研学游项目。建设“全国中小学生研学实践教育基地”“青少年中华优秀传统文化教育基地”“北京市中小学生社会大课堂”，实现国家典籍博物馆资源与学校教育的有效衔接。

六、围绕中心、服务大局，全面提升面向国家立法和决策及社会创新创造的知识服务能力

面向国家创新驱动发展战略要求，发挥国家图书馆的资源优势和专业优势，全面提升支持国家治理体系和治理能力现代化、支持国家战略科技力量发展、促进创新人才队伍建设、服务全社会创新创造的资源保障能力和知识服务能力。

（一）加强重点领域资源建设，提升面向国家治理体系和治理能力现代化的文献资源保障水平

加强专题资源库建设，切实提高为党和国家重大决策服务的文献支撑能力。建设国家法律图书馆，构建国家法律文献信息保障体系。依托海外中国问题研究资料中心，建设海外中国问题文献收藏中心、研究中心、决策支持中心和文化交流中心，切实为党和国家重大决策提供文献保障。

（二）加强立法和决策服务能力建设，完善服务产品体系

建立健全对党和国家立法与决策服务需求的热点追踪和快速响应机制，提升立法决策服务的主动性、针对性、前瞻性。继续完善全国公共图书馆立法和决策联合服务机制。继续办好全国“两会”服务、部级领导干部历史文化讲座、部委分馆等品牌服务项目。进一步策划推出更具竞争优势的专题服务产品。

（三）提升专业知识服务水平，服务国家创新体系和科技强国建设

依托国家图书馆科学评价中心、企业信息服务平台、全国图书馆参考咨询服务协作网等服务平台，策划推出有影响力的高质量知识服务产品，全面提升面向国家战略科技力量提升、企业科技创新和创新人才队伍建设的专业知识服务能力。创新开展知识产权信息服务，助力科技创新成果转移转化。

专栏：

1.部级领导干部历史文化讲座

以提升领导干部文化自信、科学素养和治国理政能力为目标，着眼于优化知识结构、拓宽全球视野、增强战略思维能力，结合国家重点工作及社会热点问题规划选题。深化讲座内涵，提升综合服务能力，基于智慧服务环境创新讲座服务，为领导干部提供更为便捷的学习渠道和资源获取途径，使专家学者的智慧服务于部级领导干部的工作决策。规范讲座管理，丰富讲座内容，挖掘讲座潜力，不断扩大品牌影响力。

2.国家图书馆知识服务能力提升项目

应用云计算、人工智能等技术，不断拓展参考咨询、创新创业服务、社会培训、阅读推广等专业知识服务的广度和深度。建立图书馆知识社区，支持面向不同用户群体的登记注册、预约定制、社群交互等功能。应用大数据方法，对各类用户信息行为、阅读偏好、学术轨迹等进行精准画像，实现深度个性化知识服务定制。建立基于区块链技术的知识服务线上管理运营机制，提升知识发布、分享效率，推动多元化的知识服务融入公众日常生产生活，实现泛在可用。

3.海外中国问题研究中心

依托海外中国问题研究资料中心，建立类型多样、语种齐全、学科完备的中国问题文献馆藏体系，打造一站式中国问题文献检索服务平台。建设海外中国问题研究中心，打造《国外中国研究著作选目提要》《海外中国学期刊篇名索引》《汉译中国学书目》等文献书目品牌。不断完善智库报告专题数据库建设，推送《海外涉华研究内参》专报，及时向决策机构及科研机构提供海外研究中国的最新成果。成立国家图书馆海外中国问题研究学术顾问委员会，推进中法门户网站建设，促进中外文化交流。

4.国家图书馆科学评价中心

整合科技文献信息资源，面向重点教育科研生产单位提供学术影响力评价、科技项目查新、技术分析报告、行业（产业）发展报告和舆情监测分析报告等服务和产品，大力提升国家图书馆服务国家科技决策、科技管理和社会创新创造的能力与水平。

5.国家法律图书馆建设

以提供系统性、长期性、专业性法律文献服务为目标，以立法机关、学术机构、社会公众为主要服务对象，建设综合性法律图书馆。力争将国家法律图书馆建设成为中外法律资源的收藏基地、法律信息参考咨询中心、中华法律文化建设展示平台、世界法律信息交流窗口。

七、持续推进全民阅读服务创新，打造支持公民终身学习的高质量公共文化服务平台

充分发挥图书馆作为全民阅读主阵地的作用，打造支持公民终身学习的知识交流中心，加大内容引领，创新服务模式，提升用户体验，主动开展与全国各级各类图书馆的协调合作，组织动员社会各方力量共同构建覆盖全社会的全民阅读和终身学习服务网络，为建设“书香中国”和学

习型社会提供有力保障。

（一）丰富阅读服务品牌的时代内涵，加大优质阅读内容的有效供给

对“国图公开课”“文津经典诵读”“M 地铁 · 图书馆”等现有阅读服务品牌进行整合，打造国图阅读品牌集群，通过一体化宣传推广，有效提升国图品牌的整体知名度和社会影响力。进一步完善“文津图书奖”评选工作机制，研究推出国家图书馆专题推荐书目。组织开展中国共产党史、新中国史、改革开放史、社会主义发展史等专题阅读活动，打造政治文化教育阅读学习服务品牌。依托各地总分馆体系，推动馆藏文献精准投入地方图书借阅流通网络。搭建“图书借阅云平台”，支持各地图书馆共享国家图书馆藏书。

（二）打造开放共享的学习交流中心，满足用户个性化、多元化阅读学习需求

进一步调整开放时间、扩大开放区域、优化馆舍空间功能分区，打造支持个人阅读、小组研讨、团队交流等多元需求的公共学习与交流环境。积极开展科普、普法等主题社会教育活动，提供多样化艺术鉴赏、交流与学习体验。加强用户信息素养教育，促进公民数字技能提升，支持、引导、推动公民终身学习。

（三）推动公共服务提质增效，切实保障特殊群体阅读学习权益

推动全国少年儿童读物收藏中心、少年儿童图书馆发展研究中心、少年儿童图书馆交流合作中心和少年儿童服务示范基地等“三中心一基地”建设，丰富亲子阅读活动，推荐高质量少年儿童读物，提升少年儿童阅读素养。依托“关爱夕阳”老年课堂等活动，深入开展面向老年人的公益讲座培训服务。创新推动面向少年儿童、残疾人、老年人等群体的适用资源建设和智能辅助技术开发，帮助特殊群体无障碍享受线上阅读、线上观展等智能化服务。

（四）创新服务方式，优化提升线上线下阅读学习体验

主动适应公众阅读习惯和媒介传播方式变化，通过新媒体广泛开展在线阅读推广活动，吸引更多公众参与。探索应用 5G 网络、人工智能、全景视频、全息影像等新技术与新设备，丰富数字图书馆体验区展项，提供虚实结合的沉浸式阅读学习体验。优化国家图书馆网站功能，深化新媒体互动服务，打造跨界融合、开放智慧的阅读空间与传播载体，形成覆盖不同载体渠道的融媒体阅读学习平台。应用大数据技术，实现基于对用户阅读学习行为精准画像的个性化资源和服务推送。

（五）深化社会合作，构建多元参与、广泛覆盖的阅读学习服务网络

以“4 · 23 世界读书日”等重要节日为契机，联合全国图书馆行业共同组织大规模阅读推广活动，扩大图书馆行业在全民阅读领域的影响力。加强与出版传媒、互联网传播、数字内容产业等领域优质机构合作，组织引导包括家庭、社区、学校、教育培训机构等社会各界参与全民阅读，打造立体化、多渠道阅读推广生态系统，推动阅读服务实现全覆盖。

（六）加强阅读研究，支持、引导、推动全民阅读服务的专业化发展

建设全民阅读创新实验基地，积极探索、发现、推广阅读服务领域改革创新经验。推动在行业内开展全民阅读研究，研究、分析、公布全国图书馆年度阅读服务情况。深入开展阅读推广研究，特别是面向少年儿童、老年人、残疾人等特殊群体的阅读素养教育研究。加强对城乡基层和偏远贫困地区图书馆阅读服务的指导与帮扶。搭建阅读指导专业体系，开展阅读推广专业培训，促进阅读推广工作者专业技能提升。

专栏：

1.“文津图书奖”

继续做好“文津图书奖”的评选和推广工作。搭建“文津图书奖”报送及评选平台，实现图书推荐、初评、终评和推广工作的全流程网络化智能化。积极吸纳海内外读者、学术界、出版界、媒体界和图书馆界共同参与到“文津图书奖”的推广工作中来，在各地图书馆、书店、社区和学校设立“文津专架”，推动全民阅读，促进社会教育。围绕“文津图书奖”的获奖图书，研究分众化推广策略，适时建立“文津好书阅读基地”，充分发挥“文津图书奖”在推动、引导、服务全民阅读工作中的品牌优势。

2.“国图公开课”

继续致力于打造国民通识教育体系，以专题形式设置课程，不断丰富优质课程内容。依托“国图公开课”，建设知识内容管理模型，实现资源内容的自动识别、语义关联，提升公开课资源与既有馆藏资源的有机整合能力，满足读者的拓展阅读需求。积极探索读书推荐、业界公开课、一书一课、特别活动等多个栏目的制作形态，借助新媒体手段，提升其弘扬和传播中华优秀传统文化、革命文化和社会主义先进文化的规模效应，促进全民阅读。

3.“图书借阅云平台”建设

建设“图书借阅云平台”，支持全国有条件的图书馆通过该平台开放共享国家图书馆藏书，充分发挥全国图书馆文献借阅服务的规模效益，有效提升馆藏文献利用率和社会公众多样化阅读需求的满足率。在此基础上，进一步支持和鼓励社会机构、个人通过该平台提供闲置书刊文献的共享借阅，逐步形成服务于全国公众的文献借阅共享机制。

4.少年儿童图书馆能力提升计划

依托国家图书馆少年儿童馆，建设全国少年儿童读物收藏中心、少年儿童图书馆发展研究中心、少年儿童图书馆交流合作中心和少年儿童服务示范基地。积极推动少年儿童阅读和家庭亲子阅读，倡导书香家庭新生活，编制《全国少年儿童图书馆（室）基本藏书目录》，发布少儿阅读推荐书目，建立健全少儿服务标准规范体系，为全国图书馆开展少年儿童阅读服务提供支持和指导。

八、不断加强先进技术研发应用，全面提升数字化、网络化、智慧化发展水平

应用5G网络、大数据、云计算、区块链、物联网、人工智能等关键数字技术，统筹推进新型技术架构、混合云基础设施、下一代数据中心等的集成创新，为国家图书馆资源、服务、设施、管理的智慧化转型升级提供系统全面、敏捷高效、安全可靠的一体化支撑。

（一）加强信息化基础设施建设，部署支持智慧图书馆管理与服务的新型技术架构

构建私有云与公有云相结合的智慧图书馆云平台，为各类知识资源的存储、管理与服务提供安全、稳定、可控的基础支撑。部署5G网络平台，加强无线网络集中管理。建立统一数据管理中心，支持业务、管理及服务数据的动态监测与分析评估。推进机房智能化管理与节能化改造。完善“两地三中心”容灾备份架构。优化网络安全策略，增强主动防御网络风险的能力。

（二）构建智慧图书馆管理系统，重构适应时代发展的业务架构与管理体系

促进采编阅藏等核心业务的智慧化重组，支持多来源、多类型、多载体文献信息的全流程统一管理。采用基于开放接口的“微服务”系统架构，支持各类跨平台业务的灵活接入、集成管理与整合利用，支持不同部门、不同机构面向创新业务的独立模块开发。

（三）推进线下服务空间智慧化升级，提升用户到馆服务体验

应用新技术手段，不断提升馆藏文献的高密度储存、高效率分拣和精准配送。部署智能门禁、智能书柜、智能座席等设施，构建阅读墙、云课堂、声音图书馆等智慧服务场景，打造虚实结合的阅读学习空间、交流共享空间和协同创新空间，提供基于虚拟现实、增强现实等智能技术的沉浸式服务体验。

（四）建设“数字孪生国家图书馆”，增强空间设施的智慧化管理能力

基于“BIM（建筑信息模型）+AI（人工智能）+IOT（物联网）”技术，实现对馆内人、事、物等信息数据的自动感知、动态采集、智能挖掘和集成计算，支持对场馆空间及设施设备的智能可视化管理。推动智慧空间设施及其管理应用系统与用户智能终端的互联互通，应用智能定位导航技术，为到馆用户提供无感随行的智慧化支持与服务。

（五）构建开放知识服务平台，拓展智慧图书馆建设发展的广度和深度

建立互联网知识共创空间，推动多元参与、全网集成的智慧图书馆知识内容仓储体系和知识关联体系建设。建立基于互联网生态的社会化合作机制，为公民、法人和其他组织加入智慧图书馆知识服务网络提供全流程支持与服务。

九、加强国际交流与合作，打造有影响力的国际文化传播与交流窗口

围绕建设与我国文化强国形象地位相匹配的国际化大馆、强馆的目标定位，持续打造国际交流与合作品牌，创新开展国际形象推广，提升国家图书馆和中国图书馆界的国际影响力和话语权，促进中华优秀文化的对外传播和交流。

（一）务实推进已有双边及多边合作，强化品牌合作项目效益

积极履行已有战略合作协议，着力补齐短板、刷新亮点，不断拓展双边及多边合作空间，持续完善国际同行业间的对话交流与合作机制。继续办好中阿图书馆及信息领域专家会议、中英图书馆论坛等国际会议，持续创新会议模式。深入实施海外文献典籍调查与数字化回归、国际敦煌、海外中国文化中心数字图书馆、中阿电子图书馆、“中国之窗”等品牌项目，扩大资源共建共享与人员交流互访。

（二）配合中国对外文化交流合作的总体战略，积极培育创新合作项目

配合“一带一路”倡议和“区域全面经济伙伴关系协定”（RCEP）等，依托“丝绸之路国际图书馆联盟”“金砖国家图书馆联盟”等国际合作平台，不断挖掘国际化发展新的增长点，策划实施一批“立得住、叫得响”、能产生实际社会效益和经济效益的新项目，通过精准的内容策划、宣传推广及品牌化运作，全面提升国家图书馆的国际化发展水平。

（三）积极参与、推动国际交流，增强在国际图书馆事务中的影响力与话语权

巩固和加强与周边国家、重点地区国家图书馆间的双边与多边交流机制。积极参与国际图书馆协会与机构联合会（IFLA）、国家图书馆馆长会议（CDNL）、亚大地区国家图书馆馆长会议（CDNLAO）、国际标准化组织（ISO）、国际互联网保存联盟（IIPC）等国际组织活动。策划举办有一定国际影响力的行业学术会议。

（四）加强对外宣传推广，塑造开放自信、开拓进取的国际新形象

优化、拓展国家图书馆英文网站功能，探索推进对外多语种信息发布与在线服务。加强与我国驻外文化机构海外活动平台和相关国际组织网站等的合作，积极对外讲述“国图故事”，传播“中国图书馆声音”。以国际交流合作项目、合作办展等活动为抓手，积极邀请外方合作机构同步宣传推广。

专栏：

“丝绸之路国际图书馆联盟”品牌发展计划

在丝绸之路国际图书馆联盟框架下，由国家图书馆牵头，联合“一带一路”沿线国家相关图书馆、行业组织，在文献整理与开发、数字图书馆建设、专题文献系列展览、图书馆员研修等领域，策划实施若干品牌项目。

十、拓展交流与合作边界，增强行业发展合力及社会影响力

充分发挥引领示范作用，以行业组织为依托，以各类业务协作平台为纽带，以重点领域全局性工程项目为抓手，以多元互补、合作共赢为基础，全面提升行业合作效率，不断延伸跨界合作触角，有效整合各方面优势力量，共同推动全国图书馆事业创新发展。

（一）把握“数字中国”发展新机遇，引领全国公共图书馆智慧化转型

在全国层面统筹部署，推动建设“全国智慧图书馆体系”，广泛应用5G网络、人工智能等新技术，推动全国公共图书馆空间场馆、设施设备、文献信息和用户信息等的智慧互联、集成管理与整合服务。依托图书馆总分馆体系，推动智慧化资源、技术和服务不断向城乡基层延伸，全面提升各级公共图书馆的智慧化管理水平与服务效能。

（二）加大对行业组织支持力度，形成推动全国图书馆事业整体提升的行业合力

加强对中国图书馆学会、中国古籍保护协会、中国文献影像技术协会、全国图书馆标准化技术委员会、全国文献影像技术标准化技术委员会等行业组织履行职能的支持。立足全国图书馆事业发展实际，与行业组织联合开展重点领域业务交流、学术研讨、品牌推广、标准宣贯、人员培训等活动，共同推进全国图书馆事业的专业化、现代化、标准化、均等化发展。

（三）强化各类协作平台和工程项目的牵引功能，促进业务合作与服务协同

继续加强中华古籍保护计划、革命文献与民国时期文献保护计划等工程项目的顶层设计，推进建立科学有效的长效合作机制。继续夯实国家图书馆人才和技术优势，进一步强化联合编目、参考咨询、立法决策、缩微复制等领域已有业务协作平台功能。立足事业发展的现实需求，继续策划推出面向各类创新业务的新项目、新平台，带动全国图书馆事业不断实现新发展、新突破。

（四）加强学术交流平台建设，有效履行全国图书馆事业发展研究中心职能

依托《中国图书馆学报》《国家图书馆学刊》《文献》和《古籍保护研究》《文津学志》《书志》等学术期刊，积极推广创新理论与最佳实践，促进业界学习与交流。围绕图书馆智慧化转型、中华优秀传统文化传承发展、全民阅读、现代公共文化服务体系构建等重点领域，广泛组织创新项目联合研究、典型案例征集推广、专题学习研讨等活动，不断提升全行业理论与实践水平，推动行业创新人才体系建设。

（五）适应知识服务业态的新发展，深入推进知识服务全产业链协同创新

继续加强与出版机构、数据库商、网络内容平台等的资源共建共享，不断丰富优质知识资源供给。持续拓展与高新技术企业、科研机构的合作，通过合作开发、建立联合实验室等方式，推进先进技术研发应用。广泛吸收国内外知识服务领域头部机构优秀经验，有效整合各方优势力量，进一步拓宽知识传播渠道，优化知识服务方式。推进与其他公共文化服务机构、旅游机构合作，不断延伸公益性知识服务范围。

专栏：

全国智慧图书馆体系建设

联合全国各级公共图书馆，吸纳社会力量共同参与，搭建支撑智慧图书馆运行的云基础设施，在其上搭载全网知识内容集成仓储，运行一套智慧图书馆管理系统，建立一个智慧化知识服务运营环境，辐射全国各级图书馆及其基层服务网点普遍建立实体智慧服务空间。建设智慧图书馆绩效评价体系、标准规范体系、研究及人才培养体系等支撑体系。力争到“十四五”末，初步完成国家图书馆设施、资源、服务的全面智慧化转型，同时建成全国智慧图书馆体系的平台与服务中心，连接并支撑全国各级公共图书馆的管理与服务。

十一、塑造以事业发展为中心的研究能力，以高质量研究推动高质量发展

在全馆营造重视调查研究、勤于调查研究、善于调查研究的良好氛围，积极促进调查研究成果在支持科学决策，规范管理运行，推动事业科学化、高质量发展等方面的转化应用，巩固国家图书馆作为全国图书馆事业发展研究中心的优势。

（一）加强规划指导，促进重点领域创新研究

充分发挥国家图书馆学术委员会作用，做好全馆调查研究工作的统筹规划，加强馆级科研项目的选题指导。围绕事业发展基础性、关键性问题，加强相关理论、技术和方法研究，推动形成一批有较强前瞻性、创新性和适用性，能够指导各级各类图书馆业务实践的重要研究成果。

（二）完善工作机制，打造开放研究平台

逐步建立专职研究、委托研究、岗位研究相结合，在职与脱产研究互为补充的研究工作机制，探索实行短期脱产研修和科研休假制度。健全研究型人才的“传帮带”机制，不断提升员工队伍研究能力。鼓励馆内跨部门合作开展调查研究，为馆内员工申报各类科研基金项目和横向合作课题提供支持。通过重大研究项目公开招标或委托研究等方式，广泛吸纳外部研究力量共同参与重点领域研究，形成研究合力。

（三）促进交流共享，加大研究成果转化力度

优化国家图书馆科研平台功能，实现对项目申报、立项、实施、结项等的全流程信息化管理。推进国家图书馆机构知识库建设，加强对全馆各类研究成果的采集、加工、整合、发布与共享。组织开展馆内外交流与研讨，促进研究成果的宣传推介和转化利用。强化研究工作的需求导向和问题导向，优先支持有较强应用前景的项目立项，积极推进研究成果向法律法规、政策制度、标准规范和技术专利转化。

十二、树立现代人力资源管理理念，打造适应新时代事业发展的高素质人才队伍

围绕国家图书馆事业转型需求，进一步完善人才引进、管理、培养及评价激励机制，形成有利于优秀人才脱颖而出、充满生机与活力的用人机制和用人环境，打造一支规模适当、结构合理的多元化、复合型人才队伍。

（一）加强多渠道人才引进，促进人才队伍的动态更新

完善人才招录制度，有针对性地补充急需紧缺型人才，及时调整优化人才队伍结构。健全高层次人才遴选引进机制，通过聘用首席专家、访问学者、专业顾问等专兼职相结合的方式，积极吸纳国内外各领域优秀人才参与国家图书馆事业发展。完善优秀派遣员工遴选入编制度，加强志愿者队伍建设，推动各类社会化用工在事业发展中持续发挥积极作用。

（二）建立现代人力资源管理体系，打造多层次创新人才梯队

建立对主要领域、重大项目、重点岗位人才需求的动态监测机制，定期开展人力资源存量盘点，加强人才队伍建设的统筹规划与科学管理。部署人力资源信息化管理系统，应用大数据和人工智能等现代技术，逐步实现对全馆员工业务素养、职业路径等的精准画像，促进人力资源的优化配置。充分发挥馆内专家、业务骨干的引领带动作用，推动人才梯队建设，加强高质量人才储备。

（三）完善分级分类培养机制，提高人才队伍整体素质

加强国家级专业技术人员继续教育基地建设，健全岗前培训、在岗培训、转岗培训、专项培训制度，完善馆、部处、科组相结合的分层培训机制，制定通识性和专业性、专题性相结合，职业精神、业务知识与岗位技能相结合的培训课程体系，全面提升馆员业务素养，支持馆员持续更新完善知识体系。加强对员工职业规划的支持和指导，拓宽员工职业发展通道，鼓励员工通过参与继续教育、到其他单位挂职锻炼等多种方式，立足岗位持续学习和成长。

（四）优化人才评价激励机制，激发人才队伍创新活力

坚持以品德、能力、业绩为导向，根据图书馆不同岗位的特点和要求，制定科学的岗位考核与人才评价标准。深入推进职称制度改革，创新职称评审机制，促进职称评价与人才培养使用相结合，做到评以适用、以用促评。不断健全岗位管理制度，完善激励与约束相结合的收入分配制度，加强对在岗位上做出重要贡献和创新成果人员的表彰和奖励，建立以增加知识价值为导向的激励机制，多方调动员工积极性和创造性。

十三、深化管理运行机制改革，全面提升综合治理能力

结合图书馆事业发展的新形式、新业态，进一步深化管理运行机制改革，推动形成决策科学、管理规范、运行高效、氛围优良、保障完善的事业发展环境，建立现代治理体系，全面提升国家图书馆综合治理能力和水平。

（一）完善多元治理体系，提升决策的科学化和专业化水平

完善国家图书馆理事会运行机制，合理引导社会力量参与，提高多元治理能力。进一步健全资源建设、服务政策、技术应用等重点领域专家咨询机制，在重大事项决策过程中充分吸纳专业意见，提升决策的专业化水平。探索建立业务大数据平台，完善统计制度，强化统计数据的采集、整理和分析能力，使决策更多基于服务数据分析、用户精准画像、智能辅助决策等，提升决策和管理的精细化程度和科学化水平。

（二）加强制度体系建设，提升依法治馆和规范化管理水平

健全基础业务和管理制度规范，及时完善新兴业务领域的制度规范。建立常态化制度学习培训机制，严格落实对制度执行情况的监督检查与责任追究机制。加强财务监督和预算管理，规范财政资金使用程序。加强国有资产管理，规范各项经济活动中的采购及合同管理，通过审计、法务与财务监督加强内部约束。加强知识产权管理，强化知识产权意识，建立与馆藏体系对应的知识产权管理体系和权属清晰的馆藏资源知识产权管理服务架构，不断完善资源建设与用户服务中的知识产权风险防范机制，完善自有知识产权的管理。

（三）优化内部流程，提高组织运行效率

优化行政审批流程，科学合理下放审批权限，建立责权统一、办事高效、运转协调的运行机制。畅通跨部门沟通渠道，完善工作信息的高效、透明交流机制，依托重大工程项目，以项目制、临时任务小组等形式建立跨部门协调与合作机制。推出会议活动场地预定平台、无纸化会议系统等，进一步优化馆内资源配置，提升管理效能。坚持目标导向，强化绩效管理，参照国际通行标

准构建内部绩效评价体系，建立包含自评与第三方评价的多元评价机制，通过绩效评价提高整体运行效率。

（四）坚持以人为本，培育爱岗敬业、团结奋进的组织文化

建立健全荣誉表彰体系，充分发挥先进集体与个人的精神引领、典型示范作用，推动形成见贤思齐、争先创优的良好氛围。加强面向馆员的馆史教育，传承弘扬国图精神，强化价值观引领，推动国家图书馆愿景、使命与员工个人奋斗目标深度交融，提升员工职业认同感。完善职工代表大会、工会等意见反馈机制，支持、引导、鼓励员工多渠道为国家图书馆事业发展建言献策。加强人文关怀，注重员工身心健康，切实保障员工福利，提升员工的幸福感与归属感。

（五）加大营销推广力度，提升国家图书馆的社会关注度和影响力

树立现代组织营销推广理念，推进营销推广与各部门日常业务与服务工作有机结合。统一国家图书馆形象识别元素，建立跨部门营销推广团队，形成全馆营销推广产品和项目策划、发布及运营合力。加强与各类媒体平台合作，着力提升新媒体运营能力，建立全媒体营销推广矩阵。提升品牌化运营能力，围绕弘扬中华优秀传统文化、推进全民阅读等重点工作领域，策划一批精品宣传项目。

（六）夯实基础，提升对事业发展的综合保障能力

扩大经费来源，探索设立事业发展基金会，多措并举提升经费保障能力。加强成本控制，提升资金使用效率。规范馆属企业运营，支持馆属企业和国家图书馆出版社发展，形成馆属企业与馆内核心业务发展互相促进、共同成长的良好局面，推进国有资产保值增值。加强保卫人员队伍和技防设施设备建设，强化全员安全教育培训，提升突发安全事件应急处置能力，确保文献安全、人员安全、设施设备安全和网络安全。提升后勤服务管理的社会化合作水平，构建标准化、精细化、人性化的后勤服务管理模式。

十四、坚持和加强党的领导，充分发挥党组织战斗堡垒作用

深入贯彻新时代党的建设总要求，坚持党要管党、全面从严治党，以党的政治建设为统领，全面推进党的各项建设，充分激发党员干部员工干事创业的积极性、主动性、创造性，为国家图书馆事业发展再上新台阶提供坚强政治保障和强劲发展动力。

（一）以党的政治建设为统领，着力深化理论武装

深入开展习近平新时代中国特色社会主义思想学习教育，不断增强“四个意识”，坚定“四个自信”，做到“两个维护”。深入学习贯彻习近平总书记给国图老专家回信精神。巩固拓展“不忘初心，牢记使命”主题教育成果，推动理想信念教育常态化制度化。学习贯彻习近平总书记“七一”重要讲话精神，加强党史、新中国史、改革开放史、社会主义发展史教育。加强家庭、家教、家风建设。完善学习制度，创新学习方式。完善学习制度，进一步发挥党委理论中心组示范带动作用，发挥党支部学习主阵地作用，加强年轻干部理论学习小组学习指导。

（二）守好意识形态阵地，确保事业发展正确政治方向

严格落实意识形态工作责任制，加强意识形态工作顶层设计，进一步增强全馆意识形态工作的整体性、关联性和可操作性。继续完善贯穿文献信息建设、社会教育活动、公共文化服务、文化创意产品开发、对外交流合作、文献出版及馆属企业管理运营等各业务环节和工作界面的意识形态全流程管控体系。进一步健全责任分工机制，规范审批审核流程，完善应急响应机制。健全培训体系，加大意识形态教育培训力度，提升干部职工意识形态工作能力，加强党员干部员工政治言行管理。加强和改进统战工作，加强对党外人士的思想政治引领。

（三）全面贯彻新时代党的组织路线，不断加强党组织建设和党员队伍建设

坚持党政同责、一岗双责，严格落实全面从严治党主体责任。完善国家图书馆党的领导和党的建设制度体系。坚持“两手抓、两加强、两促进”，创新推动党建工作与业务工作深度融合。建强抓实党支部，深入推进党支部标准化规范化建设，打造支部党建特色品牌。加强党员教育培训与管理监督，提高党员发展质量。加强党务干部队伍建设，提升党建工作能力。推进智慧党建，提升党建工作信息化水平。加强党建宣传，营造浓厚氛围。

（四）持之以恒正风肃纪反腐倡廉，营造风清气正的良好政治生态

认真贯彻落实党中央关于全面从严治党、党风廉政建设工作的新要求、新部署，一体推进不敢腐、不能腐、不想腐。严格落实党风廉政建设“两个责任”，压紧压实基层党支部和部门主体责任，进一步推进反腐倡廉制度建设，推动完善权力运行的监督制约机制。持续巩固拓展落实中央八项规定精神成果，密切关注“四风”隐形变异新表现、新问题，切实增强全馆党员干部员工的纪律规矩意识。依纪依规依法做好信访举报问题线索处置工作，实事求是运用监督执纪“四种形态”，坚持抓早抓小、防微杜渐。

（五）深入推进群团工作，凝聚推动国家图书馆事业发展的强大合力

坚持以党建带群建工作机制，加强党组织对群团工作的指导。健全联系广泛、服务群众的群团工作体系，推动工会、共青团、妇联等群团组织增强政治性、先进性、群众性，创新群团工作体制机制和方式方法，充分发挥其联系群众的桥梁纽带作用。深入开展员工思想政治工作，完善以职工代表大会为基本形式的民主管理制度，组织动员广大员工团结一致，凝心聚力。加强国图精神培育，教育引导员工岗位成才、建功立业。

十五、加强规划实施保障

始终坚持事业发展的正确政治方向，不断健全规划实施保障机制，最大程度激发全馆干部职工的积极性、主动性和创新创造活力，形成全面推动国家图书馆事业高质量转型创新的强大合力。

（一）加强统筹协调

根据规划确定的重点发展指标和主要工作任务，制定中期规划和年度计划，将长期战略目标转化为短期可执行的年度目标和行动计划。明确各项任务的责任主体部门和实施进度要求，相关责任主体部门根据规划制定对应的工作计划和实施方案。加强部门协调和上下联动，广泛凝聚广大员工的智慧，共同推动规划有效落地实施。

（二）完善经费保障

加强经费预算与规划实施的衔接协调，根据规划确定的目标任务，明确相应的经费预算需求，多举措扩大资金来源，确保规划实施的资金保障。建立健全预算绩效管理机制，平衡投入和产出，加强资金全流程监管，进一步规范资金使用程序，提高资金利用效率。

（三）健全评估监管

结合规划确定的战略目标，开发可量化的绩效目标，使相关目标落实为具体行动。加强规划实施情况动态监测和评估，通过组织开展专项评估、年度评估和中期评估等形式，有效跟踪规划实施进展与成效。加强规划实施督导，根据监测评估结果动态调整工作部署，及时发现问题、解决问题，确保规划任务保质保量完成。

（四）统筹发展与安全

树牢安全发展理念，始终把安全要求贯穿于事业发展各领域和全过程，牢牢守住安全底线，层层压实安全主体责任。加强应急体系建设，完善应急响应机制。进一步完善安全规章制度体系，建立健全风险防控和隐患排查治理双重预防机制，从源头上消除安全隐患，筑牢安全发展屏障，为事业发展营造安全稳定的环境。

媒体报道

- 通讯社
- 广电媒体
- 平面媒体
- 网络媒体

媒体报道

一、通讯社

日期	标题	媒体名称
1月2日	国家图书馆上线展映48部非遗纪录片	新华社
2月11日	中国妇女儿童博物馆推出2021年春节系列展览活动	新华社
2月25日	春节看《典籍里的中国》了吗？听听主创和专家怎么说	新华社
3月19日	“册府千华——苏州市藏国家珍贵古籍特展”在苏州开展	新华社
3月27日	红色基因　薪火相传　《写给青少年的党史》出版	新华社
4月18日	“致敬经典·艺术里的红色记忆”系列活动启动　田连元带来评书《秋收起义上井冈》	新华社
4月21日	国图等联合在线发布藏文、中医药古籍善本等古籍数字资源	新华社
4月23日	“故宫文化”等推出《神龙说字·云童和女娲》	新华社
5月15日	《中华传统文化百部经典》编纂出版成果展暨学术讲座在山东省图书馆举行	新华社
5月16日	听老艺术家畅谈《东方红》里的红色记忆	新华社
5月19日	AI技术让古籍里的文字“活”起来	新华社
5月20日	人工智能识别技术助力海外中文古籍“数字化回归”	新华社
5月26日	国图“《永乐大典》的回归和再造”展览抢先看	新华社
5月27日	权威快报丨四千多项非遗展示活动邀你共迎“文化和自然遗产日”	新华社
5月27日	2021年“文化和自然遗产日”非遗宣传展示：人民的非遗　人民共享	新华社
6月7日	“齐”心“鲁”力丨他们，这样保护中华古籍	新华社
6月18日	国家图书馆引入社会力量加强古籍保护	新华社
6月18日	中国文物保护基金会与国家图书馆就古籍保护开展战略合作	新华社
6月19日	“伟业：庆祝中国共产党成立一百周年书法大展”开幕	新华社
6月26日	“伟业”大展，浓墨书写党的百年芳华	新华社

（续表）

日期	标题	媒体名称
7月6日	“缤纷国图”暑期儿童演出季精彩来袭	新华社
7月8日	306种版本《共产党宣言》亮相国图	新华社
7月12日	在这里，倾听真理回响：“《共产党宣言》专题展”在国图正式开展	新华社
7月17日	国家图书馆全国首家多业态文化创意空间在津开放	新华社
7月26日	探访国图·津湾文创空间	新华社
9月4日	王晨在北京调研时强调　加强社会主义法治文化建设　在法治实践中持续提升公民法治素养	新华社
9月28日	新版《鲁迅手稿全集》：展现“全、精、真、新”的鲁迅手写活动原貌	新华社
11月29日	“中华古籍资源库”10万部（件）古籍免登录浏览	新华社
11月30日	小胶片里存文脉　缩微抢救志传承	新华社
12月22日	两岸业者共议出版合作与文化融合的机遇与发展	新华社

二、广电媒体

日期	标题	媒体名称
4月23日	全民阅读　共建书香中国	中央电视台综合频道
12月10日	国家图书馆：《永乐大典》三册原件首次出京展览	中央电视台综合频道
1月27日	国家图书馆启动文献共享借阅计划	中央电视台综艺频道
4月23日	［中国文艺报道］国家图书馆开启“4·23世界读书日”系列活动	中央电视台综艺频道
7月9日	［中国文艺报道］“永远做党的好女儿”公益讲座在中国国家图书馆艺术中心举行	中央电视台综艺频道
3月1日	品读国家图书馆	中央电视台 中文国际频道
4月25日	国家图书馆军事科学院分馆揭牌成立	中央电视台 国防军事频道

（续表）

日期	标题	媒体名称
4月23日	世界阅读日　国家图书馆发布第十六届文津图书奖	中央电视台新闻频道
6月1日	国家图书馆主办的“永乐大典的回归和再造”展览今天起面向社会公众免费开放	中央电视台新闻频道
6月19日	伟业——书法大展在国家博物馆展出	中央电视台新闻频道
7月8日	《共产党宣言》专题展正式开展	中央电视台新闻频道
9月30日	新版《鲁迅手稿全集》出版发行	中央电视台新闻频道
12月9日	《永乐大典》三册嘉靖副本首次出京展览	中央电视台新闻频道
12月10日	国家图书馆：《永乐大典》三册原件首次出京展览	中央电视台新闻频道
7月16日	［音乐周刊］国图艺术中心举办首届暑期儿童演出季　丰富孩子假期生活	中央电视台音乐频道
2月7日	就地过年剪不断“乡愁”？国图办展捂暖人心	中国教育台
4月15日	探索多元阅读体验　国家图书馆开启2021年世界读书日系列活动	中国教育台
4月22日	传承文化遗产　共享古籍资源	中国教育台
4月23日	儿童识字新书《神龙说字》：以汉字演变　图解中国传统文化	中国教育台
5月24日	五位老艺术家57年后重聚　国图馆里话经典巨作《东方红》	中国教育台
6月4日	国图艺术中心举办“致敬经典·艺术里的红色记忆”系列活动第三场“中国歌曲100年”公益讲座	中国教育台
6月9日	国家图书馆开放新阅读空间　利用信息技术服务读者	中国教育台
7月9日	55种语言306种版本《共产党宣言》　阐述科学社会主义的时代价值	中国教育台
9月29日	《鲁迅手稿全集》新书首发：传播一代文学巨匠思想和精神	中国教育台
11月28日	甲骨传拓：方寸之间彰显非遗传承技艺	中国教育台
11月29日	缩微文献技术保存文献500年　可实现多种转化利用	中国教育台
12月21日	纪念王安石诞辰1000周年：国图推出《百部经典》阅读	中国教育台
12月22日	非遗传承：敦煌遗书修复技艺	中国教育台
4月22日	传承文化遗产　共享古籍资源	中国教育网络电视台
6月9日	国家图书馆开放新阅读空间　利用信息技术服务读者	中国教育网络电视台

（续表）

日期	标题	媒体名称
7月9日	55种语言306种版本《共产党宣言》　阐述科学社会主义的时代价值	中国教育网络电视台
9月29日	《鲁迅手稿全集》新书首发：传播一代文学巨匠思想和精神	中国教育网络电视台
10月27日	63部中国民族志纪录片入藏国家图书馆	中国教育网络电视台
4月14日	国家图书馆开启“4·23”世界读书日系列活动	北京卫视
4月20日	世界读书日：艺术里的红色记忆国图开讲	北京卫视
4月21日	我国发布新一批古籍数字资源　珍贵善本线上看	北京卫视
4月24日	艺术致敬红色经典　国家图书馆系列活动广受欢迎	北京卫视
4月29日	《中华传统文化百部经典》编纂成果展首都图书馆开展	北京卫视
6月2日	国之重宝《永乐大典》大展开展　9册嘉靖副本首次展出	北京卫视
6月11日	新技术赋能新阅读　国家图书馆开放新阅读空间	北京卫视
7月2日	“缤纷国图”首届暑期儿童演出季启动	北京卫视
7月8日	《共产党宣言》专题展今天开展　306种版本的《共产党宣言》集中展出	北京卫视
10月11日	《鲁迅手稿全集》出版　全套78册囊括全部所见手稿	北京卫视
12月10日	甲骨传拓入选北京非遗　30年练成“指尖绝技”	北京卫视
12月13日	走近国图古籍：科技助力　修复传承谱新篇	北京卫视
12月14日	走近国图古籍：缩微影像善本世代传承的基石	北京卫视
12月19日	国家图书馆“艺术典藏”系列开启舞蹈艺术之旅	北京卫视
12月2日	北京：缩微技术让珍贵文献多活“500年”	东方卫视
7月9日	北京：《共产党宣言》专题展正式开展	安徽卫视
6月3日	北京：国之重宝《永乐大典》大展开展　9册嘉靖副本首次展出	河北卫视
4月1日	第六届长江读书节启动	湖北卫视
5月15日	由国家图书馆主办的“激活经典，熔古铸今——《中华传统文化百部经典》编纂出版成果展暨学术讲座”今天在山东省图书馆举行	山东卫视
9月20日	文化过节有滋有味	天津卫视

（续表）

日期	标题	媒体名称
1月1日	四十八部非遗纪录片在国家图书馆中国记忆项目中心的非遗展映专区正式上线	兵团卫视
4月19日	抖音上线“全民好书计划” 与国家图书馆、百家出版机构共推万本好书	河北网络广播电视台
6月30日	【奋斗百年路 启航新征程·学党史 悟思想 办实事 开新局】文艺界：以优秀文艺作品讲好党的故事	吉林广播电视台

三、平面媒体

日期	标题	媒体名称
4月22日	全国累计发布古籍资源达7.4万部（件）	人民日报
4月24日	“世界读书日·一起读党史”主题网络活动举办	人民日报
4月24日	红色经典图书受欢迎	人民日报
6月20日	“伟业：庆祝中国共产党成立一百周年书法大展”开幕	人民日报
7月9日	《共产党宣言》专题展在国家图书馆开幕	人民日报
4月22日	中国已发布古籍数字资源7.4万部（件）	人民日报海外版
4月29日	霁清轩里的文津奖	人民日报海外版
6月24日	笔墨颂伟业	人民日报海外版
6月24日	中国文物保护基金会携手国图成立古籍保护专项基金	人民日报海外版
7月9日	306种版本《共产党宣言》亮相国图	人民日报海外版
8月9日	国图甲骨文创意展走进西安	人民日报海外版
12月23日	千年回望王安石	人民日报海外版
7月9日	国图展出306种版本《共产党宣言》	新华每日电讯
6月24日	“伟业”大展，浓墨书写党的百年芳华	新华日报
4月24日	“世界读书日·一起读党史”网络主题活动举办	工人日报
7月25日	国家图书馆典藏甲骨文创意首展亮相西安	工人日报
3月30日	《写给青少年的党史》出版座谈会在京举行	光明日报

（续表）

日期	标题	媒体名称
5月11日	为纸张诊病的“古籍医生”	光明日报
6月1日	到国图看《永乐大典》的前世今生	光明日报
6月10日	国家图书馆开放新阅读空间	光明日报
6月20日	“伟业：庆祝中国共产党成立一百周年书法大展”开幕	光明日报
6月27日	礼赞信仰之光　书写伟业鸿篇	光明日报
6月30日	以优秀文艺作品讲好党的故事	光明日报
7月10日	55种语言、306种版本《共产党宣言》国图展出	光明日报
8月3日	“老小孩乐园”，给幸福晚年加点儿“甜”	光明日报
8月16日	《永乐大典》的回归和再造主题展在广东展出	光明日报
10月8日	3.2万页手稿看鲁迅	光明日报
11月29日	小胶片里存文脉　缩微抢救志传承	光明日报
7月9日	《共产党宣言》专题展亮相国图	科技日报
12月1日	古籍保护　文化传承	科技日报
12月10日	手艺+技术既保古书不“死”　又让传统文化“活”起来	科技日报
6月22日	推动社会力量参与古籍保护	中华工商时报
7月9日	306种版本《共产党宣言》亮相国家图书馆	解放军报
5月11日	“智慧图书馆与类案检索”主题研讨会举办	民主与法制时报
10月11日	国家图书馆为国家立法和决策服务的实践与发展	民主与法制周刊
11月29日	保护古籍，传承文明	人民政协报
7月10日	306种版本《共产党宣言》亮相国图	团结报
12月2日	让古籍文本“活”起来	中国财经报
4月22日	传承文化遗产　共享古籍资源	中国改革报
6月17日	观经典　学党史　悟思想	中国改革报
1月8日	国家图书馆：温情行动　关爱“夕阳”	中国旅游报
6月18日	中国文物保护基金会与国家图书馆合作签约	中国旅游报
6月21日	国图艺术中心呈现“艺术里的红色记忆”	中国旅游报
7月7日	科技助力　让古籍融入生活	中国旅游报
7月9日	《共产党宣言》专题展国家图书馆开幕	中国旅游报

（续表）

日期	标题	媒体名称
7月13日	《共产党宣言》专题展引关注	中国旅游报
7月23日	国图·津湾文创空间面向公众开放	中国旅游报
8月2日	西安“甲骨之约”让文字“活起来”	中国旅游报
9月3日	《鲁迅手稿全集》编委会第三次会议召开	中国旅游报
9月29日	《鲁迅手稿全集》新书国图首发	中国旅游报
4月23日	让中国儿童更多更好学习传统文化	中国文化报
5月6日	国家图书馆与北京出版集团签署战略合作协议	中国文化报
6月1日	“珠还合浦　历劫重光——《永乐大典》的回归和再造”展览亮相国图	中国文化报
6月11日	以创新发展催生新动能　以深化改革激发新活力	中国文化报
6月30日	百年奋斗照初心　启航文旅新征程	中国文化报
7月1日	国家图书馆：全心全意为读者服务	中国文化报
7月2日	汲取百年奋斗力量　开创文化和旅游工作新局面	中国文化报
7月4日	礼赞百年党史　书写辉煌伟业	中国文化报
7月6日	“每一刻都是终生难忘的记忆”	中国文化报
7月9日	《共产党宣言》专题展在国家图书馆开幕	中国文化报
7月15日	《共产党宣言》专题展几大亮点展品	中国文化报
7月27日	探访图书馆文创空间“样板间”	中国文化报
8月16日	“《永乐大典》的回归和再造”主题展在广东举办	中国文化报
9月3日	《鲁迅手稿全集》编委会第三次会议召开	中国文化报
9月7日	共谋疫情后时代中阿图书馆领域合作	中国文化报
9月14日	国家图书馆召开学习贯彻习近平总书记给国图老专家回信精神两周年座谈会	中国文化报
9月29日	《鲁迅手稿全集》在国家图书馆首发	中国文化报
11月8日	加快推进北平图书馆旧址修缮、古籍类文物定级工作	中国文化报
11月15日	新时代担当使命　新征程奋勇前行	中国文化报
11月19日	《百年诗颂》全面反映党百年发展伟大历程	中国文化报
11月23日	田周玲：坐得了冷板凳，打得了冲锋战	中国文化报

（续表）

日期	标题	媒体名称
12月9日	2021年全国古籍保护工作座谈会在武汉召开	中国文化报
12月10日	3册《永乐大典》嘉靖副本亮相湖北省图书馆	中国文化报
4月23日	致力于阅读精神的复兴	中国艺术报
5月16日	五位老艺术家聚国图深情回忆《东方红》	中国艺术报
7月2日	国图之夏——寻踪仰迹·共沐理想之光	中国艺术报
7月8日	55种语言306种版本《共产党宣言》亮相国图	中国艺术报
7月8日	“伟业：庆祝中国共产党成立一百周年书法大展”引观展热潮	中国艺术报
9月29日	《鲁迅手稿全集》新书首发	中国艺术报
1月6日	国图上线展映48部非遗纪录片	北京日报
2月10日	阅文联动国图挖掘名人手书送祝福	北京日报
3月4日	代表肩负人民重托　带着满满良策上会	北京日报
3月10日	共绘文化强国美丽图景	北京日报
4月24日	20种图书获第十六届文津图书奖	北京日报
5月8日	十单位联合在线发布古籍数字资源	北京日报
5月27日	《永乐大典》嘉靖副本9册即将亮相国图	北京日报
6月15日	“在文化强国路上当好服务员”	北京日报
7月9日	306种版本《共产党宣言》国图展出	北京日报
7月14日	《永乐大典》《天工开物》聚首国家典籍博物馆	北京日报
9月29日	78册《鲁迅手稿全集》面世	北京日报
12月2日	国图珍藏《山海经》善本“活”起来	北京日报
12月23日	国图开启艺术典藏之舞蹈艺术活动	北京日报
4月13日	国图馆藏红色文献即将展出	北京晚报
4月23日	20种图书获文津图书奖	北京晚报
5月27日	《永乐大典》大展6月1日国图开启	北京晚报

（续表）

日期	标题	媒体名称
6月8日	国图长出“阅读树”	北京晚报
6月24日	韩永进　身体力行推进全民阅读	北京晚报
7月8日	《共产党宣言》专题展今天国图开展	北京晚报
7月8日	306种《共产党宣言》展出	北京晚报
10月2日	新版《鲁迅手稿全集》首发	北京晚报
3月8日	将全民阅读纳入文化强国评价指标	北京青年报
4月14日	战“疫”记忆库　一年接受捐赠1.7万件	北京青年报
4月15日	国图讲坛线下活动17日起将有序恢复	北京青年报
5月28日	《永乐大典》露“新颜”	北京青年报
7月9日	《共产党宣言》专题展在国家图书馆开幕	北京青年报
9月29日	《鲁迅手稿全集》首发　新增手稿14600页	北京青年报
7月21日	修复文献的年轻人　要耐得住寂寞　对文献有敬畏和责任心	新京报
3月9日	全民阅读还有很大提升空间	劳动午报
4月29日	《中华传统文化百部经典》完成40种图书编纂	劳动午报
11月21日	国家图书馆第十七届文津图书奖启动	劳动午报
9月18日	鲁迅研究最新重大成果　中国手稿学研究里程碑新版《鲁迅手稿全集》即将出版	解放日报
4月24日	全国累计发布古籍资源7.4万部（件）	文汇报
6月2日	《永乐大典》9册嘉靖副本首次亮相国图大展	文汇报
6月20日	“伟业：庆祝中国共产党成立一百周年书法大展”开幕	文汇报
9月29日	《鲁迅手稿全集》出版，收录手稿影像3.2万余页　囊括迄今所能搜集并确认的全部鲁迅手稿，不少资料初次面世	文汇报
12月2日	互联网时代，让古籍“飞入寻常百姓家”——沪上专家学者为数字媒介下古籍保护和传承建言献策	文汇报
2月5日	国图启动共享借阅计划	安徽日报
2月26日	国图与读者相约线上线下“聚会”	安徽日报

（续表）

日期	标题	媒体名称
6月22日	“伟业：庆祝中国共产党成立一百周年书法大展”开幕	甘肃日报
7月9日	306种版本《共产党宣言》亮相国图	甘肃日报
9月5日	中秋“晒书” 重温古籍“力学庐藏书”惠泽天水	兰州晨报
8月15日	来这里看《永乐大典》的传奇历程	广州日报
7月12日	“《永乐大典》的回归和再造”线上展览	深圳晚报
8月16日	《永乐大典》的回归和再造主题展在广东展出	新快报
8月16日	《永乐大典》的回归和再造主题展开展	信息时报
11月26日	张之洞铜像正式安放国家图书馆	沧州日报
3月28日	“从《诗经》到《红楼梦》——那些年我们读过的经典”古籍展开展	河南日报
12月7日	市图书馆举办文津奖获奖图书展	平顶山日报
1月4日	国家图书馆上线48部非遗纪录片	平顶山晚报
3月26日	“从《诗经》到《红楼梦》”古籍展开展	郑州日报
11月15日	《中华传统文化百部经典》出版成果展在线展启幕	郑州日报
11月15日	激活经典 熔古铸今 《中华传统文化百部经典》出版成果展在线展开展	郑州晚报
12月3日	《永乐大典》3册嘉靖副本下周亮相省图	湖北日报
12月9日	“相当于数字化了20部四库全书” 国家图书馆副馆长张志清在汉谈古籍保护与活化	湖北日报
12月10日	“珠还合浦 历劫重光——《永乐大典》的回归和再造”湖北巡展开幕	湖北日报
12月10日	《永乐大典》亮相湖北省图书馆 观看大典“真身” 体验古籍抄写	湖北日报
12月16日	走近旷世宏编《永乐大典》	湖北日报
5月21日	科技守护文明 中国古籍“回家”	武汉晚报
12月3日	《永乐大典》3册原件将来汉展览	武汉晚报

（续表）

日期	标题	媒体名称
12月7日	国图专家陈红彦：《永乐大典》具有民族自信、文化自信的教育意义	武汉晚报
12月9日	3册《永乐大典》原件今起在汉展出　中华文化瑰宝！价值连城！	武汉晚报
12月10日	大典的际遇，与国家民族命运紧密相连　《永乐大典》巡展在汉开幕	武汉晚报
3月30日	国家图书馆馆长来襄调研	襄阳日报
4月1日	书香荆楚陆续走进长江经济带沿岸各省市	长江日报
12月14日	省图举办《中华传统文化百部经典》出版成果展	辽宁日报
12月15日	《中华传统文化百部经典》出版成果展举行	沈阳日报
7月22日	国家图书馆典藏甲骨文创意展全国首展登陆西安大悦城	华商报
7月20日	甲骨文创意展吸引市民打卡	三秦都市报
11月10日	古籍类文物定级国家标准将制定、出台	文化艺术报
7月19日	国家图书馆藏甲骨文创意展全国首展西安开展	西安晚报
7月17日	天图举办《永乐大典》专题展	天津日报

四、网络媒体

日期	标题	媒体名称
1月2日	国家图书馆上线展映48部非遗纪录片	新华网
1月13日	让古籍“活”起来——探寻江西古籍保护利用之道	新华网
2月12日	博物馆里感受家风传承	新华网
2月13日	网络中国节　书香传万里	新华网
3月11日	国家图书馆与中国科技馆等携手推动全民科学文化素质提升	新华网
3月15日	AI合成主播 | 国家图书馆与中国科技馆等携手推动全民科学文化素质提升	新华网
3月19日	“册府千华——苏州市藏国家珍贵古籍特展”在苏州开展	新华网

（续表）

日期	标题	媒体名称
4月16日	妙手补书书可春　全国古籍修复技艺竞赛颁奖仪式在国图举行	新华网
4月22日	古籍焕新生　《清代教育档案文献》出版座谈会在国图举办	新华网
4月22日	全国累计发布古籍资源达7.4万部（件）	新华网
4月23日	20种图书获文津图书奖	新华网
4月23日	第十六届文津图书奖发布暨北京公园阅读文化季启动活动在颐和园举办	新华网
4月23日	世界读书日，知名作家学者与青年共读党史	新华网
4月30日	国家图书馆与北京出版集团达成战略合作　携手打造文化精品	新华网
5月11日	为纸张诊病的“古籍医生”	新华网
5月19日	“汉典重光”首批实现海外20万页中文古籍“数字化回归”	新华网
5月20日	人工智能识别技术助力海外中文古籍“数字化回归”	新华网
5月20日	科技守护文明：中国古籍“回家”之路	新华网
5月21日	构筑学术研究新高地　《孔氏南宗文献丛书》在京首发	新华网
5月27日	《永乐大典》嘉靖副本9册即将亮相国家典籍博物馆	新华网
5月27日	2021年“文化和自然遗产日”非遗宣传展示：人民的非遗人民共享	新华网
5月28日	权威快报丨四千多项非遗展示活动邀你共迎“文化和自然遗产日”	新华网
6月1日	“珠还合浦　历劫重光——《永乐大典》的回归和再造”展览亮相国图	新华网
6月1日	国家图书馆举办“《永乐大典》的回归和再造”展览	新华网
6月8日	新阅读空间今天开放　国图长出“阅读树”	新华网
6月8日	新技术赋能新阅读　国家图书馆开放新阅读空间	新华网
6月11日	第五批国家级非遗代表性项目名录公布	新华网
6月18日	字节跳动设专项基金　首投千万元修复《永乐大典》等古籍	新华网
6月18日	国家图书馆引入社会力量加强古籍保护	新华网

（续表）

日期	标题	媒体名称
6月19日	“伟业：庆祝中国共产党成立一百周年书法大展”开幕	新华网
6月21日	国图艺术中心与北方昆曲剧院联手推广昆曲艺术	新华网
7月3日	“国图之夏——寻踪仰迹·共沐理想之光”主题活动在北京举办	新华网
7月7日	“伟业之光昭九域展”精品欣赏	新华网
7月8日	珍贵马恩手稿亮相 《共产党宣言》专题展国图开展	新华网
7月9日	306种版本《共产党宣言》亮相国图	新华网
7月15日	“春雨工程·网络书香”数字阅读推广图书捐赠活动在察布查尔县举行	新华网
7月17日	国图·津湾文创空间对外开放	新华网
7月18日	《中国科学家的南极梦》科普讲座在京举办	新华网
7月19日	国家图书馆全国首家多业态文化创意空间在津开放	新华网
7月22日	“打卡”国图·津湾文创空间	新华网
7月29日	“寻找古籍守护人”活动启动	新华网
7月29日	《古本戏曲丛刊》十集完璧：郑振铎等几代学人的集腋成裘	新华网
8月16日	《永乐大典》的回归和再造主题展在广东展出	新华网
8月18日	古籍保护也应注重基础研究	新华网
9月15日	“中国历代丝绸艺术丛书”新书发布会在京召开	新华网
9月18日	新版《鲁迅手稿全集》即将出版	新华网
9月23日	《论语》主题展在山东曲阜孔子博物馆开幕	新华网
9月24日	数字化助力古籍回归与再造	新华网
9月29日	78册《鲁迅手稿全集》面世	新华网
10月22日	“《论语》及其当代价值”学术研讨会在山东孔子博物馆举办	新华网
10月25日	63部优秀中国民族志纪录片入藏国家图书馆	新华网
11月14日	《子藏》第六批成果发布会暨“子藏学”学术研讨会在沪举行	新华网
11月29日	小胶片里存文脉　缩微抢救志传承	新华网

（续表）

日期	标题	媒体名称
11月29日	“中华古籍资源库”10万部（件）古籍免登录浏览	新华网
12月2日	国图珍藏《山海经》善本“活”起来	新华网
12月9日	《永乐大典》嘉靖副本亮相湖北省图	新华网
12月10日	手艺+技术既保古书不“死”　又让传统文化“活”起来	新华网
12月10日	“珠还合浦　历劫重光——《永乐大典》的回归和再造”湖北巡展开幕	新华网
12月10日	全国古籍普查新发现《乾隆御定石经》等一批珍贵文献	新华网
12月12日	“中国阅读”图书推荐榜宣传活动在郑举办	新华网
12月18日	国家图书馆举办“千年回望王安石——纪念王安石诞辰1000周年”《百部经典》阅读推广特别活动	新华网
12月22日	两岸业者共议出版合作与文化融合的机遇与发展	新华网
12月30日	国图启动“温暖工程　毕节职业院校教师专业素质提升培训班”	新华网
1月3日	国家图书馆上线展映48部非遗纪录片	人民网
1月13日	让古籍“活”起来	人民网
2月26日	《典籍里的中国》：让典籍“点”亮来路	人民网
3月19日	“册府千华——苏州市藏国家珍贵古籍特展”在苏州开展	人民网
4月22日	全国累计发布古籍资源达7.4万部（件）	人民网
4月23日	20种图书获文津图书奖	人民网
4月23日	“世界读书日·一起读党史”网络主题活动在京举办	人民网
4月23日	世界读书日，知名作家学者与青年共读党史	人民网
4月24日	红色经典图书受欢迎	人民网
4月29日	霁清轩里的文津奖	人民网
5月27日	《永乐大典》嘉靖副本9册即将亮相国图	人民网
5月28日	《永乐大典》露“新颜”	人民网
6月1日	到国图看《永乐大典》的前世今生	人民网
6月2日	《永乐大典》主题展亮相国图　在互动体验中感受典籍魅力	人民网
6月8日	北京：新阅读空间开放　国图长出“阅读树”	人民网

（续表）

日期	标题	媒体名称
6月16日	国图艺术中心举办电影《周恩来》公益展映	人民网
6月20日	“伟业：庆祝中国共产党成立一百周年书法大展”开幕	人民网
6月24日	中国文物保护基金会携手国图成立古籍保护专项基金	人民网
7月8日	《共产党宣言》专题展开幕　306种版本《共产党宣言》亮相国图	人民网
7月9日	《共产党宣言》专题展在国家图书馆开幕	人民网
7月14日	“中国历史文献总库·红色文献数据库”发布上线	人民网
7月23日	国家图书馆藏甲骨文创意展全国首展亮相西安	人民网
7月29日	“寻找古籍守护人”活动启动	人民网
8月9日	国家图书馆实行预约进馆　读者需进行“健康宝”扫码登记并出示通信行程卡	人民网
8月16日	《永乐大典》的回归和再造主题展在广东展出	人民网
8月20日	文旅部：国家图书馆等入选首批文旅行业智库建设试点单位	人民网
9月3日	第四届中国与阿拉伯国家图书馆及信息领域专家会议在杭举行	人民网
9月18日	《论语》主题展在孔子博物馆举办	人民网
11月29日	小胶片里存文脉　缩微抢救志传承	人民网
12月1日	10万部（件）古籍！国家图书馆“中华古籍资源库”免登录可阅览	人民网
12月2日	国图珍藏《山海经》善本“活”起来	人民网
12月10日	手艺+技术既保古书不“死”　又让传统文化“活”起来	人民网
12月10日	《永乐大典》嘉靖副本亮相湖北省图	人民网
1月6日	第十七届海淀文化季：歌颂家国情怀　致敬战“疫”英雄	海外网
1月6日	国图上线展映48部非遗纪录片	海外网
2月23日	【文化年·新风尚】逛馆观展走起！春节新年俗让博物馆热持续升温	海外网
3月19日	“册府千华——苏州市藏国家珍贵古籍特展”在苏州开展	海外网
4月8日	《三苏文化研究资料索引》图书捐赠仪式举行	海外网

（续表）

日期	标题	媒体名称
4月15日	国图讲坛线下活动17日起将有序恢复	海外网
4月20日	“抖音全民好书计划”开启　四百场直播助力用户选好书	海外网
4月21日	中国累计在线发布古籍数字资源7.4万部（件）	海外网
4月21日	文旅部推出公共数字资源和支持企业发展在线服务	海外网
4月21日	国家图书馆等单位发布古籍数字资源　藏文和中医药古籍善本受关注	海外网
4月23日	文化之约｜用阅读唤醒书的生命	海外网
4月23日	“世界读书日·一起读党史”网络主题活动在京举办	海外网
4月25日	华为阅读推出“阅读复兴”特别策划　带你重新爱上阅读	海外网
4月29日	霁清轩里的文津奖	海外网
5月21日	北京发布第三批历史建筑　国家图书馆总馆南区等入选	海外网
6月20日	“伟业：庆祝中国共产党成立一百周年书法大展”开幕	海外网
6月24日	全民阅读新海淀　红色精神薪火传	海外网
7月8日	306种版本《共产党宣言》亮相国图	海外网
7月10日	《共产党宣言》专题展深受观众喜爱	海外网
7月26日	“望道出版论坛·2021”在京举办	海外网
7月29日	字节跳动公益发起“寻找古籍守护人”活动　助力古籍活化	海外网
9月22日	《论语》主题展在孔子博物馆举办	海外网
3月19日	“册府千华——苏州市藏国家珍贵古籍特展”在苏州开展	人民周刊网
4月22日	中国累计发布古籍资源7.4万部（件）	人民周刊网
6月2日	“珠还合浦　历劫重光——《永乐大典》的回归和再造”展览亮相国图	人民周刊网
10月11日	3.2万页手稿看鲁迅	人民周刊网
12月24日	田周玲：让古籍多活200年	人民周刊网
2月9日	阅文联合国家图书馆挖掘古籍福字　“福字壁纸”传承经典	中国日报网
2月25日	让典籍“点”亮来路　《典籍里的中国》创作座谈会在京举行	中国日报网
4月2日	《食物本草图谱》新书+文创礼盒发布会在京成功举办	中国日报网

（续表）

日期	标题	媒体名称
4月22日	全国累计发布古籍资源达7.4万部(件)	中国日报网
4月22日	国图等10家单位联合发布古籍数字资源1700余部	中国日报网
5月18日	流散海外20万页中文古籍“数字化回归” 40余种宋元珍本向公众开放	中国日报网
5月21日	科技守护文明：中国古籍“回家”之路	中国日报网
7月9日	306种版本《共产党宣言》亮相国图	中国日报网
10月17日	“《论语》及其当代价值”学术研讨会在孔子博物馆举办	中国日报网
11月19日	掌阅科技与中国图书馆学会达成合作，助力推广文津奖和“中国阅读”上榜图书	中国日报网
11月30日	小胶片里存文脉 缩微抢救志传承	中国日报网
12月3日	国图珍藏《山海经》善本“活”起来	中国日报网
2月25日	《典籍里的中国》：让典籍“点”亮来路	中国新闻网
4月21日	中国累计在线发布古籍数字资源7.4万部（件）	中国新闻网
4月22日	《神龙说字·云童和女娲》新书首发 国图故宫跨界合作	中国新闻网
4月23日	世界读书日：你还在坚持阅读吗？	中国新闻网
4月23日	“世界读书日·一起读党史”网络主题活动在北京举办	中国新闻网
5月15日	山东省图举行《中华传统文化百部经典》编纂出版成果展	中国新闻网
5月15日	国图艺术中心开展庆祝昆曲申遗成功20周年系列公益活动	中国新闻网
5月18日	“汉典重光”首批实现海外20万页中文古籍“数字化回归”	中国新闻网
5月21日	北京发布第三批历史建筑 国家图书馆总馆南区等入选	中国新闻网
5月26日	《永乐大典》主题展将亮相国图 多册海外回归副本首次展出	中国新闻网
5月31日	中国国家图书馆成立《永乐大典》研究中心	中国新闻网
6月1日	到国图看《永乐大典》的前世今生	中国新闻网
6月1日	“珠还合浦 历劫重光——《永乐大典》的回归和再造”展览在京开幕	中国新闻网
6月8日	国家图书馆新阅读空间带来“全景展厅”和“沉浸式”体验	中国新闻网
6月15日	国图艺术中心举办电影《周恩来》公益展映	中国新闻网

（续表）

日期	标题	媒体名称
6月19日	“伟业：庆祝中国共产党成立一百周年书法大展”开幕	中国新闻网
7月2日	国图艺术中心将举办首届暑期儿童演出季	中国新闻网
7月8日	55种语言300余种版本《共产党宣言》亮相国图	中国新闻网
7月8日	《共产党宣言》专题展在国家图书馆开幕	中国新闻网
7月14日	《永乐大典》《天工开物》聚首国家典籍博物馆	中国新闻网
7月21日	修复文献的年轻人　要耐得住寂寞　对文献有敬畏和责任心	中国新闻网
7月30日	“寻找古籍守护人”公益活动助力古籍活化	中国新闻网
9月18日	铭记英烈！国图建成东北抗联专题最大的口述文献资源库	中国新闻网
9月28日	78册新版《鲁迅手稿全集》在国家图书馆首发　收录手稿超3.2万余页	中国新闻网
9月29日	《鲁迅手稿全集》新书首发式在国家图书馆举行	中国新闻网
10月25日	63部中国民族志纪录片入藏国家图书馆	中国新闻网
11月26日	北京：古籍保护进行时	中国新闻网
11月29日	缩微工作成古籍保护重要方式　累计抢救文献约20万种	中国新闻网
12月9日	3册《永乐大典》原件今起在汉展出	中国新闻网
12月10日	手艺+技术既保古书不“死”　又让传统文化“活”起来	中国新闻网
12月10日	国家图书馆：《永乐大典》三册原件首次出京展览	中国新闻网
12月17日	《永乐大典》亮相武汉　市民慕名观展	中国新闻网
3月6日	全国人大代表韩永进：建设文化强国要让典籍里的文字活起来	中国网
4月13日	数字图书馆在你身边！湖南启动基层数字图书馆互联互通推广活动	中国网
4月21日	国家图书馆等单位发布古籍数字资源　藏文和中医药古籍善本受关注	中国网
4月21日	中国累计在线发布古籍数字资源7.4万部（件）	中国网
4月22日	国图等10家单位联合发布古籍数字资源1700余部	中国网
4月23日	“文津图书奖”获奖书单揭晓！这20种图书获奖	中国网
4月23日	“世界读书日·一起读党史”网络主题活动在京举办	中国网

（续表）

日期	标题	媒体名称
4月23日	第十六届文津图书奖发布暨北京公园阅读文化季启动活动在颐和园举办	中国网
5月12日	首次完整公布百件秘藏画卷，《国家图书馆藏山川名胜舆图整合》限量首发！	中国网
5月18日	国图艺术中心开展庆祝昆曲申遗成功20周年系列公益活动	中国网
5月19日	“汉典重光”首批实现海外20万页中文古籍“数字化回归”	中国网
5月21日	科技守护文明：中国古籍“回家”之路	中国网
5月21日	《孔氏南宗文献丛书》新书发布仪式在国家图书馆举行	中国网
5月26日	国图大展讲述《永乐大典》前世今生　9册嘉靖副本首次展出	中国网
6月2日	国家图书馆举办《永乐大典》的回归再造展览	中国网
6月21日	国家图书馆引入社会力量加强古籍保护	中国网
6月22日	国图艺术中心与北方昆曲剧院联手推广昆曲艺术	中国网
7月8日	《共产党宣言》专题展在国图开幕　展出55种语言306种版本	中国网
7月9日	“中国历史文献总库·红色文献数据库”正式上线	中国网
7月17日	国图首个大型文创空间落地天津　近千种文创产品亮相	中国网
7月19日	国家图书馆藏甲骨文创意展全国首展西安开展	中国网
7月20日	天津地标津湾广场焕新出发	中国网
9月10日	古籍修复　在指尖化腐朽为神奇　学技艺更学做人	中国网
9月29日	《鲁迅手稿全集》新书首发式举行　新版增至3.2万余页	中国网
10月8日	3.2万页手稿看鲁迅	中国网
10月18日	“《论语》及其当代价值”学术研讨会在孔子博物馆举办	中国网
10月24日	第四届中国民族志纪录片学术展在中国人民大学开幕	中国网
10月25日	63部中国民族志纪录片入藏国家图书馆	中国网
11月10日	李群：加快推进北平图书馆旧址修缮、古籍类文物定级工作	中国网
11月22日	国家图书馆第十七届文津图书奖启动	中国网
11月29日	缩微工作成古籍保护重要方式　累计抢救文献约20万种	中国网
11月29日	“中华古籍资源库”10万部（件）古籍免登录浏览	中国网
12月2日	互联网时代，让古籍“飞入寻常百姓家”	中国网

（续表）

日期	标题	媒体名称
12月10日	手艺+技术既保古书不“死”　又让传统文化“活”起来	中国网
12月10日	“珠还合浦历劫重光——《永乐大典》的回归和再造”湖北巡展开幕	中国网
12月10日	全国古籍普查新发现《乾隆御定石经》等一批珍贵文献	中国网
12月16日	国图珍藏《山海经》善本“活”起来	中国网
12月19日	国图举办公开课　纪念王安石诞辰1000周年	中国网
12月23日	国图开启艺术典藏之舞蹈艺术活动	中国网
12月30日	文化助力贵州毕节职业教师素养提升　“温暖工程”在国图启动	中国网
1月1日	国家图书馆上线展映48部非遗纪录片	央广网
2月24日	让典籍“点”亮来路　《典籍里的中国》创作座谈会举行	央广网
3月20日	国家图书馆积极开展“网络书香·阅见美好”公益数字阅读活动	央广网
4月22日	全国累计发布古籍资源达7.4万部（件）	央广网
4月23日	“世界读书日·一起读党史”网络主题活动在京举办	央广网
5月27日	揭秘国宝的前世今生　国图再推《永乐大典》主题展览	央广网
6月1日	到国图看《永乐大典》的前世今生	央广网
6月4日	《永乐大典》的编纂、流失与回归	央广网
6月21日	国图艺术中心与北方昆曲剧院联手推广昆曲艺术	央广网
7月8日	306种版本《共产党宣言》展出　马恩手稿真迹公开亮相	央广网
8月17日	《永乐大典》的回归和再造主题展在广东展出	央广网
11月30日	小胶片里存文脉　缩微抢救志传承	央广网
12月9日	记载黄鹤楼故事的《永乐大典》原件来汉　首次出京选择巡展湖北	央广网
7月10日	306种版本《共产党宣言》展出　马恩手稿真迹公开亮相	央广新闻
2月24日	让典籍“点”亮来路　《典籍里的中国》创作座谈会举行	央视网
4月23日	全民阅读　共建书香中国	央视网

（续表）

日期	标题	媒体名称
4月24日	［北京新闻］奋斗百年路　启航新征程　学党史　悟思想　办实事　开新局　艺术致敬红色经典　国家图书馆系列活动广受欢迎	央视网
6月19日	“伟业：庆祝中国共产党成立一百周年书法大展”开幕	央视网
12月19日	［特别关注-北京］国家图书馆“艺术典藏”系列　开启舞蹈艺术之旅	央视网
12月20日	［都市晚高峰］国图公开课　纪念王安石诞辰1000周年	央视网
7月8日	越百年　跨语言　解锁《共产党宣言》参观新体验！	央视新闻
9月18日	口述史赓续民族精神　东北抗联专题成为国图“中国记忆”最大资源库	央视新闻
4月15日	国图讲坛线下活动17日起将有序恢复	工人日报客户端
4月23日	“行走在阅读的时空里”｜4·23世界读书日特别活动	工人日报客户端
4月24日	“世界读书日·一起读党史”网络主题活动在京举办	工人日报客户端
7月3日	庆祝建党100周年专场音乐会在国图开演	工人日报客户端
7月17日	国家图书馆全国首家多业态文化创意空间在津开放	工人日报客户端
8月3日	“寻找古籍守护人”活动助力古籍活化	工人日报客户端
9月28日	《鲁迅手稿全集》新书首发式在国家图书馆举行	工人日报客户端
12月6日	缩微技术，给古籍拍照留念	工人日报客户端
12月19日	纪念王安石诞辰1000周年，国家图书馆公开课开讲	工人日报客户端
4月30日	今天怎样读《史记》——《中华传统文化百部经典》系列推广活动走进首都图书馆	光明日报客户端
5月21日	《孔氏南宗文献丛书》对孔氏南宗文献进行系统整理汇编	光明日报客户端
9月3日	《共产党宣言》书法长卷作品捐赠仪式在国家图书馆举行	光明日报客户端
9月23日	《论语》主题展在山东曲阜孔子博物馆开幕	光明日报客户端
10月8日	3.2万页手稿看鲁迅	光明日报客户端
10月16日	“《论语》及其当代价值”学术研讨会在孔子博物馆举办	光明日报客户端
10月22日	第四届中国民族志纪录片学术展开幕	光明日报客户端
11月29日	小胶片里存文脉　缩微抢救志传承	光明日报客户端

（续表）

日期	标题	媒体名称
12月22日	“海峡两岸出版交流季暨第四届两岸出版与人文智库论坛”在泉州举行	光明日报客户端
1月4日	国家图书馆上线展映48部非遗纪录片	光明网
2月22日	【文化年·新风尚】逛馆观展走起！春节新年俗让博物馆热持续升温	光明网
3月19日	“册府千华——苏州市藏国家珍贵古籍特展”在苏州开展	光明网
4月13日	行走在阅读的时空里	光明网
4月19日	妙手补书书可春　全国古籍修复技艺竞赛颁奖仪式在国图举行	光明网
4月22日	全国累计发布古籍资源达7.4万部（件）	光明网
4月23日	“世界读书日·一起读党史”网络主题活动在京举办	光明网
4月26日	全国累计发布古籍资源达7.4万部（件）	光明网
4月26日	古籍焕新生　《清代教育档案文献》出版座谈会在国图举办	光明网
4月27日	古籍数字资源库新增中医药古籍善本	光明网
4月27日	国家图书馆军事科学院分馆揭牌成立	光明网
5月11日	杜伟生：为纸张诊病的“古籍医生”	光明网
5月20日	《孔氏南宗文献丛书》新书发布	光明网
5月21日	科技守护文明：中国古籍“回家”之路	光明网
5月27日	《永乐大典》嘉靖副本9册即将亮相国图	光明网
6月2日	国家图书馆举办《永乐大典》的回归和再造展览暨《永乐大典》研究中心成立仪式	光明网
6月10日	国家图书馆开放新阅读空间	光明网
6月20日	“伟业：庆祝中国共产党成立一百周年书法大展”开幕	光明网
6月22日	国图艺术中心与北方昆曲剧院联手推广昆曲艺术	光明网
6月23日	国家图书馆引入社会力量加强古籍保护	光明网
7月6日	国图之夏——寻踪仰迹·共沐理想之光	光明网
7月9日	55种语言306种版本　《共产党宣言》在国家图书馆展出	光明网
8月7日	《共产党宣言》专题展掀起参观热潮	光明网

（续表）

日期	标题	媒体名称
8月9日	《古本戏曲丛刊》编纂出版座谈会在国家图书馆举行	光明网
8月16日	《永乐大典》的回归和再造主题展在广东展出	光明网
8月26日	国家图书馆入选首批文化和旅游行业智库建设试点单位	光明网
9月2日	《鲁迅手稿全集》编委会第三次会议召开	光明网
9月2日	《共产党宣言》书法长卷作品捐赠仪式在北京国家图书馆（国家典籍博物馆）举行	光明网
9月28日	国家图书馆建馆111周年	光明网
9月29日	《鲁迅手稿全集》新书首发式在国家图书馆举行	光明网
10月8日	3.2万页手稿看鲁迅	光明网
10月20日	【第五届北京纪实影像周】国家图书馆将典藏第五届北京纪实影像周作品	光明网
10月26日	63部中国民族志纪录片入藏国家图书馆	光明网
11月22日	邀您共荐年度好书 | 国家图书馆第十七届文津图书奖正式启动	光明网
11月29日	小胶片里存文脉　缩微抢救志传承	光明网
12月2日	互联网时代，让古籍“飞入寻常百姓家”	光明网
12月2日	国图珍藏《山海经》善本“活”起来	光明网
12月10日	手艺+技术既保古书不“死”　又让传统文化“活”起来	光明网
3月3日	全国人大代表韩永进：文化强国建设，全民阅读应是“指标”之一	中国青年报客户端
6月18日	文保基金会与国图联合起来修古籍，重点修复《永乐大典》“湖”字册等	中国青年报客户端
7月4日	听田华、谢芳讲艺术里的红色记忆，国图举办“七一”特别活动	中国青年报客户端
7月4日	在“国图之夏”，我们去看马克思手稿	中国青年报客户端
7月9日	“中国历史文献总库·红色文献数据库”发布上线	中国青年报客户端
8月3日	国家图书馆关于暂停读者线下活动的通告	中国青年报客户端
8月9日	激活人的要素，流量平台助力古籍活化传承	中国青年报客户端

（续表）

日期	标题	媒体名称
11月23日	邀您共荐年度好书｜国家图书馆第十七届文津图书奖正式启动	中国青年报客户端
11月29日	小胶片里存文脉　缩微抢救志传承	中国青年报客户端
12月2日	互联网时代，让古籍“飞入寻常百姓家”	中国青年报客户端
1月6日	国图上线展映48部非遗纪录片	中国青年网
2月23日	逛馆观展走起！春节新年俗让博物馆热持续升温	中国青年网
2月25日	让典籍“点”亮来路　《典籍里的中国》创作座谈会举行	中国青年网
4月16日	童书出海应做好版权保护	中国青年网
4月22日	全国累计发布古籍资源达7.4万部(件)	中国青年网
4月23日	“世界读书日·一起读党史”网络主题活动在京举办	中国青年网
4月25日	世界读书日，各地举办丰富多彩阅读活动	中国青年网
5月11日	杜伟生：为纸张诊病的“古籍医生”	中国青年网
5月19日	“汉典重光”首批实现海外20万页中文古籍“数字化回归”	中国青年网
5月27日	2021年“文化和自然遗产日”非遗宣传展示：人民的非遗人民共享	中国青年网
5月29日	《永乐大典》嘉靖副本9册即将亮相国图	中国青年网
6月2日	国家图书馆举办“《永乐大典》的回归和再造”展览	中国青年网
6月4日	《永乐大典》的编纂、流失与回归	中国青年网
6月6日	《永乐大典》展览对公众开放	中国青年网
6月10日	国家图书馆开放新阅读空间	中国青年网
6月22日	国图艺术中心与北方昆曲剧院联手推广昆曲艺术	中国青年网
7月3日	国图艺术中心将举办首届暑期儿童演出季	中国青年网
7月9日	《共产党宣言》专题展在国家图书馆开幕	中国青年网
7月10日	55种语言、306种版本《共产党宣言》国图展出	中国青年网
9月28日	《鲁迅手稿全集》新书首发：增至78册3.2万余页	中国青年网
11月29日	小胶片里存文脉　缩微抢救志传承	中国青年网
11月29日	缩微工作成古籍保护重要方式　累计抢救文献约20万种	中国青年网

（续表）

日期	标题	媒体名称
12月3日	国图珍藏《山海经》善本“活”起来	中国青年网
12月10日	手艺+技术保古书不“死”　让传统文化“活”起来	中国青年网
12月10日	《永乐大典》嘉靖副本亮相湖北省图	中国青年网
4月14日	春游、展览、音乐会……国家图书馆开启“4·23世界读书日”系列活动	中青在线
4月20日	“抖音全民好书计划”开启　四百场直播助力用户选好书	中青在线
4月21日	国图等10家单位：全国累计发布古籍资源达7.4万部（件）	中青在线
4月23日	“世界读书日·一起读党史”网络主题活动在京举办	中青在线
5月11日	用指尖“复活”珍宝，以匠心留住记忆	中青在线
5月23日	川大携手阿里、伯克利发布“汉典重光”平台，首批20万页中国海外古籍数字化回归	中青在线
6月18日	文保基金会与国图联合起来修古籍，重点修复《永乐大典》“湖”字册等	中青在线
7月4日	听田华、谢芳讲艺术里的红色记忆，国图举办“七一”特别活动	中青在线
7月4日	在“国图之夏”，我们去看马克思手稿	中青在线
7月9日	“中国历史文献总库·红色文献数据库”发布上线	中青在线
7月30日	字节跳动公益发起“寻找古籍守护人”活动　助力古籍活化	中青在线
8月3日	国家图书馆关于暂停读者线下活动的通告	中青在线
10月8日	3.2万页手稿看鲁迅	中青在线
11月29日	小胶片里存文脉　缩微抢救志传承	中青在线
12月2日	互联网时代，让古籍“飞入寻常百姓家”	中青在线
12月10日	手艺+技术既保古书不“死”　又让传统文化“活”起来	中青在线
9月29日	78册新版　《鲁迅手稿全集》首发式在国家图书馆举行	环球time
1月2日	国家图书馆上线展映48部非遗纪录片	环球网
2月25日	逛馆观展走起！春节新年俗让博物馆热持续升温	环球网
3月19日	“册府千华——苏州市藏国家珍贵古籍特展”在苏州开展	环球网
4月6日	中国国家图书馆内展示的活字印刷术模型	环球网

（续表）

日期	标题	媒体名称
4月17日	妙手补书书可春　全国古籍修复技艺竞赛颁奖仪式在国家图书馆举行	环球网
4月23日	“世界读书日·一起读党史”网络主题活动在京举办	环球网
5月24日	科技守护文明：中国古籍“回家”之路	环球网
6月1日	到国图看《永乐大典》的前世今生	环球网
6月1日	中国国家图书馆成立《永乐大典》研究中心	环球网
6月9日	国家图书馆开放新阅读空间　裸眼VR效果引市民参观	环球网
6月18日	中国文物保护基金会与国家图书馆携手　重点修复《永乐大典》“湖”字册	环球网
7月29日	寻找古籍守护人！大力教育助力国学传承	环球网
11月27日	北京：古籍保护进行时	环球网
4月6日	《食物本草图谱》：出版+文创让古籍“活”起来	人民政协网
4月21日	“世界读书日”专场音乐晚会在国图艺术中心举行	人民政协网
4月22日	全国累计发布古籍资源达7.4万部(件)	人民政协网
5月19日	“汉典重光”首批实现海外20万页中文古籍“数字化回归”	人民政协网
6月10日	《常熟文库》新书发布会暨学术座谈会在国家图书馆举行	人民政协网
6月19日	“伟业：庆祝中国共产党成立一百周年书法大展”开幕	人民政协网
6月21日	昆曲申遗成功20年　国图艺术中心推出公益讲座	人民政协网
6月30日	文艺界：以优秀文艺作品讲好党的故事	人民政协网
7月2日	国图艺术中心将举办首届暑期儿童演出季	人民政协网
7月9日	306种版本《共产党宣言》国图展出	人民政协网
7月30日	“寻找古籍守护人”活动启动	人民政协网
7月30日	《古本戏曲丛刊》编纂出版座谈会在国家图书馆举行	人民政协网
8月17日	“《永乐大典》的回归和再造”主题展在广东举办	人民政协网
9月3日	《鲁迅手稿全集》编委会第三次会议召开	人民政协网
9月8日	首届丝绸之路国际图书馆联盟大会视频会举行	人民政协网
9月29日	《鲁迅手稿全集》新书首发　全集增至3.2万余页	人民政协网

（续表）

日期	标题	媒体名称
10月22日	第四届中国民族志纪录片学术展开幕	人民政协网
11月25日	国家图书馆第十七届文津图书奖正式启动	人民政协网
11月29日	小胶片里存文脉　缩微抢救志传承	人民政协网
12月9日	全国古籍普查新发现《乾隆御定石经》等一批珍贵文献	人民政协网
12月20日	国家图书馆举办国图公开课“千年回望王安石——纪念王安石诞辰1000周年”《百部经典》阅读推广特别活动	人民政协网
12月22日	两岸业者共议出版合作与文化融合的机遇与发展	人民政协网
12月31日	“温暖工程毕节职业院校教师专业素质提升培训班”在国家图书馆启动	人民政协网
4月26日	国家图书馆、故宫博物院荣获全国“节约型公共机构示范单位”称号　机关服务中心组织座谈并颁发奖牌、证书	文化和旅游部官网
6月1日	国家图书馆举办《永乐大典》的回归和再造展览暨《永乐大典》研究中心成立仪式	文化和旅游部官网
7月9日	《共产党宣言》专题展国家图书馆开幕	文化和旅游部官网
9月14日	感悟真理力量　坚定理想信仰	文化和旅游部官网
9月29日	《鲁迅手稿全集》新书国图首发	文化和旅游部官网
12月30日	第十六届全国省、自治区、直辖市、较大城市图书馆馆长联席会议召开	文化和旅游部官网
7月29日	字节跳动公益发起“寻找古籍守护人”活动，助力古籍活化	经济参考网
3月19日	“册府千华——苏州市藏国家珍贵古籍特展”在苏州开展	中国经济网
4月14日	国家图书馆发布世界读书日系列活动　四大亮点	中国经济网
4月22日	全国累计发布古籍资源达7.4万部（件）	中国经济网
4月23日	“世界读书日·一起读党史”网络主题活动在京举办	中国经济网
4月24日	20种图书获第十六届文津图书奖	中国经济网
4月30日	国家图书馆与北京出版集团将共推经典文化典籍创新性出版	中国经济网
6月2日	《永乐大典》9册嘉靖副本首次亮相国图大展	中国经济网
6月19日	“伟业：庆祝中国共产党成立一百周年书法大展”开幕	中国经济网
6月24日	中国文物保护基金会携手国图成立古籍保护专项基金	中国经济网

（续表）

日期	标题	媒体名称
7月2日	国图艺术中心推出“缤纷国图”首届暑期儿童演出季	中国经济网
7月8日	《共产党宣言》专题展亮相国家图书馆	中国经济网
8月15日	《永乐大典》的回归和再造主题展在广东展出	中国经济网
9月29日	78册、3.2万余页手稿 《鲁迅手稿全集》在国家图书馆首发	中国经济网
12月2日	互联网时代，让古籍“飞入寻常百姓家”	中国经济网
12月10日	《永乐大典》嘉靖副本亮相湖北省图	中国经济网
12月10日	手艺+技术既保古书不“死” 又让传统文化“活”起来	中国经济网
12月16日	走近旷世宏编《永乐大典》	中国经济网
1月6日	国图上线展映48部非遗纪录片	民主与法制网
4月22日	全国累计发布古籍资源达7.4万部（件）	民主与法制网
4月30日	国家图书馆与北京出版集团将共推经典文化典籍创新性出版	民主与法制网
7月9日	306种版本《共产党宣言》国图展出	民主与法制网
12月6日	国图古籍专家陈红彦：《永乐大典》具有民族自信、文化自信的教育意义	民主与法制网
12月10日	手艺+技术既保古书不“死” 又让传统文化“活”起来	民主与法制网
12月16日	走近旷世宏编《永乐大典》	民主与法制网
5月31日	“《永乐大典》的回归和再造”展览亮相国图	解放军报客户端
1月5日	国家图书馆：填补“数字鸿沟” 让老年人乐	文旅中国
3月20日	国家图书馆积极开展“网络书香·阅见美好”公益数字阅读活动	文旅中国
4月16日	全国古籍修复技艺竞赛颁奖仪式暨古籍修复工作研讨会在国家图书馆举行	文旅中国
4月20日	国家图书馆、百家出版机构抖音直播共推万本好书	文旅中国
4月29日	《中华传统文化百部经典》系列推广活动走进首都图书馆	文旅中国
4月29日	让传统文化的“优秀基因”活起来 | 《中华传统文化百部经典》编纂出版成果展暨专家系列讲座受青睐	文旅中国
5月15日	山东省图书馆举办“传统文化百部经典”成果展	文旅中国
5月15日	国图艺术中心开展庆祝昆曲申遗成功20周年系列公益活动	文旅中国

（续表）

日期	标题	媒体名称
5月21日	《孔氏南宗文献丛书》出版　构筑孔氏南宗研究新高地	文旅中国
6月2日	国家图书馆举办《永乐大典》的回归和再造展览	文旅中国
6月9日	《常熟文库》在京发布　选编重要文献400余种	文旅中国
6月25日	全民阅读新海淀　红色精神薪火传	文旅中国
6月27日	关注人民的非遗　弘扬优秀传统文化	文旅中国
7月8日	《共产党宣言》专题展在国家图书馆开幕	文旅中国
7月15日	溯伟大精神之源　激蓬勃发展之力 | 《共产党宣言》专题展全景展示其历史	文旅中国
7月21日	从甲骨文到新国潮　西安大悦城探索文化跨界新路径	文旅中国
8月14日	国家图书馆组织全体党员干部员工学习习近平总书记“七一”重要讲话	文旅中国
9月13日	国家图书馆召开学习贯彻习近平总书记给国图老专家回信精神两周年座谈会	文旅中国
9月29日	《鲁迅手稿全集》新书首发式在国家图书馆举行	文旅中国
12月3日	国家图书馆始终坚持开展古籍数字化工作，并服务于广大公众	文旅中国
12月23日	推动两岸出版与人文智库交流	文旅中国
12月27日	国家图书馆与中国社会科学院近代史研究所签订战略合作协议	文旅中国
2月11日	“家和万事兴”，这个展览给在京过年带来家的温度	北京日报客户端
3月8日	全国人大组织法和议事规则首修 | 韩永进代表：从实践中获取生机活力推动人民代表大会制度与时俱进	北京日报客户端
4月13日	国图“百年华章　以声献礼”活动13日开启	北京日报客户端
4月13日	国图讲坛线下活动17日起有序恢复	北京日报客户端
4月21日	国图联合多家图书馆在线发布古籍数字资源，新增一批藏文和中医药古籍	北京日报客户端
4月23日	刚刚，文津图书奖揭晓！这20种图书获奖，推荐书单一并奉上	北京日报客户端
4月23日	20种图书获第十六届文津图书奖	北京日报客户端

（续表）

日期	标题	媒体名称
4月25日	国图故宫跨界合作推出游戏书，小神龙为孩子讲汉字故事	北京日报客户端
4月28日	《中华传统文化百部经典》编纂出版成果在首图展出	北京日报客户端
5月15日	国图艺术中心开启庆祝昆曲申遗成功20周年系列公益活动	北京日报客户端
5月18日	离家百年、去国万里，20万页海外古籍“回来了”	北京日报客户端
5月20日	北京第三批历史建筑名单公布！国家图书馆等在列	北京日报客户端
5月26日	国图展览呈现《永乐大典》前世今生，将免费向公众开放	北京日报客户端
6月8日	国图开放新阅读空间，给读者带来沉浸式阅读新体验	北京日报客户端
6月10日	第五批国家级非遗代表性项目名录公布！国图、故宫榜上有名	北京日报客户端
6月12日	国家图书馆新阅读空间开放	北京日报客户端
6月12日	文化之约｜《永乐大典》的编纂、流失与回归	北京日报客户端
7月2日	国图艺术中心将举办首届暑期儿童演出季	北京日报客户端
7月8日	55种语言306种版本《共产党宣言》国图展出	北京日报客户端
8月7日	抗疫特写｜记者探访国家图书馆，读者预约进馆全程规范佩戴口罩	北京日报客户端
9月2日	熊远明任国家图书馆馆长	北京日报客户端
9月18日	铭记抗战英烈！东北抗联专题建设成国图“中国记忆”最大资料库	北京日报客户端
9月28日	手稿影像3.2万余页，应收尽收！新版《鲁迅手稿全集》首发	北京日报客户端
10月25日	63部中国民族志纪录片入藏国家图书馆	北京日报客户端
11月19日	国家图书馆第十七届文津图书奖启动	北京日报客户端
12月1日	4700多人众筹，国图珍藏《山海经》善本借助文创品“活”起来	北京日报客户端
12月8日	三卷本《一二·九运动人物记》出版，新书赠予国家图书馆	北京日报客户端
12月16日	用网络文学讲好甲骨故事，国图联合阅文助力古文字保护	北京日报客户端
12月18日	纪念王安石诞辰1000周年，国图公开课开讲	北京日报客户端
12月19日	“讲舞堂”办进国图，艺术典藏之舞蹈艺术系列活动启动	北京日报客户端
5月19日	20万页海外古籍如何“数字化”回归？	新京报客户端

（续表）

日期	标题	媒体名称
7月8日	55种语言306种版本《共产党宣言》国图展出	新京报客户端
9月28日	3.2万余页手稿原貌呈现，新版《鲁迅手稿全集》首发	新京报客户端
4月13日	国家图书馆开启2021年“4·23世界读书日”系列活动	新京报网
4月21日	国图等10家单位联合发布古籍数字资源1700余部	新京报网
4月23日	让阅读走出传统书斋　第十六届文津图书奖在颐和园揭晓	新京报网
5月19日	20万页海外古籍如何“数字化”回归？	新京报网
6月8日	国家图书馆新阅读空间开放　VR带您换种方式阅读	新京报网
6月14日	国图艺术中心展映电影《周恩来》　85岁王铁成再现“总理声音”	新京报网
6月17日	古籍保护专项基金启动仪式在国图举行，将修复《永乐大典》等古籍	新京报网
7月2日	“缤纷国图”首届暑期儿童演出季将在国图艺术中心举办	新京报网
7月4日	国图展映《青春之歌》　谢芳、张目夫妇与观众互动	新京报网
7月8日	55种语言306种版本《共产党宣言》国图展出	新京报网
7月20日	做文献修复的年轻人：耐得住寂寞，很容易让人爱上这个职业	新京报网
9月29日	《鲁迅手稿全集》新书在国图首发，新增近1.5万页、收录更全面	新京报网
12月7日	现存古籍如何延长500年“寿命”？	新京报网
12月18日	国图公开课“千年回望王安石”京赣同步直播举行	新京报网
4月13日	世界读书日临近，国图馆藏红色文献即将展出	京报网
5月8日	十家单位联合在线发布古籍数字资源，含藏文、中医药古籍善本等	京报网
5月20日	北京第三批历史建筑名单公布！国家图书馆等在列	京报网
5月27日	《永乐大典》即将亮相国家图书馆，6月1日起向公众免费开放	京报网
6月18日	中国文保基金会与国图签约合作，《永乐大典》“湖”字册将进行修复	京报网

（续表）

日期	标题	媒体名称
7月26日	306种《共产党宣言》亮相国图，鲁迅追忆新文化运动“闯将”手稿展出	京报网
7月26日	55种语言，306种！《共产党宣言》经典文献亮相国图	京报网
9月18日	铭记抗战英烈！东北抗联专题建设成国图“中国记忆”最大资料库	京报网
10月2日	新版《鲁迅手稿全集》首发，采用原件高清扫描	京报网
12月2日	300余种神兽跃然纸上！国家图书馆文创让《山海经》活过来	京报网
4月15日	国图讲坛线下活动17日起将有序恢复	北青网
4月23日	世界读书日　国家图书馆“吾皇万睡”文创给你的图书馆之旅添彩	北青网
4月23日	“世界读书日·一起读党史”网络主题活动在京举办	北青网
5月28日	《永乐大典》露“新颜”	北青网
9月29日	《鲁迅手稿全集》首发　新增手稿14600页	北青网
10月26日	63部中国民族志纪录片入藏国家图书馆	北青网
11月30日	小胶片里存文脉，缩微抢救志传承	北青网
2月25日	让典籍“点”亮来路　《典籍里的中国》创作座谈会举行	北晚新视觉
4月19日	“抖音全民好书计划”开启　四百场直播助力用户选好书	北晚新视觉
8月3日	国家图书馆暂停读者线下活动	北京商报网
4月13日	国图开启“世界读书日”活动　将推中国战“疫”记忆库专题	香港文汇网
4月21日	中国累计发布7.4万部古籍数字资源供读者网上阅览	香港文汇网
4月23日	蒙古王府的珍藏	香港文汇网
5月30日	国图办“致敬经典·艺术里的红色记忆”系列活动　陈晓光讲解“中国歌曲100年”	香港文汇网
7月6日	“红本”是首版　全国仅存12本	香港文汇网
8月7日	京城最火三伏天　办最热港人活动	香港文汇网
3月19日	明清时期全国的藏书刻书中心缘何在此？这个国家珍贵古籍特展给出答案	文汇网

（续表）

日期	标题	媒体名称
4月22日	国家图书馆等10单位联合在线发布古籍数字资源　全国累计发布古籍资源达7.4万部（件）	文汇网
5月28日	《永乐大典》嘉靖副本9册即将亮相国图	文汇网
6月19日	以党史感悟初心　以笔墨渲染时代——“伟业：庆祝中国共产党成立一百周年书法大展”在京开幕	文汇网
7月8日	文献总量超过100万页！“中国历史文献总库·红色文献数据库”发布上线	文汇网
7月16日	55种语言、306个版本的《共产党宣言》带你管窥马克思主义在世界的传播图景	文汇网
7月29日	李子柒等九人成“宣推官”，这档活动让古籍“活起来”	文汇网
7月30日	六十载使命接续，千百卷传奇完璧！《古本戏曲丛刊》全十集出版完成	文汇网
9月2日	第四届中国与阿拉伯国家图书馆及信息领域专家会议在杭州举行	文汇网
9月18日	国家图书馆中国记忆项目建成文献总量最大的东北抗日联军专题资源库	文汇网
9月28日	全套78册《鲁迅手稿全集》出版，囊括迄今所能搜集并确认的全部鲁迅手稿	文汇网
11月17日	绍古开新　担当使命——《子藏》第六批成果发布会暨“子藏学”学术研讨会在上海举行	文汇网
12月2日	互联网时代，让古籍“飞入寻常百姓家”	文汇网
3月24日	上师大与国图联合推出十卷本《中国国家图书馆藏山川名胜舆图集成》	东方网
4月24日	国家图书馆第十六届文津图书奖发布	看看新闻网
3月26日	从《诗经》到《红楼梦》，那些年我们读过的经典都在这个古籍展	河南日报网
12月6日	对话国家图书馆古籍馆副馆长陈红彦　两页《永乐大典》价值37两黄金	楚天都市网
3月31日	国家图书馆、长江沿线公共图书馆馆长武汉研讨图书馆的智慧发展之路	湖北日报客户端

（续表）

日期	标题	媒体名称
12月4日	国图古籍馆副馆长剧透《永乐大典》在鄂展出看点	湖北日报客户端
12月8日	国家图书馆副馆长张志清在汉谈古籍保护与活化：我们数字化了“20部四库全书”	湖北日报客户端
12月8日	国家图书馆副馆长张志清谈《永乐大典》首次出京为什么来武汉	长江日报客户端
5月16日	《中华传统文化百部经典》编纂出版成果展在山东省图书馆举行	齐鲁晚报网
9月20日	快来打卡吧！《论语》主题展亮相孔子博物馆	齐鲁网
1月8日	《永乐大典》主题展览将在国家典籍博物馆开展，讲述传统巨著的前世今生	搜狐网
3月18日	“册府千华——苏州市藏国家珍贵古籍特展”在苏州开展	搜狐网
3月20日	国家图书馆积极开展“网络书香·阅见美好”公益数字阅读活动	搜狐网
4月21日	国图等10家单位联合发布古籍数字资源，新增1700余部古籍	搜狐网
4月25日	第十六届文津图书奖揭晓！从1873种图书中选出的20种获奖图书有何亮点？	搜狐网
5月15日	国图艺术中心开展庆祝昆曲申遗成功20周年系列公益活动	搜狐网
5月18日	流散海外20万页中文古籍“数字化回归”，40余种宋元珍本向公众开放	搜狐网
5月18日	“汉典重光”首批实现海外20万页中文古籍“数字化回归”	搜狐网
5月26日	国图再推《永乐大典》主题展览，9册嘉靖副本珍罕面世！	搜狐网
6月21日	国图艺术中心与北方昆曲剧院联手推广昆曲艺术	搜狐网
7月5日	国图艺术中心启动“七·一”特别活动，田华带你重温红色经典	搜狐网
7月8日	《共产党宣言》专题展在国家图书馆开幕	搜狐网

年度大事记

年度大事记

一　月

14日，由国有资产管理处主办、北京国图创新文化服务有限公司承办的首期馆属企业沙龙活动——“让书写在古籍里的文字活起来”举办。国家图书馆副馆长张志清、张军出席活动，国有资产管理处和4家馆属企业主要负责人参加活动。

28—29日，国家图书馆2021年中层干部扩大会议召开。馆领导、各部处负责人、各党支部主要负责人、各馆属企业主要负责人、全体副科级以上干部及各党支部委员等近360人参加会议。国家图书馆馆长、党委副书记饶权做主旨讲话，党委书记、副馆长魏大威做会议总结。会议安排主会场和分会场，分会场参会人员以视频形式参加会议。

二　月

26日，中国国家图书馆副馆长陈樱出席国际图联亚洲和大洋洲地区专业组常委会年中线上会议，并作为东北亚地区召集人提交《东北亚地区图书馆发展情况报告》。

三　月

5日，2021年国家图书馆员工大会召开。文化和旅游部党组成员、副部长张旭，国家图书馆馆长、党委副书记饶权出席会议并分别讲话。国家图书馆党委书记、副馆长魏大威主持会议。文化和旅游部公共服务司一级巡视员陈彬斌，国家图书馆副馆长张志清、孙一钢、陈樱、汪东波、张军，各部处员工和离退休老同志代表700余人参加大会。会上，馆领导宣读了关于颁发和表彰2020年度“馆长特别奖”“先进集体”“服务标兵”“创建安全单位先进集体和先进个人”的决定。主席台就座的领导向获奖的集体代表和个人颁发荣誉证书，向在馆工作满三十年的员工颁发纪念章及证书。

11日，国家图书馆、中国图书馆学会与中国科技馆在国家图书馆举行战略合作框架协议签约仪式。中国科协党组成员、中国科技馆馆长殷皓，中国科技馆副馆长庞晓东，国家图书馆馆长、中国图书馆学会理事长饶权，国家图书馆副馆长、中国图书馆学会副理事长陈樱以及国家图书馆、中国图书馆学会、中国科技馆相关部门负责人出席仪式。饶权、殷皓先后致辞并签署战略合作框架协议，陈樱主持签约仪式。

15日，国家图书馆召开党史学习教育动员部署会，文化和旅游部党史学习教育第四指导组组长宋晨出席会议并做指导讲话，国家图书馆馆长、党委副书记饶权做动员讲话，党委书记、副馆长魏大威主持会议。部党史学习教育第四指导组成员，馆领导班子成员、党委委员、中层干部、党支部支委参加会议。全党集中开展党史学习教育以来，国家图书馆党政领导班子认真学习中央关于党史学习教育的决策部署和部党组工作要求，成立由饶权任组长、魏大威任常务副组长、其他馆领导为成员的国家图书馆党史学习教育领导小组，建立了相关工作机制，结合实际研究制定《国家图书馆开展党史学习教育工作方案》。

四　月

8日，中国战“疫”记忆库项目工作会议在国家图书馆召开。中国战“疫”记忆库项目领导小组组长，国家图书馆党委书记、副馆长魏大威出席会议并讲话，来自河北、山西、湖北、广东、陕西等省图书馆及太原、武汉等市图书馆馆长参加会议。

13日，国家图书馆中文开架图书借阅一体化服务正式开启。总馆北区的中文图书外借服务并入中文图书阅览区，实现中文开架图书阅览和外借服务合并。除工具书区与专题展示区图书外，中文图书区的开架图书均可提供外借。

13—16日，国家图书馆副馆长张军等一行11人赴江苏淮安、南通、南京等地，就北京国图文化发展有限责任公司在有关地区业务发展情况开展调研，与有关单位负责人进行座谈。

16日，国家图书馆在北京西山国家森林公园“无名英雄纪念广场”组织开展党史学习教育“清明祭英烈”活动，随后赴香山双清别墅参观学习。馆领导班子成员、党委委员，馆党史学习教育领导小组办公室成员，团员青年代表等近30人参加活动。

16日，国家图书馆（国家古籍保护中心）举行全国古籍修复技艺竞赛颁奖仪式暨古籍修复工作研讨会。国家图书馆馆长、国家古籍保护中心主任饶权，文化和旅游部非物质文化遗产司副司长钟建波出席活动并致辞，中国古籍保护协会会长刘惠平以及古籍修复技艺传习导师、古籍修复竞赛获奖修复师代表、有关专家等参加活动。活动由国家图书馆副馆长、国家古籍保护中心副主任张志清主持。会议公布全国古籍修复技艺竞赛获奖名单和古籍修复技艺传习所增聘及续聘导师名单，获奖代表、与会古籍修复技艺传习导师和修复师就古籍修复技艺传习工作进行分享与交流。

19日，国家图书馆与军事科学院军事科学信息研究中心签署合作协议，正式成立“国家图书馆军事科学院分馆”。国家图书馆馆长饶权、军事科学信息研究中心主任刘林山为分馆揭牌。国家图书馆向军事科学院分馆赠送《中华传统文化百部经典》系列图书40种。

21日，国家图书馆（国家古籍保护中心）、天津图书馆、南京图书馆等10家单位，在国家图书馆召开古籍数字资源联合发布座谈会。此次会议联合发布新增古籍资源1700余部/

件，全国累计发布古籍资源达 7.4 万部 / 件。

23 日，“行走在阅读的时空里——第十六届文津图书奖发布暨北京公园阅读文化季启动活动”在颐和园霁清轩举办。国家图书馆馆长饶权，中共北京市委宣传部二级巡视员丁梅，北京市公园管理中心副主任张亚红，国家图书馆副馆长汪东波，北京市颐和园管理处党委书记马文香、园长杨华等活动组织单位有关负责人，全国政协常委、副秘书长、民进中央副主席、文津图书奖评委会副主任朱永新，文津图书奖评委王渝生、庄建、喻剑南、杨虚杰、阿甲、赖雪梅、王海茹等，以及获奖图书作者、出版社和新闻媒体代表等参加活动。活动现场揭晓第十六届文津图书奖获奖图书 20 种、推荐图书 49 种，还展示北京市公园代表性阅读空间，以及由中国图书馆学会联合各省级图书馆学（协）会在全国范围内推荐的 53 个图书馆特色主题阅读空间。

23 日，由国家图书馆、华为公司共同打造的“智慧，穿阅千年”古籍阅读与古籍修复推广活动举办。国家图书馆副馆长、古籍馆馆长张志清，古籍馆副馆长陈红彦，“童话大王”郑渊洁作为特邀嘉宾参加直播活动。活动通过多个平台进行直播，全平台观看量累计突破 1000 万人次。

29 日，国家图书馆与北京出版集团战略合作签约仪式在古籍馆举行。国家图书馆馆长饶权，北京出版集团党委书记、董事长康伟在签约仪式上致辞并签署战略合作协议，北京出版集团副总经理、总编辑李清霞，副总经理张景山等相关负责人参加签约仪式，国家图书馆副馆长张军主持签约仪式。

五　月

7 日，国家图书馆团委举办第五届青年学术论坛，国家图书馆馆长饶权，党委书记、副馆长魏大威，副馆长陈樱等领导和嘉宾，以及各部处主任、征文获奖代表和团员青年代表等 100 余人参加论坛。饶权、魏大威为荣获一等奖的青年代表颁发获奖证书，陈樱主持论坛，征文获奖代表在论坛上进行报告交流。

14 日，在文化和旅游部、国家文物局对口援疆工作会议期间，国家图书馆党委书记、副馆长魏大威向全疆图书馆赠送国家图书馆准备的数字文化资源，新疆维吾尔自治区文化和旅游厅党组书记侯汉敏代表全疆图书馆接受捐赠，魏大威和侯汉敏共同开启国家图书馆援疆数字文化资源全疆展播。

18 日，国家图书馆副馆长张军等赴雄安新区调研交流。雄安新区公共服务局局长高立春及雄安新区未来城市公共服务研究院、雄安集团生态环境建设投资有限公司、中交雄安投资有限公司有关负责人参与座谈交流。与会人员围绕在雄安新区开展公共文化服务合作进行深入探讨。

31 日，“珠还合浦　历劫重光——《永乐大典》的回归和再造”展览开幕式暨《永乐大典》研究中心揭牌仪式在国家图书馆举行。文化和旅游部党组书记、部长胡和平为《永乐大典》研究中心揭牌并宣布展览开幕，副部长张旭，副部长、国家图书馆馆长饶权，国家文物鉴定委员会主任傅熹年出席开幕式并致辞，国家图书馆党委书记、副馆长魏大威主持开幕式。

六　月

8 日，国家图书馆新阅读空间开放暨党员志愿服务总队成立活动在总馆北区举行。国家图书馆党委书记、副馆长魏大威，副馆长、党委副书记陈樱等领导出席活动，活动由副馆长张军主持。魏大威宣布“国家图书馆党员志愿服务总队”正式成立。魏大威、陈樱为 4 支党员志愿服务分队代表授牌。

10 日，中央纪委国家监委驻文化和旅游部纪检监察组组长、部党组成员腊翊凡一行到国家图书馆调研指导工作，驻文化和旅游部纪检监察组二室主任彭德才，国家图书馆党委书记、副馆长魏大威，副馆长、国家古籍保护中心副主任张志清，副馆长、党委副书记、纪委书记陈樱，副馆长汪东波、张军等有关负责人参加调研。实地调研结束后，腊翊凡一行与国家图书馆领导班子成员座谈交流。魏大威代表国家图书馆领导班子汇报工作。

17 日，中国文物保护基金会与国家图书馆合作签约暨字节跳动古籍保护专项基金启动仪式在国家图书馆举行。文化和旅游部副部长、国家图书馆馆长、国家古籍保护中心主任饶权，中国文物保护基金会理事长励小捷，北京字节跳动科技有限公司副总裁李涛等领导和嘉宾出席仪式并致辞。国家图书馆党委书记、副馆长魏大威主持仪式。中国文物保护基金会副理事长兼秘书长梁钢，国家图书馆副馆长、国家古籍保护中心副主任张志清，北京字节跳动科技有限公司企业社会责任部总经理杨洁分别代表三方签订《中国文物保护基金会与国家图书馆（国家古籍保护中心）古籍保护公益项目战略合作框架协议》《中国文物保护基金会字节跳动古籍保护专项基金设立协议》《古籍保护与利用公益项目合作备忘录》。饶权、励小捷、李涛等领导共同启动“中国文物保护基金会字节跳动古籍保护专项基金”。

19 日，“伟业——庆祝中国共产党成立一百周年书法大展”之“崇高信仰”篇在国家典籍博物馆开展。该展览分为“百年辉煌”“崇高信仰”“光昭九域”三个篇章。由中国文学艺术界联合会、国家图书馆、中国书法家协会共同主办，中国文联书法艺术中心承办，共展出 135 件主题创作作品。

29 日，国家图书馆“两优一先”表彰大会召开。文化和旅游部直属机关党委副书记、一级巡视员孙秋霞，国家图书馆党委书记、副馆长魏大威出席会议并讲话，副馆长、党委副书记、纪委书记陈樱主持会议。会上举行新党员代表入党宣誓仪式、“光荣在党 50 年”纪念章颁发仪式，并为获得“两优一先”奖项的集体和个人代表颁奖。

七　月

2日，由中国文学艺术界联合会、国家图书馆、中国书法家协会主办的“国图之夏——寻踪仰迹·共沐理想之光”庆祝建党一百周年主题活动在国家图书馆举行。中国书法家协会名誉主席苏士澍，中国书法家协会主席孙晓云，国家图书馆党委书记、副馆长魏大威，副馆长张志清等领导和嘉宾参加活动。

8日，由国家图书馆与中共浙江省委宣传部共同主办的《共产党宣言》专题展在国家图书馆开幕。文化和旅游部党组书记、部长胡和平出席活动并宣布展览开幕，副部长、国家图书馆馆长饶权出席活动并致辞，国家图书馆党委书记、副馆长魏大威主持开幕式。

13—14日，由台湾汉学研究中心承办的第十三次中文文献资源共建共享合作会议在线召开。国家图书馆副馆长陈樱、台湾汉学研究中心主任曾淑贤、台湾大学图书馆馆长陈光华出席会议并致开幕词。来自中国、美国、英国等国家的230余位代表通过视频参加或观看会议。

16日，国图·津湾文创空间开业暨“一本书的诞生”展览开幕仪式在国图·津湾文创空间举行。国家图书馆副馆长张军，以及天津市文化和旅游局、天津城投集团、宁波图书馆等有关单位负责人参加活动。

19—20日，中国古籍保护协会第二次会员代表大会暨二届一次理事会以线上线下结合的方式在国家图书馆召开。会议总结第一届理事会工作，选举产生第二届理事会、常务理事会和协会负责人，表决通过“中国古籍保护协会第二次会员代表大会决议”。

23日，“六十载使命接续　千百卷传奇完璧——《古本戏曲丛刊》编纂出版座谈会”在国家图书馆举行。原文化部副部长、中国艺术研究院原院长王文章，国家图书馆党委书记、副馆长魏大威，中国社会科学院学部委员、文学研究所原所长刘跃进等出席会议并致辞。来自全国的戏曲文献研究专家学者、古籍界、出版界专家参加座谈会。

22日，国家图书馆与西藏自治区群众艺术馆（西藏自治区非物质文化遗产保护中心）人才援助协议签约仪式在国家图书馆举行。国家图书馆副馆长汪东波，西藏自治区文化厅党组成员、副厅长阎平，西藏自治区群众艺术馆（西藏自治区非物质文化遗产保护中心）党委书记、副馆长敖超及双方相关部门负责人出席仪式。

八　月

17—19日，国际图联组织召开首次线上世界图书馆和信息大会（第86届国际图联大会）。国家图书馆党委书记、副馆长魏大威，副馆长、党委副书记陈樱，副馆长霍瑞娟及相关部门负责人参加大会，与各国参会代表就知识管理与服务、亚洲和大洋洲地区图书馆交流与合作、图书馆可持续发展、图书馆宣传和推广、文献编目、文献保存和保护以及文献提供和资源共享等议题进行交流。

19日，《文化和旅游部办公厅关于公布首批文化和旅游行业智库建设试点单位的通知》正式发布，国家图书馆等19个单位入选首批文化和旅游行业智库建设试点单位。国家图书馆的重点研究方向为决策咨询研究、海外中国问题研究、智慧图书馆研究。

31日，文化和旅游部召开国家图书馆领导干部任职宣布会。部党组成员、副部长张旭，部党组成员、副部长饶权，人事司司长汪志刚出席会议。会议由国家图书馆党委书记、副馆长魏大威主持，馆领导班子成员、各部处负责人、各馆属企业主要负责人，以及部分高级专业技术人员参加会议。汪志刚宣读干部任免文件，免去饶权兼任的国家图书馆馆长、党委副书记、国家古籍保护中心主任、国家典籍博物馆馆长职务，任命熊远明为国家图书馆馆长、党委副书记、国家古籍保护中心主任、国家典籍博物馆馆长。

九　月

1日，“第四届中国与阿拉伯国家图书馆及信息领域专家会议”在浙江杭州以线上会议形式举行，主题为“疫情常态化条件下图书馆的区域性交流与合作”。会议由中国文化和旅游部国际交流与合作局、浙江省文化和旅游厅支持，中国国家图书馆和阿拉伯国家联盟秘书处共同主办，浙江图书馆承办。阿拉伯国家联盟秘书处信息文献和翻译司司长哈莱・贾德、中国文化和旅游部国际交流与合作局副局长封立涛、中国国家图书馆副馆长陈樱、浙江省文化和旅游厅副厅长叶菁、浙江图书馆馆长褚树青以及来自11个阿拉伯国家及阿盟秘书处、13家中方机构共40余名馆长、官员、专家以视频连线的方式出席会议。与会代表围绕“中阿图书馆线上服务的机遇与挑战”“中阿图书馆运营管理新特点与新模式”等分主题进行交流探讨。

2日，“首届丝绸之路国际图书馆联盟大会”在浙江杭州以线上会议形式举行。会议由中国文化和旅游部国际交流与合作局支持，中国国家图书馆与浙江省文化和旅游厅共同主办，浙江图书馆承办。中国文化和旅游部国际交流与合作局副局长封立涛、中国国家图书馆副馆长陈樱、浙江省文化和旅游厅副厅长许澎、浙江图书馆馆长褚树青以及来自亚洲、欧洲、非洲、大洋洲等27个共建“一带一路”沿线国家的30余位国家图书馆馆长、知名文化机构代表，以及30余位国内图书馆馆长和专家学者以视频连线的方式出席会议。陈樱代表联盟牵头单位做大会主旨报告，联盟成员单位讨论并通过《丝绸之路国际图书馆联盟管理办法》。大会同期举行第三届丝绸之路国际图书馆联盟论坛。

2日，中共中央政治局委员、全国人大常委会副委员长王晨到国家图书馆调研社会主义法治文化建设工作。调研期间，王晨听取文化和旅游部有关部门关于推动法治文艺创作、加强文艺工作者法治和道德教育工作介绍，了解国家图书馆提供法律文献服务情况。

9日，国家图书馆在总馆南区广场举行建馆112周年升旗仪式。馆长、党委副书记熊远明，党委书记、副馆长魏大威，副馆长张志清、陈樱、汪东波、张军、霍瑞娟，以及各部处负责人、在职员工、离退休员工代表等共350余人参加仪式。

13日，国家图书馆召开学习贯彻习近平总书记给国图老专家回信精神两周年座谈会。馆长、党委副书记熊远明出席会议并讲话，党委书记、副馆长魏大威主持会议，副馆长张志清、陈樱、张军、霍瑞娟出席会议。会上，6位部处负责人做交流发言。

14日，国家图书馆馆长熊远明，副馆长张军、霍瑞娟赴河北省承德县调研承德文献周转库和国家文献战略储备库项目用地，了解有关工作进展情况。承德市委常委、宣传部部长赵青英，副市长张树国，承德县委书记刘志琦，县长柳雪松等参加调研。

28日，《鲁迅手稿全集》新书首发式在国家图书馆举行。文化和旅游部部长、《鲁迅手稿全集》编委会主任胡和平，副部长、编委会副主任饶权，国家文物局副局长胡冰出席首发式。中宣部、文化和旅游部、国家文物局有关司局负责人，国家图书馆等有关单位负责人，《鲁迅手稿全集》编委会、专家委员会、编纂人员代表，从事鲁迅研究、文物利用的文博机构、研究会负责人及高校专家学者等参加首发式。胡和平为《鲁迅手稿全集》新书揭幕并讲话，饶权介绍编辑出版情况。胡和平、饶权、胡冰为鲁迅手稿存藏机构代表及鲁迅家属赠送全套《鲁迅手稿全集》。鲁迅长孙、鲁迅文化基金会会长周令飞及部分专家代表发言。

29日，国家图书馆与南京市江北新区管委会战略合作协议签约仪式在南京江北新区举行。国家图书馆馆长熊远明，副馆长张军，南京市委常委、江北新区党工委专职副书记罗群，江北新区党工委委员、管委会副主任李保平出席活动。张军和李保平作为双方代表签署战略合作协议。

十　月

12日，审计署群团文化审计局局长马晓方，副局长郇彦如、崔云凯一行到访国家图书馆，调研图书馆事业发展和财政预算执行等情况，文化和旅游部财务司司长马秦临，国家图书馆馆长熊远明，副馆长陈樱、霍瑞娟等参加调研。

13日，由国家图书馆、中国盲人协会、中国盲文图书馆合作策划的中国记忆项目“视障领域代表性人物专题”资源共建共享工作启动仪式在国图艺术中心举行。中国残联党组书记、执行理事会理事长周长奎，国家图书馆馆长熊远明、副馆长汪东波，中国盲人协会主席李庆忠，中国盲文图书馆馆长朱兵、副馆长张学超等出席启动仪式。熊远明、李庆忠、朱兵代表合作方共同启动项目。

18日，国家图书馆馆长熊远明会见了到访的承德市委书记董晓宇一行，双方围绕推进国家文献战略储备库项目等进行深入交流。副馆长霍瑞娟，承德市委常委、市委秘书长傅海旺参加会见。

20 日，沧州市向国家图书馆捐赠张之洞铜像仪式在沧州市图书馆举行。原文化部副部长、国家图书馆原馆长周和平，国家图书馆馆长熊远明、副馆长霍瑞娟，河北省文化和旅游厅党组副书记、副厅长、一级巡视员翟玉虎，沧州市委书记康彦民，市委副书记、市长向辉出席仪式。沧州市委常委、宣传部部长李凡主持仪式。周和平、熊远明、康彦民、向辉共同为张之洞铜像揭幕。

25 日，中国国家图书馆馆长熊远明与新加坡国家图书馆管理局局长黄子鹏举行线上会议，就双方应对疫情所采取的举措及各自中远期发展规划等议题进行探讨。中国国家图书馆副馆长陈樱、新加坡国家图书馆管理局助理局长陈惠勇等参加会议。

27 日，国家图书馆第四次工会会员代表大会暨第三届职工代表大会在国图艺术中心召开。文化和旅游部机关党委二级巡视员、直属机关工会主席关红雯，馆领导熊远明、魏大威、张志清、陈樱、张军、霍瑞娟出席开幕式。大会通过《关于国家图书馆工会第三届委员会工作报告的决议》《关于国家图书馆工会第三届经费审查委员会工作报告的决议》《关于国家图书馆第二届职工代表大会提案审理落实情况工作报告的决议》，选举产生国家图书馆工会第四届委员会和经费审查委员会。

29 日，国家图书馆召开智慧图书馆建设领导小组扩大会议。馆领导熊远明、魏大威、张志清、陈樱、张军出席会议，各部处负责人及有关人员参加会议。熊远明主持会议并讲话，魏大威、张志清、陈樱、张军分别发言。研究院（业务管理处）院长申晓娟汇报全国智慧图书馆体系建设项目的基本情况。

29 日，共青团国家图书馆第九次代表大会在总馆南区文会堂召开。国家图书馆馆长、党委副书记熊远明，党委书记、副馆长魏大威，文化和旅游部直属机关团委书记张呈鼎出席大会，来自全馆各团支部的代表参加大会。大会讨论通过《关于共青团国家图书馆第八届委员会工作报告的决议》，选举产生新一届共青团国家图书馆委员会。

十一月

1 日，“展望我们的未来：图书馆和档案馆的总体发展规划——亚大地区国家图书馆领导者对话”线上会议举行。国际图联主席巴巴拉·利森，中国国家图书馆馆长熊远明、副馆长陈樱，以及来自新加坡、澳大利亚、芬兰、印度尼西亚、新西兰、英国等国的国家图书馆馆长出席会议。熊远明在会上做专题报告。

3 日，文化和旅游部党组成员、副部长、国家文物局局长李群到国家图书馆古籍馆调研，深入了解国家图书馆古籍馆保护修缮、馆藏文献资源保存保护、消防安防设施设备运行等有关情况，与国家图书馆相关负责人座谈交流，听取关于北平图书馆旧址修缮、古籍类文物定级工作进展以及工作中遇到的困难情况汇报。国家文物局有关司室负责人、国家图书馆相关负责人参加调研。

11日，国家图书馆召开青年座谈会。馆长、党委副书记熊远明出席并讲话，党委书记、副馆长魏大威主持会议，副馆长陈樱、张军、霍瑞娟出席会议。相关部处负责人以及来自全馆各部处的50名青年代表参加会议。11位青年代表结合各自岗位实践进行发言。

11日，国际图联保存保护中心（中、日、韩）线上会议召开。中国国家图书馆副馆长、国际图联保存保护中国中心负责人张志清，国际图联保存保护日本中心负责人永井善一，国际图联保存保护韩国中心负责人李贵馥参加会议并做主旨报告。

15日，由台湾汉学研究中心承办的中文文献资源共建共享合作会议理事会第十四次会议在线召开，来自中国和北美地区的9所图书馆机构16名代表参加会议。国家图书馆副馆长陈樱出席会议并介绍下一届会议的筹备计划。

23日，全国图书馆联合编目中心2021年度工作会议在线召开。国家图书馆副馆长汪东波出席会议并致辞，全国图书馆联合编目中心负责人以及来自全国各省级分中心的代表等50人参加会议。会议对中心2021年度工作进行了整体回顾，并提出下一步工作计划。会议还对2020—2021年度优秀分中心、成员馆和质量监控员进行表彰。

26日，中华古籍资源库建设成果及相关古籍保护工作新闻媒体通气会在国家图书馆召开。国家图书馆副馆长、国家古籍保护中心副主任张志清出席会议并介绍2007年“中华古籍保护计划”实施以来，国家图书馆及全国古籍保护单位在各方面取得的主要成果。30余家新闻媒体记者参加会议，并分组参观“妙手补书书可春——全国古籍修复技艺竞赛暨古籍保护成果展”、古籍修复室、缩微数字一体化展示、善本特藏阅览室等。

30日，中国国家图书馆馆长熊远明与日本国立国会图书馆馆长吉永元信举行线上会议。会上，双方以“智慧图书馆的发展与建设”为主题进行业务交流，并就疫情时期图书馆的应对措施及面临的挑战、图书数字化版权问题等进行探讨。

十二月

2日，全国智慧图书馆建设联席会议第一次会议在国家图书馆以线下与线上相结合的方式召开。文化和旅游部公共服务司副司长朱渤，国家图书馆馆长、党委副书记熊远明，党委书记、副馆长魏大威，副馆长、党委副书记陈樱以及联席会议成员单位相关负责人出席会议。会上，熊远明做主题发言，魏大威主持会议，陈樱做会议总结。与会成员单位代表介绍各自在智慧图书馆建设方面的研究和思考，分享开展智慧化转型探索的成果与经验，并围绕智慧图书馆建设的相关问题进行交流。

7日，中国国家图书馆馆长熊远明与俄罗斯国立外国文学图书馆馆长帕维尔·库兹明举行线上会议。中国国家图书馆副馆长陈樱、俄罗斯国立外国文学图书馆副馆长玛丽亚·别洛科连科参加会议。双方就持续开展交流合作进行深入探讨。

8日，2021年全国古籍保护工作座谈会在湖北武汉召开。文化和旅游部党组成员、副部长张旭出席会议并讲话，公共服务司一级巡视员陈彬斌宣读《文化和旅游部关于公布第六批国家珍贵古籍名录和第六批全国古籍重点保护单位名单的通知》，国家图书馆馆长、国家古籍保护中心主任熊远明做近年来全国古籍保护工作报告。来自各省、自治区、直辖市古籍保护中心有关负责人50余人参加会议。会上颁发第六批国家珍贵古籍名录证书和第六批全国古籍重点保护单位标牌，相关单位负责人做交流报告。

9日，国家图书馆召开党的十九届六中全会精神学习交流会。文化和旅游部党史学习教育第四指导组出席会议，国家图书馆党委书记、副馆长魏大威出席会议并讲话，副馆长、党委副书记、纪委书记陈樱主持会议，馆班子成员、党委委员、中层干部、馆属企业主要负责人、各党支部委员代表、员工代表等80余人参加会议。

13日，国家图书馆召开岗位建功经验交流会，文化和旅游部人事司副司长徐晋，国家图书馆馆长、党委副书记熊远明出席会议并讲话，党委书记、副馆长魏大威主持会议并传达习近平总书记在中央人才工作会议上的重要讲话精神，副馆长张志清、陈樱、张军、霍瑞娟出席会议。10位岗位建功先进代表做经验交流。

18日，国图公开课“千年回望王安石——纪念王安石诞辰1000周年”《百部经典》阅读推广特别活动在北京紫竹院公园友贤山馆和江西抚州王安石纪念馆举行，并通过多个平台实时线上直播。国家图书馆馆长熊远明出席活动并致辞。活动以演讲、访谈、实地导览和艺术演绎相结合的方式，带领读者了解北宋时期杰出人物王安石波澜壮阔的一生。在活动主场地紫竹院公园友贤山馆内，还举办《观宋——宋代人文主题展》。

22日，国家图书馆与中国社会科学院近代史研究所战略合作签约仪式举行。国家图书馆馆长熊远明、副馆长张志清，中国社会科学院近代史研究所副所长金以林等出席活动。熊远明和金以林代表双方签署合作协议。

28日，第十六届全国省、自治区、直辖市、较大城市图书馆馆长联席会议通过线下线上相结合的方式召开。文化和旅游部副部长张旭出席会议并致辞，国家图书馆馆长熊远明做主旨报告，文化和旅游部公共服务司一级巡视员陈彬斌，国家图书馆副馆长张志清、陈樱、张军、霍瑞娟，以及全国副省级以上公共图书馆负责人参加会议。黑龙江、上海、湖北、重庆、新疆等省级图书馆和深圳市少年儿童图书馆负责人结合“十四五”时期图书馆事业高质量发展思路、经验和体会等进行交流发言。

综合索引

C

D

E

F

G

H

J

K

L

M

N

O

P

Q

R

S

T

W

X

Y

Z

（佛山科学技术学院衡中青编制）